건축유적의 발굴과 해석

• 조원창

공주사범대학 역사교육과 졸업
공주대학교 대학원 사학과 졸업(문학석사)
상명대학교 대학원 사학과 졸업(문학박사)
현 한얼문화유산연구원 원장

주요 논저
『백제 건축기술의 대일전파』, 『한국 고대 와당과 제와술의 교류』,
『백제의 토목 건축』, 『기와건물지의 조사와 해석』, 『백제사지 연구』,
『역사고고학자와 함께 찾아가는 스토리가 있는 사찰, 문화재 1 · 2』,
『백제 사원유적 탐색』, 『수수께끼의 대통사를 찾아서』, 『고려사지와 건축고고』
「황룡사지 출토 대형 치미의 편년과 사용처 검토」,
「백제 사비기 목탑 축조기술의 대외전파」,
「백제 정림사지 석탑 하부 축기부 판축토의 성격」,
「백제 판단첨형 연화문의 형식과 편년」,
「고고 · 문헌자료로 본 황룡사 필공의 의미와 창건가람의 존재」,
「기와로 본 백제 웅진기의 사비경영」 등

건축유적의
발굴과 해석

초판발행일   2018년 06월 20일
2쇄발행일   2023년 12월 30일
지 은 이   조원창
발 행 인   김선경
책 임 편 집   김소라
발 행 처   서경문화사
            주소 : 서울시 종로구 이화장길 70-14(204호)
            전화 : 743-8203, 8205 / 팩스 : 743-8210
            메일 : sk8203@chol.com
신 고 번 호   제1994-000041호
ISBN   978-89-6062-208-1   93000
ⓒ 조원창 · 서경문화사, 2018

정가 58,000원

건축유적의 발굴과 해석

조원창 지음

서경문화사

건물지는 고분이나 주거지, 성곽 등에 비해 그리 인기 있는 분야는 아닌 듯 싶다. 이는 현재 대학이나 발굴법인에 종사하는 연구자들의 개별 전공을 통해서도 알 수 있다. 그 만큼 건물지를 전공으로 하는 연구자가 우리나라에 많지 않음을 반증하는 것이다.

어느 덧 발굴법인에서 생활한 지가 20년이 지났다. 1997년 8월 1일 만 1년 남짓한 공무원 생활을 마감하고, 입사한 곳이 바로 충청매장문화재연구원(현 충청문화재연구원)이었다. 이곳에서 4년 반 동안 생활하며 공주 동혈사지, 금학동건물지, 천안 용원리유적, 명암리유적 등 여러 건축유적을 조사하였다. 이후에도 여러 법인에서 평창 월정사, 군위 인각사, 경주 안계리사지, 김포 마송유적, 오산 지곶동사지, 평택 용죽유적 등 통일신라~조선시대의 중요 건물지유적을 발굴조사 하였다.

건물지 발굴조사를 진행하면서 필자가 겪게 된 어려움은 과연 어느 부분까지 발굴조사를 진행하는 것이 옳은 것인가 하는 문제였다. 초기에는 초석과 적심석, 기단석 정도만 노출하는 것이 전부인 것으로 생각되었지만 점차 토목공사와 관련된 대지조성이나 기단토, 축기부, 연약지반 개량공법 등까지 연구대상을 확대하였다. 이는 건축공사에 앞서 토목공사가 진행된다는 일반 상식에 불과한 것이지만 현재까지도 토목공사와 관련된 발굴조사가 잘 지켜지지 않는다는 점에서 많은 아쉬움이 따르기도 한다.

두 번째로 건물지 발굴조사에서 느낀 한계는 바로 유구의 용어였다. 건물지가 건축유적이 폐기된 이후의 잔재라는 점에서 유구 명칭의 생소함은 또 다른 걸림돌이 되었다. 이 같은 건물지 조사의 어려움은 결국 자신이 조사한 유구가 건축물의 어느 부분에 해당되고, 그 성격이 무엇인지를 인지케 못하는 경우로 빠져들게 하였다.

이 같은 어려움은 필자뿐만 아니라 건물지를 조사하는 대부분의 연구자들이 겪는 고충이라 생각된다. 그리하여 필자는 2012년 『기와건물지의 조사와 해석』이란 책자를 통해 건물지의 조사 방법과 유구 해석에 관한 단행본을 발표하였다. 이는 건물지를 조사하면서 경험하였던 문제를 조금이나마 해결하고픈 욕심에서 시작된 일이었다.

하지만 최근 전국적으로 대다수의 건물지가 발굴되면서 새로운 유구 유형과 토목공법 등이 확인되고, 축조기법 등이 복잡화 되면서 이를 정리하고자 하는 필요성을 느끼게 되었다. 또한 용어에 대한 문제제기를 통해 향후 고고학이나 건축학 모두에서 통용할 수 있는 건물지 용어를 정립하고픈 생각도 들었다. 따라서 이번 『건축유적의 발굴과 해석』 은 이러한 필자의 바람과 건물지에 대한 이해의 폭을 넓히고자 하는 의욕에서 집필케 되었다.

고건축을 연구하는 일부 건축학자들로부터 유구와 관련된 토층, 축조기법 등과 관련하여 가끔 해석의 차이를 느끼곤 하였다. 그래서 고고학 분야에 대한 건축학자들이 참여할 수 있는 기회의 장을 마련하고 싶은 마음도 이 책을 쓰게 된 계기가 되었다.

몸이 아프면 부위에 따라 가는 병원도 달라진다. 그런 점에서 건물지 발굴조사는 건축학과 불가분의 관계에 있다고 생각된다. 이는 건축학 분야의 건물 복원 과정에서도 마찬가지로 적용되는 부분이라 사료된다. 그런 점에서 건물지 발굴과 이에 따른 복원은 학문 간의 소통과 융합이 특히 강조되는 분야라 판단된다.

필자의 발굴 경험과 이에 따른 유구의 조사 방법, 그리고 나아가 유구 해석에 이르기까지 많은 문제점이 내포되어 있다고 생각된다. 이는 전적으로 필자의 무지와 나태함에 기인된바 크다고 사료된다. 향후 이를 보완할 또 다른 책자의 디딤돌이 되었으면 하는 필자의 욕심을 실어 본다.

출판계의 어려움 속에서도 좋은 책자를 만들고자 하는 서경문화사의 김선경 사장님께 깊은 감사함을 느낀다. 그 동안 10여 권의 단행본을 간행하면서 맺어진 인연과 그 은혜 는 글로써 표현하기 그 이상이라 생각된다. 항시 발전 있기를 기원한다.

그리고 이 책을 쓰면서 여든이 넘으신 부모님과 가족들의 고마움 또한 전하고 싶다. 특히 먼 길 마다하지 않고, 운전기사 역할을 자처해준 아내 이은희와 전국 방방곡곡을 함께 동행해 준 아들 나한에게도 고맙다는 생각이 든다.

2018년 6월
대통사지 발굴을 기원하며
조원창

I
건축유적의 조사

1. 지표조사

터파기 조사에 앞서 진행되는 지표조사는 기와건물지의 존재를 살피는 첫 번째 작업에 해당된다. 이 과정에서 조사자는 기와를 비롯한 토·자기 등의 유물과 기단 및 초석, 축대 등의 건물지 관련 유구 등을 찾아내게 된다. 하지만 대부분의 기와건물 유구는 산사태나 화재, 혹은 후대의 경작 등으로 말미암아 지표상에서 발견하기가 매우 어렵다.

기와는 삼국시대 이후 왕궁이나 사찰, 관청, 신묘(사당), 성곽, 서원, 향교, 상류층 가옥 등의 건축물에 사용되었다. 이들 유구는 당대의 권위적 건물에 해당되는 것으로서 기와의 사용처가 상대적으로 많지 않았음을 보여준다.

따라서 기와는 출토지를 통해 그 사용처(유적 성격)를 암묵적으로 표현하고 있다. 가령 삼국시대로 편년되는 기와가 산 속에서 수습된다면 이것은 산성이나 사찰, 기와가마 등과 관련된 유적에 사용되었음을 알 수 있다. 반면, 조선시대의 기와가 마을에서 검출된다면 이는 상류층 가옥이나 재실, 서원, 향교 등에 이용되었음을 판단할 수 있다.

지표조사에서 수습되는 기와는 아마도 가마나 건물지에서 파생되었을 것이다. 이 중 가마 출토 기와의 경우는 대체로 소토나 벽체편과 함께 검출된다. 반면에 건물지 출토 기와는 토·자기 등과 함께 수습되는 것이 일반적이다. 특히, 건물지가 후대에 교란되고 훼실되었더라도 건물이 입지하였던 대지의 형적은 어느 정도 남아 있다. 따라서 남아 있는 지형을 면밀히 관찰하여 건물지의 범위를 추정하고, 이를 시굴조사의 범위에 포함시키도록 한다.

지표조사 과정에서 기와의 제작 시기는 건물지의 편년을 설정하는데 큰 역할을 한다. 따라서 등 문양과 소성도, 그리고 언강과 미구의 접합 각도 등에 대한 조사원들의 사전 지식이 필요하다.

한편, 사지가 산지가람인 경우에는 일주문과 당간지주, 금강문, 천왕문, 승탑원(부도탑지) 등이 본 사역과 어느 정도 거리를 두고 배치되는 것이 일반적이다. 또한 각각의 문과 승탑원, 당탑지는 여러 갈래의 길로 연결되어 있다. 그러므로 산지가람의 사지는 기와 출토지 뿐만 아니라 평탄지, 석축유구(기단, 축대, 담장 등) 등까지도 포함하여 터파기 범위를 산정하도록 한다.

2. 시굴조사

시굴조사는 지표조사 결과에 따라 본격적인 터파기작업을 실시하는 단계이다. 따라서 유구의 존재양상과 지형을 연계하여 적절한 그리드 작업이 선행되어야 한다.

그리드의 설치는 보통 10×10m가 적절하나 지형에 맞게 얼마든지 달리할 수 있다. 구덩이의 설치 방향은 지표조사 과정에서 인지한 고고학적 형적(축대, 기단, 초석, 담장 등)과 유물(기와, 토·자기 등), 지형(구릉이나 평지 등), 고지도 등을 고려하여 유구의 장축 방향과 되도록 직교하여 설치하는 것이 필요하다. 만약 그렇지 않을 경우 기단석의 존재를 빗겨나가 확인할 수 없게 된다.

유적의 전체 층위 파악은 각각의 그리드에서도 가능하나 하나의 중심토층을 선정하여 굴삭기가 아닌 수작업으로 진행하는 것이 필요하다. 물론 작업량은 많지만 구덩이 작업을 통해 드러나는 세밀한 유구 변화와 토층양상을 유물과 함께 관찰할 수 있다는 장점이 있다. 물론 구릉 하단부나 연약지반과 같이 퇴적된 토량이 많을 경우에는 장비를 사용하여 굴토하는 것이 효과적이다.

시굴조사 과정에서 파악해야 할 가장 중요한 작업은 토층상의 생활면(구지표면) 확인이다. 생활면은 건물 사용 당시 인간이 밟고 다닌 면으로서 여기에서 출토된 유물은 건물의 존속 시기를 반영한다. 생활면 위로는 무너진 와적층이나 산사태로 인한 퇴적토 혹은 성토에 의한 경작토 등이 위치할 수 있다. 그러나 우수에 의한 침식이 왕성하였을 경우 생활면은 토층상에서 확인되지 않을 수도 있다.

만약, 생활면을 인지하지 못한 상태에서 굴삭기를 이용한 터파기 조사를 진행한다면 초석이나 기단석 등의 유구에 아주 치명적일 수 있다. 이는 생활면에 기단이 축조되고 기단 내부에 초석이 시설되기 때문이다.

가옥과 같은 건축유적의 경우 한 번 폐기되면 장소를 옮기지 않는 상태에서 그 자리를 정지하거나 혹은 성토다짐 하여 재사용하는 경우가 종종 있다. 이러한 경우 선축(先築)·후축(後築)된 건물지는 상하로 중복되어 나타나는 것이 일반적이다.

따라서 시굴조사 당시에 이러한 중복된 유구를 파악하지 못한다면 발굴조사 과정에서 여러 난해한 문제에 봉착될 수 있다. 왜냐하면 정해진 기간에 두 개 층위의 유구를 조사하여야만 하기 때문이다. 이는 부실 조사로 이어지는 원인이 될 뿐만 아니라 원활한 보고서 작업에도 불리하게 작용할 수 있다.

일단 토층상에서 생활면이 확인되면 이에 따른 기단석의 위치, 초석 및 적심시설의 위치 등을 추정해 볼 수 있다. 만약 시굴조사 과정에서 생활면이 확인되지 않는다면 이는 이미 유실된 것이기 때문에 1차 제토면을 대지조성토까지 진행한다.

대지조성토는 건물이 들어설 대지를 조성하기 위해 쌓은 흙으로서 이는 판축공법이나 성토다짐공법을 통해 만들어진다. 동일한 건물지라 하더라도 이것이 능선 상단에 입지하였는지 아니면 하단에 위치하였는지에 따라 대지조성토의 축토방법은 다르게 나타날 수 있다. 아울러 대지조성토의 절개작업은 선축된 건물지의 존재유무를 확인하기 위해서도 반드시 필요한 작업이다.

기단토는 대지조성토와 다른 축토양상을 보이기 때문에 토층조사에 신중을 기하여야 한다. 특히 기와 건물은 지붕의 하중을 이겨내야 하기 때문에 기단토 작업에 신중을 기하게 된다. 특히 저습지나 성토된 대지상에 건물을 조성할 경우에는 기단부 아래로 축기부를 시설하는 경우도 있어 반드시 기단토 하부에 대한 절개작업이 시굴조사 과정에서 실시되어야 한다. 만약, 이것을 시굴조사 과정에서 파악하지 못한다면 발굴조사의 기간조정에 많은 어려움이 따르고 조사 방향도 갑자기 달라질 수 있어 조사에 무리가 따를 수 있다.

1) 골짜기에 시굴 구덩이를 설치할 경우

구릉과 구릉 사이의 골짜기에 사원과 같은 기와 건물을 조성할 경우 유구는 이의 안쪽부에 대부분 조성되어 있다. 물론 일주문이나 천왕문과 같은 문지의 경우는 골짜기의 초입부에 축조될 수 있다.

골짜기에 조성된 건물지는 시대를 막론하고 대지를 계단상으로 마련한 후 건물을 축조하였다. 이는 부여 능산리사지(백제 사비기)나 합천 영암사지(통일신라기), 원주 법천사지(고려 전기), 영주 부석사(고려 후기) 및 예산 수덕사(고려 후기) 등에서 찾아볼 수 있다.

이때 계단상의 대지 전면으로는 축대가 시설된다. 대지는 건물이 조성되는 면이기 때문에 기본적으로 평평하다. 따라서 경사도가 급한 곳은 깎아내고(절토, 정지 등), 낮은 곳은 성토가 이루어지는데 성토된 토양이 유실되는 것을 방지하기 위해 축조되는 것이 바로 축대이다. 이는 등고선방향으로 길게 조성되며, 대지가 두 단 이상일 경우에는 아랫단과 윗단을 연결하는 계단을 시설한다.

◆ 계단상의 대지조성과 축대

_ 원주 법천사지 부도전지의 축대

_ 원주 법천사지 부도전지 축대 사이의 계단

축대는 마치 성벽과 같이 돌로 만들어졌다. 이의 후면으로는 대지가 마련되어 있는데 순서는 선(先) 대지조성, 후(後) 축대시설이다. 즉, 평평하게 성토다짐(혹은 판축)된 대지의 전면을 'ㄴ'자 모양으로 절개한 후 그 개구부(開口部)에 축대를 조성하였다. 그러므로 축대를 절개해보면 대지와 축대의 뒤채움석 사이에 굴광선이 있음을 살필 수 있다.

◆ 축대의 뒤채움석과 굴광선

_ 대전 상대동유적의 축대 및 관련 유구(고려)

대지조성 과정에서 성토다짐 된 토양이 많을수록 생활면(지표면) 아래에 암거(暗渠 : 지하에 시설된 배수구)가 시설될 가능성 또한 적지 않다. 골짜기는 기본적으로 물이 합수(合水)되는 지역이기 때문에 무엇보다도 배수시설이 필수적이다. 따라서 시굴조사 과정에서 축대가 확인되면 이의 상면 조사에만 국한하지 말고, 축대가 훼손되지 않는 범위 내에서 암거의 존재 유무를 파악해 볼 수 있는 세부 조사가 필요하다.

◆ 축대에 조성된 배수구(출수구)

_ 공주 공산성 내 백제 건물지 축대의 배수구

  암거는 축대와 달리 경사 윗면에서 아랫면으로 조성된다. 그러므로 이를 확인하기 위해서는 등고선 방향으로 구덩이 조사를 실시하는 것이 좋다. 암거는 벽석과 개석을 이용하여 마치 소형 석곽처럼 시설한 것이 있는 반면, 기와를 사용한 예도 확인된다. 이러한 암거 중에는 자갈석렬이나 원형·방형의 집수시설과 연계된 것도 찾아볼 수 있다.

  한편, 골짜기에 조성된 유적에서는 축대나 암거 외에 명거(明渠 : 지상에 시설된 배수구)가 조사될 가능성도 매우 높다. 이는 암거와 달리 지면에 흐르는 유수를 배수하기 위한 구조물로써 흔히 석재로 축조된다. 암거에 비해 규모가 크고, 개석이 없는 경우가 많다.

◆ 부여 능산리사지의 명거와 암거

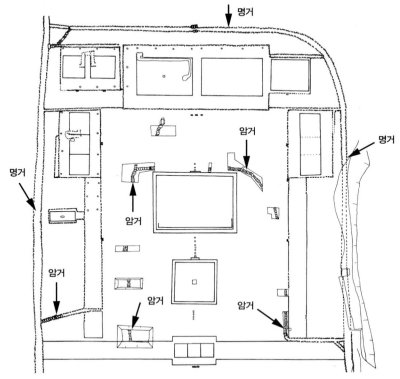

_ 부여 능산리사지의 명거와 암거(백제 사비기)
(國立扶餘博物館 · 扶餘郡, 2000, 『陵寺-圖面 · 圖版-』, 5쪽 도면 5)

　명거는 암거와 마찬가지로 경사 윗면에서 아랫면으로 조성되는 것이 대부분이다. 그러나 부여 능산리사지와 같이 등고선 방향으로 명거가 시설된 경우도 살필 수 있다. 이는 암거와 달리 내부가 퇴적된 경우가 많으므로 시굴조사 과정에서 이의 위치와 범위를 파악하기 위한 구덩이 조사가 필요하다.

　구덩이는 전체 지형과 유구의 입지를 고려하여 설치하되 우선은 등고선 방향으로 조성하고, 이를 점차 확대하여 명거의 나머지 형적을 찾아보는 것이 효과적이다. 특히, 대형 배수구는 유적을 감싸며 외곽에 시설되는 경우가 많으므로 구릉 사면 하단

부까지 구덩이를 설치하도록 한다.

　또한 대형 배수구에는 통행로인 다리(목교나 석교)가 시설될 수 있으므로 발굴조사 과
정에서 바닥면의 특이 사항(교각을 세우기 위한 기초시설 등)을 유심히 관찰할 필요가 있다.
그리고 목교인 경우 조사 완료 후 목재에 대한 보존처리가 수반되므로 조사 중 이의
보존·관리에 만전을 기한다.

◆ 부여 능산리사지의 목교

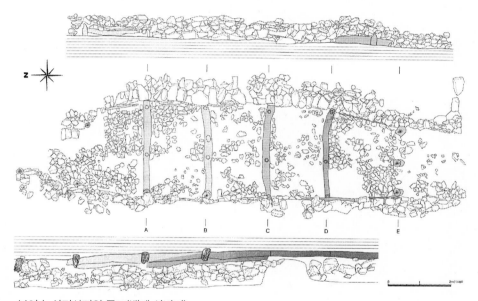

_ 부여 능산리사지의 목교(백제 사비기)
(한국전통문화대학교 고고학연구소, 2013, 『陵山里寺址 木橋址』, 27쪽 도면 8)

2) 구릉 경사면에 시굴 구덩이를 설치할 경우

　구릉 경사면을 삭토·절토·정지하여 건물을 조성하였을 경우 시굴 구덩이는 형질
변경된 지형의 장축 방향과 직교하여 설치한다. 즉, 건물지 기단석 및 축대의 장축은

구릉 경사면의 등고선 방향과 나란하게 축조되는 것이 일반적이기 때문에 이를 쉽게 확인할 수 있다는 차원에서 시굴 구덩이의 설치 방향이 중요하다.

구덩이의 설치는 우선 경사 방향으로 하고 기단석이나 초석·적심, 온돌시설 등의 일반구조물과 축토(築土) 층위를 통해 건물지의 존재 양상과 범위를 추정해 본다.

아울러 구릉 사면에 건축물을 조영할 경우에는 상단에서 채토(採土)나 절토(切土)된 토양이 구릉 하단부에서 잔토(殘土)가 되어 판축 혹은 성토다짐이 된다. 이는 결과적으로 건축물의 대지조성토가 되기 때문에 축토(築土) 기법을 파악하기 위한 구덩이 조사가 필히 요구된다. 그리고 이 과정을 통해 원래의 생토면과 자연퇴적토, 인위적인 대지조성토 등의 토층 구분도 명확히 이루어져야 한다.

◆ 구릉사면의 대지조성토

_ 구릉사면의 대지조성토를 파악하기 위해 경사 방향으로 구덩이를 설치하였다. (한얼문화유산연구원 제공)

또한 구릉 사면에서 채토나 절토 행위가 이루어진 경우 이는 평면에서 굴광흔(선)으로 나타난다. 굴광흔(선)은 건물의 축조 범위를 의미하는 것으로서 이 내부는 대지조성토가 된다. 굴광 깊이는 지형에 따라 달리 나타나며, 경사도가 심할수록 깊이 또한 깊게 나타난다. 이러한 경사면은 유수에 취약하기 때문에 굴광된 바닥면에 배수구를 조성하거나 축대를 쌓기도 한다.

◆ 대지조성을 위한 구릉사면의 절토흔적

_ 화살표 방향이 대지조성을 위한 구릉사면의 절토 흔적이다. (한얼문화유산연구원 제공)

경사 상면에서 나타나는 'ㄴ'자 모양의 대지는 건물이 폐기되는 과정에서 점차 퇴적이 이루어진다. 따라서 시굴조사 과정에서 퇴적토와 대지조성토의 층위 인식이 확실히 이루어져야 하고, 이것이 향후 전면 제토에도 적극 활용되어야 한다. 대지조성에는 기본적으로 성토다짐 혹은 판축공법이 사용되기 때문에 일반 퇴적토에 비해 토양의 견고함과 정형성을 엿볼 수 있다. 그리고 대지조성과 관련된 흙의 축토 과정과 여기에 포함된 유물 등도 토층 조사에서 어렵지 않게 확인할 수 있다.

구릉 상단에서 채토된 토양은 대지 조성을 위해 경사 아랫면에 성토다짐 혹은 판축된다. 경사도가 심한 구릉 일수록 굴토량이 많아지고 아랫면에 쌓이는 흙 또한 비례하게 된다. 이러한 경우 경사 아랫면의 대지조성토 유실을 방지하기 위해 축대를 조성하게 된다.

하지만 건물지가 조성된 대지의 경우 시간이 흐르면서 대부분 경작지로 활용되고, 축대는 농경에 방해가 되면서 유실되는 것이 일반적이다. 또한 축대의 자연적인 붕괴 또한 예상할 수 있다. 그럼에도 불구하고 시굴조사 과정에서 이들의 존재를 확인하기 위한 구덩이 조사는 반드시 필요하다. 왜냐하면 축대 등의 형적을 확인하지 못한다면 유구의 범위를 충분히 인식하지 못하는 결과를 낳을 수 있기 때문이다.

구덩이는 경사면을 따라 최대한 길게 조성한다. 시굴조사에서는 시간상의 제약이 따를 수 있으므로 굴삭기를 이용하여 조사를 진행한다. 이때 구릉의 중간부나 하단부에서 'ㄴ'자 모양의 굴광흔이 있는지 유심히 살펴본다. 이는 축대나 기단이 놓인 자리일 가능성이 높기 때문에 석재 유무나 토층 변화 등을 유심히 살펴본다. 만약 굴광흔(선)만 있고, 석축시설의 흔적이 확인되지 않는다면 기단석이나 축대 등은 이미 멸실된 것으로 이해한다.

3) 평지에 시굴 구덩이를 설치할 경우

건물지의 주방향이 남향인 경우 시굴 구덩이는 남북장축으로 설치한다. 시굴조사 과정에서 확인되는 초석이나 적심시설, 기단 중 가장 쉽게 살필 수 있는 유구는 바로 기단시설이다. 이는 건물지 구성 요소 중 가장 큰 규모를 보이고 있어 다른 유구에 비해 검출될 가능성이 상대적으로 높다.

기단의 장축은 지형에 따라 차이가 있겠지만 대개는 동서를 장축으로 하고 있다.

이는 건물 정면을 남쪽으로 향하게 함으로서 얻어지는 채광 효과와 밀접한 관련성이 있다. 따라서 동서 장축의 기단석을 확인하기 위해선 이와 직교하게 남북을 장축으로 한 구덩이를 설치하는 것이 좋다.

시굴 구덩이에서 기단시설이 확인되면 같은 층위에서의 나머지 기단도 조사해 본다. 만약, 같은 층위에서 기단시설이 확인되지 않는다면 이는 교란이나 멸실되었을 가능성이 있으므로 너무 한 곳에만 집중하여 조사할 필요는 없다.

아울러 멸실된 가구기단의 경우 지대석을 지탱하기 위한 할석들이 요구(凹溝) 내부에 조성되었을 가능성도 있으므로 층위상에서 요구 토층 단면을 유심히 살펴보도록 한다. 그리고 보통의 기단시설은 기단토를 절개하고 그 전면(開口部)에 축조되기 때문에 기단이 유실되더라도 토층상에서의 절개면(굴광선)은 살필 수 있다.

시굴 구덩이에서 기단이 노출되면 여기서 조사를 멈추지 말고 이의 보강석 및 원지형 파악 등을 위해 구덩이의 깊이를 자연퇴적토나 생토면까지 진행한다.

예컨대 대지가 저습지와 같은 연약지반을 개량하고 조성되었다면 성토다짐토 아래에서 암거나 말뚝지정, 부엽시설, 나무울타리형 토류목 등이 검출될 수 있다. 이는 건물지 조성을 위한 토목시설이기 때문에 향후 발굴조사를 진행할 시 발굴기간과 경비를 산정함에 있어 하나의 산출 기준이 될 수 있다.

4) 연약지반에 시굴 구덩이를 설치할 경우

강변이나 천변, 혹은 연못 주변 등에서 기와가 발견될 때 건축물은 저습지와 같은 연약지반을 개량하고 축조되었을 가능성이 매우 높다. 특히 충청남도 부여지역과 같이 연약지반을 개량하여 대지를 조성하였을 경우 시굴조사는 앞에서 살핀 여러 사례와 비교해 복잡하고 난해할 수 있다.

연약지반은 논이나 저습지와 같이 물의 영향을 받은 지형을 말한다. 따라서 이러한 곳에 대지를 조성하기 위해서는 성토다짐이나 판축과 같은 보통의 축토공법으로는 그 목적을 달성할 수 없다. 왜냐하면 지반이 약하기 때문에 이러한 곳에 하중이 요구되는 기와 건물이 조영된다면 이는 점차 침하되어 붕괴될 수 있기 때문이다.

따라서 연약지반을 대지화 하기 위해서는 유수를 일차적으로 해결하고, 지반이 침하되지 않도록 하는 토목시설이 필요하다. 이는 암거나 집수시설, 혹은 말뚝을 박는 말뚝지정, 나뭇가지와 흙을 교대로 시설하는 부엽공법 등이 활용된다.

이러한 토목공법은 기단이나 초석 등과 같은 건축유구에 비해 생활면(지표면) 아래에 축조되었다는 특징이 있다. 따라서 시굴조사 과정에서 뻘층이 확인되거나 지형상 수변(水邊)과 가깝다면 위의 시설물들을 고려하면서 구덩이 조사를 실시하는 것이 좋다.

그런데 이러한 토목시설물들은 오늘날 지표면에서 2~3m, 혹은 10m 아래에 위치하는 경우가 있다. 아울러 수변과 가까운 곳에서 구덩이 조사를 할 때 바닥면에서 물이 솟구칠 가능성도 매우 높다. 이는 시굴조사 외에 또 다른 안전 문제를 야기할 수 있기에 조사 과정에서 극심한 주의를 기울이도록 한다.

따라서 연약지반에 대한 시굴조사에서는 반드시 구덩이가 붕괴되지 않을 정도로 넓게 파고, 안식각을 두어야만 한다. 조사 중 구덩이의 바닥면이 깊다고 생각될 때에는 다시 구덩이의 폭을 넓게 하여 계단상으로 굴토하도록 한다. 또한 구덩이에서 굴토된 흙은 되도록 멀리 쌓아 둑이 무너지면서 발생할 수 있는 안전사고를 사전에 예방하도록 한다.

연약지반에 대한 시굴이나 표본조사는 조사 과정상의 어려움뿐만 아니라 안전문제까지도 고려하여야 하기 때문에 조사 착수 시 책임조사원의 참여가 무엇보다도 필요하다. 이 과정에서 조사의 방법과 안전문제에 관한 사항들이 조사원에게 충분히 전달되어야 할 것이다. 그리고 만일의 사고에 대비하여 119나 의료기관의 연락처도 미리 파악해 두는 것이 좋다.

그리고 시굴(혹은 표본) 구덩이 주변으로 마을이 위치해 있거나 경작지가 입지해 있을 경우 반드시 안전띠를 설치한다. 이는 구덩이 조사를 궁금해 하는 주변 사람들의 접근을 어느 정도 막아준다는 점에서 꼭 필요한 안전조치라 판단된다.

3. 발굴조사

시굴조사가 끝나면 굴삭기를 이용한 본격적인 제토작업이 이루어진다. 이때 기본적인 토층 상황을 파악해 볼 수 있는 중심토층은 남겨 두는 것이 좋다. 만약 토층둑에 유구가 위치해 있다면 도면 및 사진촬영을 하고 제거한다.

시굴조사에서 확인된 생활면은 기단석이나 초석, 적심시설 등에 비해 레벨이 낮기 때문에 제토의 깊이는 초석이나 적심시설에 맞추는 것이 좋다. 조사 과정상 적심시설이 노출될 경우 초석은 이미 유실되었기 때문에 기단석이 확인되지 않을 수도 있다. 이럴 때에는 기단석이 놓인 부분의 토층양상이나 기단석의 보강시설 등을 면밀히 관찰하여 기단의 제원을 파악할 수 있어야 한다. 아울러 기단석 및 초석이 유실되었을 경우 생활면 역시 멸실될 가능성이 높기 때문에 제토 과정에서 주의를 기울여야 한다.

제토를 통해 기단이나 담장지, 와적층, 초석이나 적심석(土) 등의 유구가 노출되면 더 이상의 장비 사용은 불가능하다. 그리고 유구를 정리하는 과정에서 토사량이 적지 않기 때문에 조사는 안쪽에서 바깥쪽으로 흙을 빼내는 방향으로 실시하는 것이 좋다. 이 경우 예산이 허용된다면 컨베이어 벨트의 사용은 아주 효과적이라 할 수 있다.

기와건물지는 다른 성격의 유구들과 달리 중복이나 밀집도가 매우 높다. 따라서 일단 표토가 제거되면 유구로 판단되는 석재들이 지면에 그대로 노출되기 때문에 손수레 등의 사용이 자칫 유구를 훼손시킬 수 있다. 그리고 토사를 조사지역 외곽까지 운반하고, 왕복하는 과정이 조사의 진행을 지체시키는 원인이 되기 때문에 건물지 조사에서의 컨베이어 벨트 사용은 아주 적극적으로 고려해 볼 문제다.

한편, 저습지에서의 발굴조사는 같은 면적의 평지나 구릉 사면에 비해 더욱 더 많은 조사기간을 요구한다. 특히 지하수를 빼내는 배수문제는 현실적으로 가장 시급하게 대두된다. 이러한 지역에 대한 발굴조사를 진행할 경우 최대한 벽이 무너지지 않도록 안식각을 유지할 필요가 있다. 그리고 벽이 무너졌을 때를 대비하여 대형 자루나 합판, 쇠파이프 등을 준비하는 것도 효과적이다.

◆ 연약지반 발굴조사에서의 벽면 보호용 장구류

벽면 보호용 대형 자루

_ 연약지반 발굴조사에서 벽면 보호용으로 사용된 대형 자루.
부여 구아리 434번지 유적 발굴(백제 사비기)

II
건축유적의 조사방법과 해석

1. 대지조성토(臺地造成土)

◆ 절토한 잔토(殘土)를 이용하여 대지조성

_ 여주 고산서원지(조선). 경사 윗면에서 절토한 잔토를 경사 아랫면에 성토다짐하여 대지를 조성하였다.

건축물을 조영하기 앞서 건물이 입지할 지역을 절토나 삭토 혹은 판축이나 성토다짐 등의 토목 공법으로 조성한 공간적 범위를 대지(臺地)라 한다. 층위상 초석이나 적심시설(적심석, 적심토, 적심사 등)이 놓이는 기단토보다 아래 면에 위치한다.

◆ 대지조성토와 적심시설, 초석의 층위 관계

_ 대지조성토 상면의 적심토와 초석(공주 공산성, 조선시대)

대지조성에 사용되는 토양을 흔히 대지조성토라 부르는데, 여기에는 흙뿐만 아니라 할석이나 기와건물지의 폐기된 잔재(기와·토·자기편, 목탄, 소토 등)들도 포함되어 있다. 대지조성토의 최상면은 생활면(지표면)으로 활용되며, 기단부와 가까운 생활면에는 낙수면(落水面)이 형성되어 있다. 따라서 발굴조사 과정에서는 생활면뿐만 아니라 낙수면의 존재유무에 대한 토층조사도 추가적으로 필요하다.

◆ 대지조성토에 포함된 각종 폐기물(기와 · 토 · 자기편 등)

• 대전 상대동유적

생활면(와적층)

대지조성토

대지조성토에 포함된
기와편

_ 대전 상대동유적의 대지조성토에 포함된 기와편(고려)

• 여주 영릉 재실유적

기단석

생활면

대지조성토에 포함된
기와편

_ 여주 영릉 재실유적의 대지조성토에 포함된 기와편(조선)

• 보령 성주사지

최근 퇴적토

대지조성토에 포함된
기와, 토기, 소토편

구 하상
(자연퇴적토)

_ 보령 성주사지 대지조성토에 포함된 토기 · 자기 · 기와편(조선)

대지조성토는 건물의 입지, 혹은 채토(採土) 장소에 따라 다양하게 나타날 수 있다. 그리고 경사도가 급한 곳일수록 대지조성에 필요한 축토량은 증가하게 되고, 아울러 이의 지토시설(止土施設)에 해당되는 축대 역시도 높게 축조된다.

◆ 경사면에 따른 축토량(築土量)의 차이

지형이 급경사일수록 유수에 의한 대지조성토의 훼실 정도도 적지 않다. 이럴 경우 경사면의 중간 중간에 토양 유실을 방지하기 위한 토류석(土留石)이 시설된다. 이는 생활면(지표면) 아래에 조성되기 때문에 육안으로는 쉽게 관찰되지 않는다.

＿ 경사면에 따른 대지조성토 축토량의 차이(축대방향이 경사 아랫면, 대전 상대동유적〈고려〉)

◆ 대지조성토와 토류석

＿ 공주 중동유적의 대지조성토와 토류석. 토류석은 경사 아랫면에 축조된다.

건축물의 조영과 관련하여 대지조성토 위에는 기본적으로 기단토가 축토된다. 기단토는 기단석 내에 축토된 토양만을 의미하는 것으로 대지조성토보다는 공정상 후에 만들어진다. 따라서 대지조성토와 기단토의 축토 관계를 파악하기 위해서는 발굴조사 말미에 구덩이 작업을 통한 토층조사가 반드시 필요하다.

◆ 대지조성토와 기단토의 층위 관계

_ 여주 영릉 재실유적 상−1건물지의 대지조성토와 기단토(조선). 자연퇴적토를 정지한 후 대지조성토를 축토하고, 그 위에 다시 기단토를 조성하였다. 기단토를 완성한 후 기단석이 놓일 자리를 되파기하였다.

구덩이 조사는 건물지의 중앙부에 '十'자 방향으로 실시하는 것이 좋으나 시간 관계상 용이치 않을 경우에는 보 방향이나 도리 방향 중 어느 하나만 실시하여도 문제가 없다.

이때 사지 발굴인 경우에는 탑지나 금당지 등에서 대지조성토나 기단토 외에 축기부(築基部)가 검출될 가능성이 높으므로 주의한다. 축기부는 기단부보다 넓게 조성되기 때문에 평면 제토 후 구덩이 작업을 실시하여 이의 존재유무를 파악해 보는 것이 좋다. 축기부는 탑지나 금당지 등의 중심부에서 층위가 가장 깊어지므로 자연퇴적토나 기반암까지 굴착하여 축토기법 및 층위 등을 파악하도록 한다.

한편, 대지조성토의 토층 조사를 진행하다보면 층위에서 간혹 굵은 모래층이 혼입되어 있음을 볼 수 있다. 대개 축토 작업이 마사토나 점질토 등을 이용하는 것과 비교해 이질적인 층위임을 판단할 수 있다. 이는 대지조성 중 우수(雨水)로 인해 입자가 고운 점토 성분이 빠져나가고, 모래 성분만 남아 있는 것으로 이해할 수 있다.

◆ 대지조성토에 포함된 굵은 모래층

_ 대지조성토 사이의 굵은 모래층. 우천 시에 성토작업이 이루어졌음을 추정할 수 있다.

한편, 시굴조사 과정 중 대지조성토 확인을 위한 무계획적인 구덩이 작업은 되도록 지양하는 것이 좋다. 왜냐하면 구덩이의 바닥면이 기반암이나 자연퇴적토까지 미친다면 대지조성토에 축조된 암거 등이 무의식중에 파괴될 수 있기 때문이다. 또한 시굴조사의 구덩이 방향과 완전 제토한 건물지의 평면구조가 일치하지 않으면 토층도 작성 시 어려움이 있다. 따라서 대지조성토의 토층조사는 보조원이나 준조사원보다는 경험이 많은 조사원이 직접 진행하는 것이 합리적이다.

◆ 수평축토의 대지조성

이는 대지조성토를 수평에 가깝게 축토한 것을 말한다. 평지나 경사가 급하지 않은 곳에 대지조성을 할 때 주로 실시하는 토목공법이다. 부여 왕흥사지, 대전 상대동 유적, 공주 공산성 등 삼국~조선시대 건물지에서 살필 수 있다.

• 부여 왕흥사지의 수평축토 대지조성

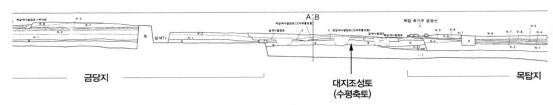

_ 부여 왕흥사지의 수평축토 대지조성(백제 사비기)
(국립부여문화재연구소, 2009, 『王興寺址 Ⅲ 木塔址 金堂址 發掘調査 報告書』, 33쪽 도면 5)

• 대전 상대동유적의 수평축토 대지조성

_ 대전 상대동유적의 수평축토 대지조성(고려)

• 보령 충청수영성 내 건물지의 수평축토 대지조성

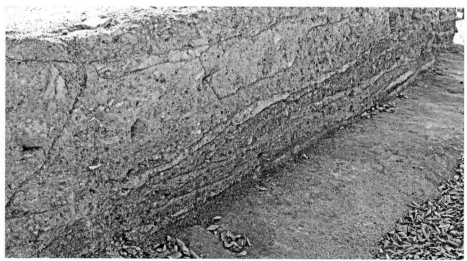

_ 보령 충청수영성 내 건물지의 수평축토 대지조성(조선)

• 공주 공산성 내 건물지의 수평축토 대지조성

_ 공주 공산성 내 건물지의 수평축토 대지조성(조선)

◆ 경사축토의 대지조성

경사축토는 수평축토와 달리 토양이 사선방향으로 축토된 것을 의미한다. 급경사면을 대지조성 할 때 주로 나타나며, 부여 정림사지 및 왕흥사지, 서천 봉선리유적, 익산 왕궁리유적, 울산 영축사지 등에서 살필 수 있다.

• 부여 능산리사지의 경사축토 대지조성

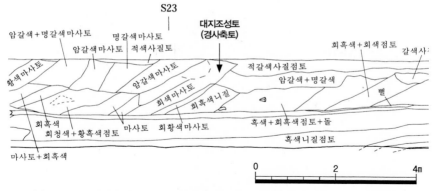

_ 부여 능산리사지의 경사축토 대지조성(백제 사비기)
(國立扶餘博物館·扶餘郡, 2000, 『陵寺-圖面·圖版-』, 7쪽 도면 6)

• 부여 왕흥사지의 경사축토 대지조성

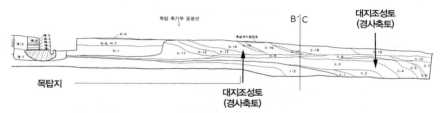

_ 부여 왕흥사지의 경사축토 대지조성(백제 사비기)
(국립부여문화재연구소, 2009, 『王興寺址 Ⅲ 木塔址 金堂址 發掘調査 報告書』, 33쪽 도면 5)

• 부여 정림사지의 경사축토 대지조성

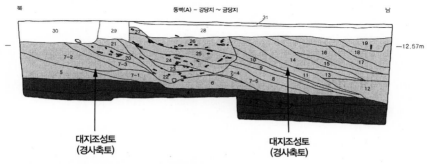

_ 부여 정림사지의 경사축토 대지조성(백제 사비기)
(국립부여문화재연구소, 2011, 『扶餘 定林寺址』, 67쪽 도면 13 중)

• 익산 미륵사지의 경사축토 대지조성

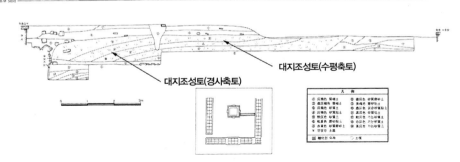

_ 익산 미륵사지의 수평 · 경사축토 대지조성(백제 사비기)
(國立扶餘文化財硏究所, 2001, 『彌勒寺址 西塔 周邊發掘調査 報告書』, 28-1쪽 도면 5)

• 익산 제석사지의 경사축토 대지조성

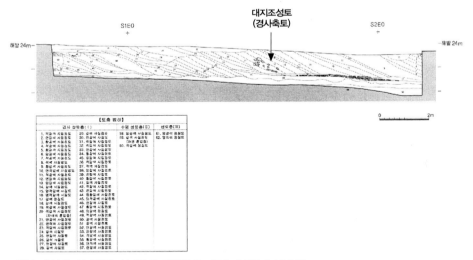

_ 익산 제석사지 남회랑지 남쪽의 경사축토 대지조성(백제 사비기)
(국립부여문화재연구소, 2013, 『帝釋寺址 발굴조사보고서 II』, 49쪽 도면 5)

• 익산 왕궁리유적의 경사축토 대지조성

_ 익산 왕궁리유적의 경사축토 대지조성(백제 사비기)

• 울산 영축사지의 경사축토 대지조성

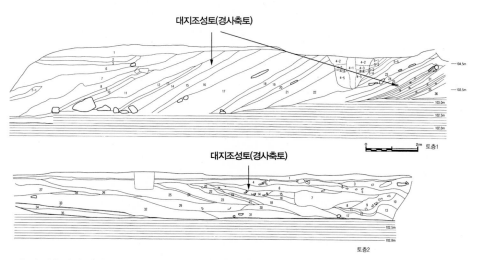

_ 울산 영축사지 동탑지 남쪽의 경사축토 대지조성(통일신라)
(울산박물관, 2016, 『울산 영축사지 발굴조사보고서 I』, 도면 4 중)

위의 사례와 달리 경주 황룡사지 대지조성토에는 등간격으로 강자갈이 혼입되어 있음을 볼 수 있다. 이러한 경사축토 기법은 백제 건물지에서 거의 관찰되지 않은 신라만의 독특한 토목공법으로 이해된다. 축토 과정 중에 포함된 강자갈은 별도의 암거 대신 지표면의 유수를 용이하게 배수하기 위한 발전된 토목기술로 이해할 수 있다.

◆ 경주 황룡사지 서금당지 및 강당지의 경사축토 대지조성

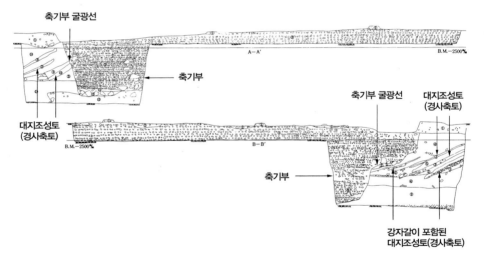

_ 경주 황룡사지 서금당지의 경사축토 대지조성(신라). 경사축토에 강자갈이 포함되어 있다.
(文化財管理局 文化財硏究所, 1982, 『皇龍寺(圖版編)』, 도면 32)

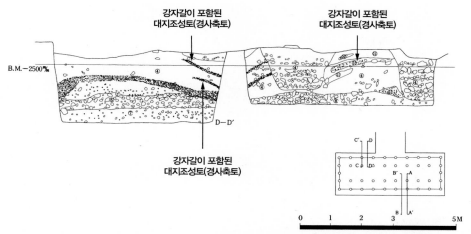

강자갈이 포함된
대지조성토(경사축토)

강자갈이 포함된
대지조성토(경사축토)

B.M.-2500㎜

강자갈이 포함된
대지조성토(경사축토)

0   1   2   3   5M

_ 경주 황룡사지 강당지의 경사축토 대지조성(신라). 경사 방향으로 강자갈이 포함되어 있다.
(文化財管理局 文化財研究所, 1982,『皇龍寺(圖版編)』, 도면 30)

　　한편, 기와(혹은 초가) 건물이 평지가 아닌 곡간이나 저습지 등의 연약지반에 축조될
경우 절토나 삭토 보다는 성토와 같은 대지조성이 절대적으로 필요하게 된다. 이때
성토에 사용되는 토양은 채토장(採土場)의 여건에 따라 그 토질 역시 각기 다양하게 나
타난다.

　　이렇게 볼 때 동일 건물의 대지조성토라 할지라도 석비레층에서 채토한 마사토와
고토양층에서 굴토한 점질토가 함께 나타날 수 있다. 그리고 만약 화재로 폐기된 기
와건물의 잔재를 대지조성토에 사용한 경우에는 목탄(炭)과 더불어 기와나 토기, 소
토 등이 함께 관찰될 수 있다.

◆ 대지조성토에 포함된 화재 폐기물

대지조성토에 포함된 기와, 토기, 소토편

_ 보령 성주사지의 대지조성토에 포함된 기와, 토기, 소토편(조선)

   이때 유물의 편년은 건물지의 상한 연대와 밀접한 관련이 있기 때문에 출토 위치나 층위를 확실히 명기해 두고, 사진 촬영도 동시에 실시하여야 한다.

   예컨대 대지조성토에서 백제토기와 함께 고려청자 및 막새, 조선백자 등이 공반 출토되었다면 이 위에 조성된 건축물은 무조건적으로 백자 편년보다도 이후에 조성된 것으로 보아야 한다.

◆ 대지조성토에 포함된 기와 및 토 · 자기편

• 대지조성토에서 출토된 와당

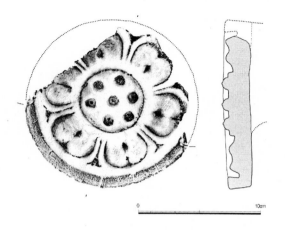

_ 익산 미륵사지 서탑 대지조성토 출토
와당(7세기 전반)

(국립문화재연구소 · 전라북도, 2012, 『彌勒寺
址 石塔 기단부 발굴조사 보고서』, 147쪽)

• 대지조성토에 포함된 와당, 평기와

대지조성토에 포함된 와당(수막새)과 평기와

_ 대지조성토에 포함된 귀목문 수막새와 평기와(귀목문 수막새의 경우 12세기 전반으로 편년됨. 따
라서 이 건물지의 초축 연대는 무조건적으로 12세기 전반 이후가 되어야 함)

따라서 대지조성토에서 출토된 유물은 기단토 출토 유물과 마찬가지로 건물지의 편년 설정에 절대적인 영향을 미치는 것이기에 보고서 작성 과정에서 중요하게 다루어져야 한다.

구릉지가 아닌 저습지나 뻘과 같은 연약지반에 대지를 조성할 때에는 성토나 판축에 앞서 우선적으로 연약지반을 개량할 수 있는 토목시설이 요구된다. 예를 들어 부엽시설이나 말뚝지정, 나무울타리형 토류목, 암거, 집수 및 배수시설 등이 축조된다.

그러므로 이들 지형에 입지한 건물지를 발굴조사할 때에는 지표상의 초석이나 적심석, 기단석 외에 지하의 토목시설에 대한 확인 작업도 반드시 필요하다.

대지조성토 확인 작업은 기단이나 초석 혹은 적심석 등의 유구가 평면 조사된 이후에 실시하는 것이 바람직하다. 건물지에서 대지라는 부분이 어느 한 곳에만 국한되는 것이 아니기 때문에 되도록 유구가 적은 중심지역을 관통하여 구덩이 조사를 실시하는 것이 합당하다.

◆ 대지조성토의 토층 조사

_ 대지조성토 확인 작업(여주 영릉 재실유적, 조선)

토층조사라는 점에서 기단토 조사와 큰 차이가 없겠으나 조사 범위가 건물지 전체를 대상으로 하고, 그 깊이 또한 생토면이나 자연퇴적토까지 진행한다는 점에서 기단토 조사보다는 광의의 개념으로 이해하여야 한다.

즉, 기단토는 기단 내부에만 축토된 토양이기 때문에 대지조성토에 비해 그 분포 범위가 매우 좁다. 반면에 대지조성토는 생활면(지표면)을 비롯한 정지된 자연퇴적토와 생토면, 연약지반 위에 축토된 인공의 모든 토양을 포함하고 있다. 따라서 대지조성토의 토층 양상을 파악하기 위해서는 자연퇴적토 및 생토면까지의 토층 단면조사가 반드시 실시되어야 한다.

◆ 대지조성토와 기단석의 토층 관계

_ 여주 영릉 재실유적의 대지조성토와 기단토 굴광선(조선)

대지조성토 내에서는 토기나 자기, 기와 등이 편으로 검출될 가능성이 높기 때문에 되도록이면 긁개 등의 소도구를 이용하여 작업하는 것이 효과적이다. 특히 해당 부지에 이들 유물과 연관시켜 볼 수 있는 선축(先築) 유구가 존재하지 않을 경우에는 주변 지역에 관련 유구가 입지하였을 가능성이 매우 높으므로 자료 확보 차원에서 인근 지역에 대한 지표조사도 함께 병행할 필요가 있다.

한편, 대지조성이 완료된 후에는 이의 붕괴를 막기 위해 전면에 축대가 시설된다. 따라서 조사 대상이 사지인 경우에는 중문지 남쪽에 이의 확인을 위한 구덩이 작업이 필요하다. 이때 구덩이는 유구 확인을 위해 축대의 장축방향과 직교해서 설치하는 것이 바람직하다.

대지조성은 판축토이든 성토다짐토이든 간에 모두 달구질 공정을 수반하게 된다. 이는 토기나 기와 제작 과정에서 타날판을 이용하여 외면을 두드리는 행위와 유사하다.

달구질은 끝이 뭉툭한 절구 모양의 나무(목달구)나 바닥이 평평한 돌(석달구)로 행해진다. 따라서 반복적인 달구질 행위는 대지조성토의 지내력을 향상시켜 건축물 조성에 따른 침하를 예방한다.

발굴조사 과정에서 달구질 흔적은 단면상의 토층 조사보다는 평면작업에서 오히려 더 쉽게 확인할 수 있다. 그리고 대지조성토 보다는 범위가 좁은 기단토에서 더 확연하게 살필 수 있다.

◆ 기단토 축토 과정에서의 달구질 흔적

_ 익산 미륵사지 서탑 기단토의 달구질 흔적(백제 사비기)

달구질의 확인을 위해선 전체 범위를 대상으로 하지 말고, 일정한 범위로 국한하여 실시하는 것이 좋다. 이 경우 상면에서부터 한 층 한 층 제토하는 인내력이 필요하다. 달구질이 이루어진 부분은 요철이 심하게 나타나기 때문에 평면상에서 쉽게 찾아볼 수 있다.

◆ 판축대지(版築臺地)

부여 능산리사지나 부소산사지처럼 대지의 일부분만을 판축하지 않고, 건축물이 입지할 대지 대부분을 판축하는 경우이다. 부여 쌍북리 두시럭골유적 및 부소산성 북문지 동편 '다'지구 등에서 살필 수 있다.

토성이나 목탑지 등에 축토된 판축토와는 토질상에서 차이를 보이나 마사토와 점질토 등을 반복적으로 축토하였다는 점에서 유사성이 보인다. 아울러 여느 성토대지와도 확연한 차이를 보이고 있다.

• 부여 능산리 동나성의 판축토루

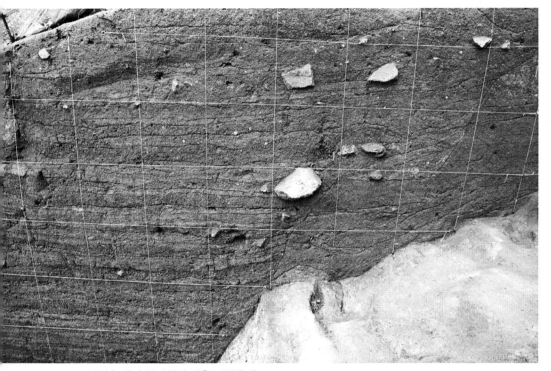

_ 부여 능산리 동나성의 판축토루(백제)

부여 쌍북리 두시럭골유적은 급경사면에 대지를 조성하는 과정에서 판축공법이 사용되었다. 주로 마사토를 이용하여 길이를 짧게 수평축토 하였다. 이는 토양의 지내력(地耐力)을 갖추기 위한 토목공법으로 이해된다.

• 부여 쌍북리 두시럭골유적의 판축대지

_ 부여 쌍북리 두시럭골유적의 판축대지 전경(백제 사비기) (충청문화재연구원 제공)

_ 부여 쌍북리 두시럭골유적의 판축대지 근경(백제 사비기). 구덩이 설치 후 모습
(충청문화재연구원 제공)

_ 부여 쌍북리 두시럭골유적의 판축대지 세부 1(백제 사비기) (충청문화재연구원 제공)

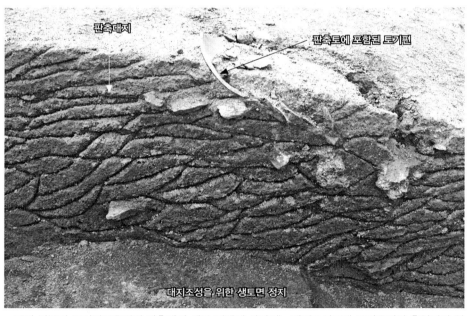

판축대지

판축토에 포함된 토기편

대지조성을 위한 생토면 정지

_ 부여 쌍북리 두시럭골유적의 판축대지 세부 2(백제 사비기). 대지조성토에 토기호편이 혼입되어 있다. (충청문화재연구원 제공)

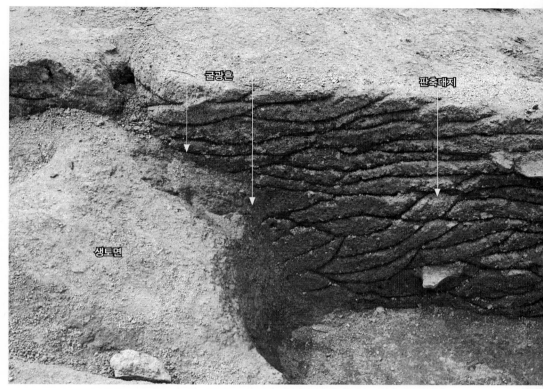

_ 부여 쌍북리 두시럭골유적의 판축대지 세부 3(백제 사비기). 생토면을 'ㄴ'자 모양으로 굴광하고 판축대지를 조성하였다. (충청문화재연구원 제공)

대지조성토 아래에서 평평한 생토면이 검출되는 것으로 보아 대지조성 전 생토면까지 정지(整地)작업이 이루어졌음을 알 수 있다. 생토면이 'ㄴ'자 모양으로 굴토된 상태에서 판축작업이 이루어졌다. 판축대지의 전면으로는 축대(혹은 협축기단)가 시설되어 있다.

부소산성 내 판축대지는 골짜기 부분에 형성되어 있으며, 수평축토와 경사축토를 통해 만들어졌다. 마사토를 이용하여 정교하게 판축되었으며, 전면에는 축대가 조성되어 있다. 판축토 아래에서 구지표층이 검출되지 않는 것으로 보아 대지조성 전에 일차적으로 구지표면을 정지(整地)하였음을 알 수 있다.

• 부여 부소산성 북문지 동쪽의 판축대지

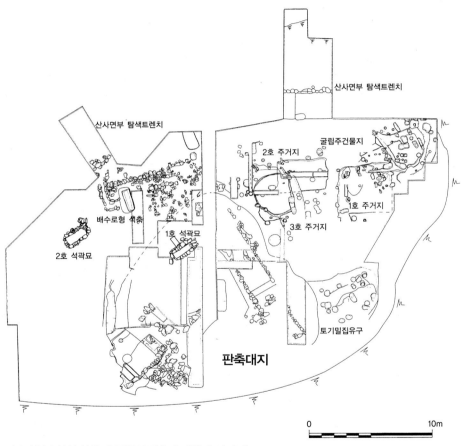

_ 부여 부소산성 북문지 동쪽의 판축대지(백제 사비기)
(國立扶餘文化財研究所, 2003, 『扶蘇山城 發掘調査報告書 Ⅴ』, 140쪽 도면 53)

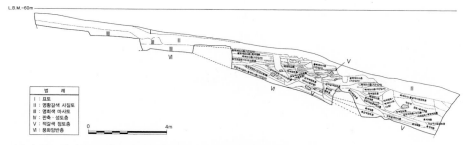

_ 부여 부소산성 북문지 동쪽의 판축대지 토층도(백제 사비기)

(國立扶餘文化財硏究所, 2003,『扶蘇山城 發掘調査報告書 V』, 141쪽 도면 54)

• 서울 청진 6지구 내 판축대지

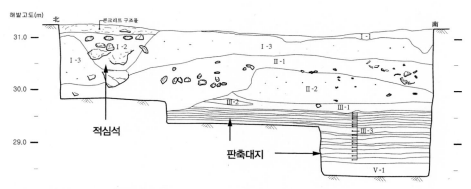

_ 서울 청진 6지구 내 판축대지(조선)

(명지대학교 부설 한국건축문화연구소, 2007,『서울 淸進6地區 遺蹟I』, 255쪽 도면 126)

◆ 성토다짐대지

거의 대부분의 건축물 대지에서 확인할 수 있다. 수평축토 및 경사축토 등의 방법으로 점토나 마사토 등을 성토한 후 다져 대지를 조성하였다. 대지가 넓은 경우 동일 건물지라 할지라도 성토다짐토의 토질은 지점에 따라 달리 나타날 수 있다.

• 부여 정림사지의 성토다짐대지

생활면

배수시설

성토다짐대지

성토다짐대지

_ 부여 정림사지의 성토다짐대지(백제 사비기). 사람들이 서 있는 면이 생활면이고, 대지조성토에 배수시설(암거)이 축조되어 있다.

• 여주 영릉 재실유적의 성토다짐대지

_ 여주 영릉 재실유적의 성토다짐대지(조선). 기단토 아래에 축토되어 있다.

• 대전 상대동유적의 성토다짐대지

_ 대전 상대동유적의 성토다짐대지(고려)

따라서 토층조사 시 간층에 너무 치중하게 되면 전체 토층을 이해함에 있어 많은 어려움을 겪을 수 있다. 만약 화재로 폐기된 기와건물지의 잔재를 다짐토로 사용할 경우 여기에서는 기와나, 토기뿐만 아니라 소토 등의 폐기물, 할석 등도 혼입되어 나타날 수 있다.

• 성토다짐대지에 포함된 유물

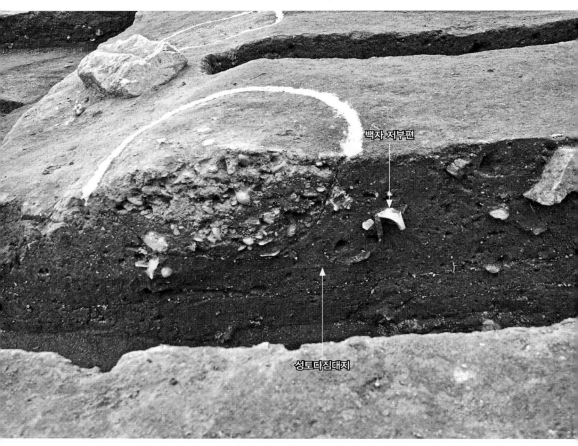

_ 여주 고산서원지의 성토다짐대지에 포함된 백자 저부편(조선). 만약 이 백자가 16세기 무렵에 제작되었다면 이 위에 조성된 건물은 그 상한이 16세기 이후가 되어야 한다.

□ 점토덩어리(粘土塊)와 초낭(草囊)

◆ 점토덩어리(粘土塊)

점토덩어리는 어른 주먹보다 큰 것으로 고총고분의 봉토나 성곽 축조를 위한 급경 사면에서 주로 찾아지고 있다. 특히 후자의 점토덩어리는 대지조성과 밀접한 관련이 있고, 상하 중층으로 겹쳐져 여느 대지조성토와 확연한 토층 차이를 보여주고 있다.

• 안성 도기동유적(고구려 목책성)의 점토덩어리

_ 안성 도기동유적(고구려 목책성)의 점토덩어리. 이 위에 목책성의 기단석렬이 축조되어 있다.

_ 안성 도기동유적(고구려 목책성)의 점토덩어리 세부

_ 안성 도기동유적(고구려 목책성)의 점토덩어리 단면 모습

점토덩어리의 상면은 울퉁불퉁하여 평평한 대지조성토에 비해 마찰력이 클 것으로 판단되며, 이는 상면에 놓이는 목책성의 기단석 축조에도 유리하게 작용하였을 것으로 생각된다.

한편, 점토덩어리는 삼국시대의 대형 봉토분에서도 확인되고 있다. 즉, 봉토의 견고함을 위해 일정한 간격으로 점토덩어리를 사용하였다. 나주 장동리고분을 비롯해 영암 옥야리 방대형고분, 고령 지산동고분군 518호분, 부산 연산동고분군 등에서 조사된 바 있다.

• 고령 지산동고분군 518호분 봉토의 점토덩어리

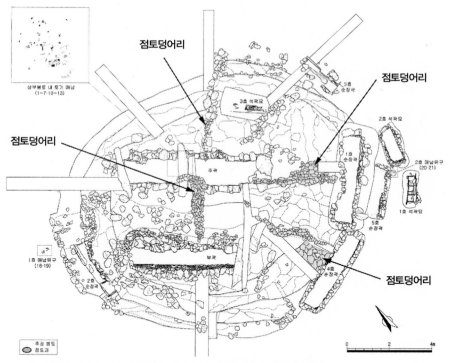

_ 고령 지산동고분군 518호분 봉토에서 보이는 점토덩어리의 위치(가야)
(국립가야문화재연구소, 2016, 「고령지산동고분군 518호분 발굴조사보고서」, 41쪽 도면 11)

_ 고령 지산동고분군 518호분 봉토의 점토덩어리 세부(가야)
(국립가야문화재연구소, 2016, 『고령지산동고분군 518호분 발굴조사보고서』, 252쪽 도판 30)

◆ 초낭(草囊)

　　초낭은 김제 벽골제의 연약지반 위에서 확인되었다. 유기물질로 만들어진 자루 안에 점토를 넣어 제작하였다. 통일신라시대에 벽골제를 수리하는 과정에서 사용되었으며, 이 층 위로 대지조성이 이루어졌다. 오늘날 수해 현장에서 모래나 흙을 담아 쌓아놓은 모래주머니와 같은 성격으로 이해된다.

• 김제 벽골제 초낭

_ 김제 벽골제 초낭 1(통일신라) (전북문화재연구원 제공)

_ 김제 벽골제 초낭 2(통일신라) (전북문화재연구원 제공)

_ 김제 벽골제 초낭 세부(통일신라) (전북문화재연구원 제공)

　　초낭은 본래 자루를 갖추고 있다는 점에서 점토덩어리와 제작상의 차이를 보이고 있다. 초낭의 자루는 모두 부식된 상태에서 검출되나 이의 형적만큼은 점토 표면에서 확연하게 살필 수 있다. 발굴조사에서 드러나는 초낭의 경우 일정한 형태를 갖추고 있는 반면, 점토덩어리는 상하 좌우 일그러져 있어 부정형한 모습을 취하고 있다.

　　점토덩어리와 초낭이 대지조성 중에 사용되었다는 점에서 성토다짐이나 판축과는 다른 고대의 토목공법 중 하나로 이해할 수 있다. 아울러 이러한 유구가 제방이나 목책성 등에서 확인되었다는 점에서 향후에도 이와 유사한 입지를 보이는 성격의 유구에서 검출될 가능성 또한 적지 않겠다.

2. 부엽시설(敷葉施設)

연약지반(저습지나 펄, 수전 등)에 기와건물이나 제방, 도로, 토루 등을 조성할 경우 본격적인 공사에 앞서 우선적으로 토목사업을 실시한다. 이 중 나뭇잎이나 나뭇가지 등의 부엽층과 유기물질을 흙과 함께 반복적으로 쌓아 올리는데 이러한 토목 행위의 결과물을 부엽시설이라 한다.

부엽시설은 말뚝지정과 더불어 삼국시대 토목공법의 대표라 할 수 있다. 최근에는 생활유적 외에 고분과 같은 분묘유적에서도 확인되고 있어 그 사례는 향후 더욱 늘어날 것으로 생각된다.

_ 부엽공법의 재현
(大阪府立狹山池博物館, 2002, 『常設展示案內』, 22쪽)

◆ 부여 능산리 동나성 내부 백제유적의 부엽시설

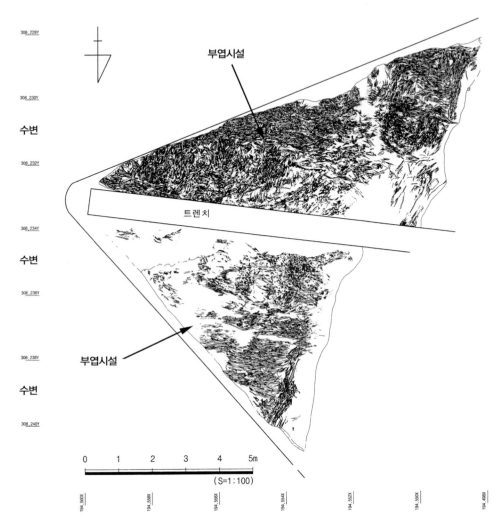

308,228Y

부엽시설

308,230Y

수변

308,232Y

트렌치

308,234Y

수변

308,236Y

부엽시설

308,238Y

수변

308,240Y

0 1 2 3 4 5m

(S=1:100)

194,560X   194,558X   194,556X   194,554X   194,552X   194,550X   194,498X

_ 부여 능산리 동나성 내부 백제유적의 부엽시설(백제 사비기)
(忠淸文化財研究院. 2006, 『扶餘 陵山里 東羅城 內·外部 百濟遺蹟』. 33쪽 도면 15)

부엽시설

_ 연약지반 성토층에서 확인된 부엽시설 토층 단면. 나뭇잎과 나뭇가지가 탄화되어 검정색의 층위를 이루고 있다. (충청문화재연구원 제공)

제3 부엽시설
제3 성토다짐층
제2 부엽시설
제2 성토다짐층
제1 부엽시설
제1 성토다짐층

_ 부여 능산리 동나성 내부 백제유적의 부엽시설 층위(백제 사비기). 세 번의 성토다짐과 부엽공법이 이루어졌다. (충청문화재연구원 제공)

_ 부여 능산리 동나성 내부 백제유적의 부엽시설(백제 사비기). 나뭇잎은 부식되고, 나뭇가지만 남아 있다.
(충청문화재연구원 제공)

_ 부여 능산리 동나성 내부 백제유적의 부엽시설(백제 사비기). 나뭇가지를 바둑판 모양으로 겹쳐 쌓았다.
(충청문화재연구원 제공)

◆ 부여 쌍북리 북포유적의 부엽시설

_ 부여 쌍북리 북포유적의 부엽시설(백제 사비기). 구 내부를 여러 번에 걸쳐 부엽공법을 실시하였다. (충청문화재연구원 제공)

_ 부여 쌍북리 북포유적의 부엽시설(백제 사비기). 부엽공법을 통해 웅덩이를 대지로 조성하였다. (충청문화재연구원 제공)

_ 부여 쌍북리 북포유적의 부엽시설(백제 사비기). 나뭇가지가 대부분 부식되어 있다.
(충청문화재연구원 제공)

부엽공법에 사용된 부엽층은 포(布)와 유사한 기능을 담당하는 것으로 알려져 있다. 따라서 제방의 절단이나 세굴(洗掘)을 방지해 주거나[1] 성토된 토양이 연약지반에 침하하는 것을 막아주는 역할을 하고 있다.

발굴조사 과정에서 부엽공법의 행위는 탄화된 검정색의 층위로 나타나며, 부식 정도에 따라 일부 나뭇가지 및 나뭇잎 등도 관찰되고 있다. 특히 부여지역과 같이 연약지반이 활성화된 지형에서는 부엽시설을 어렵지 않게 살필 수 있다.

---

1)　小山田宏一, 2003, 「百濟의 土木技術」 『古代 東亞細亞와 百濟』, 충남대학교 백제연구소, 372쪽.

◆ 함안 성산산성 내 부엽시설

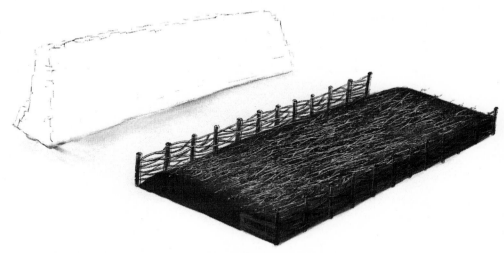

_ 함안 성산산성 내 나무울타리형 토류목과 부엽시설(통일신라)의 복원
(국립가야문화재연구소, 2012, 『함안 성산산성 고대환경복원연구 결과보고서』, 112쪽 그림 59)

부엽공법은 전남 보성의 조성리 저습지유적을 비롯해 부여지역의 동나성, 능산리
사지, 쌍북리 북포·현내들유적, 동남리유적, 함안 성산산성 등 연약지반에서 주로
조사되었다.

한편, 부엽공법은 건축물의 대지 외에 김제 벽골제 및 당진 합덕제 등의 제방유적
을 비롯해 멀리 일본 오사카의 협산지(狹山池)에서도 확인되고 있다. 이는 원삼국시대
이후 연약지반(저습지 등) 개량공법 중 가장 일반적이고 효과적인 토목기술의 하나로 판
단되며, 고대 한일의 기술 전파를 이해하는 데 중요한 자료가 된다.

◆ 당진 합덕제 제방의 부엽시설

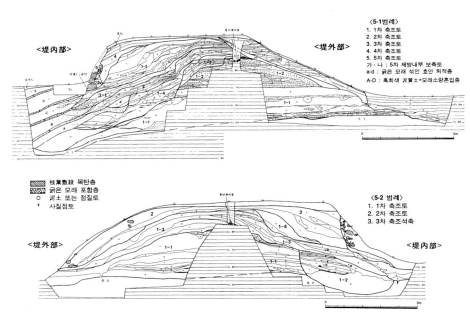

_ 당진 합덕제 제방의 부엽시설(枝葉敷設, 조선) (忠南大學校博物館, 2002, 『唐津 合德堤』, 15쪽 도면 5)

◆ 일본 오사카 협산지(狹山池) 제방의 부엽시설

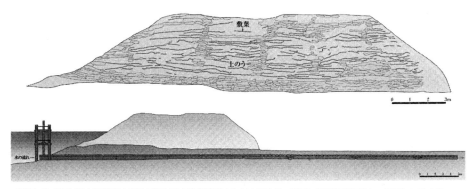

_ 일본 오사카 협산지(狹山池) 제방의 부엽시설 (狹山池博物館, 2002, 『常設展示案內』, 22쪽 그림 11)

부엽공법은 연약지반에서 주로 나타나기 때문에 이는 시굴조사 과정에서 확인하는 것이 필요하다. 시굴조사의 터파기가 자연퇴적토나 생토면까지 진행되기 때문에 단면상에서의 부엽층은 쉽게 살필 수 있다. 그리고 부엽층과 관련된 유구는 이의 상면에 위치하기 때문에 생활면(구지표면)의 확인도 어렵지 않다.

만약 연약지반에서 이러한 행위가 이루어지지 않는다면 발굴조사 과정에서 많은 어려움을 겪을 수 있다. 왜냐하면 각각의 부엽층마다 별개의 생활면이 존재할 수 있기 때문이다. 이러한 유구 중복은 부여지역에서 아주 흔히 나타나는 난제이기 때문에 시굴조사 과정에서의 토층조사가 반드시 필요하다. 아울러 시굴조사 과정에서 생활면을 분명히 인지하여야만 유구의 멸실도 그만큼 줄일 수 있을 것이다.

3. 말뚝지정

그 동안 발굴조사된 유적을 살펴보면 말뚝지정은 하천이나 수로와 인접한 수변지역(연약지반)에서 주로 확인되고 있다. 이는 기와건물지의 적심석이나 담장지, 배수구 등의 하부에 시설되어 있으며, 성벽 기저부나 도로 측구, 수로, 해자, 제방 등에서도 살필 수 있다. 특히, 완도 청해진유적에서는 바닷가에 말뚝이 박혀있음을 확인할 수 있다.

◆ 부여 능산리 동나성 내부 백제유적의 말뚝지정

_ 연약지반(저습지)에 박혀 있는 말뚝의 모습(백제 사비기). 어두운 부분이 연약지반이다.

　건물지의 대지조성에서는 말뚝지정이 부정형으로 박혀 있는 반면, 도로나 수로, 성곽, 담장 등과 같이 선형으로 유적이 조성된 지역에서는 일정한 열을 보이며 말뚝이 박혀 있다. 그러나 후자의 경우도 방향성 측면에서만 열을 보일 뿐 말뚝의 밀집도나 범위 등에 있어서는 유적마다 차이를 보이고 있다.

　말뚝지정은 또한 기둥의 하중을 받는 적심석이나 석축으로 이루어진 배수시설 아래에서도 확인되고 있다. 즉, 기와건물이 연약지반을 성토하고 그 위에 조성될 경우 지붕의 하중은 기둥을 통해 초석에 전달된다.

초석은 적심석이라는 보강시설을 통해 기둥의 하중을 받게 된다. 하지만 적심석조차도 연약지반(저습지)을 성토한 곳에 축조된 경우에는 그 기능을 원활히 수행할 수 없다. 이럴 경우 적심석 아래에 말뚝을 박아 적심석을 보강하고 있다.

이때 말뚝은 적심석을 조성하기 위한 적심공 내부에 자리하는 것이 있는 반면, 그 외부에 위치하는 것도 살필 수 있다. 이는 적심시설을 조성하기 위한 작업 순서를 내포하는 것이기에 도면 및 세부 사진 등을 단계별로 남겨둔다.

□ 건물지 적심석 아래의 말뚝지정

◆ 서울 동대문 운동장 유적 내 건물지 적심석 아래의 말뚝지정

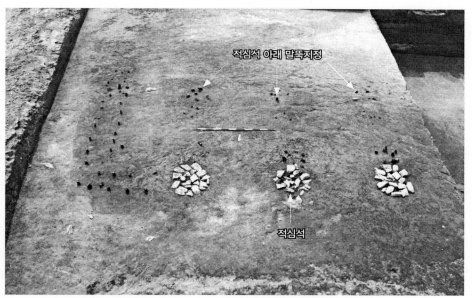

_ 서울 동대문 운동장 유적 건물지에서 보이는 적심석과 그 아래의 말뚝지정(조선)
(중원문화재연구원 제공)

◆ 서울 청계천 하랑교지 주변 건물지 적심석 아래의 말뚝지정

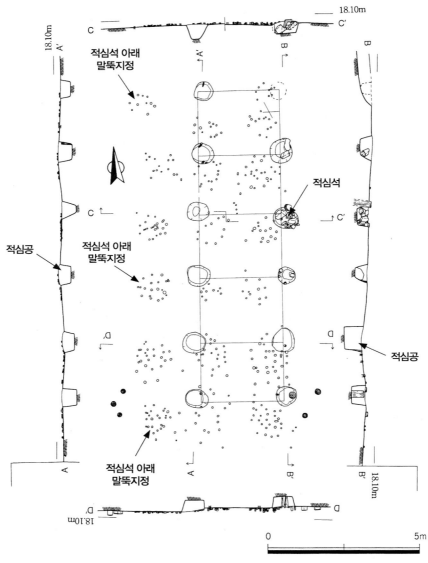

_ 서울 청계천 하랑교지 주변 건물지에서 보이는 말뚝지정(조선). 적심석 아래에 시설되었던 것으로 추정된다. (서울특별시·中央文化財研究院, 2004, 『淸溪川 遺蹟』, 76쪽 도면 22)

◆ 진주 평안동유적 2-7건물지 적심석 아래의 말뚝지정

_ 진주 평안동유적 2-7건물지 적심석(조선) (동서문물연구원 제공)

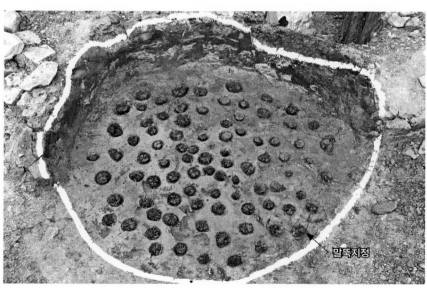

말뚝지정

_ 진주 평안동유적 2-7건물지 적심석 제거 후 모습(조선) (동서문물연구원 제공)

_ 진주 평안동유적 2-7건물지 적심석 아래의 말뚝지정 세부(조선) (동서문물연구원 제공)

적심석 아래
말뚝지정

적심공

적심석 아래
적심토

적심공

_ 진주 평안동유적 2-7건물지의 적심석 단면 상태(조선). 적심공 내부에 말뚝이 박혀 있는 것으로
보아 적심공 → 적심토 → 말뚝지정 → 적심석의 순으로 작업이 이루어졌음을 알 수 있다.
(동서문물연구원 제공)

◆ 서울 청진 6지구 내 건물지 적심석 아래의 말뚝지정

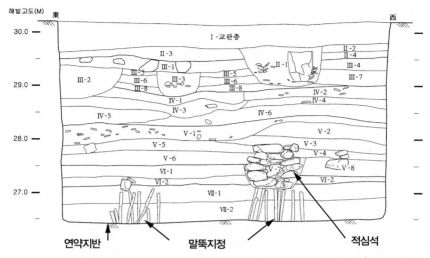

_ 서울 청진 6지구 적심석 아래의 말뚝지정(조선). 적심공 외부에 말뚝지정이 이루어진 것으로 보아 말뚝지정 → 적심공 → 적심석의 순으로 작업이 이루어졌음을 알 수 있다.
(명지대학교 부설 한국건축문화연구소, 2007, 『서울 淸進6地區 遺蹟I』, 216쪽 도면 100)

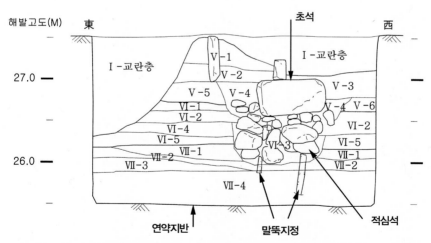

_ 서울 청진 6지구 적심석 아래의 말뚝지정(조선). 적심공 내·외부에 말뚝이 걸쳐있는 것으로 보아 적심공 → 말뚝지정 → 적심석의 순으로 작업이 이루어졌음을 알 수 있다.
(명지대학교 부설 한국건축문화연구소, 2007, 『서울 淸進6地區 遺蹟I』, 191쪽 도면 71)

□ 도로 측구 및 주변의 말뚝지정

도로의 양 측단에는 배수를 용이하게 하기 위해 측구를 마련한다. 측구를 통해 흐르는 유수는 간혹 주변에 까지 범람하여 저습지를 형성한다. 이러한 상태에서 성토를 진행하면 지반의 안정화가 이루어지지 않아 대지로의 활용이 쉽지 않다. 따라서 이러한 연약지반을 개량하고, 또 한편으로 유수에 의한 측구를 보강하기 위해 말뚝지정을 실시한다.

◆ 부여 구아리 434번지 유적의 말뚝지정

_ 부여 구아리 434번지 유적의 도로와 측구(백제 사비기)

_ 부여 구아리 434번지 유적의 도로 측구 벽면에 조성된 말뚝지정(백제 사비기)

◆ 부여 쌍북리유적의 말뚝지정

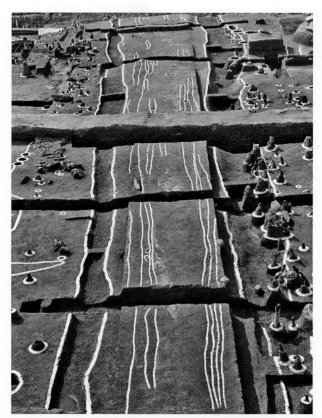

_ 부여 쌍북리유적의 도로 측
구 벽면과 주변에 박혀 있는
말뚝(백제 사비기)
(백제문화재연구원 제공)

따라서 대지조성토나 기단토에 대한 토층조사를 실시하여 기와건물지가 저습지 등의 연약지반 상면에 위치하는 경우 조사의 말미에 적심시설의 절개작업이 필요하다. 이를 통해 토층현황 및 말뚝지정 등의 연약지반 개량공법 등을 파악해 보아야 한다.

말뚝은 지하수면이 높은 기반토층이 머금은 다량의 수분을 성토층 위로 삼투함으로서 기초 지반의 안정과 함께 상부 성토층의 견고성을 유지하는 기능을 가지고 있다.[2] 효용성에 비해 경제적이기 때문에 요즈음의 논둑 보수에서도 어렵지 않게 살필 수 있다.

□ 수로 어깨면 및 벽면의 말뚝지정

수로는 측구와 마찬가지로 항시 물이 흐르면서 때때로 범람이 발생한다. 이럴 경우 수로가 무너지거나 붕괴되는데 이를 막기 위한 조처로 말뚝지정이 이루어진다. 또한 수로를 보축하고 난 후 이를 보강하는 차원에서 말뚝지정을 실시하기도 한다. 따라서 평면 제토 시 수로 및 말뚝이 확인되면 먼저 구덩이를 설치하여 수로의 보축(강) 관계를 살피고, 이와 함께 수로의 퇴적 양상도 파악한다.

---

2) 忠南大學校百濟研究所, 2000, 「扶餘 東羅城·西羅城 發掘調査略報告書」, 6쪽.

◆ 부여 능산리 동나성 내부 백제유적의 말뚝지정

_ 수로 어깨면 및 벽면에 박혀 있는 말뚝(백제 사비기) (충청문화재연구원 제공)

◆ 부여 가탑리 백제유적의 말뚝지정

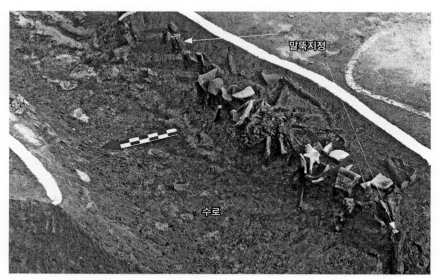

_ 수로 벽면에 박혀 있는 말뚝(백제고도재단 제공)

◆ 아산 갈매리유적의 말뚝지정

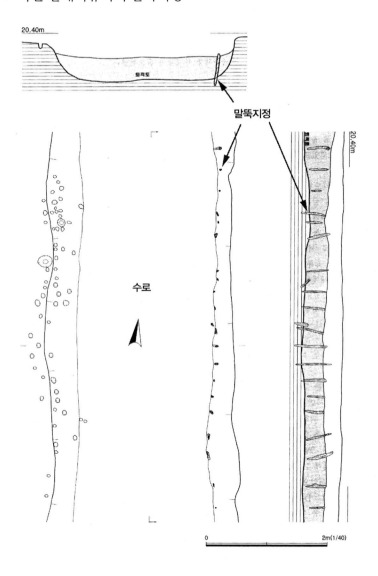

_ 수로 벽면에 박혀있는 말뚝(원삼국~백제)
(高麗大學校 考古環境硏究所, 2007, 『牙山 葛梅里(Ⅲ지역) 遺蹟 -本文-』, 208쪽 도면 136)

말뚝지정은 연약지반을 개량하는 과정에서 사용된 토목공법이기 때문에 생활면은 이보다 높은 곳에 위치하게 된다. 따라서 터파기 작업 시 말뚝 상면의 토층 변화를 유심히 관찰하여 대지조성토와 생활면의 경계를 명확히 파악하여야 한다.

제토 과정에서 말뚝 상면의 토층이 제거되었을 경우에는 남아있는 토층둑이나 벽면과 연계하여 층위를 파악한다. 여기서 뻘층과 모래층, 성토다짐층, 퇴적층 등을 구분하여 생활면이 어느 층위에 위치하였는지를 면밀히 관찰한다.

말뚝은 자연목을 대충 치목하여 사용하였으며, 땅에 박히는 부분은 뾰족하게 깎아 놓았다. 동일 유적, 같은 지역이라도 말뚝의 길이와 직경은 많은 차이가 있다.

말뚝지정은 또한 부엽시설과 함께 나타나는 경우가 많기 때문에 어느 한 유구가 검출되면 동시에 또 다른 존재도 확인하는 노력이 필요하다.

□ 해자 바닥면의 말뚝지정

해자는 물이 흐르는 곳이기 때문에 오랜 기간이 경과하면 자연스럽게 바닥면이 침식된다. 그러면 해자 양안의 호안석축 또한 점진적으로 붕괴될 수 있다. 이러한 호안석축의 훼실을 방지하기 위해 실시하는 공법이 곧 말뚝지정이다.

◆ 밀양읍성 서편 해자의 말뚝지정

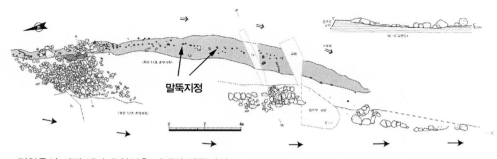

_ 밀양읍성 서편 해자 호안석축 아래의 말뚝지정
(密陽市 · 우리문화재연구원, 2016, 『密陽邑城 西偏 垓字 遺蹟』, 65쪽)

◆ 김해 고읍성 추정 해자의 말뚝지정

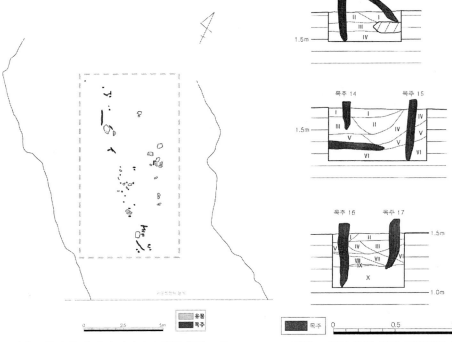

_ 김해 고읍성 추정 해자 바닥면의 말뚝지정(고려)
(동아세아문화재연구원, 2011,『巨濟 屯德岐城 東門·建物址/金海古
邑城Ⅱ 隍』, 46쪽 도면 12)

_ 김해 고읍성 추정 해자 바닥면의 말
뚝지정 단면(고려) (동아세아문화재연구원,
2011,『巨濟 屯德岐城 東門·建物址/金海古
邑城Ⅱ 隍』, 51쪽 도면 14)

　한편, 해자 바닥에는 말뚝지정뿐만 아니라 이와 비슷하게 생긴 목익(木杙)도 시설되
어 있어 주의 깊은 관찰이 요구된다. 목익은 해자를 건너오는 적들을 방어하기 위한
일종의 부비트랩으로 상단부가 뾰족하게 치목되어 있다. 반면에 말뚝지정은 뭉툭하
게 처리되어 목익과 뚜렷한 차이를 보여주고 있다.

◆ 부산 동래읍성 해자 바닥면의 목익

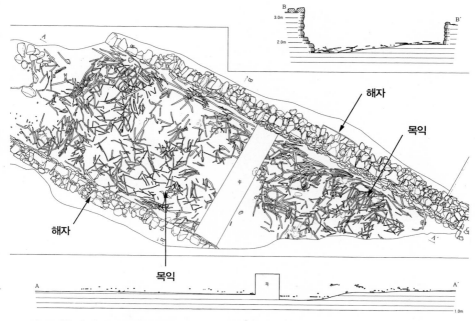

_ 부산 동래읍성 해자 바닥면의 목익(조선)
(慶南文化財研究院, 2010, 『東萊邑城 垓字Ⅱ-圖面·寫眞-』, 55쪽 도면 5)

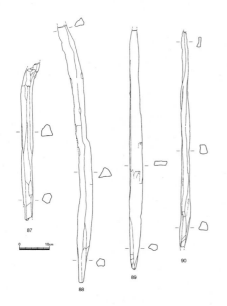

_ 부산 동래읍성 해자 바닥면에 박혀있던 목익
(조선). 지정에 사용된 말뚝과 달리 상단부가 뾰족하게 치목되어 있다.
(慶南文化財研究院, 2010, 『東萊邑城 垓字Ⅱ-圖面·寫眞-』, 78쪽 도면 25)

□ 배수시설 아래의 말뚝지정

연약지반(저습지)에 석축의 배수시설을 축조할 경우 하중에 의해 이것이 침하될 수 있다. 이러한 경우에는 배수로 방향으로 말뚝을 박고 석축을 하면 침하를 어느 정도 예방할 수 있다.

◆ 서울 청진 6지구 내 건물지 배수시설 아래의 말뚝지정

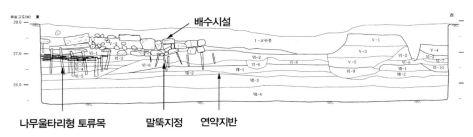

_ 서울 청진 6지구 배수시설 아래의 말뚝지정(조선)
(명지대학교 부설 한국건축문화연구소, 2007, 『서울 淸進6地區 遺蹟I』, 193쪽 도면 73)

□ 다리(木橋, 石橋) 아래 및 주변의 말뚝지정

물 위에 조성된 다리는 유수에 의해 성토된 다짐토가 깎여나갈 수 있다. 이럴 경우 다리는 점차 붕괴하게 된다. 이러한 붕괴를 방지하기 위해 실시되는 토목공법이 바로 말뚝지정이다.

◆ 부여 능산리 동나성 내부 목교 아래의 말뚝지정

_ 부여 능산리 동나성 내부 목교 아래의 말뚝지정(백제 사비기). 다른 지점과 달리 말뚝지정
이 조밀하게 이루어졌음을 살필 수 있다.

◆ 서울 청계천 광통교 교각 및 수로 하박석 아래의 말뚝지정

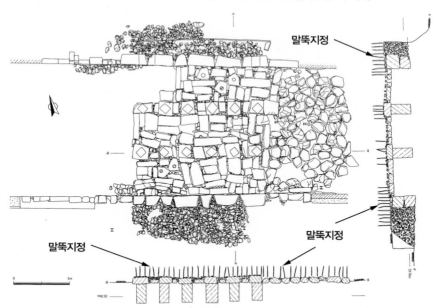

_ 서울 청계천 광통교 교각 아래의 말뚝지정(조선) (中央文化財研究院, 2004, 『淸溪川 遺蹟』, 55쪽
도면 10)

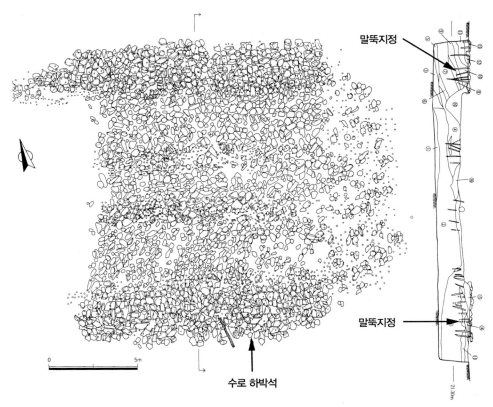

말뚝지정

말뚝지정

수로 하박석

0   5m

21.30m

_ 서울 청계천 광통교 수로 하박석 아래의 말뚝지정(조선)
(中央文化財研究院, 2004, 「淸溪川 遺蹟」, 57쪽 도면 11 중)

◆ 서울 청계천 오간수문지 홍예기초부 아래의 말뚝지정

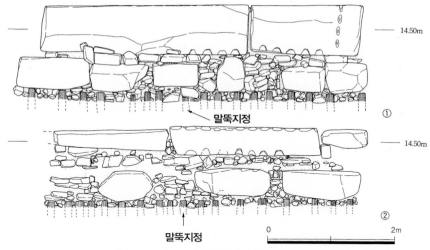

_ 서울 청계천 오간수문지 홍예기초부 아래의 말뚝지정(조선)
(中央文化財研究院, 2004, 『淸溪川 遺蹟』, 88쪽 도면 28 중)

◆ 서울 동대문 운동장 유적 이간수문 수로 하박석 아래의 말뚝지정

_ 서울 동대문 운동장 유적 이간수문 수로 하박석 아래의 말뚝지정(조선)
(서울특별시 · 중원문화재연구원, 2011, 『동대문 운동장 유적』, 99쪽 사진 9-②)

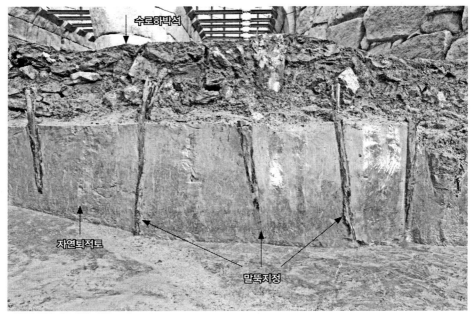

_ 서울 동대문 운동장 유적 이간수문 수로 하박석 아래의 말뚝지정(조선)
(서울특별시 · 중원문화재연구원, 2011, 『동대문 운동장 유적』, 99쪽 사진 9-③)

□ 성벽 기저부의 말뚝지정

연약지반에 성곽을 축조할 경우 많은 하중이 요구된다. 이는 단순히 성토만을 가지고는 해결될 수 없는 것이기에 지반의 안정을 위해 부분적으로 말뚝지정이 실시된다.

성벽 기저부에서의 말뚝지정은 백제 한성기 풍납토성에서부터 조선시대 김해읍성에 이르기까지 통시대적으로 사용된 대표적인 연약지반 개량공법 중 하나이다.

◆ 서울 풍납토성 성벽 기저부의 말뚝지정

_ 서울 풍납토성 B지점 내벽 VI토루 하부의 뻘층에 박혀있는 말뚝
(국립문화재연구소, 2002, 『風納土城 II』, 197쪽 사진 78)

◆ 김해읍성 북문지 성벽 기저부의 말뚝지정

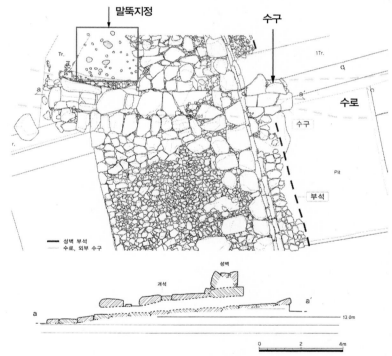

_ 김해읍성 북문지 성벽 기저부의 말뚝지정(조선)
(金海市 · 慶南文化財硏究院, 2009, 『金海邑城 北門址』, 111쪽 도면 30)

◆ 서울 동대문 운동장 유적 내 한양도성 체성벽 아래의 말뚝지정

_ 서울 동대문 운동장 유적 내 한양도성 체성벽 1구간 아래의 말뚝지정(조선)
(서울특별시·중원문화재연구원, 2011, 『동대문 운동장 유적』, 118쪽 사진 24-①)

_ 서울 동대문 운동장 유적 내 한양도성 체성벽 1구간 아래의 말뚝지정(조선)
(서울특별시·중원문화재연구원, 2011, 『동대문 운동장 유적』, 118쪽 사진 24-②)

□ 담장지 아래의 말뚝지정

◆ 서울 동대문 운동장 유적 내 담장지 아래의 말뚝지정

_ 서울 동대문 운동장 유적 내 담장지 아래의 말뚝지정(조선)

(서울특별시 · 중원문화재연구원, 2011, 『동대문 운동장 유적』, 176쪽 사진 105-①)

_ 서울 동대문 운동장 유적 내 담장지 아래의 말뚝지정 세부(조선) (중원문화재연구원 제공)

◆ 공주 제민천 서쪽 담장지 아래의 말뚝지정

_ 공주 제민천 서쪽 담장지 아래의 말뚝지정(조선)

□ 부엽시설과 말뚝지정이 함께 사용된 유적

◆ 부여 쌍북리 북포유적의 부엽시설과 말뚝지정

_ 부여 쌍북리 북포유적의 부엽시설과 말뚝지정(백제 사비기) (충청문화재연구원 제공)

◆ 부여 쌍북리유적의 부엽시설과 말뚝지정

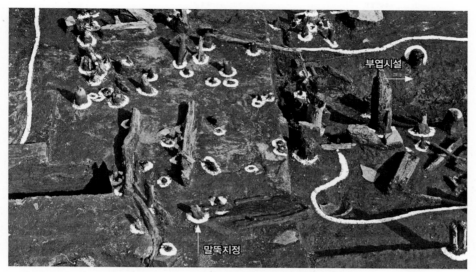

_ 부여 쌍북리유적의 부엽시설과 말뚝지정(백제 사비기) (백제문화재연구원 제공)

□ 말뚝지정에 사용된 말뚝의 모습

◆ 부여 능산리 동나성 내부 백제유적의 말뚝

_ 부여 능산리 동나성 내부 백제유
적의 말뚝 모습(백제 사비기)
(충청문화재연구원 제공)

◆ 거제 농소유적의 말뚝

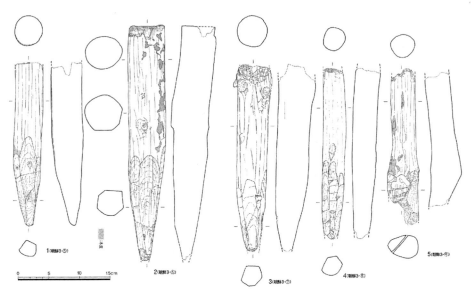

_ 거제 농소유적의 말뚝 모습(조선) (慶南考古學硏究所, 2007, 「巨濟 農所 遺蹟」, 62쪽 도면 32)

4. 집수시설(集水施設)

지표면 아래로 스며든 빗물은 자연스럽게 경사 윗면에서 아랫면으로 흐르게 된다.
이때 물이 모아지는 곳에 돌이나 기와, 나무 등을 이용하여 물을 저장케 되는데 이를
집수시설이라 한다. 이러한 집수시설은 저습지와 같은 연약지반을 비롯해 구릉 사면
의 대지조성토에서도 종종 발견되고 있다.

◆ 부여 능산리사지 북편건물지 집수시설

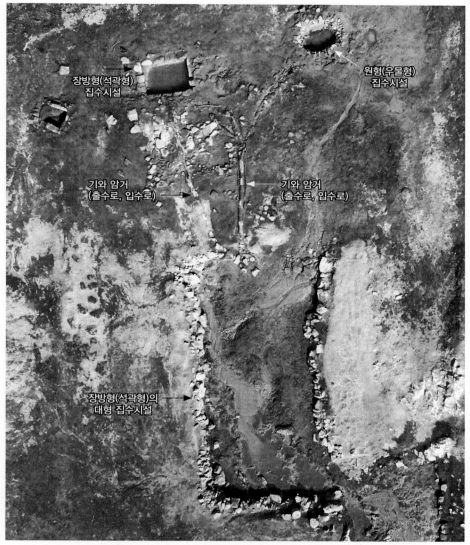

장방형(석곽형)
집수시설

원형(우물형)
집수시설

기와 암거
(출수로, 입수로) →

← 기와 암거
(출수로, 입수로)

장방형(석곽형)의
대형 집수시설 →

_ 부여 능산리사지 북편건물지의 대·소형 집수시설과 출수로, 입수로(백제 사비기), 출·입수로는
기와를 위아래로 겹쳐 조성하였다.

(한국전통문화학교 고고학연구소·부여군, 2010, 『扶餘 陵山里寺址 제9차 발굴조사 보고서』, 454쪽 사진 210)

우물은 물을 마시기 위해 축조된 것이기 때문에 이의 바닥은 생토면 혹은 자연퇴적토면까지 굴광된다. 이에 비해 집수시설은 성토한 대지의 훼실을 방지할 목적으로 조성되었기 때문에 생토면이나 자연퇴적토면까지 깊게 파내려가지 않는다.

아울러 우물은 판석이나 할석, 혹은 목재 등을 이용하여 정형적으로 축조하는 반면, 집수시설은 주로 할석을 이용하고 있어 재료상의 차이를 보여주기도 한다.

◆ 부여 화지산유적 내 석축 우물

_ 부여 화지산유적 내 석축 우물(백제 사비기). 벽석을 치석된 판석으로 조성하였다.

◆ 부여 가탑리유적의 2호 우물

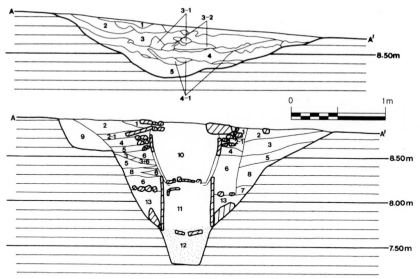

_ 부여 가탑리유적의 2호 우물(백제 사비기). 우물 내부에는 정수 · 여과를 위해 모래층과 토기가 시설되어 있다. (忠淸文化財硏究院, 2003, 『扶餘 佳塔里 · 旺浦里 · 軍守里遺蹟』, 79쪽 도면 36 중)

◆ 김포 마송유적의 1호 우물

_ 김포 마송유적의 Ⅳ지점 1호 우물(통일신라). 생토면을 굴광하여 바닥을 조성하였다.

_ 김포 마송유적의 Ⅲ지점 1호 우물(조선). 활석과 목재를 이용하여 우물을 축조하였다.

성토대지에 만약 집수시설이나 암거 등이 마련되지 않는다면 대지는 지표수와 지하수에 의해 점진적으로 침식이 일어난다. 그리고 결국은 산사태뿐만 아니라 대지의 훼실로 인해 건축물의 붕괴가 초래된다.

집수시설은 평면 형태에 따라 원형, 방형, (세)장방형 등으로 구분된다. 원형 중 일부는 우물처럼 생겼다하여 우물형 집수시설, 그리고 (세)장방형은 마치 석곽처럼 보인다고 하여 석곽형 집수시설이라고도 부른다. 집수시설의 바닥면에는 활석이 부석된 경우와 그렇지 않은 경우로 대별되고 있다.

□ 원형(우물형) 집수시설

◆ 화성 왕림리 노리재골유적의 원형(우물형) 집수시설

집수시설 위에 할석의 개석이 덮여있었던 것으로 보아 대지조성 중에 축조되었음을 알 수 있다. 만약, 집수시설이 지면에 노출되었다면 개석은 필요치 않았을 것이다. 벽석은 정형성이 없어 우물의 축조기법과 큰 차이를 보이고 있다. 집수시설의 경사 아래 면으로는 암거 형태의 출수구가 시설되어 있다.

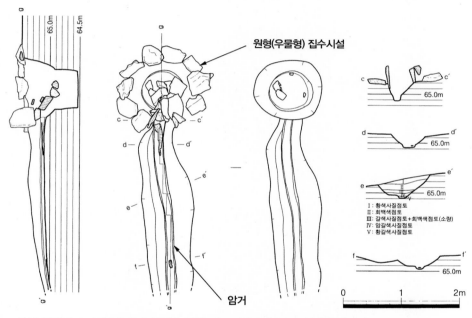

_ 화성 왕림리 노리재골유적의 원형(우물형) 집수시설과 출수 암거(백제 한성기)
(中部考古學硏究所, 2012, 『華城 旺林里 노리재골 I 遺蹟』, 51쪽 도면 21)

◆ 공주 공산성 유적의 원형(우물형) 집수시설

축대와 접해 집수시설이 조성되었다. 입수로는 확인되지 않았으며, 출수구는 축대 면석에 장방형으로 축조되었다. 주변의 토층 양상으로 보아 개석이 없이 지면에 노출되었던 것으로 판단된다.

_ 공주 공산성 유적의 원형(우물형) 집수시설(백제 웅진~사비기).
바닥에 대형의 판석형 할석이 부석되어 있다.

_ 공주 공산성 유적의 원형(우물형) 집수시설 출수구. 축대와 연결되어 있다.

_ 조사 중인 부여 능산리사지 북편건물지의 원형(우물형) 집수시설(백제 사비기)
(한국전통문화학교 고고학연구소 · 부여군, 2010, 「扶餘 陵山里寺址 제9차 발굴조사 보고서」, 441쪽 사진 197-①)

◆ 부여 정림사지의 원형(우물형) 집수시설

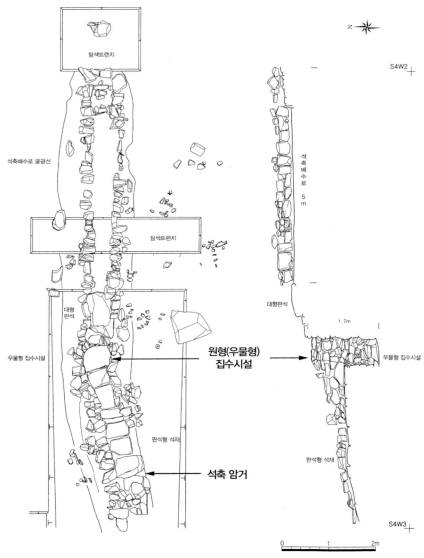

_ 부여 정림사지 서회랑지 아래의 원형(우물형) 집수시설(백제 사비기)
(국립부여문화재연구소, 2011, 『扶餘 定林寺址』, 106쪽 도면 35)

◆ 부여 쌍북리 314-5번지 유적의 원형(우물형) 집수시설

집수시설의 주변에서 입수로와 출수로는 조사되지 않았다. 잔존 양상으로 보아 출수구는 이미 유실된 것으로 판단된다. 개석은 확인되지 않았다.

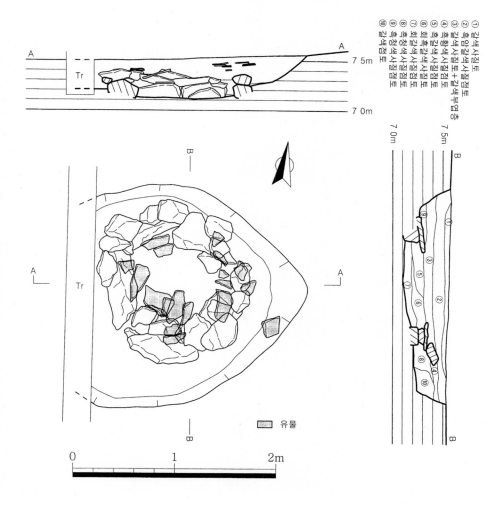

① 갈색사질토
② 흑갈색갈색사질점토
③ 갈색사질토＋갈색부엽층
④ 흑황색사질점토
⑤ 흑색갈색사질점토
⑥ 회갈색갈색사질점토
⑦ 회갈색사질점토
⑧ 흑색사질점토
⑨ 흑청색사질점토
⑩ 갈색사질점토

□ 유물

_ 부여 쌍북리 314-5번지 유적의 원형(우물형) 집수시설(백제 사비기) (韓國文化財財團, 2015, 「부여 쌍북리 314-5번지 유적」 『2012년도 소규모 발굴조사 보고서 Ⅴ -부여 2-』, 224쪽 도면 23)

◆ 부여 가탑리 금성산 두시럭골유적의 원형 집수시설

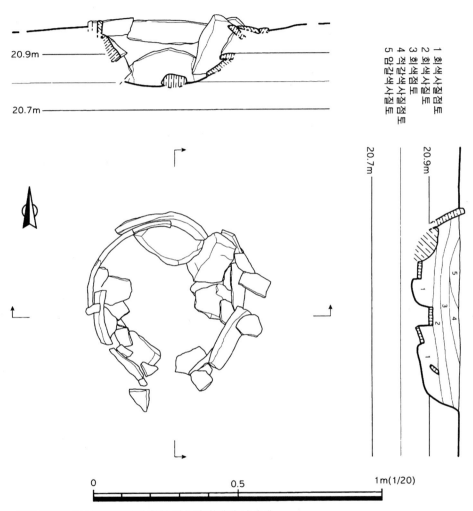

20.9m

20.7m

20.7m

20.9m

1 회색사질토
2 회색사질토
3 회색점토
4 적갈색사질토
5 암갈색사질토

5
3
4
2
1

0   0.5   1m(1/20)

_ 부여 가탑리 두시럭골유적의 원형 집수시설(백제 사비기)
(한국전통문화대학교 고고학연구소, 2013, 「扶餘 佳塔里 錦城山 두시럭골 遺蹟」, 162쪽 도면 86)

◆ 대구 월성동 600 유적의 원형(우물형) 집수시설

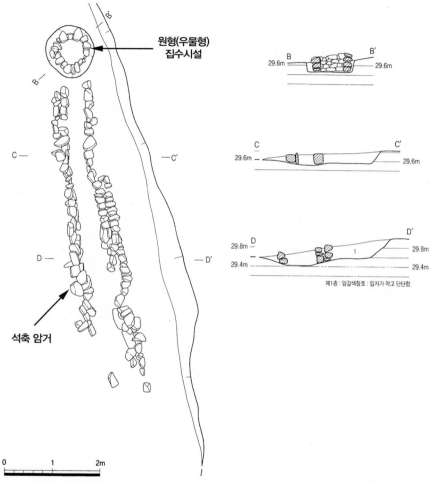

원형(우물형)
집수시설

석축 암거

B
29.6m
B'
29.6m

C
29.6m
C'
29.6m

D
29.8m
29.4m
D'
29.8m
29.4m

1

제1층 : 암갈색점토 : 입자가 작고 단단함.

0   1   2m

_ 대구 월성동 600 유적의 원형(우물형) 집수시설(통일신라). 집수시설의 경사 아랫면으로 석축 암거가 조성되어 있다.
(大東文化財研究院, 2013, 『大邱 月城洞 600 遺蹟』, 117쪽 도면 75)

◆ 공주 교동유적의 원형(우물형) 집수시설

 소형의 집수시설로 발굴조사 당시에도 물이 차 있었다. 별도의 입수로와 출수로는
확인되지 않았다. 구릉사면의 유수를 모아두기 위해 조성된 것으로 판단된다. 개석
은 확인되지 않았다.

_ 공주 교동유적의 원형(우물형) 집수시설(고려)

◆ 대전 법동유적의 원형(우물형) 집수시설

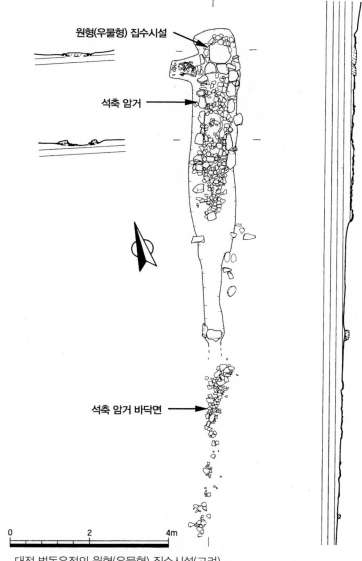

원형(우물형) 집수시설

석축 암거

석축 암거 바닥면

0　　　　2　　　　4m

_ 대전 법동유적의 원형(우물형) 집수시설(고려)

(韓南大學校博物館, 2002,『大田 法洞 建物址』, 102쪽 도면 35)

◆ 담양 삼지천유적의 원형(우물형) 집수시설

석축 암거가 분기하여 두 갈래로 나누어 조성되었다. 좌측의 집수시설이 암거 끝
단에 조성된 반면, 우측의 것은 암거 사이에 축조되어 있다. 후자의 원형(우물형) 집수
시설은 물을 일시적으로 모아두는 한편, 토사를 걸러내는 기능도 담당하였을 것으로
생각된다.

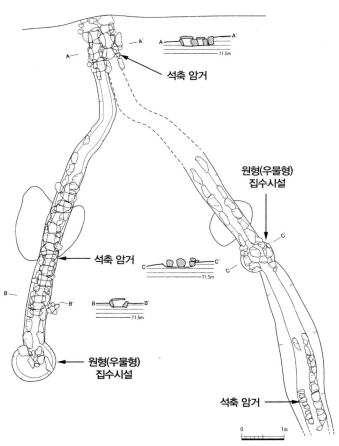

_ 담양 삼지천유적의 원형(우물형) 집수시설(조선). 집수시설의 위아래로 석축 암거가 조성되어 있다.
(湖南文化財研究院, 2014, 「潭陽 三支川遺蹟」, 49쪽 도면 22)

◆ 창원 도계동유적의 원형(우물형) 집수시설

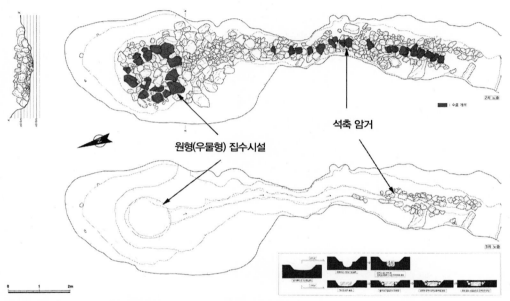

원형(우물형) 집수시설

석축 암거

_ 창원 도계동유적의 원형(우물형) 집수시설과 석축 암거(조선)
(우리문화재연구원, 2012, 『昌原 道溪洞 遺蹟』, 77쪽 도면 50)

◆ 순천 선월리 통천유적 4호 건물지 아래의 원형(우물형) 집수시설

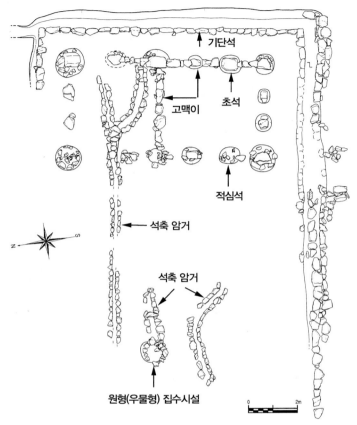

_ 순천 선월리 통천유적 4호 건물지 아래의 원형(우물형) 집수시설(조선). 기
단석 및 초석 아래 층위에 석축 암거와 원형(우물형) 집수시설이 조성되었다.
(대한문화재연구원, 2014, 『順天 船月里 桶泉遺蹟』, 156쪽 도면 74)

◆ 강진전라병영성 내 원형(우물형) 집수시설

석축 암거의 끝단에 원형(우물형) 집수시설이 조성되었다. 집수시설의 주변 건물지
에는 초석이 없이 적심석만 노출되어 있다. 층위상 집수시설은 대지조성토에 축조되

었을 것으로 판단되고, 적심석은 기단토에 위치하였을 것으로 생각된다. 따라서 집수시설 및 석축 암거는 선축, 적심석과 초석 등은 후축되었을 것으로 추정된다.

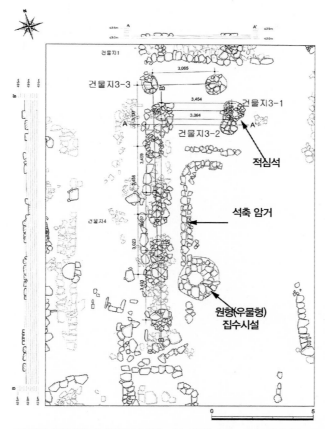

_ 강진전라병영성 내 원형(우물형) 집수시설(조선). 집수시설의 북쪽으로 석축 암거가 조성되어 있다.
(康津郡 · 한울文化財研究院, 2017, 『康津全羅兵營城城內部遺蹟Ⅲ』, 241쪽)

□ 방형(석곽형) 집수시설

집수시설의 평면 형태가 방형이며, 할석을 이용하여 조성하였다. 내부에는 입수구나 출수구, 혹은 물받이용 시설이 축조되기도 한다. 입수구와 출수구는 생활면에 조성되거나 혹은 암거 형태로 대지조성토에 축조된다.

◆ 부여 능산리사지 북편건물지의 방형(석곽형) 집수시설

_ 부여 능산리사지 북편건물지의 방형(석곽형) 집수시설(백제 사비기)
(한국전통문화학교 고고학연구소 · 부여군, 2010. 『扶餘 陵山里寺址 제9차 발굴조사 보고서』, 457쪽 사진 215-④)

◆ 부여 관북리 백제유적 1구역의 방형(석곽형) 집수시설

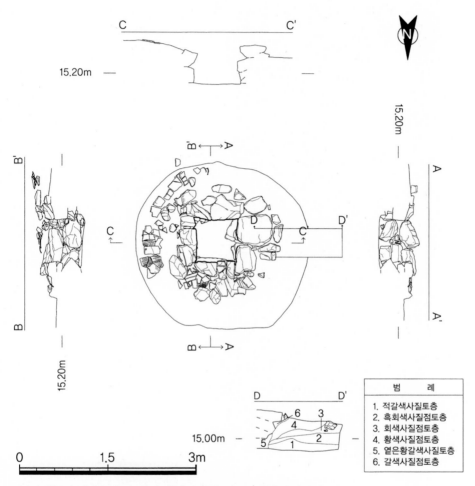

_ 부여 관북리 백제유적 1구역의 방형(석곽형) 집수시설(백제 사비기)

(국립부여문화재연구소, 2009, 『扶餘 官北里百濟遺蹟 發掘報告 Ⅳ-2008年 調査區域-』, 51쪽 도면 15)

범 례

1. 적갈색사질토층
2. 흑회색사질점토층
3. 회색사질점토층
4. 황색사질점토층
5. 옅은황갈색사질점토층
6. 갈색사질점토층

◆ 부여 관북리 백제유적 2구역 축대 주변의 방형(석곽형) 집수시설

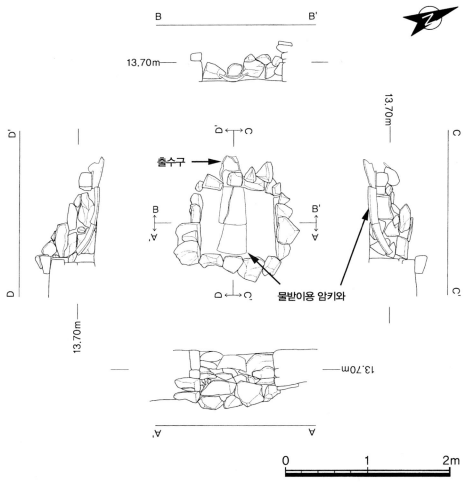

_ 부여 관북리 백제유적 2구역 축대 주변의 방형(석곽형) 집수시설(백제 사비기). 집수시설 내부에는
암키와 2매로 만들어진 물받이와 출수구인 와관 1조가 조성되어 있다.
(국립부여문화재연구소, 2009, 『扶餘 官北里百濟遺蹟 發掘報告 IV-2008年 調査區域-』, 84쪽 도면 22)

◆ 홍성 신경리유적의 방형(석곽형) 집수시설

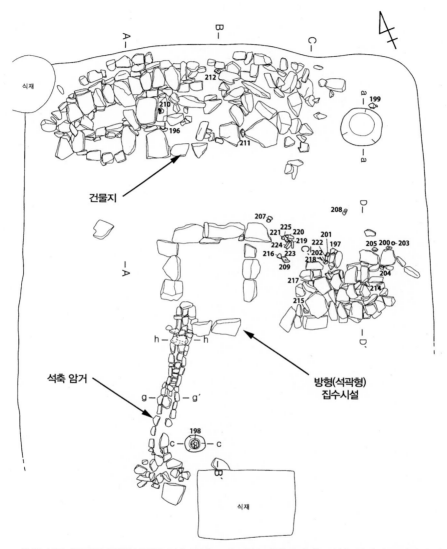

_ 홍성 신경리유적의 방형(석곽형) 집수시설(고려). 집수시설의 아래로 석축 암거가 조성되어 있다. 건물지의 잔존 양상으로 보아 집수시설과 암거는 대지조성 중에 축조되었음을 알 수 있다.
(충남개발공사·충청남도역사문화연구원, 2016, 『홍성 신경리 예산 목리유적Ⅱ』, 285쪽)

◆ 부산 연지동유적 C · D구역의 방형(석곽형) 집수시설

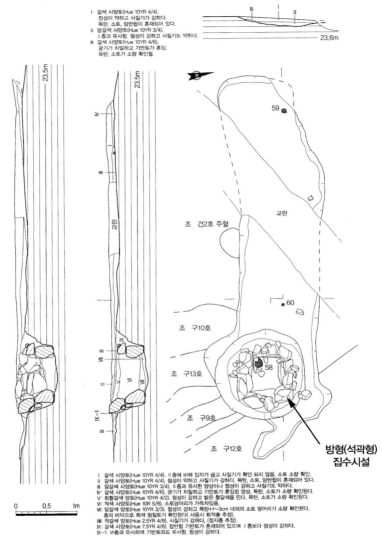

I 갈색 사양토(Hue 10YR 4/4),
　점성이 약하고 사질기가 강하다.
　목탄, 소토, 암반립이 혼재되어 있다.
II 암갈색 사양토(Hue 10YR 3/4),
　I 층과 유사함. 점성이 강하고 사질기도 약하다.
III 갈색 사양토(Hue 10YR 4/6),
　굵기가 치밀하고 기반토가 혼입.
　목탄, 소토가 소량 확인됨.

23.6m

23.5m

23.5m

59

교란

조 건2호 주혈

．60

조 구10호

58

조 구13호

방형(석곽형)
집수시설

조 구9호

조 구12호

0   0.5   1m

I 갈색 사양토(Hue 10YR 4/4). II층에 비해 입자가 곱고 사질기가 확인 되지 않음. 소토 소량 확인.
II 갈색 사양토(Hue 10YR 4/4). 점성이 약하고 사질기가 강하다. 목탄, 소토, 암반립이 혼재되어 있다.
III 암갈색 사양토(Hue 10YR 3/4). II층과 유사한 양상이나 점성이 강하고 사질기도 약하다.
IV* 갈색 사양토(Hue 10YR 4/6). 굵기가 치밀하고 기반토가 혼입된 양상. 목탄, 소토가 소량 확인된다.
V* 회황갈색 양토(Hue 10YR 4/2). 점성이 강하고 밝은 황갈색을 띤다. 목탄, 소토가 소량 확인된다.
VI 적색 사양토(Hue 10R 5/8). 소토덩어리가 가득차있음.
VII 암갈색 양토(Hue 10YR 3/3). 점성이 강하고 목탄+1〜3cm 내외의 소토 덩어리가 소량 확인된다.
　층의 바닥으로 회색 점질토가 확인된다(사용시 퇴적층 추정).
VIII 적갈색 양토(Hue 2.5YR 4/8). 사질기가 강하다. (정지층 추정).
IX 갈색 사양토(Hue 7.5YR 4/6). 암반립 기반토가 혼재되어 있으며 I 층보다 점성이 강하다.
IX-1: VI층과 유사하며 기반토와도 유사함. 점성이 강하다.

_ 부산 연지동유적 C · D구역의 방형(석곽형) 집수시설(조선). 집수시설 상면
의 구(溝)는 물을 모으기 위한 인위적인 굴광으로 판단된다.
(부산광역시 · 한겨레文化財研究院, 2013, 『釜山 蓮池洞 遺蹟(C · D구역)』, 77쪽)

집수시설은 거의 대부분 할석으로 조성되나 일부 판석형 할석 혹은 목재로도 만들어진다. 여기서 후자는 목곽처럼 생겼다하여 목곽형 집수시설로 불리기도 한다.

☐ 장방형(석곽형) 집수시설

장방형 집수시설은 부여 능산리사지 북편건물지 및 관북리 백제유적, 상주 구잠리 유적 등에서 조사되었다. 주로 석곽 및 목곽의 형태로 축조되었는데 후자는 백제 사비기에만 확인된다. 집수시설에 모아진 물은 출수로(기와 암거, 석축 암거 등)를 통해 배수구 및 또 다른 대형 집수시설로 흐르도록 하였다.

◆ 부여 능산리사지의 장방형(석곽형) 집수시설

_ 부여 능산리사지의 장방형(석곽형) 집수시설(백제 사비기). 집수시설은 판석에 가까운 할석재를 사용하였다.
(국립부여박물관 · 부여군, 2000.4.25, 「부여 능산리사지 제6차 발굴조사 지도위원회 자료」, 15쪽 도면 3-②)

◆ 부여 능산리사지 북편건물지의 장방형(석곽형) 집수시설

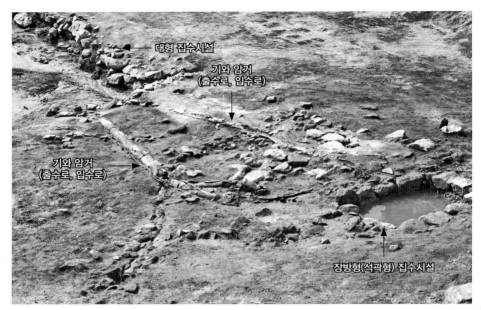

_ 부여 능산리사지 북편건물지의 장방형(석곽형) 집수시설과 출수로(기와건물). 집수시설은 할석을
이용하여 조성하였다.
(한국전통문화학교 고고학연구소 · 부여군, 2010, 『扶餘 陵山里寺址 제9차 발굴조사 보고서』, 456쪽 사진 214)

_ 부여 능산리사지 북편건물지의 장방형
집수시설과 연결된 기와 암거(출수로)
(한국전통문화학교 고고학연구소 · 부여군,
2010, 『扶餘 陵山里寺址 제9차 발굴조사 보고
서』, 458쪽 사진 216-③)

◆ 부여 관북리 백제유적 '마'지구의 1-②호 장방형(목곽형) 집수시설

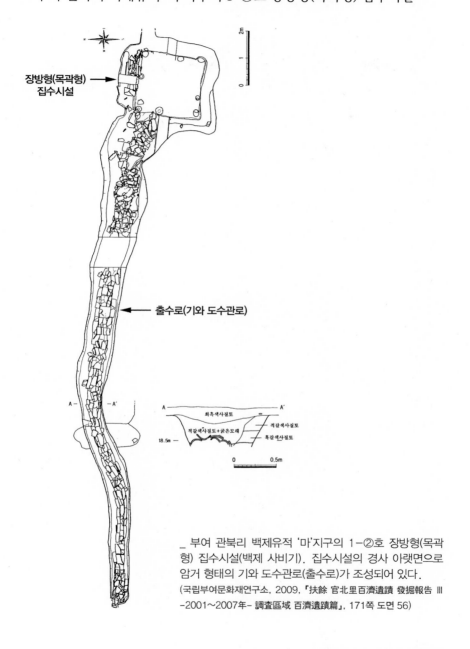

장방형(목곽형)
집수시설

출수로(기와 도수관로)

_ 부여 관북리 백제유적 '마'지구의 1-②호 장방형(목곽
형) 집수시설(백제 사비기). 집수시설의 경사 아랫면으로
암거 형태의 기와 도수관로(출수로)가 조성되어 있다.
(국립부여문화재연구소, 2009, 『扶餘 官北里百濟遺蹟 發掘報告 Ⅲ
-2001~2007年- 調査區域 百濟遺蹟篇』, 171쪽 도면 56)

_ 부여 관북리 백제유적 '마'지구의 1-②호 장방형(목곽형) 집수시설 내부. 오른쪽 상단 모서리에 모아진 물이 빠져나갈 수 있도록 출수구(出水口)가 마련되어 있다.

_ 공주 공산성 내 집수 및 배수시설(현대). 장방형의 곽 내부에 일정 양의 물이 차면 배수되도록 하였다. 재료상의 차이만 보일뿐 백제시대 부여 관북리 집수시설과 친연성을 보이고 있다.

◆ 부여 관북리 백제유적의 장방형(석곽형) 집수시설

_ 부여 관북리 백제유적의 장방형(석곽형) 집수시설(백제 사비기, 복원)

_ 부여 관북리 백제유적 장방형(석곽형) 집수시설의 입수구(복원)

◆ 경주 분황사지의 장방형(석곽형) 집수시설

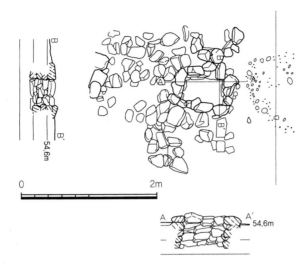

_ 경주 분황사지의 장방형(석곽형)
집수시설(통일신라)
(國立慶州文化財研究所, 2005,『芬皇寺Ⅰ
(本文)』, 156쪽 도면 69)

◆ 상주 구잠리 489번지 유적의 장방형(석곽형) 집수시설

_ 상주 구잠리 489번지 유적의
장방형 집수시설(통일신라)
(世宗文化財研究院, 2013,『尙州
九潛里 489番地 遺蹟』, 64쪽)

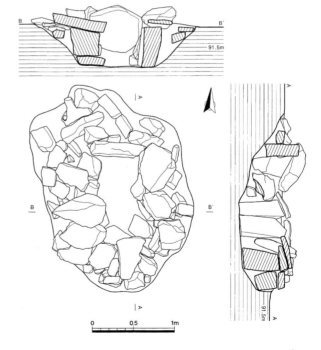

출수구는 기와나 할석 등으로 만들어진 도수관로(암거 혹은 명거)와 연결되어 있으며 이는 경사 윗면에서 아랫면으로 길게 조성되어 있다. 도수관로는 대지를 'U'자형이나 'V'자형으로 굴착하고 다시 매립하였기에 지표면에서는 확인할 수 없다. 그러므로 이들 유구를 확인키 위한 대지조성토의 토층조사가 반드시 필요하다.

(세)장방형 집수시설은 부여 관북리 백제유적을 비롯해 능산리사지 북편건물지, 경주 왕경유적 등의 건축유구에서 확인되고 있다. 이들 유구는 기본적으로 생활면(구지표면) 아래에 조성되어 대지조성 중에 축조되었음을 알 수 있다.

□ 세장방형(석곽형) 집수시설

◆ 부여 능산리사지의 세장방형(석곽형) 집수시설

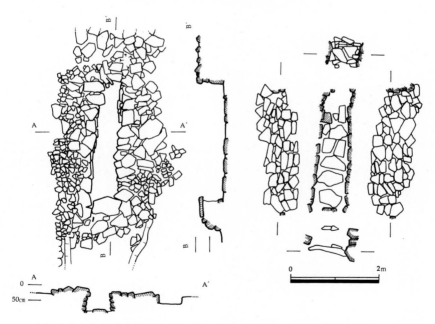

_ 부여 능산리사지의 세장방형(석곽형) 집수시설(백제 사비기). 할석을 이용하여 벽면과 바닥을 조성하였다. (국립부여박물관·부여군, 2000.4.25, 「부여 능산리사지 제6차 발굴조사 지도위원회 자료」, 15쪽 도면 3-①)

_ 부여 능산리사지 북편건물지의 세장방형(석곽형) 집수시설(백제 사비기)
(한국전통문화학교 고고학연구소 · 부여군, 2010, 「扶餘 陵山里寺址 제9차 발굴조사 보고서」, 373쪽 사진 91-②)

◆ 경주 분황사지의 세장방형(석곽형) 집수시설

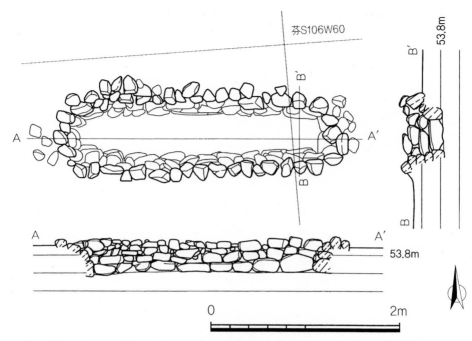

芬S106W60

53.8m

53.8m

0   2m

_ 경주 분황사지의 세장방형(석곽형) 집수시설(추정, 통일신라)
(國立慶州文化財研究所, 2005, 『芬皇寺 I(本文)』, 98쪽 도면 31)

□ 부정형 집수시설

집수시설은 물이 모아지는 곳에 시설되기 때문에 대부분 위아래에 입수로나 출수로를 갖추고 있다. 입수로와 출수로는 생활면(지표면)에 축조되기도 하지만 암거 형태로 대지조성토에 축조되기도 한다. 이럴 경우 지표면에서는 그 형적을 전혀 살필 수 없다.

따라서 발굴조사 중 석곽이나 목곽 형태가 대지조성토에서 발견된다면 입수로와 출수로의 존재도 함께 생각해 보아야 한다. 이들은 경사 윗면에서 아랫면으로 조성되기 때문에 석곽 혹은 목곽을 중심으로 위아래에 등고선 방향으로 구덩이 조사를 실시하면 된다. 구덩이의 넓이는 50~100cm 정도로 하고, 자연퇴적토면까지 굴착한다. 구덩이에서 기와나 할석으로 만든 암거가 확인되면 토층상에서 굴광면을 조사한 후 이를 확장 발굴한다.

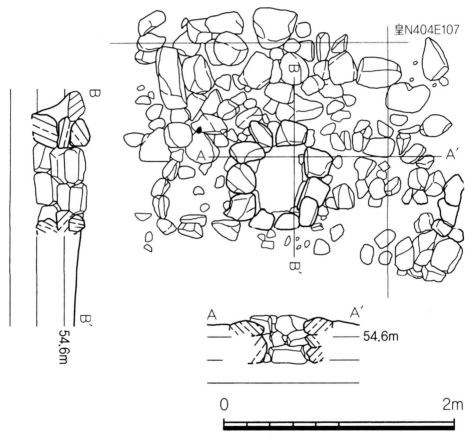

_ 경주 분황사지의 부정형(석곽형) 집수시설(통일신라)
(國立慶州文化財研究所, 2005, 『芬皇寺 I(本文)』, 156쪽 도면 70)

5. 자갈석렬과 마사토 충전구(充塡溝)

부엽공법과 말뚝지정 외에 연약지반의 개량공법으로 자갈석렬과 마사토 충전구 등이 있다. 두 유구 모두 대지조성토 내부나 성토면에 구(溝)를 파 물을 배수한다는 점에서 공통점이 있다.

◆ 공주 의료원 부지 내 대지조성토의 자갈석렬

_ 공주 의료원 부지 내 대지조성토의 자갈석렬(나말여초). 골짜기에 기와건물이 조성되었으며, 대지 조성 중에 자갈석렬을 시설하였다. (한얼문화유산연구원 제공)

◆ 여주 고산서원지의 대지조성토와 자갈석렬

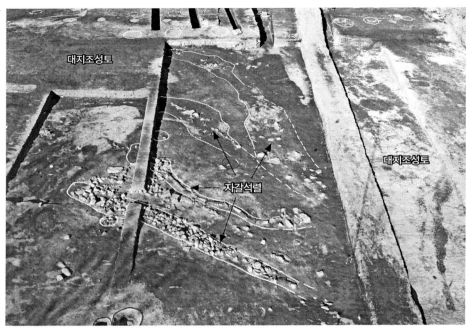

_ 여주 고산서원지의 대지조성토와 자갈석렬(조선) (한얼문화유산연구원 제공)

　다만, 전자가 구 내부에 소형 할석(혹은 역석)을 채우고, 후자는 마사토(석비레)를 충전하였다는 점에서 차이가 있다. 마사토 충전구의 경우 그 동안 부여지역 일부에서만 검출되어 연약지반 개량공법으로는 대중화되지 않았음을 살필 수 있다.

　연약지반에서의 자갈석렬은 대지조성 전이나 중에 경사 윗면에서 아랫면을 향하여 조성된다. 한 줄로 축조된 것이 있는 반면, 2~3줄이 중복되어 나타나는 경우도 살필 수 있다. 그리고 연속되지 않고, 간헐적으로 끊어져서 확인될 때도 있다. 평면 형태는 일자형이 많으나 지형에 따라 곡면형도 조사되고 있다.

◆ 광주 행암동유적의 자갈석렬

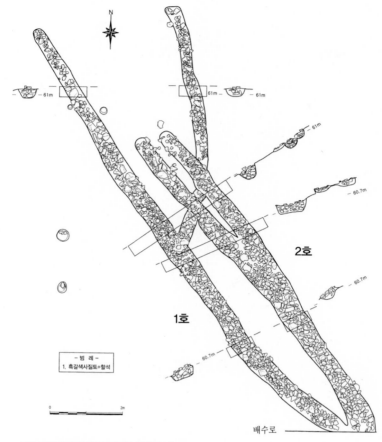

_ 광주 행암동유적의 자갈석렬(조선)
(全南文化財研究院 · 한국토지주택공사, 2011, 『光州 杏岩洞遺蹟』, 116쪽 도면 21)

    자갈석렬은 석재를 주재료로 하였다는 점에서 평면상 석축 암거와 유사성이 발견되기도 한다. 하지만 암거가 벽석과 뚜껑돌(개석)로 이루어져 있거나 혹은 구(溝) 상면에 뚜껑돌로 덮여 있어 부정형의 자갈로만 채워진 자갈석렬과는 뚜렷한 축조기법의 차이를 보이고 있다.

◆ 암거와 자갈석렬의 차이

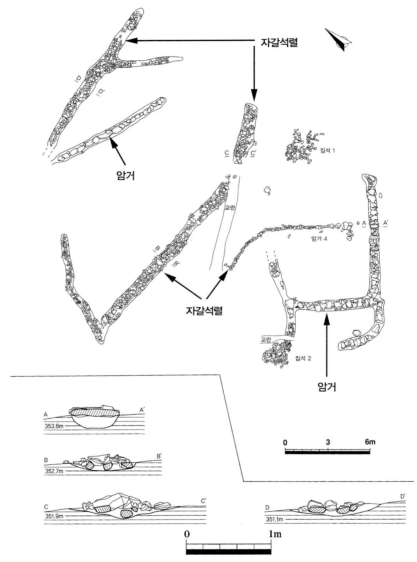

_ 청송 수락리유적 내 암거와 자갈석렬(조선). 뚜껑돌(개석)의 유무에 따라 암거와 자갈석렬을 구분할 수 있다. (聖林文化財硏究院, 2010, 『靑松 水洛里 朝鮮時代 生活遺蹟』, 59쪽)

◆ 대구 월성동 1363유적 내 자갈석렬

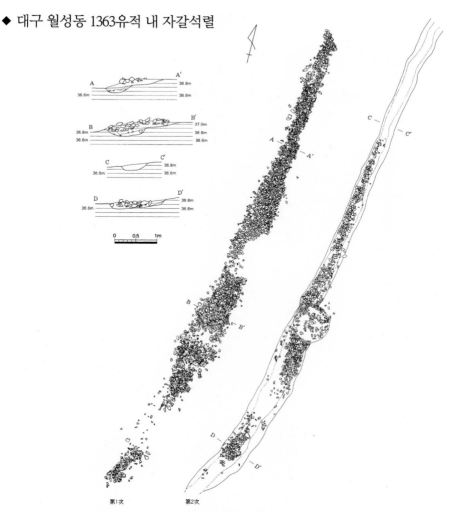

_ 대구 월성동 1363유적 내 자갈석렬(조선)
(大東文化財硏究院, 2008, 『大邱 月城洞 1363遺蹟』, 52쪽 도면 27)

　자갈석렬은 한편으로 집수시설과 연결되어 조사되는 경우도 있다. 즉, 자갈석렬
의 끝단에 소형의 집수시설이 조성되어 있다. 따라서 발굴조사 중에 자갈석렬이 노
출되면 집수시설의 유무를 확인키 위한 마무리 조사가 반드시 필요하다.

◆ 부여 능산리사지의 자갈석렬과 집수시설

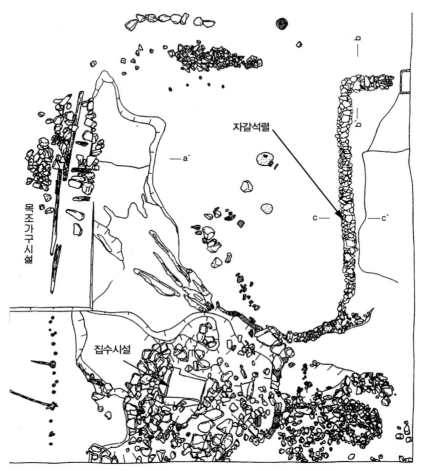

자갈석렬

목조가구시설

집수시설

_ 부여 능산리사지의 자갈석렬과 집수시설(백제 사비기)
(國立扶餘博物館, 2007, 『陵寺 부여 능산리사지 6~8차 발굴조사보고서』, 47쪽 도면 15)

　　또한 자갈석렬은 기와 암거와 함께 같은 층위에 조성되는 경우도 살필 수 있다. 이
때 기와 암거는 반드시 뚜껑을 갖추고 있으므로 제토 과정에서 이것이 유실되지 않도
록 주의를 기울인다.

◆ 여주 고산서원지의 자갈석렬과 기와 암거

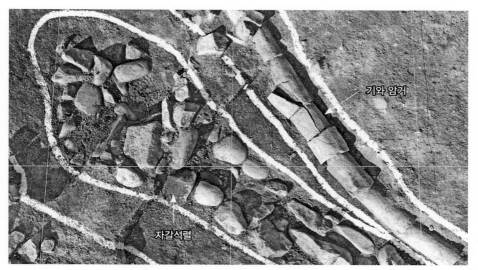

_ 여주 고산서원지의 자갈석렬과 기와 암거 1(조선) (한얼문화유산연구원 제공)

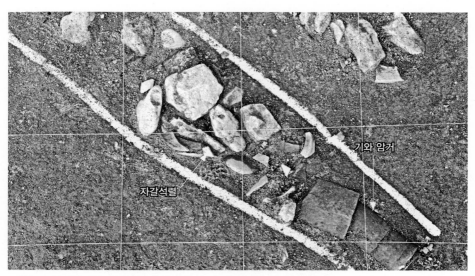

_ 여주 고산서원지의 자갈석렬과 기와 암거 2(조선) (한얼문화유산연구원 제공)

◆ 논에 조성된 자갈석렬

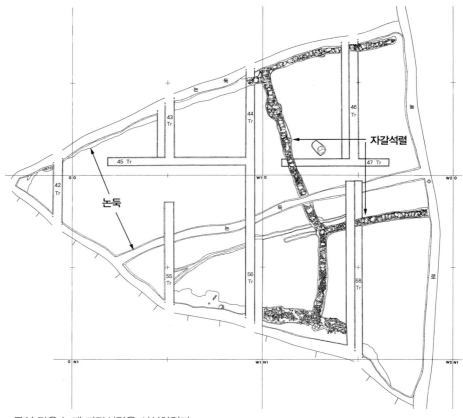

_ 물이 많은 논에 자갈석렬을 시설하였다.
(대한불교조계종 유지재단 문화유산발굴조사단, 2004, 『국도 24호선 확장공사구간내 문화유적 시굴조사 보고서』)

    자갈석렬은 요즈음의 경작지에서도 어렵지 않게 살필 수 있다. 즉, 물이 많이 나는
논밭의 경우 이를 배수하기 위해 구를 파고 자갈을 채워 놓는 경우가 있다. 경사진
곳에 경작지가 위치하는 경우엔 석렬의 방향 역시 위에서 아래로 향하나 평지에 가까
운 경작지에서는 일정한 정형성을 찾아보기 어렵다.
    마사토 충전구(充塡溝)는 부여읍 구아리 백제시대 유적에서 확인되었다. 수로와 인

접한 연약지반을 대지조성하는 과정에서 사용되었다. 일차적으로 점질토를 이용하여 전면적인 대지조성을 실시한 후 2단계 공정에서 구를 파고 배수가 용이한 마사토를 충전하였다.

구의 너비는 50~150cm 정도이고, 깊이는 20~50cm로 다양하며 경사 윗면에서 아랫면을 향하여 일정한 간격으로 축조되었다. 배수 목적으로 암거나 석렬이 아닌 흙을 사용하였다는 점에서 백제인의 우수한 토목기술을 엿볼 수 있다.

◆ 부여 구아리 434번지 유적의 마사토 충전구

_ 부여 구아리 434번지 유적의 마사토 충전구 항공사진(백제 사비기) (한얼문화유산연구원 제공)

_ 부여 구아리 434번지 유적의 마사토 충전구 근경(백제 사비기) (한얼문화유산연구원 제공)

　자갈석렬의 내부에서는 자갈(활석)과 함께 토기나 자기, 기와 등이 함께 수습되는 경우가 있다. 이들 유물은 대지상에 조영된 건축물에 비해 선행되는 것이기 때문에 유적의 편년을 검토함에 있어 결정적인 역할을 한다. 예컨대 구 내부에서 18세기의 백자가 출토되었다면 이 위에 조성된 건축물의 상한 시기는 구지표면에서 수습되는 유물의 편년과 관계없이 무조건적으로 18세기 이후가 되어야 한다.

◆ 여주 고산서원지의 자갈석렬에 포함된 기와 · 백자편

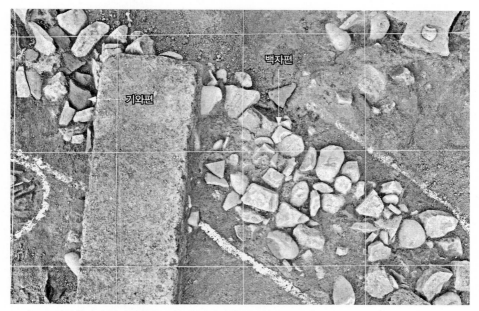

기와편
백자편

_ 여주 고산서원지의 자갈석렬에 포함된 기와편과 백자편(조선)

  이와 같은 자갈석렬이나 마사토 충전구는 생활면(구지표면) 아래에 형성되어 있다. 이는 다시 말해 대지를 조성하는 과정에서 위의 토목공법들이 함께 사용되고 있다는 사실이다.

  대지조성토는 평탄지뿐만 아니라 구릉 사면에서도 살필 수 있다. 이러한 곳에는 자갈석렬이나 암거, 집수시설 등이 함께 축조되었을 가능성이 매우 높다. 따라서 시굴조사 과정에서 초석이나 적심석 등이 노출되었다고 하여 해당 지면에서 조사를 멈추지 말고, 생토면이나 자연퇴적토면까지 구덩이 조사를 실시하여 하부 시설을 확인하는 것이 필요하다.

6. 토류석(土留石, 흙 멈추개 돌)

언뜻 보아 축대로 살필 수 있으나 축조기법과 공정상의 차이가 있어 구분하였다. 축대나 토류석 모두 경사면에 돌로 축조되었다는 공통점이 있다. 아울러 내부의 대지조성토가 외부로 흘러내리지 않도록 하는 지토시설(止土施設)이라는 점에서도 친연성이 있다.

◆ 경주 안계리사지 석조여래좌상 전각지(殿閣址)의 토류석

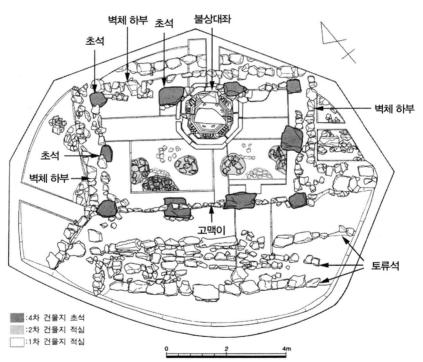

_ 경주 안계리사지 석조여래좌상 전각지의 토류석(조선). 동−서를 장축으로 4~5단의 토류석을 조성하였다. 이들 토류석은 대지조성토 아래에 축조되기 때문에 평상시 육안으로는 확인할 수 없다.
(慶州市·대한불교조계종 유지재단 문화유산발굴조사단, 2005, 『慶州安溪里石造如來坐像周邊地域1·2次 文化遺蹟發掘調査報告書』, 13쪽 도면 3 중)

하지만 축대가 대지조성을 완성한 후 그 전면에 노출되게 축석하는 것과 달리, 토류석은 대지조성 중에 축석하고 있어 차이를 보인다. 따라서 축대는 육안으로 노출되는 반면, 토류석은 대지조성토에 묻혀 있어 육안으로 살피기가 불가능하다.

◆ 울산 영축사지 사면부의 토류석

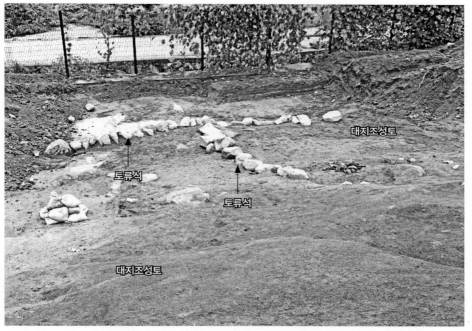

_ 울산 영축사지 사면부의 토류석(통일신라). 토류석은 대지조성토와 동시에 축조된다. 따라서 이를 축조하기 위한 굴광선은 거의 확인할 수 없다.

또한 축대는 경사면이나 성토 대지의 끝단에 주로 시설되는 반면, 토류석은 대지조성 중에 필요한 지점, 즉 성토된 토양이 유실되거나 토압에 의해 밀려가는 것을 막기 위해 설치됨으로서 위치상의 차이를 보이기도 한다.

축석기법에 있어서도 축대는 정연하게 층위를 맞추며, 뒤채움석으로 후면을 보강하고 있으나 토류석에서는 이러한 정형성과 견고함을 살필 수 없다. 흔히 경사면에 등고선 방향으로 석렬 형태를 이루거나 건축유적(건물지, 담장 등)과 관련하여 지반이 약한 곳에 간헐적으로 조성된다.

◆ 축대와 토류석의 구별

• 보령 충청수영성의 축대

_ 보령 충청수영성의 축대(조선). 경사면의 하단부에 축조되며, 평상시 육안으로 살필 수 있다.

• 공주 중동유적의 토류석

_ 공주 중동유적의 토류석(고려~조선). 경사면의 중간부나 하단부에 흔히 조성된다. 층위상 기단석 아래에 축조되기 때문에 생활면(지표면)에서 살필 수 없다.

기단석과 인접하여 토류석이 축조될 경우에는 대지조성토와 동시에 작업이 이루어진다. 따라서 층위상 구지표면(생활면) 아래에 위치하게 되며, 토류석을 시설하기 위한 대지조성토에서의 굴광선은 별도로 확인되지 않는다.

경사면에서 대지조성이 충실히 실시되지 않으면 경사 윗면의 석축 구조물은 지반이 약한 곳으로 점차 침하하게 된다. 이는 지하의 유수와 함께 점진적으로 토양의 이동이 이루어져 성토 대지의 훼실이 이루어지기 때문이다.

따라서 이러한 곳에 토류석을 시설하고 대지조성을 하면 건축물의 침하를 어느 정도 예방해 줄 수 있다. 그리고 시굴조사 과정 중 경사면에서 건물지가 검출되면 석축 구조물과 경사면 사이에 토류석이 존재하는지를 조사해 볼 필요성이 있다.

◆ 보령 충청수영성의 대지조성토와 토류석

축대

대지조성토 →

토류석

_ 보령 충청수영성의 토류석(조선). 대지조성토와 함께 토류석이 시설되었고, 그
위에 축대가 조성되었다.

만약, 시굴조사 중에 확인하기 어렵다면 발굴조사 중이라도 석축 구조물과 경사
면을 가로지르는 구덩이를 설치하여, 성토 대지의 층위 양상과 토류석의 존재유무를
살필 수 있는 작업을 실시한다.

토류석의 전·후면으로는 성토가 이루어지는데 여기에는 주변에서 채토된 토양과 할석, 그리고 화재로 폐기된 기와건물지의 잔재(벽체편, 기와, 토기·자기) 등이 혼입될 수 있다. 이럴 경우 연대가 가장 늦은 유물을 대상으로 대지조성의 축토 시기와 건물지의 편년 등이 설정되어야 한다.

◆ 고령 지산동고분군 제75호분의 호석(토류석)

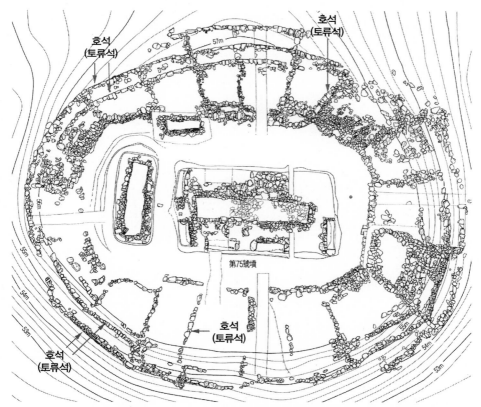

_ 고령 지산동고분 제75호분에서 확인되는 호석. 호석은 봉토가 흘러내리는 것을 막아준다는 점에서 대지조성토의 토류석과 같은 의미로 이해할 수 있다.
(高靈郡 大加耶博物館·大東文化財研究院, 2012, 『高靈 池山洞 第73~75號墳』, 279쪽)

7. 나무울타리형 토류목(土留木)

수로 주변이나 연약지반에 대지를 조성할 경우 평지와 같이 흙을 성토하면 유수(流水)에 의해 흙이 유실될 수 있다. 이때 성토 대지 끝단에 나무 울타리형 토류목을 조성하게 되면 유수에 의한 성토 대지의 훼실을 어느 정도 막을 수 있다.

◆ 서울 풍납토성 성벽의 나무울타리형 토류목

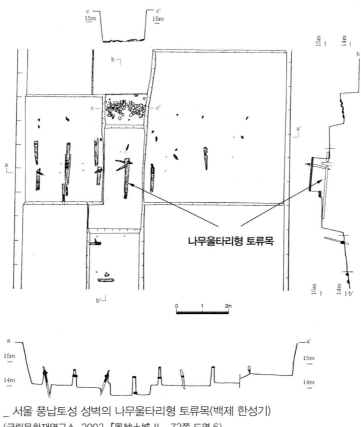

_ 서울 풍납토성 성벽의 나무울타리형 토류목(백제 한성기)
(국립문화재연구소, 2002, 『風納土城 II』, 72쪽 도면 6)

나무울타리형 토류목은 부엽공법과 말뚝지정을 결합한 형태로서 말뚝과 말뚝 사이에는 나뭇가지나 짧은 나무 등이 걸쳐져 있다. 토류목 내부에서는 성토 작업과 함께 부엽시설도 행해지는 경우가 많기 때문에 일단 토류목이 확인되면 부엽시설 유무를 파악할 수 있는 토층조사를 반드시 실시한다.

◆ 무안 양장리유적의 나무울타리형 토류목

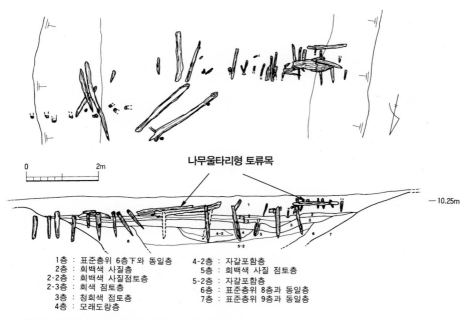

1층 : 표준층위 6층下와 동일층	4-2층 : 자갈포함층
2층 : 회백색 사질층	5층 : 회백색 사질 점토층
2-2층 : 회백색 사질점토층	5-2층 : 자갈포함층
2-3층 : 회색 점토층	6층 : 표준층위 8층과 동일층
3층 : 청회색 점토층	7층 : 표준층위 9층과 동일층
4층 : 모래도랑층	

_ 무안 양장리유적의 나무울타리형 토류목 1(백제)

(木浦大學校博物館 외, 1997, 『務安 良將里 遺蹟』, 230쪽 도 157)

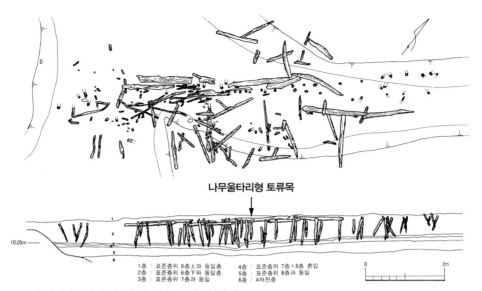

_ 무안 양장리유적의 나무울타리형 토류목 2(백제)
(木浦大學校博物館 외, 1997, 『務安 良將里 遺蹟』, 233쪽 도 159)

◆ 부여 동나성 능산리지점의 나무울타리형 토류목

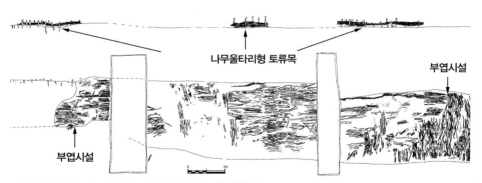

_ 부여 동나성 능산리지점의 나무울타리형 토류목(백제)
(忠南大學校百濟研究所 · 大田地方國土管理廳, 2003, 『泗沘都城』, 31쪽 도면 8 중)

◆ 부여 동나성 주변 추정 제방의 나무울타리형 토류목

_ 부여 동나성 주변 추정 제방의 나무울타리형 토류목(백제 사비기) (충청문화재연구원 제공)

◆ 부여 동나성 내부 백제유적의 나무울타리형 토류목

_ 부여 동나성 내부 백제유적의 나무울타리형 토류목(백제 사비기)

◆ 부여 가탑리 백제유적의 나무울타리형 토류목

_ 부여 가탑리 백제유적의 나무울타리형 토류목(백제 사비기) (백제고도문화재단 제공)

◆ 부여 중앙성결교회 부지의 나무울타리형 토류목

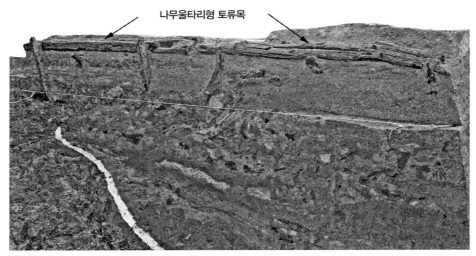

_ 부여 중앙성결교회 부지의 나무울타리형 토류목(백제 사비기) (백제고도문화재단 제공)

나무울타리형 토류목은 삼국시대 이후 조선시대까지 그 형적을 살필 수 있다. 예컨대 부여 동나성 능산리지점을 비롯해 북포유적 N구역 1호, 무안 양장리유적, 함안 성산산성, 서울 동대문 운동장 유적 등에서 확인된 바 있다. 향후 저습지 등의 연약지반 조사에서 발굴될 가능성이 아주 높은 토목기술로 이해할 수 있다.

◆ 부산 고촌리 생산유적의 나무울타리형 토류목

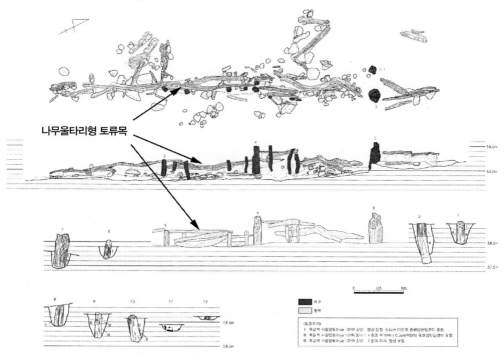

_ 부산 고촌리 생산유적의 나무울타리형 토류목(삼국)
(東亞細亞文化財研究院, 2010, 『釜山 古村里 生産遺蹟(上)-本文』, 107쪽 도면 29)

_ 부산 고촌리 생산유적의 나무울타리형 토류목(삼국) (東亞細亞文化財研究院 제공)

◆ 광주 양과동 행림유적의 나무울타리형 토류목

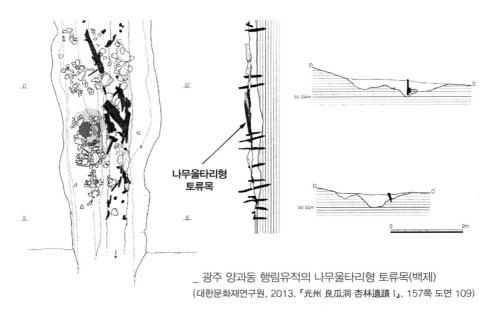

나무울타리형
토류목

_ 광주 양과동 행림유적의 나무울타리형 토류목(백제)
(대한문화재연구원, 2013, 『光州 良瓜洞 杏林遺蹟 I』, 157쪽 도면 109)

◆ 함안 성산산성의 나무울타리형 토류목

_ 함안 성산산성의 나무울타리형 토류목(통일신라)
(국립가야문화재연구소, 2012, 『함안 성산산성 고대환경복원연구 결과보고서 1·2』)

◆ 진천 하몽미동 제방의 나무울타리형 토류목

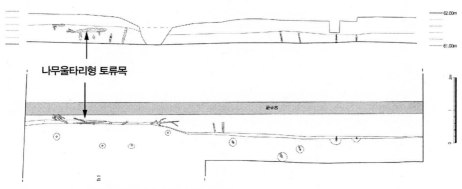

_ 진천 하몽미동 제방의 나무울타리형 토류목(조선)
(中原文化財研究院, 2016, 『鎭川 下夢未洞 堤堰』, 41쪽)

_ 진천 하몽미동 제방의 나무
울타리형 토류목(조선)
(中原文化財硏究院, 2016, 『鎭川
下夢未洞 堤堰』, 41쪽)

한편, 이 유구는 일본 오사카의 협산지(狹山池)에서도 살필 수 있다. 제방의 규모에
맞게 치목된 각재를 사용하고 있으며, 구조적으로도 발전된 형태를 보이고 있다.

◆ 일본 오사카 협산지(狹山池) 제방의 나무울타리형 토류목

_ 일본 오사카 협산지(狹山池) 제방의 나무울타리형 토류목(강호시대)

_ 일본 오사카 협산지(狹山池) 제방의 나무울타리형 토류목과 부엽시설(강호시대)

_ 일본 오사카 협산지(狹山池) 제방의 나무울타리형 토류목(복제)

◆ 서울 동대문 운동장 유적(4-1건물지)의 나무울타리형 토류목

_ 서울 동대문 운동장 유적(4-1건물지)의 나무울타리형 토류목(조선)
(서울특별시 · 중원문화재연구원, 2011, 「동대문 운동장 유적」, 153쪽 사진 74)

_ 서울 동대문 운동장 유적(4-1건물지)의 나무울타리형 토류목 근경(조선)

_ 서울 동대문 운동장 유적(4-1건물지)의 나무울타리형 토류목 세부(조선)

8. 축기부(軸基部)

사지나 기와건물지의 발굴조사 중 생토면(혹은 자연퇴적토)이나 대지조성토까지 굴토
하였을 때 최소 한 변 2~3m 이상의 방형 혹은 장방형의 유구 윤곽선을 발견하는 경
우가 있다.

윤곽선 내부의 굴광 상황을 파악하기 위해 구덩이 작업을 실시해 보면 보통 성토
다짐이나 판축, 혹은 토석혼축(土石混築) 등이 이루어져 있음을 볼 수 있다. 그리고 이
의 바로 상면에서는 초석이나 적심석의 존재도 거의 확인할 수 없다.

◆ 중국 서안 명당 벽옹의 축기부

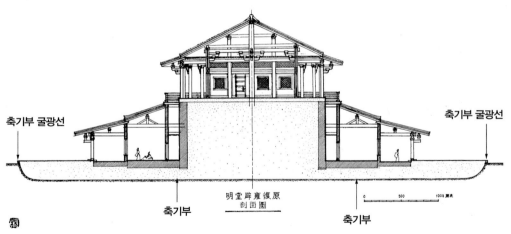

_ 중국 서안 명당 벽옹의 축기부(한대)
(楊鴻勛, 1987, 『建築考古學論文集』, 文物出版社, 182쪽 도 10)

□ 백제시대 건축유적의 축기부

◆ 부여 정림사지 오층석탑의 축기부

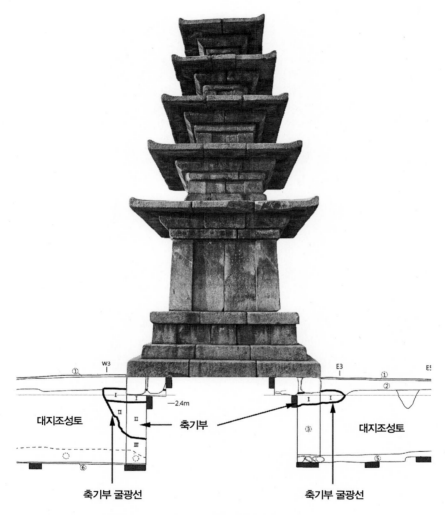

_ 부여 정림사지 오층석탑의 축기부(내부 판축토, 백제 사비기)
(忠南大學校博物館·忠淸南道廳, 1981, 『定林寺』, 도면 19 및 20, 필자 작도)

◆ 부여 용정리사지 목탑지의 축기부

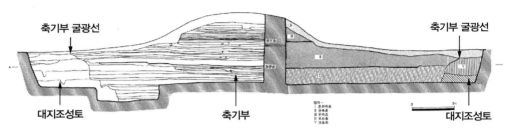

_ 부여 용정리사지 목탑지의 축기부(내부 판축토, 백제 웅진~사비기)
(扶餘文化財硏究所·扶餘郡, 1993, 「龍井里寺址」, 21쪽 삽도 4)

◆ 부여 왕흥사지 목탑지의 축기부

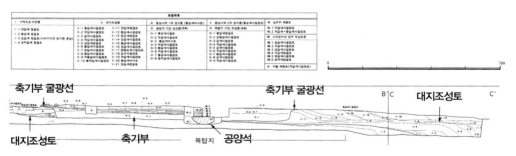

_ 부여 왕흥사지 목탑지의 축기부(내부 성토다짐토, 백제 사비기)
(국립부여문화재연구소, 2009, 「王興寺址 Ⅲ」, 33쪽 도면 5 중)

◆ 익산 미륵사지 서탑의 축기부

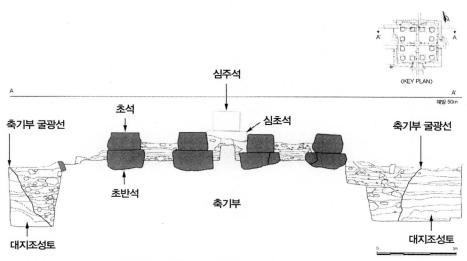

_ 익산 미륵사지 서탑의 축기부(내부 토석혼축, 백제 사비기)
(국립문화재연구소 · 전라북도, 2012, 『彌勒寺址 石塔 기단부 발굴조사 보고서』, 67쪽 도면 4-12)

　이러한 유구를 건축고고학에서는 흔히 축기부라고 부른다. 그 동안 사지 발굴 중
금당지나 목탑지, 석탑지 등에서 주로 살펴지고 있다. 물론 익산 제석사지 중문지에
서도 축기부가 확인되기는 하였으나 일반적인 것은 아니다.

□ 신라(통일신라)시대 건축유적의 축기부

◆ 경주 분황사지 창건 동금당지의 축기부

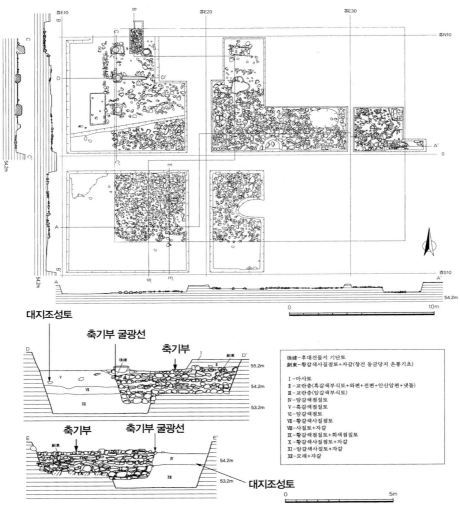

_ 경주 분황사지 창건 동금당지의 축기부(내부 토석혼축, 신라)
(國立慶州文化財研究所, 2005, 『芬皇寺』, 54쪽 도면 3 · 4)

◆ 경주 황룡사지 구층목탑지의 축기부

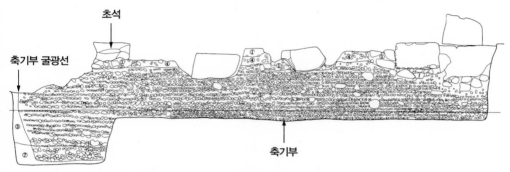

_ 경주 황룡사지 구층목탑지의 축기부(내부 토석혼축, 신라)
(文化財管理局 文化財研究所. 1982,『皇龍寺』, 도면 29 중)

◆ 경주 사천왕사지 금당지의 축기부

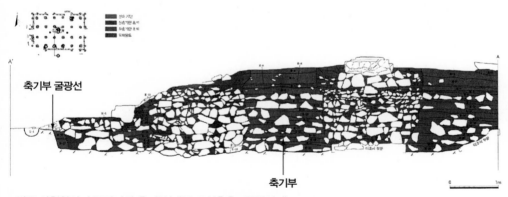

_ 경주 사천왕사지 금당지의 축기부(내부 토석혼축, 통일신라)
(국립경주문화재연구소, 2012,『四天王寺 1 金堂址 발굴조사보고서』, 119쪽 도면 15)

◆ 울산 영축사지 서탑지의 축기부

_ 울산 영축사지 서탑지의 축기부(내부 토석혼축, 통일신라)

이들 유구는 다른 건축물에 비해 단위 면적당 하중이 많이 나간다는 공통점이 있다. 그리고 굴광(掘壙) 축기부의 경우 모두 기와건물지에서만 발견된다는 특징이 있다.

건축물의 축조를 위해서는 우선적으로 대지조성이 이루어지게 마련이다. 그리고 건물이 세워지는 부분에 한해서 기단이 축조되는데, 축기부는 바로 대지조성토와 기단 사이에서 확인되고 있다.

□ 고려시대 건축유적의 축기부

◆ 서천 비인 오층석탑의 축기부

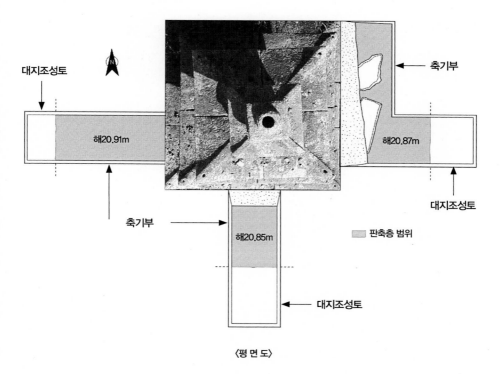

대지조성토

축기부

해20.91m

해20.87m

대지조성토

축기부

해20.85m

판축층 범위

대지조성토

〈평면도〉

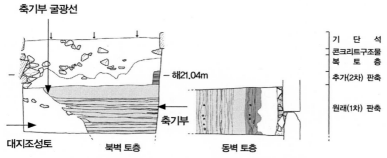

축기부 굴광선

해21.04m

축기부

대지조성토   북벽 토층   동벽 토층

기 단 석
콘크리트구조물
복 토 층
추가(2차) 판축

원래(1차) 판축

_ 서천 비인 오층석탑의 축기부(내부 판축토, 고려) (백제문화재연구원 제공)

□ 조선시대 건축유적의 축기부

◆ 금강산 신계사지 삼층석탑의 축기부

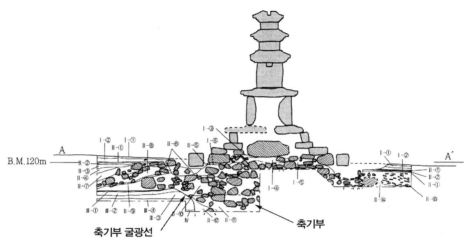

_ 금강산 신계사지 삼층석탑의 축기부(내부 토석혼축, 조선) (대한불교조계종 유지재단 문화유산발굴조사단.
2005, 『金剛山 神溪寺 2차(탑지·만세루지) 문화유적 발굴조사』, 28쪽 도면 6)

따라서 사지 발굴을 진행할 경우 금당지나 탑지는 반드시 축기부 확인조사가 필요
하다. 굴광된 축기부는 기단의 규모보다 넓게 조성되기 때문에 이로부터 약 5m 정도
떨어진 지점에서 구덩이 작업을 실시하는 것이 좋다. 이때 기단 내부도 함께 작업하
여 대지조성토, 축기부, 기단토의 토층 양상 등을 조사하도록 한다.

축기부는 일찍이 중국 한대의 명당 벽옹유적에서 확인되어 그 시원이 고대 중국에
있었음을 알 수 있다. 우리나라의 경우는 백제 한성기 몽촌토성 판축대지에서 그 형
적이 조사된 바 있어 적어도 삼국시대부터 등장하였음을 파악할 수 있다. 그리고 조
선시대의 건축유구(신계사 삼층석탑 축기부)에서도 나타나고 있어 통시대적으로 오랜 기간
사용된 토목기술임을 판단할 수 있다.

한편, 축기부를 조사할 때 토층 확인을 위한 내부의 절개작업은 필수적이다. 그렇
지 않으면 축기부 내부의 토양이 판축토인지, 성토다짐토인지를 구별할 수 없다.

아울러 토층작업 외에 작업통로의 확인도 필요하다. 굴광된 축기부는 지표면과 축기부 바닥면의 높이차가 크기 때문에 대부분 작업통로를 갖추게 된다. 백제시대 익산 제석사지 목탑지 및 방형건물지 유구의 경우 작업통로가 모두 네 모서리에서만 발견되었다. 이는 평면 제토작업 과정에서 쉽게 살필 수 있으며, 구덩이 작업을 통한 토층조사를 실시하여 작업통로의 단면 상태를 확인하는 것이 필요하다.

□ 축기부 작업통로

◆ 익산 제석사지 방형건물지의 축기부 작업통로

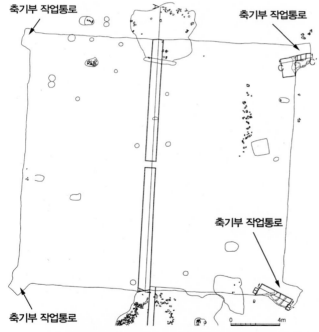

_ 익산 제석사지 방형건물지 평면도(백제 사비기). 네 모서리에 축기부 작업통로가 있다.
(국립부여문화재연구소, 2013, 『帝釋寺址 발굴조사보고서II』, 204쪽 도면 20)

◆ 경주 황룡사지 중금당지 축기부의 작업통로

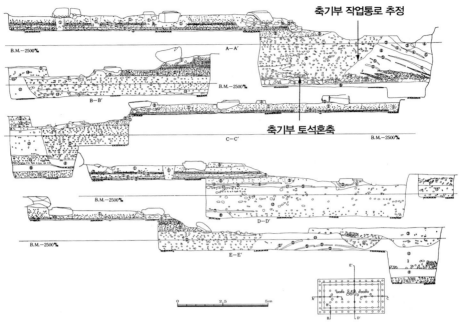

_ 경주 황룡사지 중금당지의 토층도(신라)
(文化財管理局 文化財研究所, 1982, 『皇龍寺』, 도면 28)

□ 굴광 축기부와 판축토

대지조성 후에 마련된 축기부 내부를 판축공법으로 축토하는 경우이다. 이러한 토목공법은 주로 목탑지에서 많이 확인되나 부여 정림사지 오층석탑(백제)과 보령 성주사지 오층석탑(통일신라), 서천 비인오층석탑(고려) 등 석탑에서도 살필 수 있다.

◆ 부여 용정리사지 목탑지의 축기부 판축토

_ 부여 용정리사지 목탑지의 축기부 판축
토(백제 웅진~사비기)
(부여군, 2012, 『부여백제역사유적지구 가이드
북』, 238쪽)

◆ 부여 정림사지 오층석탑의 축기부 판축토

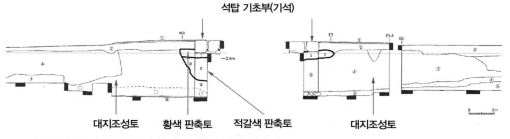

_ 부여 정림사지 오층석탑의 축기부 판축토(백제 사비기)
(忠南大學校博物館 · 忠淸南道廳, 1981, 『定林寺』, 도면 19 및 20 필자 작도)

◆ 익산 미륵사지 중원 목탑지의 축기부 판축토

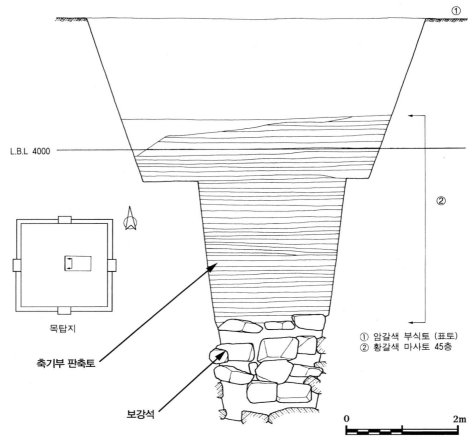

① L.B.L 4000

②

① 암갈색 부식토 (표토)
② 황갈색 마사토 45층

목탑지

축기부 판축토

보강석

0   2m

_ 익산 미륵사지 목탑지 중원 목탑지의 축기부 판축토(백제 사비기)
(國立扶餘文化財硏究所, 1996,『彌勒寺 遺蹟發掘調査報告書 II(圖版編)』, 425쪽 도면 42)

◆ 익산 제석사지 목탑지의 축기부 판축토

_ 익산 제석사지 목탑지의 축기부 판축토와 기단 판축토(백제 사비기)

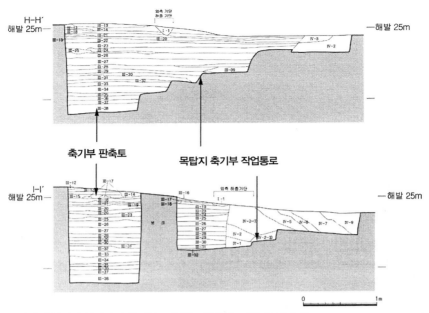

축기부 판축토

목탑지 축기부 작업통로

_ 익산 제석사지 목탑지의 축기부 작업통로와 판축토(백제 사비기)
(국립부여문화재연구소, 2011, 『帝釋寺址 발굴조사보고서』, 88쪽 도면 6-5)

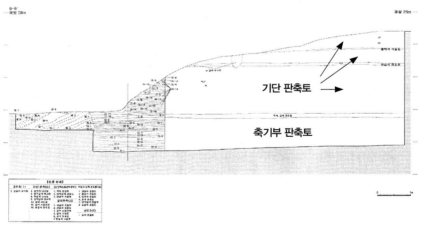

기단 판축토

축기부 판축토

_ 익산 제석사지 목탑지의 축기부 판축토와 기단 판축토(백제 사비기)
(국립부여문화재연구소, 2011, 『帝釋寺址 발굴조사보고서』, 도면 5-2)

◆ 익산 제석사지 방형건물지의 축기부 판축토

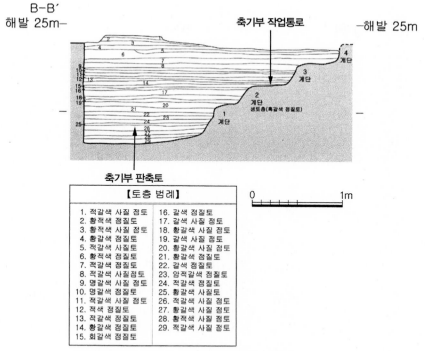

【토층 범례】

1. 적갈색 사질 점토	16. 갈색 점질토
2. 황적색 점질토	17. 갈색 사질 점토
3. 황적색 사질토	18. 황갈색 사질 점토
4. 황갈색 점질토	19. 갈색 사질 점토
5. 적갈색 사질토	20. 황갈색 사질 점토
6. 황적색 점질토	21. 황갈색 점질토
7. 적갈색 점질토	22. 갈색 점질토
8. 적갈색 사질점토	23. 암적갈색 점질토
9. 명갈색 사질 점토	24. 적갈색 점질토
10. 명갈색 점질토	25. 황갈색 사질토
11. 적갈색 사질 점토	26. 적갈색 사질 점토
12. 적색 점질토	27. 황갈색 사질 점토
13. 적색 점질토	28. 황적색 사질토
14. 황갈색 점질토	29. 적갈색 사질 점토
15. 회갈색 점질토	

_ 익산 제석사지 방형건물지의 축기부 작업통로와 판축토(백제 사비기)
(국립부여문화재연구소, 2013, 『帝釋寺址 발굴조사보고서II』, 207쪽 도면 22)

◆ 익산 왕궁리유적 오층석탑의 축기부 판축토

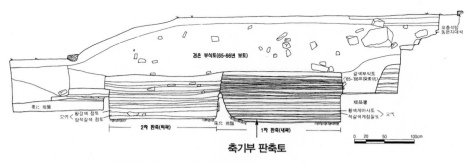

_ 익산 왕궁리유적 오층석탑의 축기부 판축토(통일신라)
(國立扶餘文化財研究所, 1997, 『王宮里 發掘調査 中間報告 II』, 43쪽 삽도 4)

◆ 서천 비인오층석탑의 축기부 판축토

_ 서천 비인오층석탑의 축기부 판축토(고려)
(서천군 · 백제문화재연구원, 2010, 『舒川 庇仁 5層石塔 遺蹟』, ii쪽 원색도판 2)

한편, 부여 금강사지 금당지 및 목탑지는 축기부가 생토면에 조성되어 있음을 볼 수 있다. 이는 대지조성의 깊이를 얕게 한만큼 축기부를 생토면까지 깊게 굴광하였음을 의미한다.

이렇게 볼 때 축기부는 성토한 대지에만 시설되는 것이 아님을 알 수 있다. 따라서 하중이 많이 나가는 당탑지에 한해서는 기단과 접해 반드시 구덩이 작업을 실시하여 대지조성토와 축기부의 층위를 파악해 보는 것이 필요하다.

ㅁ 굴광 축기부와 성토다짐토

축기부 내부를 성토다짐으로 축토하는 것으로서 부여 왕흥사지 목탑지(백제)에서 볼 수 있다. 성토다짐토에서는 할석뿐만 아니라 기와편이나 토기편 등도 검출될 수 있으므로 내부 조사 과정에서 주의를 기울여야 한다. 축기부 출토유물은 향후 건물지의 편년을 설정함에 있어 결정적인 역할을 하기에 이의 출토위치 및 층위 등을 꼼꼼히 기록하고 사진으로 남겨둔다.

◆ 부여 왕흥사지 목탑지의 축기부 성토다짐토

_ 부여 왕흥사지 목탑지의 축기부 성토다짐토(백제 사비기)

◆ 경기도 하남 청석탑지의 축기부 성토다짐토

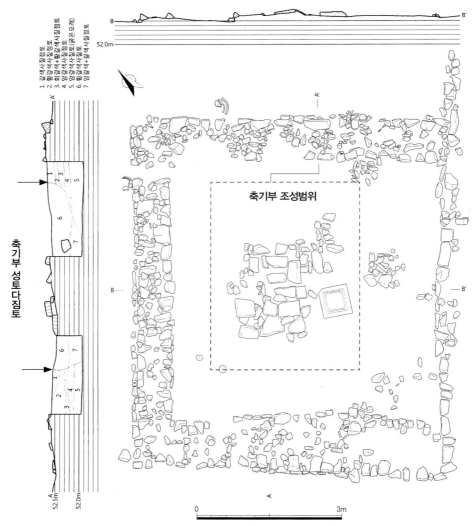

_ 경기도 하남 청석탑지의 축기부 성토다짐토(고려)
(한국문화재보호재단, 2013, 『2011년도 소규모 발굴조사 보고서 I –경기 1–』, 130쪽 도면 8)

□ 굴광 축기부와 토석혼축

축기부 내부를 토석혼축으로 조성하는 경우이다. 익산 미륵사지 동·서탑(백제) 및 경주 황룡사지 중금당지·서금당지·구층목탑지(신라), 경주 분황사지 창건 동금당지 (신라), 사천왕사지 금당지(통일신라), 울산 영축사지 동·서탑(통일신라), 금강산 신계사지 삼층석탑(조선) 등 많은 유적에서 살필 수 있다.

토석혼축은 층위에 따라 석재와 토양을 교대로 반복하는 경우(미륵사지 석탑, 황룡사지 구층목탑지, 사천왕사지 금당지 등)와 이를 무시하고 동시 축조(황룡사지 중금당지)하는 사례로 구분할 수 있다.

◆ 경주 황룡사지 서금당지의 축기부 토석혼축

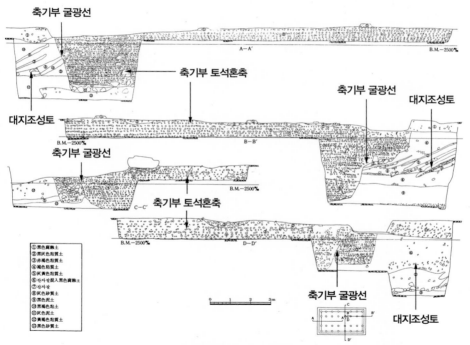

_ 경주 황룡사지 서금당지의 축기부 토석혼축(신라) (文化財管理局 文化財硏究所, 1982, 「皇龍寺」, 도면 32)

◆ 익산 미륵서지 서탑의 축기부 토석혼축

_ 익산 미륵사지 서탑의 축기부 토석혼축(백제 사비기)

(국립문화재연구소 · 전라북도, 2012, 『彌勒寺址 石塔 기단부 발굴조사 보고서』, 원색화보 10)

◆ 울산 영축사지 동탑의 축기부 토석혼축

_ 울산 영축사지 동탑의 축기부 토석혼축(통일신라)

축기부 토석혼축

축기부 굴광선

◆ 월정사 팔각구층석탑 하층 지하 가구기단의 축기부 토석혼축

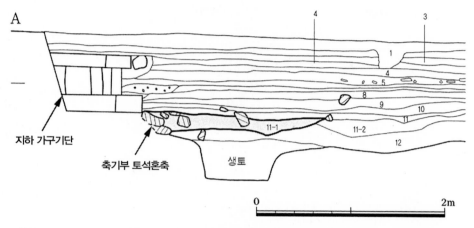

A

지하 가구기단

축기부 토석혼축

생토

0   2m

_ 월정사 팔각구층석탑 하층 지하 가구기단의 축기부 토석혼축 (월정사 · (재)대한불교조계종 유지재단 문화
유산발굴조사단, 2004, 『五臺山 月精寺 석조보살좌상 주변지역 시 · 발굴조사보고서』, 29쪽 도면 4)

□ 굴광 축기부와 강회덩어리

축기부 내부를 강회로 시설한 경우이다. 이는 대지를 조성한 후 방형으로 구덩이
를 파고, 그 내부를 강회로 채워 넣은 것이다. 축기부의 너비는 석탑 지대석 끝단으
로부터 약 1m 정도이다. 대지조성토에서 백자가 검출된 것으로 보아 강회 축기부는
조선시대에 축조되었음을 알 수 있다. 강원도 평창 월정사 팔각구층석탑에서 살필
수 있다.

◆ 월정사 팔각구층석탑

_ 강원도 평창 오대산 월정사 팔각구층석탑
(고려)

◆ 월정사 팔각구층석탑의 강회 축기부

월정사 팔각구층석탑
기단

강회 축기부

_ 강원도 평창 오대산 월정사 팔각구층석탑의 강회 축기부(조선)

한편, 연약지반에 대지를 조성할 경우 축기부 바닥에 모래(부여 능산리사지 목탑지)나 할석(익산 미륵사지 목탑지) 등을 깔아놓는 경우도 확인할 수 있다. 이는 지하로 흐르는 유수를 고려한 토목기술로 이해된다.

◆ 익산 미륵사지 중원 목탑지의 축기부 바닥 할석(보강석)

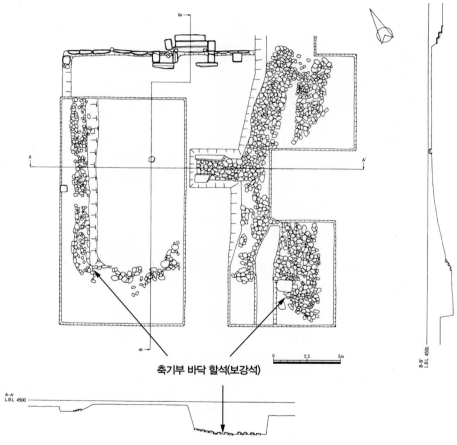

축기부 바닥 할석(보강석)

_ 익산 미륵사지 중원 목탑지의 축기부(백제 사비기). 바닥에 할석(보강석)이 축석되어 있다.
(國立扶餘文化財研究所, 1996, 『彌勒寺 遺蹟發掘調査報告書 II(圖版編)』, 420쪽 도면 37)

축기부에서 수습되는 유물은 해당 유구의 축조시기를 판단하는데 결정적인 자료를 제공하기 때문에 유물 수습에 만전을 기하여야 한다. 즉, 축기부 성토다짐토 내에서 12세기 청자와 17세기 백자가 함께 수습되었다면 해당 축기부와 관련된 건물지의 편년은 그 상한이 17세기 이전으로는 절대 올라갈 수 없게 된다.

◆ 익산 미륵사지 서탑 축기부 출토 와당

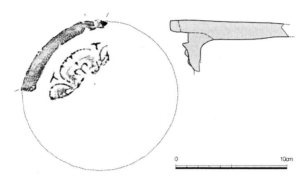

_ 익산 미륵사지 서탑 토석혼축 축기부 출토 와당(백제 사비기). 판단삼각돌기식으로 판구에는 꽃술이 장식되어 있다. 7세기 전반으로 추정되며, 축기부에서 출토된 것으로 보아 서탑보다 이른 선축(先築)된 기와 건물의 와당으로 판단할 수 있다.
(국립문화재연구소 · 전라북도, 2012. 『彌勒寺址 石塔 기단부 발굴조사 보고서』, 142쪽)

또한 축기부에서 수습되는 와당, 기와편 및 토 · 자기편, 목탄 등의 화재 폐기물은 선축된 건물지와 직접적인 관련이 있기 때문에 축기부 주변에서의 화재 건물지가 존재하는지에 대해서도 꼼꼼히 살펴볼 필요가 있다.

만약 축기부가 위치하고 있는 건물지군 중 화재로 폐기된 유구와 그렇지 않은 유구가 서로 중복되었을 경우에는 일차적으로 화재로 폐기된 건물지가 선축된 유구로 이해할 수 있다.

건물지가 넓은 범위에 걸쳐 서로 중복되지 않고 평면적으로 나타나게 되면 그 개개의 축조연대를 밝히기가 쉽지 않다. 따라서 축기부에서 확인할 수 있는 자료들을 인접한 건물지와 상호 비교하여 상관관계를 추출해 볼 필요성이 있고 이를 통해 건물지의 선후 관계도 파악해 보아야 할 것이다.

9. 기단시설(基壇施設)

기단과 기단토를 함께 부르는 용어이다.

이질적인 재료를 사용하여 만든 건축 기단은 그 축조기법에 있어서도 매우 다양하다. 또한 기단에 장식이 가미되면서 시대적 특징과 시기적 변천을 반영하기도 한다.

◆ 대전 상대동유적 내 건물지의 기단석과 기단토, 초석의 층위 관계

_ 대전 상대동유적 내 건물지의 기단부(고려). 기단토를 굴광하여 적심석을 조성하고, 그 위에 초석을 올려놓았다. 건물지 미석은 대부분 대지조성토에 덮여 있어 건물 운영 시에는 육안으로 살필 수 없다.

기단석은 기단토와 함께 축조 양상을 살펴보아야 하기 때문에 기단토와 기단석의 절개작업은 발굴조사 과정에서 필수적이다. 만약, 절개작업이 불가능할 경우에는 부분적인 토층조사라도 실시하는 것이 좋다.

□ 기단 조성을 위한 기단토 굴광

◆ 대전 행평유적 내 건물지의 기단석과 기단토 굴광선

기단석 조성을 위한
기단토 굴광선

기단석

뒤채움토
(토석혼축)

_ 대전 행평유적 내 건물지의 기단석과 기단토 굴광선. 기단토를 완성한 후 기단석을 조성
하기 위해 기단토를 다시 되파기 한다. 그리고 기단토 굴광선과 기단석 사이에는 흙이나
할석 등을 채운 뒤채움토가 있어 기단석의 완충작용을 돕고 있다.

기단석의 조성은 대체로 기단토가 완성된 후 실시되는 것이 일반적이다. 즉, 가장 먼저 대지를 조성한 후 건물이 입지할 곳에 기단토를 판축이나 성토다짐공법으로 한 단 높게 축토한다. 그런 다음 기단이 놓을 부분을 'ㄴ'자 형태로 굴토하고 그 개구부 (開口部)에 기단을 조성한다.

□ 토층 단면으로 본 'ㄴ'자 형태의 기단토 굴광

◆ 부여 금성산 와적기단 건물지의 와적기단과 기단토 굴광선

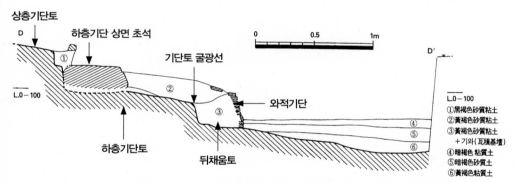

_ 부여 금성산 와적기단 건물지의 와적기단과 기단토 굴광선(백제 사비기). 와적기단 조성을 위한 기 단토 굴광선과 기단 사이에는 뒤채움토가 충전되어 있다.

(國立扶餘博物館, 1992, 『扶餘錦城山百濟瓦積基壇建物址發掘調査報告書』, 69쪽 도면 8 상단)

◆ 서산 예천동 지역주택조합 아파트 신축공사 부지 건물지의 기단석과
  기단토 굴광선

_ 서산 예천동 지역주택조합 아파트 신축공사 부지 건물지의 기단석과 기단토 굴광선
(동방문화재연구원 제공)

따라서 기단과 기단토 사이에는 기단을 조성하기 위한 기단토 굴광선이 토층 단면
에서 반드시 나타나게 마련이다. 그리고 기단토 굴광선과 기단 사이에는 기단토의
토압을 기단이 직접적으로 받지 않도록 흙이나 소형 할석 등이 채워지는데 이때 기와
나 토기, 자기 등이 일부 혼입되기도 한다.

그러나 석재나 전, 기와를 이용하여 평적식이나 수직횡렬식으로 기단을 조성할 경
우 기단토 굴광선이 'ㄴ'자 모양이 아닌 'U'자 형태로 나타나는 경우도 흔히 살필 수
있다. 또한 이러한 축조기법의 기단은 평면상에서 기단을 중심으로 'ㅣ' 모양이 아닌
'ㅣㅣ' 모양으로 기단토 굴광선이 나타나고 있다. 이때 기단은 그 중심부에 세워지며,
굴광선과 기단 사이에는 흙이 채워져 있음을 살필 수 있다.

□ 토층 단면으로 본 'ㄷ'자 형태의 기단토 굴광

◆ 부여 군수리사지 금당지 및 목탑지의 와적기단과 기단토 굴광선

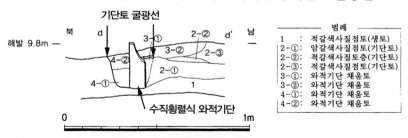

_ 부여 군수리사지 금당지의 기단토 굴광선(백제 사비기). 굴광선은 토층 단면에서 'ㄷ'
자 형태로 나타나고 있다. (국립부여문화재연구소, 2010, 『扶餘軍守里寺址 I –木塔址·金堂址
發掘調査報告書–』, 56쪽 도면 16)

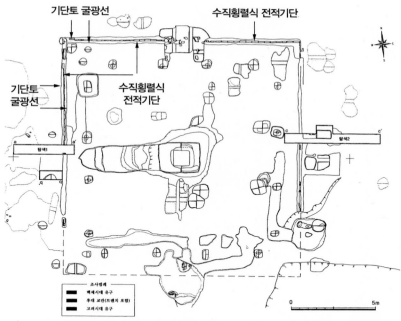

_ 부여 군수리사지 목탑지의 기단토 굴광선(백제 사비기). 굴광선은 평면에서 'll'자 형
태, 토층 단면에서 'ㄷ'자 형태로 나타나고 있다. (국립부여문화재연구소, 2010, 『扶餘軍守
里寺址 I –木塔址·金堂址 發掘調査報告書–』, 63쪽 도면 26)

◆ 부여 구교리 367번지 유적 내 건물지의 기단석과 기단토 굴광선

_ 부여 구교리 367번지 유적 내 건물지의 기단석과 기단토 굴광선(백제 사비기). 'U' 자 형태로 구를 파고, 그 내부에 할석과 점질토를 혼축시켜 기단을 조성하였다. 수직횡 렬식의 와적기단이나 전적기단과 비교해 축조기법의 차이를 뚜렷하게 보여주고 있다.

◆ 평택 백봉리유적 내 2호 건물지의 와적기단과 기단토 굴광선

_ 평택 백봉리유적 내 2호 건물지의 수직횡렬식 와적기단과 기단토 굴광선(고려). 'U' 자 형태로 구를 파고, 그 내부 중앙에 기와를 세워놓았다.

기타 'ㄴ'자 형태의 기단토 굴광선은 부여 부소산사지 당탑지 및 경주 황룡사지 중금당지 및 목탑지 등에서도 살필 수 있다. 이들 유구의 기단은 가구기단이거나 장대석의 치석기단으로 추정되고 있다. 아울러 부여 구교리 367번지 유적 건물지에서 살펴본 바와 같이 할석기단도 'ㄴ'자 형태의 기단토 굴광선을 취하는 예가 있으므로 조사 말미에 반드시 기단 절개작업을 실시하여 이의 축조기법을 살펴보는 것이 좋다.

한편, 가구기단이나 장대석을 이용한 치석기단일 경우 이들의 높이는 여느 할석이나 와적기단에 비해 상대적으로 높다. 따라서 내부 기단토로부터 받는 토압 역시도 상대적으로 높다. 이는 결과적으로 기단을 밖으로 밀어내는 역할을 하기에 'ㄴ'자나 'ㄴ'자 형태의 굴광선이나 구(溝) 역시 넓고 깊게 굴착하는 것이 효과적이다. 이때 'ㄴ'자 혹은 'ㄴ'자 형태의 깊은 구를 요구(凹溝)라 부른다.

앞에서 살핀 구와 축조기법은 동일하나 구의 규모 및 기단의 형식 등에서 차이가 있다. 바닥면에는 부여 부소산사지 금당지나 경주 황룡사지 중금당지 및 목탑지처럼 소형 할석이 깔려 있는 경우를 살필 수 있다.

□ 토층단면으로 본 'ㄴ'자 혹은 'ㄴ'자 형태의 기단토 굴광(요구, 凹溝)

◆ 부여 부소산사지 금당지의 요구

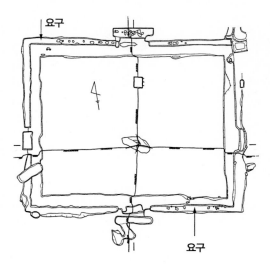

요구

요구

_ 부여 부소산사지 금당지의 요구(백제 사비기). 구 내부에 장대석으로 조성된 치석기단을 축조하였던 것으로 보인다. (申光燮, 1996, 『扶蘇山城 -廢寺址 發掘調査報告-(1980년)』, 國立文化財硏究所, 24쪽 도면 3)

요구

따라서 기와건물지의 발굴조사 과정에서 'U'자 혹은 'ㄴ'자 형태의 기다란 구가 확인된다면 이를 기단시설인 요구로 파악하고 조사를 진행하는 것이 좋다. 다만, 평면 상에서 요구만 확인될 정도라면 기단석은 이미 멸실된 상태이기 때문에 세부 조사에 유의하여야 한다.

한편, 기단석의 최하부에는 미석(眉石)3)이 놓이는 경우도 있으므로 전체 기단석을 살필 수 있는 구덩이 작업이 필요하다. 이 경우 토층조사를 면밀히 하여 생활면을 찾는 작업도 병행되어야 한다. 생활면의 경우 미석 위에 조성되는 것이 일반적이기 때문에 미석 만 있고 토층상에서 생활면이 확인되지 않는다면 생활면은 이미 유실된 것으로 이해하여야 한다. 아울러 미석 위에 축토된 토양은 넓은 의미에서 대지조성토로 파악할 수 있다.

◆ 성곽에서의 미석

_ 수원 화성의 체성과 여장 사이의 미석

---

3) 미석은 본래 성곽에서 체성과 여장 사이에 놓인 석재를 의미한다.

ㅁ 미석(眉石)

방 안에 책꽂이를 놓을 때 바닥면이 평평함에도 불구하고 앞면에 딱딱한 종이나 나무를 끼워놓곤 한다. 이는 책의 하중으로 말미암아 책꽂이가 앞으로 쏠리는 것을 막아주는 역할을 한다.

미석은 바로 바닥면에 놓는 딱딱한 종이나 나무와 같은 기능을 기단에서 한다. 위에 놓이는 기단석에 비해 크기가 작고 위가 납작하다는 특징이 있다. 미석 위로는 한 단 정도 들여 기단석을 쌓고 있다. 미석 아래로는 더 이상의 기단석이 존재하지 않으므로 제토작업은 이 선에서 마무리한다. 다만, 미석 아래의 대지조성토를 파악하고자 할 때에는 구덩이를 설치하여 토층 조사를 실시하도록 한다.

◆ 대전 상대동유적 내 건물지의 기단석과 미석

_ 대전 상대동유적 내 건물지의 기단석과 미석(고려). 할석으로 만든 기단 아래에 미석이 한 뼘 정도 내밀어져 있다.

◆ 대전 상대동유적 내 건물지의 기단석과 미석, 산수시설

_ 대전 상대동유적 내 건물지의 미석(고려). 산수시설은 지붕에서 떨어지는 낙수를 처리하는 역할을 한다. 달리 낙수받이시설이라고도 한다.

◆ 공주 공산성 내 건물지의 기단석과 미석

_ 공주 공산성 내 건물지의 기단석과 미석(조선). 기단석 아래로 한 뼘 정도 내밀어 쌓은 것이 미석이다.

미석은 건물지 기단뿐만 아니라 담장지나 축대의 기저부에서도 살필 수 있다. 층위상으로 생활면 아래에 위치하기 때문에 만약 이 부분까지 제토가 이루어졌다면 생활면은 이미 파괴되었다고 보아야 한다.

따라서 기단석이 확인되면 무조건적으로 미석까지 노출시키려 하지 말고, 일단 구덩이 작업을 실시하여 층위를 파악한 다음 약간의 토층 둑을 남겨두고 하강작업을 실시하는 것이 좋다.

◆ 대전 상대동유적 내 대형 담장지의 미석

미석

_ 대전 상대동유적 내 대형 담장지의 미석(고려)

◆ 보령 충청수영성의 축대 미석

미석

_ 보령 충청수영성의 축대 미석(조선)

　다만, 기와건물지가 연약지반(저습지, 뻘층)을 매립하고 조성되었을 경우에는 미석보다 다량의 할석을 보강시설로 축석(築石)하는 경우도 살필 수 있다. 이는 여주 영릉 재실유적에서 살필 수 있는데, 하단 건물지의 경우 저습지 위에 3~5단 정도의 할석을 쌓고, 그 위에 기단석을 축조하였다.

◆ 기단석 아래에 보강석이 시설된 유적

_ 여주 영릉 재실유적 건물지의 보강석(조선). 연약지반에 직접 기단석을 시설하기 전에 할석의 보강석을 깔아 놓음으로서 기단석 및 건물의 침하를 방지하고 있다.

또한 건물지 조사를 진행하다보면 간혹 기단석의 후면에서 소형의 할석이 깔려있는 경우를 볼 수 있다. 이는 위치상 기단토 굴광선과 기단 사이의 뒤채움토에 해당되고 있다. 그런데 충전물이 토석혼축(土石混築)이라는 점에서 뒤채움토보다는 "뒤채움석"이라는 용어가 좀 더 적합할 것으로 생각된다. 이의 역할은 미석과 반대로 기단석이 뒤로 밀려나는 것을 방지해 준다. 이와 같은 토석혼축은 기단 외에 축대에서도 확인되고 있다.

◆ 대전 상대동유적 내 건물지의 기단석과 뒤채움석

_ 대전 상대동유적 내 건물지의 기단석과 뒤채움석(고려)

◆ 공주 공산성 내 건물지의 기단석과 뒤채움석

_ 대공주 공산성 내 건물지의 기단석과 뒤채움석(백제)

하지만 이러한 기단 구조는 사실 육안으로 살피기가 쉽지 않다. 즉, 구덩이 조사를 실시하지 않는 한 뒤채움석이 어느 정도의 넓이와 깊이까지 시설되었는지를 파악할 수가 없다. 따라서 기단석과 뒤채움석, 그리고 기단토 굴광선 등을 확인하기 위해선 기단석과 직교한 구덩이 작업이 반드시 필요하다.

◆ 대전 상대동유적의 축대와 뒤채움석

_ 대전 상대동유적의 축대와 뒤채움석(조선). 축대 조성을 위한 성토다짐토를 굴광하고 축대 및 뒤채움석을 축조하였다.

구덩이 작업은 위에서 열거한 부분만 세부적으로 할 수도 있으나 기단토나 대지조성토의 토층 상황도 함께 파악해 보아야 하기 때문에 동시 작업을 실시하는 것이 효과적이다.

기단토에는 기본적으로 초석이나 적심석 등이 설치됨으로 인해 건물의 하중을 직접적으로 받고 있다. 그러므로 이의 하중을 원활히 지탱하기 위해 기단토는 판축 혹은 성토다짐 공법으로 축토되고 있다. 그러나 구릉 사면을 절토하고 건물을 조성할 경우 경사 윗면의 기단토는 아랫면과 달리 생토면이 된다.

◆ 경사면을 굴착하고 조성한 건물지에서 기단토가 생토면인 경우

_ 오산 지곶동사지 금당지의 생토면 기단토(고려). 경사 윗면의 경우 절토되어 생토면이 기단토를 이루고 있다.

또한 동일 건물이라 할지라도 삭토, 절토 과정에서 생긴 잔토(殘土)를 경사 아랫면에 어떻게 축토(築土)하느냐에 따라 기단토가 다르게 나타날 수 있다. 즉, 판축공법과 성토다짐공법 중 어느 것을 선택하느냐에 따라 기단토의 토층 양상이 다르게 나타난다.

◆ 잔토로 축토된 경사 아랫면의 기단토

_ 오산 지곶동사지 금당지(고려). 경사 아랫면으로 잔토(殘土)를 축토하여 기단토를 조성하였다.

기단토 상면에는 기둥을 받치기 위한 초석이 놓인다. 그리고 외진주가 배치되는 바깥 초석과 초석 사이에는 보통 벽이 설치된다. 벽을 구성하기 위해서는 하인방이라는 부재가 반드시 필요한데 이를 지탱해주는 유구가 바로 '고맥이'이다. 고맥이는 레벨상 초석과 같은 높이에 위치하며, 재료도 석재, 기와, 전 등 다양한 편이다.

◆ 고창 선운사 대웅보전의 초석과 고맥이, 하인방

_ 고창 선운사 대웅보전의 벽구조(조선). 초석 사이에 기둥이 있고, 벽을 조성하기 위해 하인방과 고맥이를 시설하였다.

　그런데 건물지 발굴을 진행하다보면 적심석과 적심석 사이에 한 줄, 혹은 여러 줄 형태의 할석렬(割石列)이 발견될 때가 있다. 적심석은 초석 아래에 놓이는 유구이기 때문에 이 할석렬은 층위상 고맥이로 볼 수 없고, 적심석과 마찬가지로 '고맥이적심'이라 표현하여야 한다.

◆ 울산 영축사지 강당지의 고맥이적심

적심석

고맥이적심

적심석

_ 울산 영축사지 강당지의 고맥이적심(통일신라). 초석이 유실되고 적심석만 남아 있다.

기단토 내에 조성되는 초석은 대부분 하부에 적심시설을 두고 있다. 적심시설은 모두 기단토 아래에 묻히기 때문에 육안으로는 살필 수가 없다. 반면 초석은 기둥을 받치는 하부 구조이면서 기둥 아랫면의 부식을 막기 위해 기단토 위에 축조되어 있다.

◆ 오산 지곶동사지 금당지의 초석과 기단토

기단토

초석

적심공

기단토

적심석

기단토

_ 오산 지곶동사지 금당지의 적심석(고려) 1차 조사 과정. 자칫 적심석에 집중하다보면 기단토 및 적심공을 모두 제거하는 실수를 범하게 된다.

    그런데 발굴조사를 실시하다 보면 간혹 초석뿐만 아니라 적심석을 지면에 모두 노출시키는 경우가 종종 있다. 물론 건물지 조사에서 이는 반드시 필요한 작업이다. 문제는 적심석을 노출하는 과정에서 기단토라는 유구를 모두 훼손시킨다는 점이다. 이는 또 다른 유구 파괴이기에 조사 절차에 따라 공정별로 작업하는 것이 필요하다.

    초석의 측면은 자세히 관찰해 보면 요철이 심한 부분과 그렇지 않은 부분으로 양분되고 있다. 여기서 요철이 양호한 곳은 대개 기단토에 노출되는 부분이고, 심한 곳은 기단토에 묻히게 된다. 따라서 요철이 심한 부분과 그렇지 않은 부분은 바로 기단토의 상면과 일치한다.

◆ 오산 지곶동사지 금당지의 초석 상면과 측면

_ 오산 지곶동사지 금당지의 초석과 기단토(고려). 초석에서 육안으로 노출되는 부분은 치석되어 있고, 기단토에 감추어진 면은 다듬지 않아 거칠다.

◆ 보령 성주사지 중문지의 초석 상면과 측면

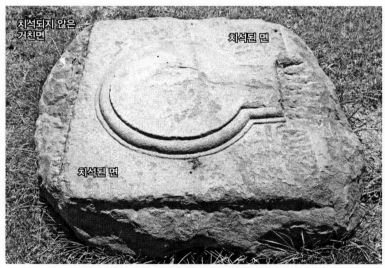

_ 보령 성주사지 중문지의 초석(통일신라). 치석되지 않은 거친 면은 기단토에 묻히게 된다.

건물지 조사에서 일차적 제토는 바로 기단토 상면이다. 이는 앞에서 살펴본 대로 초석의 측면을 통해 파악할 수 있다. 또한 기단토 상면은 지붕에서 떨어진 와적층(瓦積層)을 통해서도 그 존재를 유추할 수 있다.

◆ 오산 지곶동사지 금당지의 초석과 기단석, 기단토의 층위 관계

_ 오산 지곶동사지 내 건물지(고려)의 토층. 초석이 놓인 기단토 위로 화재로 폐기된 소토층과 와적층, 표토(퇴적토) 등이 형성되어 있다.

초석이 노출되면 그 다음으로 적심석을 시설하기 위한 적심공(積心孔)을 확인해 본다. 이것은 적심을 축조하기 위한 일종의 구덩이로 평면 윤곽이 원형이나 방형, 부정형 등으로 나타난다. 적심공이 파악되면 이것을 남긴 상태에서 기단토의 제토작업을

진행하는데 이때에도 기단토의 토층 상황을 파악할 수 있는 十자 토층둑을 반드시 남겨둔다.

◆ 공주 공산성 건물지의 기단토와 적심공

_ 공주 공산성 건물지의 적심공(조선). 적심공은 기단토에 조성되므로 기단토를 전체적으로 제토하게 되면 적심공도 무의식중에 멸실될 수 있다.

기단토는 대부분 성토다짐공법으로 축토되나 간혹 판축공법도 살필 수 있다. 그리고 화재로 폐기된 기와건물지의 잔재가 혼입된 경우도 종종 확인할 수 있다. 이럴 경우 기단토 내부에서는 목탄과 더불어 기와편 및 토·자기편, 소토편 등이 수습될 수 있다.

□ 건물지 기단토에 포함된 유물

◆ 공주 공산성 건물지의 기단토와 포함 유물

_ 공주 공산성 건물지의 기단토에 혼입된 기와편(백제). 기단토에서 수습되는 유물의 편년이 곧 해당 건물지의 상한 연대가 될 수 있다.

◆ 공주 웅진동 의료원 부지 유적 건물지의 기단토와 포함 유물

_ 공주 웅진동 의료원 부지 유적 내 건물지의 기단토(나말여초기). 성토다짐된 기단토 내에 층위를 달리하면서 기와편이 포함되어 있다.

◆ 여주 고산서원지 건물지의 기단토와 포함 유물

_ 여주 고산서원지 건물지의 기단토와 적심석(조선). 기단토에 백자 · 기와편 등이 포함되어 있다.

　기단토에서 수습되는 유물들은 한편으로 해당 건물지의 상한 연대를 결정한다는 점에서 그 중요성이 적지 않다. 따라서 기단토 내부에서 수습되는 유물들은 출토 층위와 함께 반드시 사진으로 남겨두는 것이 필요하다. 또한 목탄의 경우는 방사성탄소연대 측정 등을 통해 출토된 유물과 상대 비교하여 건물지의 축조시기를 좀 더 명확히 편년해준다는 점에서 수습뿐만 아니라 분석 의뢰 전까지 보관에 만전을 기하도록 한다.

　한편, 기단토에 대한 층위 파악을 위해선 우선 구덩이 조사가 필요한데 이때 대지조성토 및 축기부토와 혼동하지 않도록 한다. 층위상 가장 먼저 대지조성토를 축토하고, 이후 축기부를 조성한 다음 가장 마지막으로 기단토를 구축하기 때문에 구덩이 작업 시 이들의 층위 관계를 꼼꼼히 살펴 도면에 표기하여야 한다.[4]

---

4)　축기부토는 사지의 금당지나 목탑지 등에서 흔히 살필 수 있고, 일반 건물지에서는 거의 찾

이는 유구의 축토 범위에서도 차이를 보이는데 대지조성토의 범위가 가장 넓고, 그 다음으로 축기부, 그리고 기단토 순으로 범위가 좁다. 따라서 기단토의 토층조사를 실시하다보면 이들 층위를 자연스럽게 만날 수 있다.

◆ 익산 제석사지 목탑지의 대지조성토와 축기부, 기단토의 층위 관계

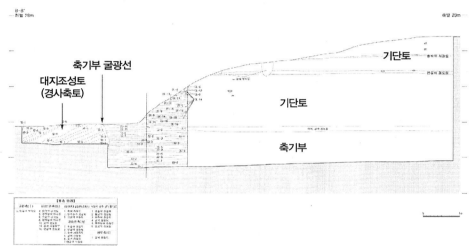

_ 익산 제석사지 목탑지의 대지조성토와 축기부, 기단토(백제 사비기). 대지조성토를 되파기하여 축기부를 조성하고, 그 위에 기단토를 축토한다.
(국립부여문화재연구소, 2011, 『帝釋寺址 발굴조사보고서』, 도면 5-2)

기단토는 기본적으로 기단 내부의 토양이다. 그렇기 때문에 토층을 이해하는데 있어 별 어려움이 없다. 반면에 축기부토와 대지조성토는 기단토 보다 범위가 넓게 나타나기 때문에 기단 외부까지의 토층조사가 필요하다.

대지조성토는 건물을 조영하기 위해 맨 처음으로 실시되는 축토(築土) 작업이기 때

아볼 수 없다.

문에 기단석과 관련 없이 그 내·외부의 토층 양상이 대개 동일하다. 하지만 미석이 놓이는 층위부터 생활면까지는 기단 내외부의 토층 양상이 다르게 나타날 수 있다. 이는 기단석에 의해 그 내부는 기단토, 그리고 외부는 별도의 대지조성토로 축토되기 때문이다. 따라서 토층 조사 시 이에 대한 성격을 명확히 구별하여 도면 작업을 실시하는 것이 좋다.

기단토 위에 조성된 마루는 바닥이 나무로 시설되기 때문에 중간 중간 이를 받쳐주지 않으면 사람들의 하중에 의해 마루바닥이 쳐질 수 있다. 이를 방지하기 위해 별도의 나무 기둥을 설치하는데 이를 동바리라고 부른다. 동바리는 기단토 위에 바로 시설하지 않고, 위가 평평한 별도의 석재 위에 놓는데 이를 동바리초석이라고 한다. 동바리초석은 일반 기둥 초석에 비해 크기가 작으면서 배치면에서도 정형성이 떨어진다.

◆ 논산 명재고택 누마루의 초석과 동바리초석

_ 건물 바닥이 마루인 경우 이의 처짐을 방지하기 위해 기둥 외에 별도의 동바리를 설치한다. 동바리는 일반 기둥에 비해 높이가 낮고, 초석 역시도 주초석에 비해 작다. 그러나 둘 다 생활면 위에 올려 있음은 동일하다.

이렇게 볼 때 기단토 상면의 제토 작업이 결코 쉽지 않음을 알 수 있다. 그 동안은 건물지라 하면 계획적으로 배치된 초석과 적심석만을 생각하였는데 이제는 정형성이 없는 동바리초석까지 고려하여야 하기 때문이다. 따라서 건물지 조사 중에 기단토 상면의 인지 작업이 무엇보다도 중요하다. 그리고 정형성은 없지만 초석과 같은 레벨에 놓여있는 석재라 한다면 일단 남겨 두고 다음 제토 작업을 실시하는 것이 바람직하다.

한편, 동바리초석은 기단 내부뿐만 아니라 외부에서도 확인될 수 있다. 이때 이의 성격은 건물 외부 시설과 연계하여 이해하는 것이 필요한데 대개 쪽마루와 관련될 수 있다. 유구의 정확한 성격을 파악하기 위한 민가 고택의 평면 구조도 미리 숙지해 두면 좋을 듯하다.

◆ 서울 창덕궁 낙선재의 초석과 동바리초석

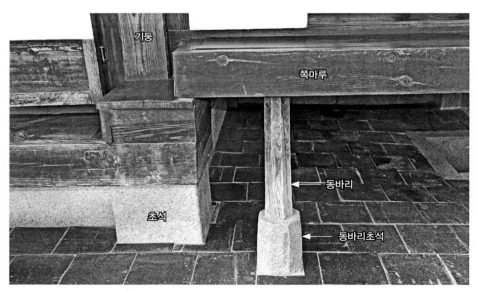

_ 쪽마루는 건물의 외부에 조성된다. 동바리초석은 동일 건물의 초석에 비해 크기가 작다. 그러나 모두 기단토 상면에 위치한다는 공통점이 있다.

앞에서 살펴본 바와 같이 기단토 작업은 대지조성토와 함께 실시하는 것이 좋다. 이러기 위해선 조사의 시작이나 중간 과정보다는 말미에 시행하는 것이 효과적이다.

기단토 작업은 건물지와 관련된 토목공법을 확인하는 조사이기 때문에 이의 훼손을 최소한으로 하여야 한다. 먼저 기단토 확인을 위한 구덩이 설치를 '十'자로 할 것인지 아니면 '||'자로 할 것인지를 선택하도록 한다. 이는 기단토의 잔존 상태와 작업기간을 고려하여 현장에서 바로 결정하면 된다.

◆ 기단토와 대지조성토의 토층조사

_ 공주 웅진동 의료원 부지 유적 내 건물지. 건물지의 기단토 및 대지조성토 확인을 위해 '十'자 형태로 구덩이를 설치하였다. (한얼문화유산연구원 제공)

구덩이는 수작업으로 이루어져야 하기 때문에 이의 너비는 최소 50cm 이상이 되도록 한다. 그런데 만약 건물지의 규모가 클 경우에는 100cm 정도로 하여도 무방하다.

기단토는 여러 방향에서 축토되기 때문에 여러 간층이 존재할 수 있다. 그런데 여기에 너무 집중하다 보면 전체 층위를 이해하기 어려울 수 있고, 또한 축토 관계를 도면에 일일이 표현하기 곤란할 수도 있다. 따라서 간층 보다는 오히려 축토 과정에 집중하여 축토 방향 및 순서 등을 파악해 보는 것이 좋다.

기단토 내부에서는 기와나 석재로 만들어진 암거가 간혹 확인될 수 있다. 이는 경사 윗면에서 아랫면으로 조성되기 때문에 이와 직교하는 방향으로 구덩이를 설치하여 전체 형적을 조사하는 것이 필요하다. 아울러 암거와 기단토와의 토층 조사를 통해 이것이 동시에 작업되었는지 아니면 기단토를 축토한 후 이를 굴광하고 암거가 조성되었는지를 파악해 본다.

□ 건물지 기단토 내부에 암거가 조성된 사례

◆ 오산 지곶동사지 A-1건물지(승방지)의 석축 암거

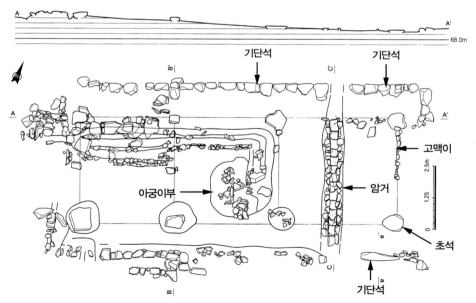

_ 오산 지곶동사지 A-1건물지(승방지) 내 석축 암거(고려). 암거는 건물지의 기단토를 굴광하고 조성되었다. 생활면보다 층위상 아래에 위치하여 육안으로는 확인되지 않는다.
(기호문화재연구원, 2010, 『烏山 紙串洞遺蹟』, 18쪽 도면 229)

기단토 상면에는 앞에서 살펴본 바와 같이 고래둑이나 초석, 적심석, 혹은 동바리 초석 등이 존재할 수 있다. 이러한 상태에서 구덩이 조사를 실시한다면 유구의 부분적인 파괴를 피하기가 어렵다. 따라서 유구의 축조 과정을 정확히 이해하고, 잔존 양상에 집중하여 세부 조사를 진행하도록 한다.

□ 건물지 기단토 상면에 고래둑이 조성된 사례

◆ 부여 능산리사지 북편건물지의 기단토와 고래시설

_ 부여 능산리사지 북편건물지(백제 사비기). 기단토 상면에 외진주 초석과 고래둑이 조성되어 있다.
(한국전통문화학교 고고학연구소, 2010, 『扶餘 陵山里寺址 제9차 발굴 조사 보고서』, 368쪽 사진 80-①)

◆ 평택 백봉리유적 1호 건물지의 기단토와 고래시설

_ 평택 백봉리유적 1호 건물지(고려)의 기단토와 온돌시설. 기단토 상면에 고래둑이 조성되어 있다. 반면, 고래골의 바닥은 층위상 기단토 상면보다 아래에 위치하고 있다. 이러한 층위 양상은 삼국시대 ~고려 전기의 온돌건물지에서 주로 살필 수 있다.

적심석은 적심공과 내부의 충전물을 파악할 수 있도록 일부에 한해 절개가 필요하다. 그리고 고래시설은 고래둑의 축조상태와 고래 바닥의 재 층위를 확인할 수 있도록 구덩이 작업을 실시한다. 이러한 층위 조사는 결과적으로 기단토와의 관계 속에서 이해되어야 하기 때문에 층위에 따른 유구의 조성 관계를 단면상에서 자세히 관찰한다.

◆ 여주 고산서원지 내 건물지의 적심공

적심공

적심공

적심공

_ 여주 고산서원지 내 건물지의 적심공 절개 상태(조선). 적심공 내부에 충전된 내용물을 자세히 살필 수 있다.

기단토는 축토되는 토석(土石)의 성질과 방법 등에 따라 성토다짐토나 판축토, 혹은 토석혼축(土石混築)으로 구분된다. 하지만 판축토라 할지라도 성곽에서와 같은 영정주나 횡장목, 종장목 등은 살필 수 없다. 이런 점에서 이를 과연 판축토로 부를 수 있을지 의문스럽다. 하지만 성토다짐토에 비해 축토 층위가 비교적 정교하다는 점에서 판축토의 범주에 포함시킬 수 있다.

토석혼축은 익산 미륵사지 동·서 탑지나 경주 황룡사지 중금당지·목탑지 등에서 살필 수 있는 바와 같이 할석이나 자갈, 흙 등을 일정한 층위에 맞게 교차 축토·축석한 것을 말한다.

◆ 아산 기산동 창고 부지 내 판축토성

_ 아산 기산동 창고 부지 내 판축토성(통일신라). 점토와 사질토를 이용하여 정교하게 축토하였다.

□ 건물지 기단토가 판축토인 사례

◆ 부여 왕흥사지 금당지의 기단 판축토

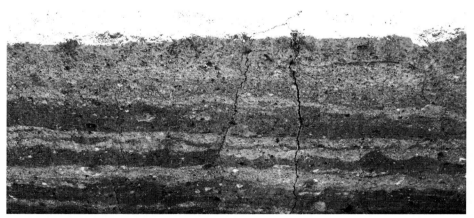

_ 부여 왕흥사지 금당지의 기단 판축토(백제 사비기)

◆ 익산 제석사지 목탑지의 기단 판축토

심초석 겸 공양석

_ 익산 제석사지 목탑지의 심초석 겸 공양석 아래 기단 판축토(백제 사비기)

◆ 경주 황룡사지 중금당지의 기단 판축토와 토석혼축

기단토는 판축토와 토석혼축이 일정한 층위에 맞게 축토·축석되었다. 이러한 판
축토는 황룡사지 목탑지에서는 살필 수 없다.

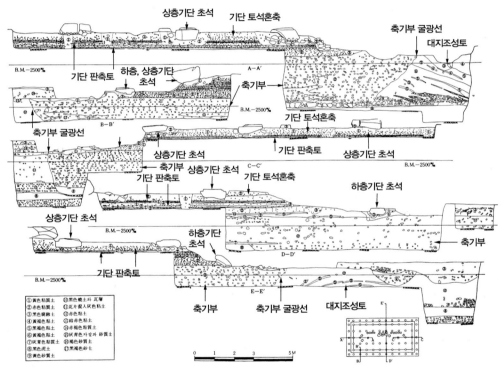

_ 경주 황룡사지 중금당지의 기단 판축토와 토석혼축(신라). 기단토는 판축토와 토석혼축이 교차로
축토되었으며, 상면은 토석혼축으로 마무리하였다.
(文化財管理局 文化財硏究所, 1982, 『皇龍寺(圖版編)』, 도면 28)

□ 건물지 기단토가 성토다짐토인 사례

◆ 부여 구드래 일원(명승 제63호) 유적 건물지의 기단 성토다짐토

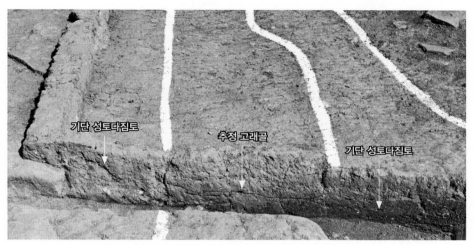

기단 성토다짐토

추정 고래골

기단 성토다짐토

_ 부여 구드래 일원(명승 제63호) 유적 건물지의 기단 성토다짐토(백제 사비기)

◆ 삼척 흥전리사지 동원 건물지의 기단 성토다짐토

기단 성토다짐토

대지조성토

_ 삼척 흥전리사지 동원 건물지의 기단 성토다짐토(통일신라)

◆ 울산 영축사지 금당지의 기단 성토다짐토

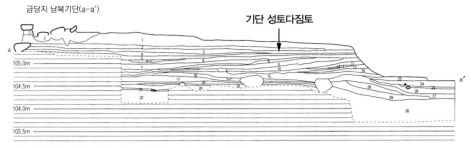

금당지 남북기단(a-a')

기단 성토다짐토

_ 울산 영축사지 금당지의 기단 성토다짐토(통일신라)
(울산박물관, 2016, 『울산 영축사지 발굴조사보고서 I』, 66쪽 도면 9)

◆ 오산 지곶동사지 건물지의 기단 성토다짐토

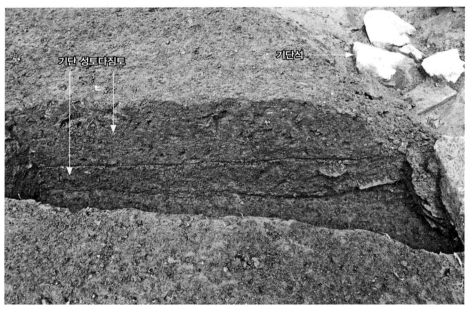

기단 성토다짐토

기단석

_ 오산 지곶동사지 건물지의 기단 성토다짐토(고려). 기단토 내부에 기와편이 포함되어 있다. 이 유물은 건물지의 상한 연대를 추정하는데 결정적인 역할을 한다.

◆ 여주 영릉 재실유적 상-2건물지의 기단 성토다짐토

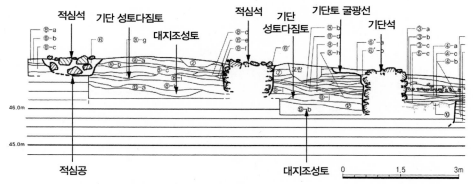

_ 여주 영릉 재실유적 상-2건물지의 기단 성토다짐토(조선)
(기호문화재연구원, 2009, 『驪州 英陵 齋室遺蹟』, 23쪽 도면 8)

□ 건물지 기단토가 토석혼축인 사례

◆ 익산 미륵사지 서탑의 기단 토석혼축

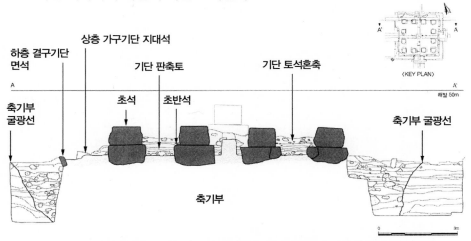

_ 익산 미륵사지 서탑의 기단토(백제 사비기). 초반석의 어깨 부분에서 토석혼축이 이루어졌고, 그 위로 암적갈색·회황색의 사질점토를 3개층으로 판축하였다. 판축토 위로 다시 토석혼축 되었다.
(국립문화재연구소·전라북도, 2012, 『彌勒寺址 石塔 기단부 발굴조사 보고서』, 67쪽 도면 4-12)

◆ 경주 황룡사지 구층목탑지의 기단 토석혼축

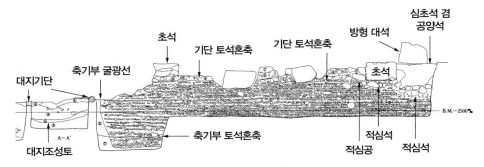

_ 경주 황룡사지 구층목탑지의 기단 토석혼축(신라). 목탑지의 초석과 적심석은 기단토를 되파기하고 조성한 반면, 심초석 겸 공양석 및 이의 적심석은 기단토와 동시에 조성하였다. 이는 기단토를 되파기한 적심공이 없는 것을 통해 파악할 수 있다.
(文化財管理局 文化財研究所, 1982, 『皇龍寺(圖版編)』, 도면 29)

◆ 경주 사천왕사지 금당지의 기단 토석혼축

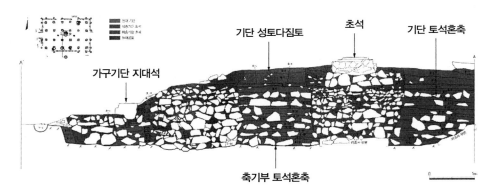

_ 경주 사천왕사지 금당지의 기단 성토다짐토와 토석혼축(통일신라). 토석혼축된 축기부 위로 기단 토석혼축 3단, 60cm 이상의 기단 성토다짐토가 축토되어 있다.
(국립경주문화재연구소, 2012, 『四天王寺 I 金堂址 발굴조사보고서』, 도면 15)

성토다짐이나 판축을 충실하게 하기 위해서는 기본적으로 달구질이 요구된다. 이는 끝이 뭉툭한 목봉이나 절구처럼 생긴 석재를 이용하여 지면을 사정없이 두드리는 것이다. 마치 토기 제작 시 내박자를 이용한 두드림과 같은 이치라 할 수 있다. 이러한 달구질을 통해 기단토는 지내력을 갖추게 되고, 지붕의 하중도 견뎌낼 수 있게 된다.

◆ 익산 미륵사지 서탑 기단토의 달구질 흔적

_ 익산 미륵사지 서탑(백제 사비기) 기단토의 달구질 흔적. 직경 8cm, 깊이 4cm로 목달구를 사용하였다.

한편, 중국의 사례를 보면 판축공법은 토성이나 건물지 기단토, 대지조성토 외에 벽체, 담장 등에 폭넓게 사용되었다. 토성을 제외하고는 작업의 규모가 그리 크지 않기 때문에 영정주는 사용되지 않았다. 대신 평면 장방형의 이동식 판축공구를 이용하였다.

□ 중국의 판축 유적

◆ 중국 안양시 은허유적의 판축대지

판축대지

_ 중국 안양시 은허유적의 판축대지 1(은대)

판축대지

_ 중국 안양시 은허유적의 판축대지 2(은대)

기둥

판축대지

_ 중국 안양시 은허유적의 판축대지와 기둥 배치(은대). 판축대지의 끝단에 기둥을 박아 놓았다.

◆ 중국 서안 장안성(판축토성)

_ 중국 서안 장안성(판축토성, 한대). 가로, 세로로 판축의 흔적을 엿볼 수 있다.

◆ 신강성 투루판시 고창구 교하고성(交河古城) 내 건물지의 판축 벽체

_ 중국 신강성 투루판시 고창구 교하고성 내 건물지의 판축 벽체(북위). 일정한 높이로 판축이 이루어졌으며, 벽체의 두께는 대략 1m 이하 이다. 북위의 사례로 보아 백제 건축물에도 판축 벽체가 실존하였을 가능성이 매우 높다.

◆ 중국의 이동식 판축 도구

_ 현재 중국에서 이동식 판축 도구를
이용하여 벽체를 조성하고 있다.
(石奕龍, 2005, 『福建土圍樓』, 中國旅游出
版社, 61쪽)

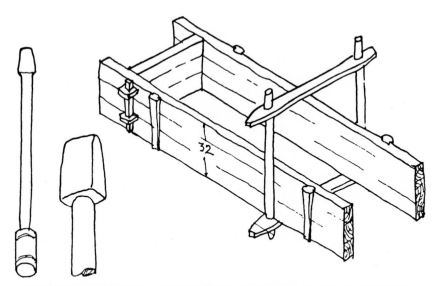

_ 중국에서 현재 사용되고 있는 이동식 판축 도구. 왼쪽은 판축 시 사용되는 목달구이다.
(劉致平, 1989, 『中國建築類型及結構』, 中國建築工業出版社, 468쪽)

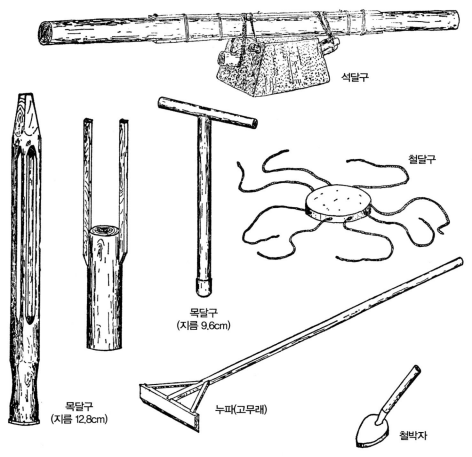

석달구

철달구

목달구
(지름 9.6cm)

누파(고무래)

철박자

목달구
(지름 12.8cm)

_ 중국의 판축 도구
(劉大可, 2005, 『中國古建築瓦石營法』, 中國建築工業出版社, 3쪽)

　　이러한 판축 도구는 요즈음의 중국뿐만 아니라 조선시대 말 우리나라에서도 찾아
볼 수 있다. 중국 및 우리나라의 유적 사례로 보아 영정주가 없는 이동식 판축공법은
삼국시대 이후 조선시대까지 꾸준히 애용된 토목기술이었음을 확인할 수 있다.

◆ 우리나라의 이동식 판축 도구

_ 판축하는 모습 (국립민속박물관, 1999, 『건축장인의 땀과 꿈』, 22쪽)

_ 석달구
(국립민속박물관, 1999, 『건축장인의 땀과 꿈』, 24쪽)

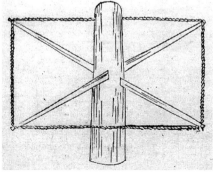

_ 목달구
(국립민속박물관, 1999, 『건축장인의 땀과 꿈』, 23쪽)

_ 석달구(지름 30~45cm, 높이 23~29cm)
(국립민속박물관, 1999, 『건축장인의 땀과 꿈』, 24쪽)

_ 목달구(지름 24cm, 높이 100.2cm)
(국립민속박물관, 1999, 『건축장인의 땀과 꿈』, 22쪽)

건물지의 기단은 단면상 단층기단과 이중기단으로 구분된다. 이중기단은 상·하층의 기단으로 축조되는 것으로서 삼국시대 유적에서 주로 살필 수 있다. 기단이 기본적으로 대지조성토 위에 시설되기 때문에 제토 과정에서 보면 단층기단에 비해 높은 흙더미로 관찰될 수 있다.

□ 단층기단의 유적 사례

◆ 익산 미륵사지 강당지의 단층 가구기단

_ 익산 미륵사지 강당지의 단층 가구기단(백제 사비기). 면을 곱게 다듬은 지대석, 면석, 갑석을 이용하여 기단을 축조하였다.

◆ 부여 정림사지 남회랑지의 단층 와적기단

_ 부여 정림사지 남회랑지의 단층 와적기단(복원). 기와를 이용하여 평적식으로 기단을 조성하였다.

◆ 원주 법천사지 남서건물지의 단층 치석기단

_ 원주 법천사지 남서건물지의 단층 치석기단(고려). 다듬어진 장대석을 이용하여 기단을 축조하였다.

◆ 대전 행평유적 내 건물지의 단층 할석기단

_ 대전 행평유적 내 건물지의 단층 할석기단

□ 이중기단의 유적 사례

◆ 익산 미륵사지 중원 금당지의 이중기단(하층 : 결구기단, 상층 : 가구기단)

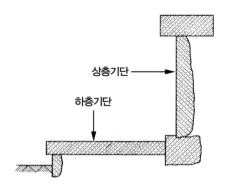

상층기단 →

하층기단

_ 익산 미륵사지 중원 금당지의 이중기단(백제 사
비기)

(文化財管理局 文化財硏究所, 1989, 『彌勒寺 遺蹟發掘調
査報告書I』, 77쪽 삽도 3)

◆ 부여 금성산 와적기단 건물지의 이중기단(하층 : 와적기단, 상층 : 미상)

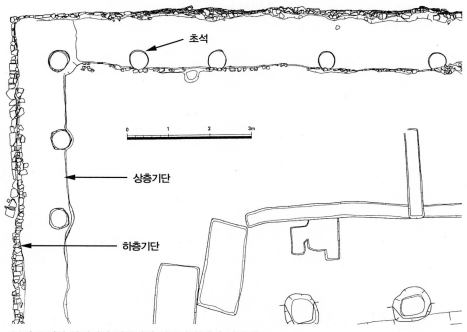

_ 부여 금성산 와적기단 건물지의 이중기단(백제 사비기)
(國立扶餘博物館, 1992, 『扶餘錦城山百濟瓦積基壇建物址發掘調査報告書』, 도면 3)

◆ 경주 감은사지 금당지의 이중기단(하층 : 치석기단, 상층 : 가구기단)

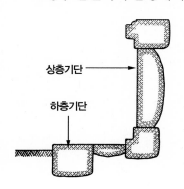

_ 경주 감은사지 금당지의 이중기단(통일신라)
(國立慶州文化財研究所 · 慶州市, 1997, 『感恩寺 發掘調
査報告書』, 92쪽 삽도 24)

◆ 경주 황룡사지 중금당지의 이중기단(하층 : 치석기단 추정, 상층 : 가구기단)

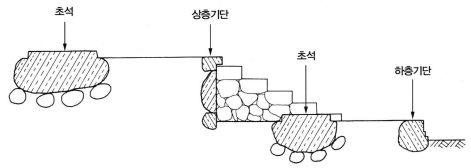

_ 경주 황룡사지 중금당지의 이중기단 추정 복원도(신라). 하층기단 상면의 초석은 퇴칸, 혹은 차양칸과 관련된 것으로 판단된다. (文化財管理局 文化財研究所, 1982, 『皇龍寺』, 54쪽 삽도 6)

◆ 원주 법천사지 부도전지 북건물지의 이중기단
　 (하층 : 가구기단, 상층 : 가구기단)

_ 원주 법천사지 부도전지 북건물지의 이중기단(고려)

이중기단 중 상층기단에는 초석이나 고맥이 등이 시설되기 때문에 기단토 상면까지 일차적으로 제토 작업을 진행한다. 다만, 하층기단의 경우는 상층기단보다 층위상 아랫면에 위치하기 때문에 제토 작업 시 이를 절개하거나 훼손하는 일이 없도록 한다.

하층기단은 상층기단과는 다른 재료나 축조기법을 보일 때가 있다. 또한 이의 상면에 초석이 위치하는 경우도 종종 살필 수 있다. 이중기단은 사지에서의 경우 삼국~통일신라시대의 금당지나 목탑지 등에서 주로 찾아져 단층기단에 비해 장엄적이고 권위적인 기단이었음을 파악할 수 있다.

이중기단은 상·하층 기단의 축조기법 차이를 보일 수 있으므로 이의 절개작업이 반드시 필요하다. 이때 하층기단 초석을 경유하여 구덩이 작업을 실시하는 것이 효과적이다. 왜냐하면 적심공 내부는 돌뿐만 아니라 흙으로도 축토되기 때문에 이의 성질을 파악하기 위해선 절개 작업이 필수적이라 할 수 있다.

기단에 대한 절개 작업 시 'ㅡ'자 형태의 구(溝)가 검출되었다면 여기에 사용된 기단 재료는 기와나 장대석일 가능성이 높고, 특히 와적기단일 경우에는 수직횡렬식의 축조기법이 적용되었음을 추정할 수 있다. 그리고 상층기단토의 높이가 70~80cm 이상이거나 지대석 등이 노출되었을 때 상층기단은 가구기단으로의 파악이 가능할 것이다.

□ 기단의 형식분류

기단은 기단토가 밖으로 흘러나가는 것을 막아주는 지토시설(止土施設)의 역할을 한다. 기단토에는 건물의 상부구조를 받치는 초석이나 적심석 등이 시설되기 때문에 기단토가 밖으로 유실되게 되면 초석이나 적심석 또한 같이 밀려나가게 된다. 이렇게 되면 기와(초가) 건물은 자연스럽게 침하·붕괴를 맞이하게 된다.

◆ 공주 공산성 건물지의 기단석과 기단토, 계단

_ 공주 공산성 건물지의 기단석과 기단토(조선). 계단이 위치한 곳이 경사의 아랫면이다. 만약 기단석이 존재하지 않는다면 기단토는 경사 방향으로 흘러내리게 되고, 이 위에 조성된 건물 역시 붕괴될 것이다.

이처럼 기단은 건물의 붕괴를 막아주는 중요한 역할을 하고 있다. 이러한 기능성이 특히 강하기 때문에 기단을 지토시설(止土施設)이라고 부른다. 하지만 똑같은 석축기단이라 할지라도 우리는 일반적인 할석기단보다는 지대석과 면석, 갑석 등으로 조합된 가구기단, 혹은 면석과 갑석으로 이루어진 결구기단을 격(格)이 더 높은 기단으로 평가한다.

□ 가구기단의 구조

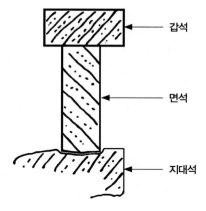

갑석

면석

지대석

_ 가구기단은 지표면에 놓여 있는 지대석, 기단토 높이만큼의 면석, 초석 높이에 놓이는 갑석 등으로 구분된다.

◆ 경주 불국사 각황전의 가구기단

갑석

면석

지대석

_ 경주 불국사 각황전의 가구기단(통일신라)

□ 결구기단의 구조

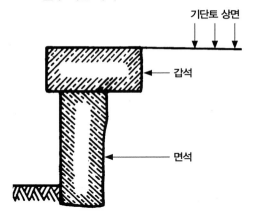

기단토 상면

← 갑석

← 면석

_ 경주 감은사지 강당지 서편 건물지의 결구기
단(통일신라)

(國立慶州文化財研究所·慶州市, 1997, 『感恩寺 發
掘調査報告書』, 104쪽 삽도 35)

◆ 익산 미륵사지 회랑지의 결구기단

갑석

면석

면석

_ 익산 미륵사지 회랑지의 결구기단(백제 사비기). 면석과 갑석 모두 치석된 장대석으로 이루어져 있다.

이는 기단이라는 기능성 측면에서 볼 때 큰 차이가 없겠으나 격(格)에 있어서 만큼은 분명한 차이가 있었음을 엿볼 수 있다. 즉, 가구기단이 부여 능산리사지의 금당지나 목탑지에 조성되는 것에 반해 할석기단은 회랑지나 강당지 등에 축조되는 것으로도 파악할 수 있다. 이런 점에서 기단의 장엄성과 위엄성을 확인할 수 있다.

기단은 다양한 재료로 만들어진다. 석재가 일반적이나 기와나, 벽돌 등도 일부 확인되고 있다. 특히, 기와로 축조된 와적기단은 백제시대에 그 시초를 보이며 고려시대까지 그 기술이 계속적으로 전파되고 있다. 향후 와적기단은 조선시대 유구에서도 그 존재가 확인될 것이라 생각된다.

그런데 와적기단은 시대를 막론하고 기와건물지에서만 확인된다는 공통점이 있다. 이는 깨진 기와편을 이용하여 기단을 쌓는 것이 그만큼 노동력이나 작업 기간에 있어 여느 할석에 비해 비경제적이었음을 보여준다. 따라서 기와건물을 지을 수 있을 정도의 권력이나 재력이 없으면 결코 축조할 수 없는 기단이었던 것이다.

아울러 기단은 동일한 성격의 유적이라 할지라도 건물의 위계에 따라 각기 다른 재료와 축조기법의 차이를 보인다는 점에서 이중성을 가진 시설로 파악할 수 있다.

(1) 재료에 따른 분류

□ 석축기단(石築基壇)

석재를 이용하여 만든 것으로 삼국시대 이후 가장 일반적인 기단 형식이다. 기단 외면의 치석 유무에 따라 치석기단(治石基壇)과 할석기단(割石基壇)으로 구분할 수 있다.

치석기단은 면을 곱게 다듬은 장대석이나 판석 등으로 조성된다. 다만, 놓이는 위치 및 형태 등을 통해 세부 명칭이 달라지고 있다.

□ 와적기단(瓦積基壇)

완형 및 깨진 기와편을 이용하여 기단을 조성한 것이다. 백제시대 기와건물지에서 주로 확인되며, 신라 및 통일신라, 고려시대의 유적에서도 일부 확인되고 있다. 일본의 상정폐사, 고려사, 숭복사 등에서도 검출되고 있어 백제 기단축조술의 일본 전파를 확인케 한다.

◆ 평적식 와적기단

기와편을 점토로 접착하여 한단한단 쌓아 올린 기단 형식이다. 와적기단 중 가장 다수를 차지하고 있으며, 와적 아래의 지대석 유무에 따라 다시 두 가지 형식으로 세분되고 있다.

평면에서 볼 때 평적식 와적기단의 와열(瓦列)은 1열이 있는 반면, 2~3열도 살필 수 있다. 아울러 금성산 와적기단 건물지 및 외리유적처럼 와적기단을 보호하기 위한 암·수키와가 전면에 별도로 세워있음도 확인할 수 있다.

한편, 와적기단은 기와건물의 초창기부터 조성된 것이 있는 반면, 석축기단의 보축용으로 후보(後補)된 것도 종종 살필 수 있다. 이는 발굴 현장에서 석축과 와적의 축조 양상을 꼼꼼히 살펴 판별하여야 할 것이다.

• 백제

- 부여 정림사지 강당지의 평적식 와적기단(와적 아래에 지대석 없음)

_ 부여 정림사지 강당지의 평적식 와적기단(백제 사비기). 동·서·남면은 평적식, 북면은 합장식 와적기단으로 조성되었다. 동일 건물지에 서로 다른 와적기단 형식을 채용하였다는 점에서 특징을 보인다. 이러한 기단 형식은 부여 군수리사지 금당지(백제 사비기)에서도 볼 수 있다.

_ 부여 구교리 367번지 유적의 평적식 와적기단(와적 아래에 지대석 있음)

_ 부여 구교리 367번지 유적의 평적식 와적기단(백제 사비기). 와적 아래에 1단의 석재가 시설되어 있다. 이러한 평적식 와적기단은 부여 왕흥사지 서회랑지(577년경)에서도 살필 수 있다.

_ 부여 구교리 367번지 유적의 평적식 와적기단(백제 사비기) 윗면. 평면 와열이 3열로 조성되었음을 볼 수 있다.

• 통일신라

– 울산 영축사지의 평적식 와적기단 1(와적 아래에 지대석 없음)

_ 울산 영축사지의 평적식 와적기단(통일신라). 와적에 암막새가 포함되어 있다. 와적기단은 석축기단에 비해 후축되었다.

– 울산 영축사지의 평적식 와적기단 2(와적 아래에 지대석 없음)

_ 울산 영축사지 강당지 동편 건물지 후면의 평적식 와적기단(통일신라). 평면 와열이 2~3열로 살펴진다. 와적기단이 후축되었다.

_ 울산 영축사지 강당지 동편 건물지 후면의 평적식 와적기단(통일신라) 축조 기법. 생토면을 'ㄴ'자 모양으로 절토하고 그 개구부(開口部)에 기단을 조성하였다.

• 고려

- 울주 천전리 1호 건물지의 평적식 와적기단(와적 아래에 지대석 있음)

_ 울주 천전리 1호 건물지의 평적식 와적기단(고려). 와적 아래에 지대석 성격의 커다란 판석형 할석이 1단씩 놓여 있다. (한국문물연구원 제공)

_ 울주 천전리 1호 건물지의 평적식 와적기단 세부(고려) (한국문물연구원 제공)

－ 평택 용이동 건물지의 평적식 와적기단(와적 아래에 지대석 없음)

_ 평택 용이동 건물지의 평적식 와적기단(고려)

_ 평택 용이동 건물지의 평적식 와적기단 축조기법(고려)

◆ 와적기단의 보호시설

• 부여 금성산 건물지 평적식 와적기단의 보호시설

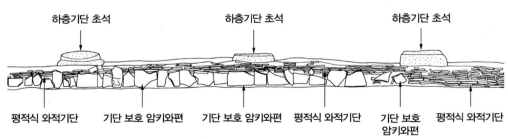

_ 부여 금성산 건물지 평적식 와적기단의 보호시설(백제 사비기~통일신라). 기단 전면에 낙수(落水)로부터 와적을 보호하기 위해 암·수키와편이 세워져 있다. 기와 중에는 통일신라시대의 것도 일부 확인된다. (國立扶餘博物館, 1992, 『扶餘錦城山百濟瓦積基壇建物址 發掘調査報告書』, 圖面 5)

_ 부여 금성산 건물지 평적식 와적기단의 보호시설(백제 사비기~통일신라). 와적 전면에 또 다른 기와편이 세워져 있다. (國立扶餘博物館, 1992, 『扶餘錦城山百濟瓦積基壇建物址 發掘調査報告書』, 圖版 4)

◆ 평적식 와적기단의 복원 사례

• 부여 백제문화단지 내 능사 동회랑

_ 부여 백제문화단지 내 능사. 부여 능산리사지 동회랑 북단 건물지의 기단을 복원한 것이다. 평적식 와적기단 아래로 1매의 지대석이 놓여 있다.

• 부여 정림사지 남회랑지

_ 부여 정림사지 남회랑지의 평적식 와적기단. 복원된 것으로 와적 아래에 지대석이 없다.

◆ 합장식 와적기단

크고 작은 기와편을 이용하여 어골문(魚骨文)처럼 기단을 축조한 형식이다. 지금까지 백제시대의 부여 군수리사지 및 정림사지, 그리고 일본의 숭복사 미륵당에서만 확인되었다.

합장식의 아류작으로 사적식(斜積式)이 있는데, 이는 경주의 천관사지 및 전 인용사지, 울산 영축사지 등에서 검출된 바 있다. 사적식은 지금까지 신라의 고토에서만 확인되었다는 특징이 있다.

• 부여 군수리사지 금당지 남면의 합장식 와적기단

_ 부여 군수리사지 금당지 남면의 합장식 와적기단(백제 사비기). 바닥면에 1매의 암키와가 놓여 있고, 이들 사이에 또 다른 암키와 1매가 세워 있다. 직립한 암키와를 중심으로 좌우에 크고 작은 기와편을 쌓아올려 기단을 조성하였다.

• 부여 정림사지 강당지 북면의 합장식 와적기단

_ 부여 정림사지 강당지 북면의 합장식 와적기단(백제 사비기). 부여 군수리사지 금당지의 와적기단과 비교해 바닥면에서 1매의 기와가 확인되지 않는다.

◆ 합장식 와적기단의 복원 사례

• 부여 정림사지 동회랑지

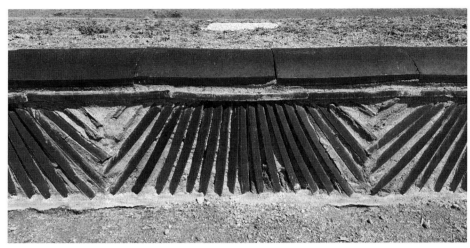

_ 부여 정림사지 동회랑지의 합장식 와적기단(복원). 합장식 위에 평적식을 시설하였다. 이러한 복합식의 와적기단은 정림사지 강당지의 사례를 모방한 것으로 생각되나 확실한 복원인지는 확인할 수 없다.

• 부여 군수리사지 금당지(익산 왕궁리유적 전시관)

_ 부여 군수리사지 금당지의 합장식 와적기단(백제 사비기)을 복원한 것이다.

◆ 수직횡렬식 와적기단

완형, 혹은 파편의 기와를 일렬로 세워 기단을 조성한 것이다. 기와의 높이가 곧 기단의 높이를 의미하는 것이기 때문에 평적식 와적기단보다는 높이가 낮았을 것으로 생각된다. 문양이 시문된 등면을 기단 바깥쪽으로 향하게 하여 기단토의 토압을 원활히 지탱하도록 하였다.

백제시대 이후 고려시대까지 확인되고 있다.

• 부여 군수리사지 금당지 북면의 수직횡렬식 와적기단

_ 부여 군수리사지 금당지 북면의 수직횡렬식 와적기단(백제 사비기)

• 부여 관북리 백제유적 '나'지구 남서구역 건물지의 수직횡렬식 와적기단

　하나의 건물지 기단에 장변은 수직횡렬식, 단변은 평적식 와적기단이 조성되었다. 이러한 복합식의 와적기단은 부여 군수리사지 금당지, 부여 정림사지 강당지 등에서도 확인할 수 있다.

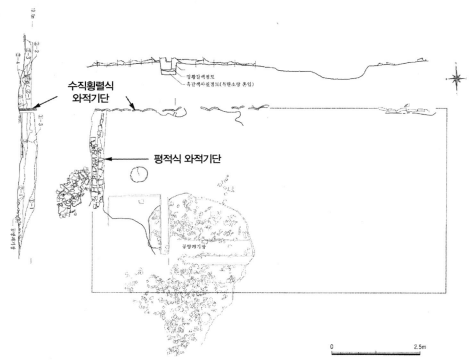

_ 부여 관북리 백제유적 '나'지구 남서구역 건물지 북면의 수직횡렬식 와적기단(백제 사비기). 평적식 와적기단의 평면 와열은 2열이다.
(국립부여문화재연구소, 2009, 『扶餘 官北里百濟遺蹟發掘報告Ⅲ 本文』, 105쪽 도면 19)

• 평택 백봉리유적 내 2호 건물지의 수직횡렬식 와적기단

　본채 건물의 기단은 할석으로 조성되었으나 부엌으로 추정된 지점에서 수직횡렬식 와적기단이 확인되었다. 백제시대와 달리 깨진 기와편을 주로 사용하였다.

수직횡렬식
와적기단

건물 내부

건물 외부

_ 평택 백봉리유적 내 2호 건물지의 수직횡렬식 와적기단(고려). 부엌으로 추정되는 건물지에 조성되었다. 완형이 아닌 기와편을 이용하여 기단을 조성하였다.

_ 평택 백봉리유적 내 2호 건물지의 수직횡렬식 와적기단 세부

◆ 사적식(斜積式)

• 경주 전 인용사지의 사적식 와적기단

_ 경주 전 인용사지 건물지 14 북면의 사적식 와적기단(통일신라). 백제시대 합장식 와적기단의 아류형으로 볼 수 있다.
(국립경주문화재연구소 · 경주시, 2013, 『傳仁容寺址 발굴조사 보고서』, 122쪽 사진 144)

□ 전적기단(塼積基壇)

방형 혹은 장방형의 전을 이용하여 기단을 조성한 것이다. 부여 군수리사지 목탑지 및 밤골사지, 보령 성주사지 강당지 등에서 찾아볼 수 있다. 전자가 수직횡렬식으로서 기단토를 'ㄷ'자 모양으로 굴토하고 기단을 조성한 반면, 후자는 평적식으로 'ㄴ'자 형태로 기단토를 절개하고 기단을 축조하였다.

◆ 수직횡렬식 전적기단

• 부여 군수리사지 목탑지의 수직횡렬식 전적기단

_ 부여 군수리사지 목탑지의 수직횡렬식 전적기단(백제 사비기). 하층기단에 조성되어 있다.

• 부여 밤골사지의 수직횡렬식 전적기단

_ 부여 밤골사지의 수직횡렬식 전적기단(백제 사비기)
(국립부여문화재연구소, 2006, 『부여 관음ㆍ밤골사지 시굴조사보고서』, 87쪽 원색 7)

◆ 평적식 전적기단

• 보령 성주사지 강당지의 평적식 전적기단

_ 보령 성주사지 강당지의 평적식 전적기단(통일신라) (忠南大學校博物館, 1998, 『聖住寺』, 원색사진 13)

□ 혼축기단(混築基壇)

서로 다른 재료를 이용하여 기단을 축조한 것이다. 전토혼축기단(전+흙), 전석혼축기단(전+석재), 와석혼축기단(기와+석재) 등이 있다.

◆ 공주 공산성 내 임류각지의 전토혼축기단

기단토 위에 가로×세로가 각각 25㎝인 방형의 전을 깔고, 그 위에 9㎝의 흙을 덮은 다음 앞의 과정을 2회 더 반복하여 기단을 조성한 것이다. 부여지역에서 유행한 와적기단의 시원으로 추정되고 있다.

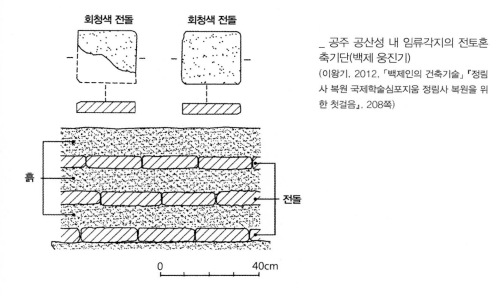

회청색 전돌　　회청색 전돌

흙

전돌

0　　　　40cm

◆ 부여 관북리 백제유적 대형건물지의 와석혼축기단

_ 부여 관북리 백제유적 대형건물지의 와석혼축기단(백제 사비기). 석축기단 사이에 평적식의 와적기
단이 조성되었다.

혼축기단의 경우 창건기부터 이 형식으로 조성된 것인지 아니면 후대에 어느 한 재료가 보강된 것인지 발굴조사 중에 확인할 필요가 있다. 이는 기단토와 기단 사이에 나타나는 기단토 굴광선을 통해 파악할 수 있다. 즉, 기단토 굴광선이 기단 후면에서 일자로 곧게 연결되면 혼축기단은 창건기부터 축조된 것으로 보아야 되고, 만약, 어느 한 지점에서 굴광선이 다르게 나타나면 해당 지점이 후대에 보강된 것으로 판단하면 된다.

따라서 혼축기단이 검출될 시에는 기단토의 단면 토층뿐만 아니라 평면에서도 미묘한 변화가 있는지를 유심히 살펴본다. 대개 기단토 굴광선은 기존의 기단 부재를 해체하고 새로운 부재를 보강하는 과정에서 더 넓게 조성되는 것이 일반적이므로 참고해 두면 좋을 듯하다.

(2) 층위에 따른 분류

◆ 치석정층기단(治石正層基壇)

치석된 석재(장대석, 판석)를 이용하여 일정한 층위에 맞게 기단을 조성한 것을 말한다.

_ 서울 창덕궁 대조전의 치석정층기단(조선)

◆ 치석난층기단(治石亂層基壇)

치석된 석재를 이용하여 층위와 맞지 않게 기단을 쌓아올린 것을 말한다. 그러나 맨 상단의 기단석은 높이와 관계없이 면을 맞추어 놓았다. 치석정층기단에 비해 유구 수가 많지 않다.

_ 부여 민칠식 가옥의 치석난층기단(조선)

◆ 할석정층기단(割石正層基壇)

할석을 이용하여 일정한 층위에 맞게 기단을 쌓아올린 것을 말한다.

_ 공주 마곡사 대웅보전의 할석정층기단(조선)

◆ 할석난층기단(割石亂層基壇)

할석을 이용하여 층위와 관계없이 기단을 쌓아올린 것을 말한다.

_ 대전 상대동유적 내 건물지의 할석난층기단(고려)

(3) 축조 기법에 따른 분류(석축기단을 중심으로)

◆ 평적식(平積式)

가장 일반적인 기단 형식으로 석재를 이용하여 평평하게 쌓아올리는 방식이다. 삼국시대 이후 조선시대에 이르기까지 통시대적으로 나타나고 있으며 기단 외에 축대, 담장, 벽 등에서도 살필 수 있다.

위에서 살핀 할석정층기단과 할석난층기단이 이 형식에 포함된다.

◆ 사적식(斜積式)

흔히 '엇쌓기'라 불리는 것으로써 위아래의 기단석을 서로 엇갈리게 쌓아 사적식 와적기단을 연상시키는 축조기법이다. 조선시대 기단에서 주로 살필 수 있다.

• 논산 명재고택의 사적식 석축기단

_ 논산 명재고택의 사적식(엇쌓기) 석축기단

• 대전 행평유적 내 건물지의 사적식 석축기단

_ 대전 행평유적 내 건물지의 사적식(엇쌓기) 석축기단

◆ 가구식(架構式)

지대석, 면석, 갑석으로 조합된 기단 형식을 말한다. 가구식은 다듬어진 치석을 주로 사용하며, 건물지 기단뿐만 아니라 통일신라시대의 무덤 호석에서도 확인할 수 있다.

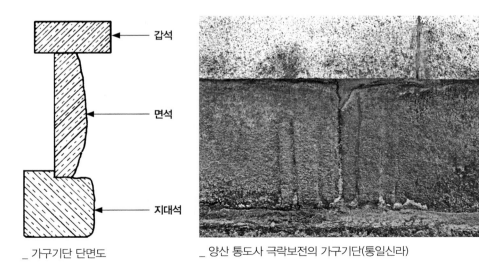

_ 가구기단 단면도   _ 양산 통도사 극락보전의 가구기단(통일신라)

또한 면석 부분에 있어서도 경주 사천왕사지 동서 목탑지처럼 사천왕이 조각된 전(塼)이 놓이는가 하면, 합천 죽죽리사지 금당지 및 수원 화성 방화수류정처럼 오각형 및 사각형의 전이 사용된 것도 볼 수 있다. 아울러 합천 영암사지 금당지 및 양산 통도사 대웅전 면석에서처럼 사자나 꽃, 안상 등이 조각된 경우도 살필 수 있다.

□ 가구기단의 면석을 전(塼)으로 조성한 사례

◆ 경주 사천왕사지 서탑지

사천왕이 조각된 전을 면석이 놓이는 위치에 세워 놓았다. 전과 전 사이에는 우주와 탱주가 시설되었다.

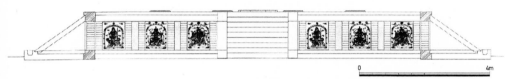

_ 경주 사천왕사지 서탑지의 가구기단 복원안(통일신라). 면석이 놓이는 부분에 사천왕이 조각된 전을 세워놓았다. (국립경주문화재연구소, 2013, 『四天王寺 II 回廊內廓 발굴조사보고서』, 94쪽 도면 12)

_ 경주 사천왕사지 서탑지의 가구기단 복원안 세부(통일신라)
(국립경주문화재연구소, 2013, 『四天王寺 II 回廊內廓 발굴조사보고서』, 80쪽 도면 6)

_ 경주 사천왕사지 출토 사천왕전(통일신라). 면석이 놓이는 탱주 사이에 세워졌다.

◆ 합천 죽죽리사지 금당지

평면 오각형의 전을 면석이 놓이는 부분에 평적식으로 쌓아 올렸다. 전과 전 사이에는 우주와 탱주가 시설되었다.

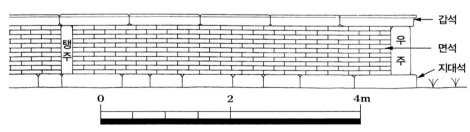

_ 합천 죽죽리사지 금당지의 가구기단(고려). 면석이 놓이는 부분에 평면 오각형의 전을 쌓아놓았다.
(國立晉州博物館, 1986, 『陜川竹竹里廢寺址』, 31쪽 그림 10 중)

◆ 수원 화성 방화수류정

_ 수원 화성 방화수류정의 가구기단 전경(조선)

_ 수원 화성 방화수류정의 가구기단 세부(조선). 우주와 탱주에 호형의 종선문이 장식되어 있고, 면석이 놓이는 부분에는 평적식으로 전을 쌓아 놓았다.

□ 가구기단의 면석에 장식이 이루어진 사례

◆ 합천 영암사지 금당지

_ 합천 영암사지 금당지의 가구기단(통일신라). 면석에 안상(眼象)이 커다랗게 음각되어 있다. 이러한 안상은 삼국시대 금동불 대좌에서 처음으로 확인된다.

_ 합천 영암사지 금당지의 가구기단(통일신라). 음각된 안상 내부에 사자가 조각되어 있다.

◆ 양산 통도사 대웅전

_ 양산 통도사 대웅전의 가구기단(통일신라). 면석에 각양각색의 꽃이 조각되어 있다.

　통일신라시대가 되면 지대석이나 갑석에 호형 몰딩이나 각형 모접이가 나타난다. 그리고 각형 모접이는 고려시대의 가구기단에서도 어렵지 않게 살필 수 있다. 또한 우주(隅柱)의 경우 부여 금강사지 금당지 및 익산 미륵사지 당탑지·강당지 등의 사례로 보아 이미 삼국시대부터 별석으로 등장하고 있음을 볼 수 있다. 아울러 탱주는 경주 사천왕사지 및 감은사지, 불국사 등의 가구기단으로 보아 통일신라시대에 이르러 새롭게 출현하였음을 확인할 수 있다.

□ 가구기단의 지대석이나 갑석에 몰딩 및 모접이가 이루어진 사례

◆ 경주 감은사지 금당지 가구기단 갑석의 호형 몰딩과 각형 모접이

_ 경주 감은사지 금당지의 가구기
단 갑석(통일신라). 상단은 호형으
로 몰딩처리 되었고, 하단은 각형
으로 모접이 되었다.

◆ 경주 불국사 극락전 가구기단의 각형 모접이

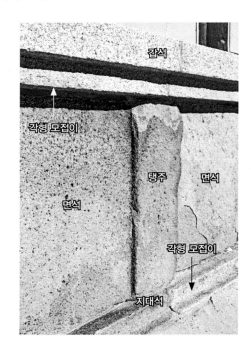

_ 경주 불국사 극락전의 가구기단(통일신라).
지대석과 갑석에 각각 1단의 각형 모접이가
이루어져 있다.

◆ 구례 화엄사 각황전 가구기단의 각형 모접이

_ 구례 화엄사 각황전의 가구기단(통일신라). 지대석의 상단 외연과 갑석의 하단 외연에 1단의 각형 모접이가 이루어져 있다.

◆ 원주 거돈사지 금당지 가구기단의 각형 모접이

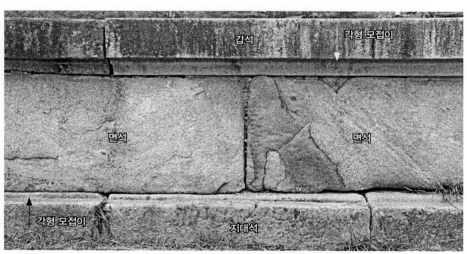

_ 원주 거돈사지 금당지의 가구기단(고려). 지대석의 상단 외연과 갑석의 하단 외연에 각각 1단의 각형 모접이가 이루어져 있다.

□ 가구기단의 탱주에 장식이 이루어진 사례

◆ 양산 통도사 극락보전 가구기단의 탱주

_ 양산 통도사 극락보전의 가구기단 (통일신라). 탱주의 좌우로 종선문이 장식되어 있다.

◆ 원주 법천사지 부도전지 북건물지 상층의 가구기단 탱주

_ 원주 법천사지 부도전지 북건물지 상층의 가구기단(고려). 탱주의 좌우로 반원상의 종선문이 장식되어 있다.

◆ 수원 화성 방화수류정 가구기단의 탱주

간석

탱주   면석

지대석

_ 수원 화성 방화수류정의 가구기단
(조선). 탱주에 호형의 종선문이 장식
되어 있다.

□ 가구기단의 우주(隅柱)가 별석(別石)인 사례

　우주란 가구기단 건물지의 네 모서리에 놓이는 석재를 말한다. 우주는 지대석, 즉
우석 위에 놓이며 우석의 상면은 삼국시대의 경우 넓고 평평하게 치석되었다. 그러나
통일신라시대에 이르면 우주 하단부의 촉이 꽂일 수 있도록 원형이나 방형의 소형 구
멍이 이를 대신하였다.

◆ 익산 미륵사지 강당지의 가구기단 우주

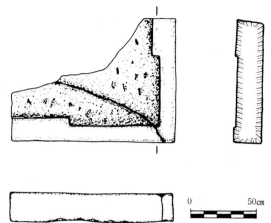

_ 익산 미륵사지 강당지의 가구기단(백제 사비기). 우주의 끝단에 면석을 끼워 넣었다.

_ 익산 미륵사지 동탑지의 지대석(隅石, 백제 사비기). 바닥이 평평하게 이루어져 있다.
(扶餘文化財研究所·全羅北道, 1992,『益山彌勒寺址 東塔址 基壇 및 下部調査報告書』, 109쪽 도면 20-②)

◆ 경주 사천왕사지 금당지의 가구기단 우주

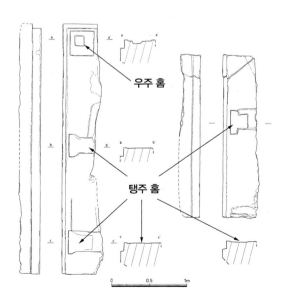

_ 경주 사천왕사지 금당지의 가구기단 지대석(통일신라). 우주와 탱주가 별석으로 만들어져 끼우게 되어 있다. 특히 우주 홈은 촉구멍의 형상을 띠고 있다.
(국립경주문화재연구소, 2012,『四天王寺l 金堂址 발굴조사보고서』, 166쪽 도면 42)

우주 홈

탱주 홈

◆ 삼척 흥전리사지 서원 아(亞)자형 건물지의 가구기단 우주

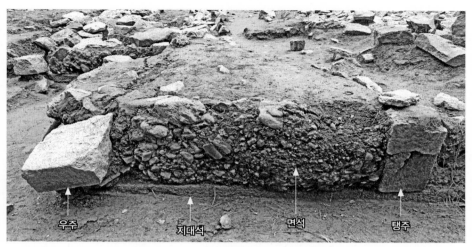

_ 삼척 흥전리사지 서원 아자형 건물지의 가구기단(통일신라). 우주와 탱주 모두 별석으로 조성되었다.

◆ 충주 숭선사지 금당지의 가구기단 우주

_ 충주 숭선사지 금당지의 가구기단(고려). 우주와 탱주 모두 별석으로 이루어졌다.

□ 가구기단의 탱주가 면석에 조각된 사례

이는 탱주가 별석이 아닌 면석에 함께 조각된 것을 의미한다.

◆ 경주 불국사 대웅전의 가구기단 탱주

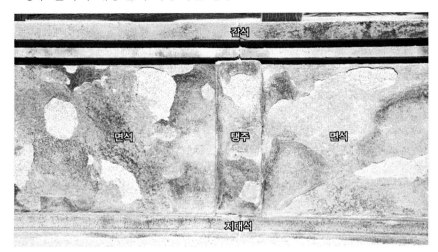

_ 경주 불국사 대웅전의 가구기단 탱주(통일신라). 탱주는 면석에 양각되어 있으며, 다른 면석이 탱주 아래로 물려들게 하였다.

◆ 양산 통도사 대웅전의 가구기단 탱주

_ 양산 통도사 대웅전의 가구기단 탱주(통일신라). 탱주의 좌우로 종선문이 장식되어 있다.

◆ 여주 고달사지 금당지의 가구기단 탱주

_ 여주 고달사지 금당지의 가구기단(나말여초). 우주와 탱주 모두 통돌로 된 면석에 조각되어 있다.

　가구기단의 면석은 대개 1단의 횡판석(橫板石)으로 이루어지나 통일신라 말~고려시대에 이르면 2단 이상의 면석도 등장하게 된다.[5] 또한 고려 후기에 접어들면 2단의 면석 중 상층에 우주와 탱주가 별석으로 시설된 것도 살필 수 있다. 특히, 장식된 우주는 조선 초기의 종묘 정전 동서 익사 등에서도 확인되어 여말선초기 석공들의 활약상을 엿볼 수 있다.

----

5)　가구기단에서의 이러한 면석 구조는 고려 초기의 충주 숭선사지 서회랑지에서 처음으로 확인되어 필자는 이를 崇善寺系 가구기단으로 부르고 있다. 고려시대의 안동 봉정사 극락전, 양주 회암사 보광전지 및 조선시대의 종묘 정전 동서익사, 보은 법주사 팔상전, 양산 통도사 영산전 등에서 볼 수 있다.

□ 가구기단 면석이 1매의 횡판석으로 이루어진 사례

_ 영주 부석사 무량수전의 가구기단(고려). 면석이 1매의 횡판석(橫板石)으로 이루어졌다.

□ 가구기단의 면석이 상하 2단으로 조성된 사례

◆ 안동 봉정사 극락전의 가구기단

_ 안동 봉정사 극락전의 가구기단(고려 후기). 상단 면석이 하단 면석에 비해 높이가 높다.

◆ 양주 회암사지 보광전지 월대의 가구기단

_ 양주 회암사지 보광전지 월대의 가구기단(고려 말). 상단 면석이 하단 면석에 비해 높이
가 높다. 지대석 아래에 별도의 지복석이 놓여 있다. 지복석은 고려시대 가구기단에서 주
로 살필 수 있다.

◆ 여주 신륵사 극락보전의 가구기단

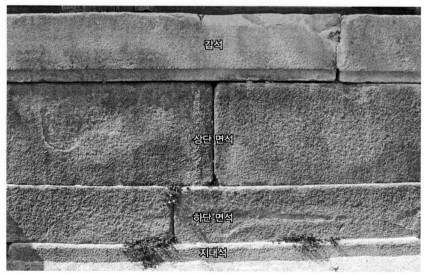

_ 여주 신륵사 극락보전의 가구기단(조선). 상단 면석이 하단 면석에 비해 높이가 높다.

◆ 보은 법주사 오층목탑(팔상전)의 가구기단

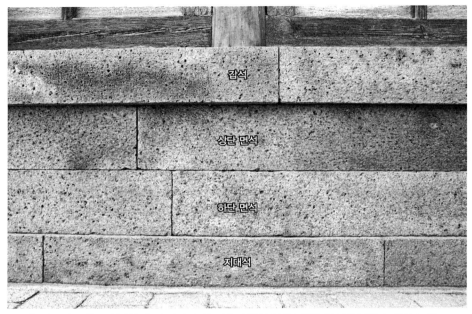
갑석

상단 면석

하단 면석

지대석

_ 보은 법주사 오층목탑(팔상전)의 가구기단(조선). 하단 면석이 상단 면석에 비해 높이가 높다.

아울러 우주의 장식은 기와건물의 기단뿐만 아니라 고려 후기의 석탑(공주 마곡사 오층
석탑, 여주 신륵사 다층전탑 등)과 부도(여주 신륵사 보제존자석종), 그리고 조선시대의 창덕궁 월대
기단 및 석등(양주 회암사 무학대사탑 앞 쌍사자석등)에도 시문되어 여말선초기의 시기적인 특징
을 잘 반영하고 있다.

□ 가구기단의 우주가 장식된 사례

◆ 양산 통도사 극락보전의
가구기단 우주

_ 양산 통도사 극락보전의 가구기단 우주(통일신라). 종선문이 여러 줄 장식되어 있다.

◆ 안동 봉정사 극락전의 가구기단 우주

_ 안동 봉정사 극락전의 가구기단 우주(고려 후기). 상단 면석의 우주에 반원상의 종선문이 조각되어 있다.

◆ 양주 회암사지 보광전지 월대 가구기단의 상단 면석과 우주

갑석

우주　　상단 면석

하단 면석

_ 양주 회암사지 보광전지 월대 가구
기단의 상단 면석과 우주(고려 말).
하단 면석에는 우주 장식이 없다.

◆ 수원 화성 방화수류정 가구기단의 우주

갑석

우주

지대석

_ 수원 화성 방화수류정 가구기단의
우주(조선)

□ 가구기단 지대석 상면의 턱

◆ 익산 미륵사지 가구기단의 지대석

_ 익산 미륵사지 가구기단의 지대석(백제 사비기)

◆ 부여 왕흥사지 강당지 가구기단의 지대석

_ 부여 왕흥사지 강당지 가구기단의 지대석(백제 사비기). 면석이 기단토에 의해 밀려나가지 않도록
턱이 돌출되어 있다.

만약, 지대석 위로 면석이 올려있었다면 이를 올리기 위한 턱이 약하게 깎여 있거나 면석이 놓인 부분과 그렇지 않은 부분의 색감 차이를 지대석 상면에서 발견할 수 있다.[6]

또한 지대석 아래에도 또 다른 장대석이 놓여 있음을 볼 수 있는데 이를 지복석(地覆石)이라 부른다. 지복석은 대개 지대석과 마찬가지로 노출된 면이 치석되어 있다. 그러나 생활면(구지표면)과 겹치는 아랫면에는 석재 표면이 거칠게 이루어져 있어 윗면과 뚜렷한 치석상의 차이를 보이고 있다.

◆ 삼척 흥전리사지 서원 아자형 건물지 가구기단의 지대석

_ 삼척 흥전리사지 서원 아자형 건물지 가구기단의 지대석(통일신라). 면석을 올리기 위한 턱은 없지만 치석상의 차이가 보인다. 면석이 놓이는 부분은 거친 반면, 육안으로 드러나는 부분은 정교하게 치석되어 있다.

---

6) 이는 오랜 기간 비나 눈, 햇빛 등을 받은 부분과 그렇지 않은 부분의 차이를 의미한다.

발굴조사 과정에서 느끼는 또 다른 고민은 과연 자신이 발굴한 유구가 가구기단의 지대석(장대석)으로 볼 수 있을까 하는 점이다. 이는 기단 내부에 남아 있는 적심석과 초석의 잔존 상태를 통해 이해할 수 있다.

즉, 초석이 남아 있는 상태에서 기단의 장대석이 남아 있다면 이는 가구기단의 지대석이 아닌 치석기단(治石基壇)으로 보아야 한다. 왜냐하면 기단 내부에 초석이 남아 있다는 것은 내부 기단토의 유실이 거의 이루어지지 않았음을 의미한다. 기단토와 기단의 높이가 단면상 거의 일치함을 볼 때 이는 가구기단의 지대석이 아닌 장대석으로 만들어진 치석기단으로 보는 것이 타당하다.

그런데 문제는 기단 내부에 초석이 유실되고, 적심석만 노출되었을 경우이다. 이때는 초석 높이와 멸실된 적심석의 높이를 고려하여 기단의 높이를 추정해 보아야 한다. 멸실된 적심석은 가장 양호하게 남아 있는 적심석과 비교해 유실 정도를 파악한다.

앞에서 설명한대로 기단으로 사용된 장대석의 상면에 면석을 올리기 위한 턱이 확인된다거나 치석상의 차이가 발견된다면 이는 가구기단의 지대석이 맞는 것이고, 그렇지 않다면 이는 장대석을 중층으로 올린 치석기단으로 이해하여야 한다.

기단토와 가구기단이 함께 남아 있는 경우는 가구기단 후면의 기단토를 절개하여 축조기법을 살펴보아야 한다. 이럴 경우 대부분의 가구기단은 기단토의 전면을 절개하고 그 개구부에 기단을 조성하는 것이 일반적이다.

◆ 삼척 흥전리사지 서원 아자형 건물지 가구기단의 기단토 굴광

_ 삼척 흥전리사지 서원 아자형 건물지 가구기단의 기단토 굴광선(통일신라). 기단토를 완성한 후 가구기단을 조성하기 위해 이를 다시 굴광하였다.

기단과 기단토 사이는 안성 봉업사지 금당지에서와 같이 소형 할석이나 기와, 자기, 토기 등의 유물이 혼입될 수 있다. 이들 유물은 기단을 포함한 건물지보다 시기적으로 선행하는 것이기 때문에 건물지의 편년 검토 시 반드시 고려되어야 한다.

지대석은 대지조성토 위에 시설하는 것이 일반적이지만 황룡사지에서와 같이 대지에 'ᑌ', 혹은 'ᒪ'모양의 요구(凹溝)를 파고 그 내부에 시설하는 경우도 살필 수 있다.

□ 고분 호석의 가구기단

◆ 김유신 장군묘 호석의 가구기단

_ 김유신 장군묘 호석의 가구기단 1(통일신라)

_ 김유신 장군묘 호석의 가구기단 2(통일신라). 지대석 위에 면석이 놓여 있고, 상부에는
갑석이 올려 있다. 탱주에 용이 조각되어 있다.

_ 김유신 장군묘 호석의 가구기단 갑석(통일신라). 갑석의 상단부는 호형 몰딩, 하단부는 각형 모접이가 이루어졌다.

◆ 경주 구정동 방형분 호석의 가구기단

_ 경주 구정동 방형분 호석의 가구기단(통일신라 말기). 면석은 1매의 횡판석이 아닌 세 매를 사용하였다. 이러한 형식의 가구기단은 고려시대 건물지에서도 찾아볼 수 있다.

_ 경주 구정동 방형분 호석 가구기단의 우주(통일신라 말기). 우주와 탱주 모두 별석으로 조성되었다.

□ 결구식(結構式)

가구식 중 지대석이 없이 면석과 갑석으로만 조합된 기단 형식을 말한다. 면석은 가구기단에서처럼 판석이나 장대석이 사용된 경우와 할석으로 축조된 사례가 있다. 판석(장대석)은 1단 만 놓이는 것이 있는 반면, 5단 이상도 확인할 수 있다.

◆ 익산 미륵사지 중원 금당지의 하층 결구기단

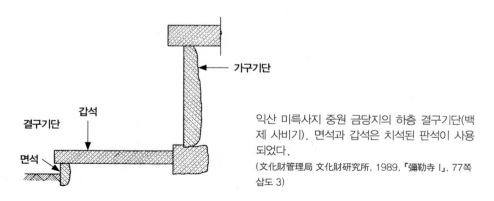

익산 미륵사지 중원 금당지의 하층 결구기단(백제 사비기). 면석과 갑석은 치석된 판석이 사용되었다.
(文化財管理局 文化財研究所, 1989, 『彌勒寺 I』, 77쪽 삽도 3)

◆ 익산 미륵사지 승방지의 결구기단

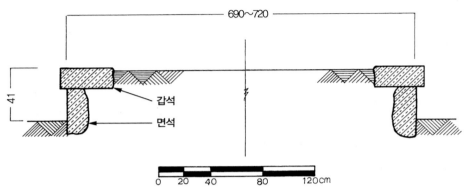

690〜720

41

갑석

면석

0 20 40 80 120cm

_ 익산 미륵사지 승방지의 결구기단(백제 사비기). 면석과 갑석의 표면은 치석되었다.
(文化財管理局 文化財研究所, 1989, 『彌勒寺 I』, 122쪽 삽도 2)

◆ 경주 감은사지 강당지 서편 건물지의 결구기단

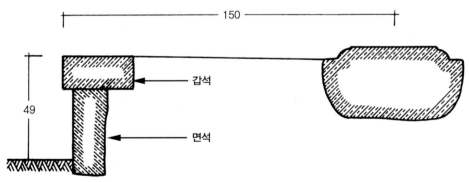

150

49

갑석

면석

_ 경주 감은사지 강당지 서편 건물지의 결구기단(통일신라). 면석과 갑석은 치석된 판석을 사용하였
다. (國立慶州文化財研究所 · 慶州市, 1997, 『感恩寺 發掘調査報告書』, 104쪽 삽도 35)

◆ 예산 수덕사 대웅전의 결구기단

_ 예산 수덕사 대웅전의 결구기단(고려). 갑석과 면석을 모두 치석된 장대석으로 조성하였다. 면석의 단수가 많음을 볼 수 있다.

◆ 양주 회암사지 5단지 '라'건물지의 결구기단

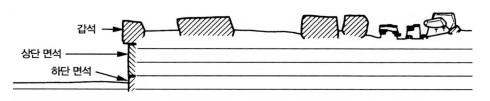

_ 양주 회암사지 5단지 '라'건물지의 결구기단(고려 말)
(京畿道博物館 외, 2009, 『檜巖寺 III 5·6단지 발굴조사 보고서 –본문–』, 78쪽 그림 34)

◆ 안동 봉정사 대웅전의 결구기단

_ 안동 봉정사 대웅전의 결구기단(조선). 갑석은 치석된 장대석과 할석으로 이루어졌으며, 면석은 할석으로 조성되었다.

갑석은 면석과 비교해 놓이는 위치가 앞으로 내어져 있다. 아울러 판석과 장대석과 같이 표면이 다듬어진 치석재(治石材)를 주로 사용하고 있다. 결구기단은 삼국시대부터 등장하고 있으며, 고려시대를 거치면서 그 수가 점차 증가하고 있다.

결구기단은 삼국시대의 경우 당탑 이중기단의 하층기단이나 사원의 승방 기단에 주로 사용되었으나 고려시대에 이르면 수덕사 및 봉정사 대웅전 등 사찰의 중심 건물 기단으로 자리 잡게 된다. 그리고 조선시대에 접어들면 종묘를 비롯한 창덕궁 인정전, 왕릉 정자각 등 집권층의 건물에서 많이 볼 수 있다.

◆ 서울 종묘 정전 월대의 결구기단

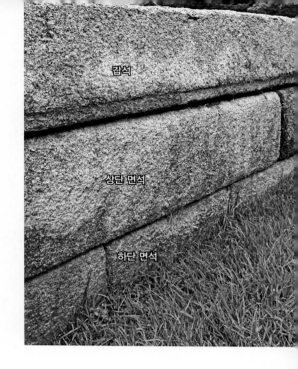

_ 서울 종묘 정전 월대의 결구기단(조선). 갑석 하단부에 약하게 모접이가 이루어졌다.

◆ 여주 영릉(효종대왕릉) 정자각 월대의 결구기단

_ 여주 영릉(효종대왕릉) 정자각 월대의 결구기단(조선). 갑석 하단부에 약하게 모접이가 이루어졌다.

◆ 결구기단에 우주가 장식된 사례

• 여주 신륵사 보제존자석종
  결구기단의 우주

_ 여주 신륵사 보제존자석종의 결구기단
(고려). 우주에 호형의 종선문이 장식되
어 있다.

• 서울 창덕궁 인정전 월대 결구기단의 우주

_ 서울 창덕궁 인정전 월대의 결구기단(조선). 상·하단 월대의 상단 면석 우주에 장식이 이루어졌다.

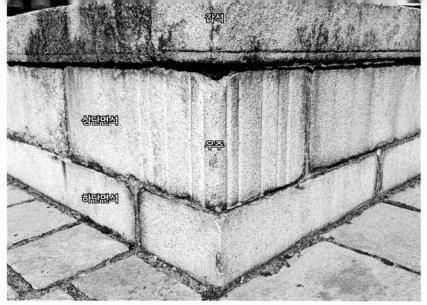

_ 서울 창덕궁 인정전 상단 월대 결구기단의 우주 세부(조선)

• 서울 창덕궁 선정전 월대 결구기단의 우주

_ 서울 창덕궁 선정전 월대 결구기단의 우주(조선). 인정전에 비해 우주의 장식이 덜 화려하다.

한편, 발굴조사를 진행하다보면 가구기단의 면석과 갑석은 유실된 채 지대석(장대석으로 조성)만 남아 있는 경우를 종종 볼 수 있다. 그런데 가구기단에 익숙하지 않은 조사원들의 경우 이것이 지대석인지, 아닌지를 조사 초기에 파악하기란 그리 쉽지 않다. 이럴 경우에는 지대석(장대석) 상면을 유심히 관찰하여 턱이나 특이 현상 등이 있는지를 꼼꼼히 살펴보도록 한다.

□ 수직횡렬식(垂直橫列式)

석축기단에서는 평적식에 비해 그 수효가 많지 않다. 와적기단이나 전적기단이 수직횡렬식으로 조성될 경우 기단토를 'U'자 모양으로 굴토하고, 그 내부에 기와나 전을 세워 기단을 축조하는 반면, 석축기단에서는 기단토를 'ㄴ'자형으로 굴토하고 그 개구부에 기단을 조성하고 있다.

◆ 보령 성주사지 건물지 12호의 수직횡렬식 석축기단

_ 보령 성주사지 건물지 12호(고려). 기단석을 수직으로 세워 수직횡렬식으로 조성하였다. 기단 내부에는 적심석과 초석이 놓여 있다.

(4) 높이에 따른 분류

◆ 만적기단(滿積基壇)

재료와 관계없이 네 면의 기단 높이를 동일하게 조성한 것이다. 삼국시대 이후 평지에 조성된 건물지 기단에서 주로 볼 수 있다.

• 경주 불국사 무설전의 만적기단

_ 경주 불국사 무설전의 만적기단(통일신라). 정면과 측면의 기단을 동일한 높이로 조성하였다.

_ 경주 불국사 무설전의 만적기단(통일신라). 측면과 후면의 기단을 같은 높이로 조성하였다.

◆ 천적기단(淺積基壇)

네 면의 기단 중 정면 기단은 높게 조성하고, 후면은 정면 보다 낮게 축조하여 기단의 높이를 달리하는 경우이다. 이때 정면 기단은 기단 높이를 기준으로 할 때 만적기단으로 부를 수 있고, 후면 기단은 천적기단으로 분류할 수 있다.

• 영주 부석사 조사당 후면의 천적기단

_ 영주 부석사 조사당 후면의 천적기단(고려). 정면 기단과 후면 기단의 높이 차이를 살필 수 있다. 후면이 경사면 위에 해당된다.

천적기단에서 정면과 후면 기단은 한 건물지임에도 불구하고 서로 다른 형식을 취하는 경우를 종종 볼 수 있다. 그리고 구릉 사면을 절토하여 건물을 축조할 경우 천적기단은 경사 윗면인 후면 기단에서 주로 살필 수 있다.

• 여주 신륵사 극락보전 후면의 천적기단

_ 여주 신륵사 극락보전 정면의 만적기단(조선). 지대석과 면석, 갑석으로 조합된 가구기단으로 이루어져 있다.

_ 여주 신륵사 극락보전 후면의 천적기단(조선). 면석과 갑석으로 조합된 결구기단 형식을 취하고 있다. 정면의 가구기단과 비교해 기단 형식 및 높이에서 차이를 보인다.

• 춘천 청평사 대웅전 후면의 천적기단

갑석

상단면석

하단면석

지대석

_ 춘천 청평사 대웅전 정면의 만적기단(고려). 지대석과 면석, 갑석으로 이루어진 가구기단으로 조성되었다.

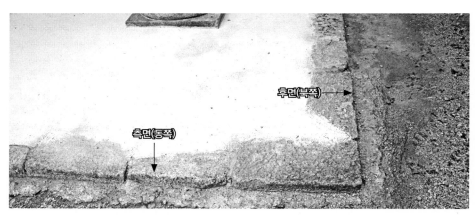

후면(북쪽)

측면(동쪽)

_ 춘천 청평사 대웅전 후면의 천적기단(고려). 암반을 굴착한 후 1매의 판석을 이용하여 기단을 조성하였다.

(5) 축석(築石) 방향에 따른 분류

◆ 편축기단(片築基壇)

일반 건물지에서 주로 살펴지는 것처럼 기단석의 넓은 면을 한쪽 방향으로 만 맞춰 조성하는 경우이다. 기단석 아래로는 미석이나 침하 방지를 위한 소형 할석(보강석) 등을 깔아 놓는 경우도 있다.

• 오산 지곶동사지 B-3건물지의
  편축기단

_ 오산 지곶동사지 B-3건물지의 편축기단(고려). 기단석 아래에 놓인 석재는 미석이다.

기단석은 기단토를 완성한 후 이의 전면을 절개하고 그 앞에 조성되기 때문에 기단석과 기단토 사이에는 할석과 다짐토를 비롯해 기와, 토기, 자기 등의 유물이 포함될 수 있다. 이들 유물은 해당 건물지에 비해 선행하는 것들이기 때문에 건물지의 상한 연대 추정과 관련하여 중요하게 다루어야 한다.

기단석에 대한 평면 작업이 완료되면 도면 작성 후 축조기법 파악을 위해 토층 조사를 실시한다. 이때 작업의 효율성을 위해 내부 기단토와 함께 절개하는 것이 효과적이다.

◆ 협축기단(夾築基壇)

벽체나 담장처럼 석렬을 서로 대칭되게 쌓거나 기단석렬이 두 줄 혹은 그 이상으로 축석(築石)된 경우를 말한다. 석렬 상면에 초석이 놓여 있지 않다는 점에서 벽체와 기본적인 차이를 보이고 있다. 협축기단 내부에는 초석이나 적심석, 고맥이 등이 조성되어 있으며, 기단토 사이에서도 기단토 굴광선을 살필 수 있다.

• 여주 영릉 재실유적 상-2건물지의 협축기단

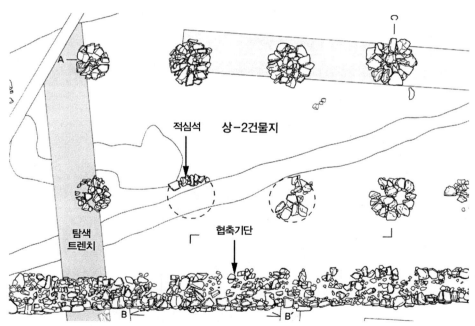

_ 여주 영릉 재실유적 상-2건물지의 협축기단(조선)
(기호문화재연구원, 2009, 『驪州 英陵 齋室遺蹟』, 19쪽 도면 6)

협축기단

기단토

기단토 굴광선

기단토 굴광선

기단토 굴광선

_ 여주 영릉 재실유적 상-2건물지의 협축기단과 기단토 굴광선(조선)

_ 여주 영릉 재실유적 상-2건물지의 협축기단 정면(조선)

_ 여주 영릉 재실유적 상-2건물지의 협축기단 내면(조선)

협축기단

담장지

_ 여주 영릉 재실유적 상-2건물지의 협축기단과 담장지(조선). 담장지에 협축기단이 붙어 있다. 평면 구조상 거의 같은 모습을 하고 있다. 하지만, 협축기단 내부에 초석이나 적심석 등이 조성되어 있는 반면, 담장지 내 · 외부에서는 이러한 유구를 확인할 수 없다.

평평한 대지에 협축기단을 조성하는 경우에는 'ㄴ'모양으로 구(溝)를 파고 그 내부에 기단석을 조성한다. 그러나 경사진 아랫면에 협축기단을 조성할 때에는 편축기단과 마찬가지로 먼저 기단토를 완성한 후 그 전면을 'ㄴ'자 모양으로 절개하고 바닥에서부터 기단석을 쌓아올린다.

• 예산 가야사지 3건물지의 협축기단

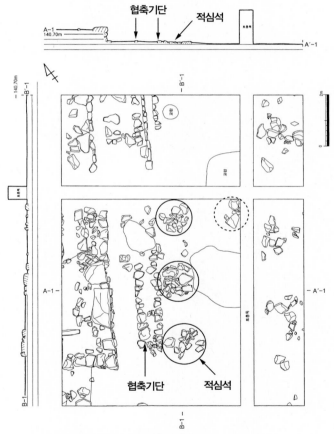

_ 예산 가야사지 3건물지의 협축기단(조선)
(충청남도역사문화연구원 · 예산군, 2014, 『禮山 伽倻寺址 I시 · 발굴조사 보고서』, 42쪽 도면 11)

협축기단을 이루는 두 석렬 사이에는 할석과 흙이 혼축되어 있거나 토기나 자기 등의 유물이 혼입된 경우를 살필 수 있다. 이들 유물은 기단이 시설된 건물의 상한 시기를 결정짓는 것이어서 수습할 시 층위와 위치 등을 잘 기록해 둔다.

협축기단은 외형상 벽체 하부시설과 매우 유사하다. 그런데 전자의 경우가 기단 내부에 초석이나 적심석이 놓여 있는 반면, 후자는 벽체 상면이나 모서리부에서 초석과 적심석 등을 발견할 수 있다. 따라서 협축 석렬이 확인다면 먼저 초석이나 적심석 등의 배치관계를 면밀히 검토하여 이의 성격을 규명하는 것이 필요하다.

◆ 오산 지곶동사지 내 건물지의 벽체 하부와 적심석

_ 오산 지곶동사지 내 건물지의 벽체 하부(고려). 축조기법에서 담장지나 협축기단과 큰 차이가 없다.

따라서 협축기단과 담장지, 벽체 하부시설 등의 차이는 초석과 적심석의 상관 관계 속에서 이해하여야 한다. 또한 이들 유구들은 모두 협축의 석렬 사이에 할석이나 기와편, 혹은 토·자기편 등이 함께 혼축될 수 있으므로 유구 조사 시 석렬만 남겨둔 채 이것들을 제거하지 않도록 한다.

(6) 단면 구조에 따른 분류

◆ 단층기단(單層基壇)

단면상으로 기단이 1층인 경우를 말한다. 할석이나 다듬어진 장대석을 이용하여 여러 단으로 축조한 경우에도 단면상 1단으로 나타나면 단층기단이라 부른다. 아울러 가구기단의 경우도 1층으로 이루어져 있으면 단층기단으로 분류한다. 삼국시대 이후 최근에 이르기까지 초석 건물에 조성되는 가장 일반적인 기단형식으로 볼 수 있다.

• 부여 구교리 367번지 유적 내 건물지의 단층 와적기단

_ 부여 구교리 367번지 유적 내 건물지의 단층 와적기단(백제 사비기)

• 경주 불국사 관음전의 단층 가구기단

_ 경주 불국사 관음전의 단층 가구기단(통일신라)

• 대전 상대동유적 내 건물지의 단층 할석기단

_ 대전 상대동유적 내 건물지의 단층 할석기단(고려)

◆ 이중기단(二重基壇)

  기단의 단면이 상·하층의 이중으로 조성된 경우를 말한다. 발굴조사 전에는 나지막한 둔덕으로 살펴진다. 이중기단은 구덩이 작업을 통해 시굴조사나 적어도 발굴조사 중에 확인할 수 있는 것이기에 상·하층의 기단이 훼손되지 않는 범위에서 제토 작업을 실시한다.

  이중기단은 사지에서의 경우 당탑지에 주로 조성되며, 기타 강당지 및 회랑지에서도 일부 확인되고 있다. 시기적으로는 삼국~통일신라시대에 집중적으로 축조되고 있다.

• 부여 능산리사지 금당지의 이중기단

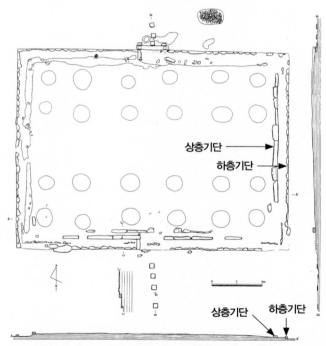

_ 부여 능산리사지 금당지의 이중기단(백제 567년경). 상층은 가구기단, 하층은 치석기단으로 조성되었다.
(國立扶餘博物館·扶餘郡, 2000, 『陵寺-圖面·圖版-』, 13쪽 도면 9)

• 부여 왕흥사지 목탑지의 이중기단

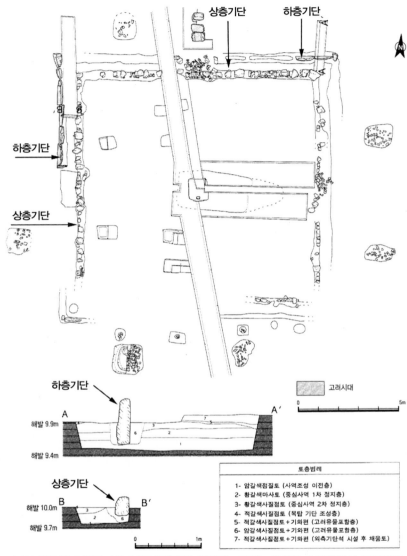

_ 부여 왕흥사지 목탑지의 이중기단(백제 사비기~고려). 하층은 수직횡렬식 치석기단,
상층은 기단 보강석인 할석만 남아 있다.
(국립부여문화재연구소, 2009, 「王興寺址 Ⅲ 木塔址 金堂址 發掘調査 報告書」, 49쪽 도면 9)

• 익산 미륵사지 서탑의 이중기단

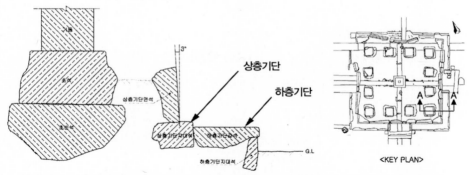

_ 익산 미륵사지 서탑의 이중기단(백제 사비기). 상층은 가구기단으로 조성되었고, 하층은 면석과 갑석으로 이루어진 결구기단이다.
(국립문화재연구소 · 전라북도, 2012, 『彌勒寺址 石塔 기단부 발굴조사 보고서』, 59쪽 도면 4-9)

　　특히 장비를 이용하여 제토할 경우 이중기단의 존재를 모른다면 상층기단이나 하층기단 중 어느 한 기단을 훼손할 가능성이 매우 높다. 왜냐하면 제토 과정에서 상층이나 하층기단 중 어느 한 쪽이 노출되면 더 이상의 기단 존재를 생각하지 않을 수 있기 때문이다.

• 경주 감은사지 금당지의 이중기단

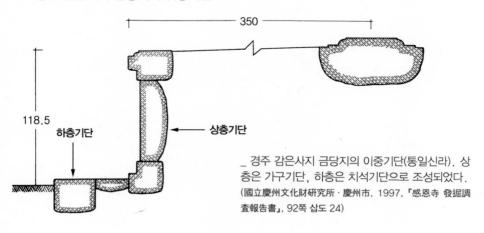

_ 경주 감은사지 금당지의 이중기단(통일신라). 상층은 가구기단, 하층은 치석기단으로 조성되었다.
(國立慶州文化財研究所 · 慶州市, 1997, 『感恩寺 發掘調査報告書』, 92쪽 삽도 24)

그런데 발굴조사를 진행하다보면 부여 정림사지 금당지처럼 상층기단이 완전 멸실된 사례도 찾아볼 수 있다. 이런 경우 하층기단 상면의 초석이나 적심시설 만 확인되고, 상층기단의 초석이나 적심시설은 전혀 살필 수 없게 된다. 하지만 평면이 아닌 단면 상태에서 보면 적심석이 놓인 하층기단 상면과 상층기단의 기단토가 어느 정도 높이 차이를 보이고 있어 이중기단의 존재를 파악할 수 있다.

• 부여 정림사지 금당지의 이중기단

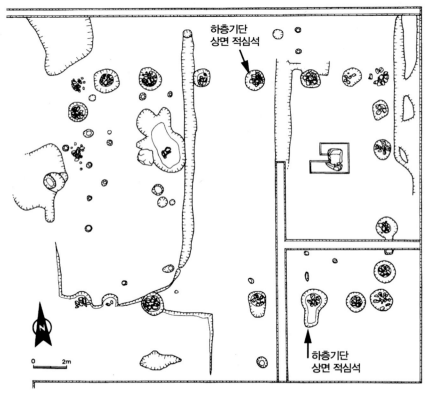

_ 부여 정림사지 금당지의 이중기단(고려). 상·하층기단은 모두 멸실되었고, 하층기단 상면의 적심석 만 남아 있다.
(忠南大學校博物館·忠淸南道廳, 1981, 『定林寺』, 도면 5)

금당이나 목탑과 같은 장엄성을 갖춘 건축물은 외진주(外陣柱)와 내진주(內陣柱)로 이루어진 공간 외에 퇴칸이나 차양칸을 갖추었을 가능성도 충분히 있다. 그리고 만약 이를 이중기단에 조성한다면 삼국시대 및 통일신라시대의 건물지 사례로 보아 하층기단에 조성되었을 것으로 생각된다.

하지만 고려~조선시대의 건물지를 보면 퇴칸이 이중기단의 하층기단이 아닌 단층기단에 조성된 사례도 어렵지 않게 살필 수 있다. 따라서 하층기단 상면의 초석이나 적심석에 대한 성격은 향후에도 계속 검토해 볼 문제라 판단된다.

• 부여 군수리사지 금당지의 이중기단

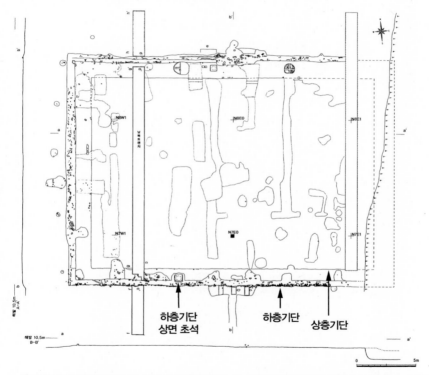

_ 부여 군수리사지 금당지의 이중기단(백제 사비기). 하층기단 상면에 방형의 초석이 놓여 있다.
(국립부여문화재연구소, 2010, 『扶餘軍守里寺址Ⅰ-木塔址·金堂址 發掘調査報告書-』, 47쪽 도면 10)

• 경주 황룡사지 중금당지의 이중기단

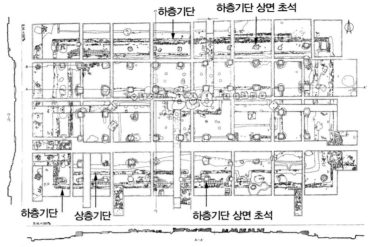

_ 경주 황룡사지 중금당지의 이중기단(신라). 하층기단 상면에 초석이 놓여 있다.
(文化財管理局 文化財研究所, 1982, 『皇龍寺 遺蹟發掘調査報告書 I(圖版編)』, 도면 3)

• 경주 사천왕사지 금당지의 이중기단

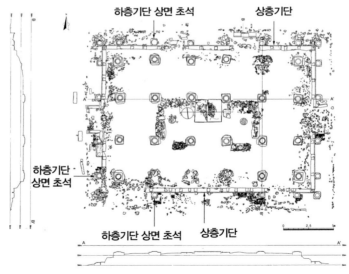

_ 경주 사천왕사지 금당지의 이중기단(통일신라). 하층기단 상면에 초석이 놓여
있다. (국립경주문화재연구소, 2012, 『四天王寺 I 金堂址 발굴조사보고서』, 93쪽 도면 9)

이중기단의 조사 시에는 하층기단 상면에 초석이나 적심시설이 존재하는지를 확인하는 작업이 무엇보다도 필요하다. 특히 백제 사비기 적심시설의 경우 적심석이 아닌 적심토로 조성되는 경우를 많이 볼 수 있다. 따라서 하층기단을 정리하는 과정에서 원형이나 방형으로 확인되는 수혈에 대해서는 일단 적심토로 인지하고, 조사를 진행하여야 한다.

• 부여 금성산 와적기단 건물지의 이중기단

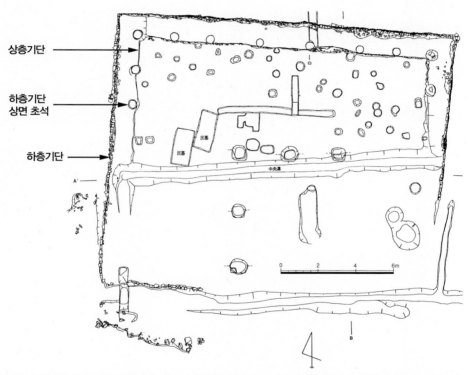

_ 부여 금성산 와적기단 건물지의 이중기단(백제 사비기). 하층기단은 평적식 와적기단으로 조성되었으며, 상층기단은 보강석 일부만 남아 있다.
(國立扶餘博物館, 1992, 『扶餘錦城山百濟瓦積基壇建物址發掘調査報告書』, 도면 2)

_ 부여 금성산 와적기단 건물지의 하층기단 상면 초석. 원주(圓柱)의 흔적이 확인된다.

이중기단 중 하층기단은 완성된 기단토를 'ㄴ'자 모양이 아닌 'ㄴ'자형으로 되파기한 후 그 사이에 기단을 조성하기도 한다. 이때 경주 황룡사지 중금당지나 부여 부소산사지 금당지처럼 요구(凹溝) 바닥면에 보강시설에 해당하는 할석을 깔아놓는 경우도 있으므로 발굴조사 말미에 반드시 절개 작업을 실시한다.

이중기단은 그동안의 삼국~통일신라시대 발굴사례를 볼 경우 사원의 금당지나 목탑지 등에서 주로 확인되었다. 이렇게 볼 때 이중기단으로 조성된 건물지는 장엄성과 위엄성이 내포된 사찰 최고의 건축물이었음을 파악해 볼 수 있다.

이중기단의 재료는 기와나 전, 석재(할석, 치석) 등 다양하다. 특히 상·하층의 재료가 다른 경우도 종종 볼 수 있다. 그런데 백제나 신라의 경우 상층기단은 대부분 가구식으로 조성되었다는 특징을 보여주고 있다.

□ 대지기단(臺地基壇)

일부 목탑이나 석탑에서 확인할 수 있다. 탑파의 기단부 아래에 또 다른 기단이 시설된 경우이다. 황룡사지 구층목탑지의 경우 상·하층 2단으로 대지기단이 조성되어 있고, 실상사 동·서 삼층석탑 및 원주 거돈사지 삼층석탑은 단층으로 축조되었다.

대지기단은 그동안 탑구(塔區)로 불려 왔으나 이의 용어가 모호하다는 점에서 사용하기가 쉽지 않다. 특히 탑파가 입지할 수 있는 또 다른 대지를 마련해 준다는 점에서 대지기단이라는 용어가 타당하다고 생각된다.

◆ 예산 추사고택의 대지기단

_ 예산 추사고택 안채의 대지기단과 건물기단. 대지기단이 조성된 이후에 건물기단이 축조되었다.

대지기단은 층위상 생활면(지표면)에 조성되어 있고, 이 위에 탑파가 올려 있기 때문에 대지기단 높이만큼 탑이 웅장하고 높게 보인다. 아울러 황룡사지 구층목탑처럼 사람이 보행할 정도의 넓이도 마련되어 있다.

◆ 경주 황룡사지 목탑지의 대지기단

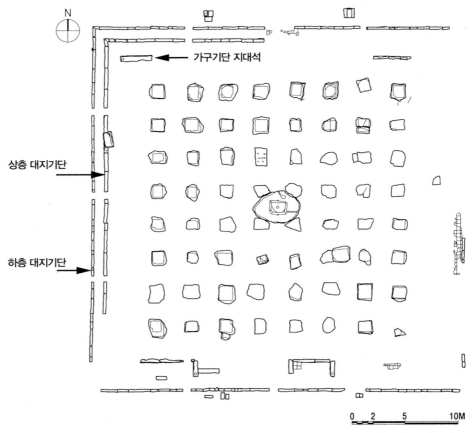

_ 경주 황룡사지 목탑지의 상·하층 대지기단(신라). 기단은 장대석으로 조성되었으며, 모접이나 몰딩과 같은 장식은 없다.
(국립문화재연구소, 2012, 『한국 고대건축의 기단 경북·경남·대구·울산편』, 137쪽)

_ 경주 황룡사지 목탑지의 상 · 하층 대지기단(신라) (윤덕향, 1992, 「옛절터」, 대원사, 28쪽)

◆ 남원 실상사 동 삼층석탑의 대지기단

_ 남원 실상사 동 삼층석탑의 대지기단(통일신라). 장대석을 이용하여 조성하였다. 석탑 기단부가 사람이 밟고 다니는 지표면에서 어느 정도 떠 있음을 볼 수 있다.

◆ 원주 거돈사지 삼층석탑의 대지기단

대지기단

_ 원주 거돈사지 삼층석탑의 대지기단(고려). 지복석을 갖춘 가구기단으로 조성되었다.

10. 초석(礎石)과 적심시설(積心施設)

초석과 적심시설은 기단 내부의 기단토에서 확인할 수 있다. 초석은 다듬은 돌이
나 자연 할석 등으로 만들어져 유구 확인이 비교적 용이한 편이다. 초석 아래로는 기
단토를 굴광한 적심공이 마련되어 있고, 이의 내부에 초반석이나 적심시설 등이 조성
되어 있다.

◆ 기단토를 굴광한 적심공과 초석, 적심석

_ 오산 지곶동사지 금당지의 초석(고려). 초석 아래로 적심석이 조성되어 있다. 초석과 적심석을 시
설하기 위해 기단토를 굴광하여 적심공을 마련하였다.

1) 초석

초석은 지붕 및 기둥의 하중을 직접적으로 받는 목조건축물의 기초부로 이 아래에
는 적심시설(적심석, 적심토, 적심사 등)이 마련되어 있다. 초석은 할석이나 치석(治石)된 것을
사용하는데 후자의 경우 측면에서 다듬은 면과 거친 면이 육안으로 구분되고 있다.

초석의 측면에서 관찰되는 이 둘의 경계면은 대개 기단토 상면과 일치하고 있어 발
굴조사 과정에서 생활면을 파악하는데 큰 도움을 줄 수 있다. 아울러 초석 상면을 잘
관찰하여 기둥의 단면이 원형인지 방형인지도 파악해 본다.

◆ 기단토에서의 초석과 적심석 조성

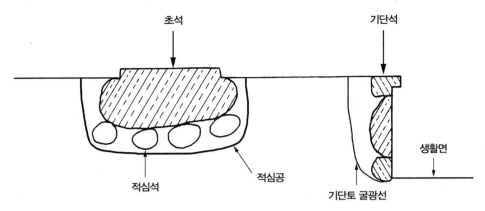

_ 기단토를 굴광하고 조성한 적심공과 적심석, 그리고 그 위의 초석 배치. 만약 초석이 유실되었다면 기단석도 그만큼 멸실이 이루어졌음을 파악한다.

◆ 치석된 초석의 측면

_ 익산 왕궁리유적 출토 초석. 초석의 측면에서 다듬은 면과 거친 면의 경계가 곧 기단토 상면이 된다. 거친 면은 초석 설치 과정에서 기단토에 묻히게 되어 결과적으로 눈에 보이지 않게 된다.

다듬은 면

주좌면

기단토 상면

거친 면

기단토에
묻히는 부분

_ 춘천 청평사 경내의 초석

　초석은 거의 대부분 기단 내부에 조성되며, 기둥이 놓이는 주좌면의 경우는 기단
이나 기단토 보다 레벨상 높은 곳에 위치하게 된다. 따라서 발굴조사 과정에서 초석
이 유실되고 적심석만 남아 있다면 이에 상응하는 기단의 멸실도 어느 정도 고려해
보아야 한다.

◆ 기단석과 기단토, 초석과 주좌면의 위치 관계

_ 공주 마곡사 대광보전의 기단석과 기단토, 그리고 내부의 초석(조선)

초석은 할석이든 치석이든 간에 대개 한 매의 석재를 사용하여 축조하는 것이 일
반적이지만 공주 공산성 내 전(傳) 임류각지처럼 2~3매의 할석을 함께 이용하는 것도
살필 수 있다.

◆ 공주 공산성 전 임류각지의 초석

_ 공주 공산성 전 임류각지의 초석(고려~조선). 서로 다른 재질의
석재를 짜 맞추어 초석을 만들었다.

초석은 평면 및 단면 형태에 따라 원형, (장)방형, 다각형, 제형 등으로 나눌 수 있
으며, 높이를 중심으로 장초석을 별도 분류하고 있다.

□ 원형 초석

_ 부여 관북리유적 출토 원형 초석

_ 국립부여박물관 소장 원형 초석

□ 방형 초석

_ 원주 법천사지 서건물지 출토 초석

_ 부여 관북리유적 출토 방형 초석

□ 다각형 초석

_ 서울 창덕궁 대조전의 다각형 동바리초석

_ 서울 창덕궁 대조전의 다각형 동바리초석 세부

□ 제형 초석

_ 서울 창덕궁 경훈각 후면 제형 초석

□ 장초석

일반 초석에 비해 높이가 높다는 특징이 있으며, 상부가 좁고 하부가 넓다. 장초석은 익산 미륵사지 동·서·중원 금당지와 왕궁리유적 등의 사례로 보아 삼국시대부터 등장하였음을 알 수 있고, 조선시대에 이르러서는 궁궐 및 누각, 사찰, 관청 등 다양한 유적에 폭넓게 사용되었음을 확인할 수 있다.

◆ 익산 미륵사지 동·서·중원 금당지의 장초석

마루 목재
홈

마루 목재
홈

주좌면

_ 익산 미륵사지 서원 금당지의 장초석
(백제 사비기)

_ 익산 미륵사지 서원 금당지의 장초석. 주좌면보다
한 단 아래에 마루 목재를 걸칠 수 있는 홈이 마련되
어 있다. 이렇게 볼 때 기둥 뿌리가 마루보다 높은
곳에 위치하였음을 알 수 있다.

◆ 익산 왕궁리유적의 장초석

_ 익산 왕궁리유적의 장초석(백제 사비기).
미륵사지 금당지 초석과 유사하다.

◆ 고창 선운사 대웅보전의 장초석

_ 고창 선운사 대웅보전의 장초석(조선)

◆ 서울 창덕궁 희정당 정면 누각 건물의 장초석

_ 서울 창덕궁 희정당 정면 누각 건물의 장초석
(조선)

◆ 남원 광한루의 장초석

_ 남원 광한루의 장초석(조선).
초석 아래에 넓적한 초반석이 놓여
있다.

◆ 대구 동화사 통일범종루의 장초석

_ 대구 동화사 통일범종루의 장초석(현대). 익산 미륵사지 동·서·중원 금당지 및 남원 광한루 장초
석과 같은 형식임을 알 수 있다.

◆ 서울 경복궁 경회루의 장초석

_ 서울 경복궁 경회루의 장초석(조선). 앞의 장초석과 달리 초석과 초반석이 하나의 돌로 만들어졌다.

◆ 공주 포정사 문루의 장초석

_ 공주 포정사 문루의 장초석

일반 건축물의 마루는 기둥에 홈을 파고, 이곳에 중심 목재를 끼워 제작하였다. 그러므로 구멍이 뚫린 부분은 그렇지 않은 부분에 비해 습기에 약하고, 해충들의 온상처가 되었음은 당연하다. 결국 이는 기둥의 부식을 증가시키는 결정적인 원인이 되었을 것이다.

◆ 기둥과 마루 부재의 결구 모습

_ 고창 선운사 만세루의 기둥과 마루 부재의 결구 모습(조선). 기둥에 홈을 내어 마루 부재를 끼워넣었다.

이렇게 볼 때 미륵사지 동·중·서원 금당지 및 광한루의 장초석은 여느 초석들과 비교해 좀 더 발전적이고 기능적인 형태를 갖추었다고 생각된다. 그런 점에서 주좌면 아래의 홈은 백제시대의 우수한 치석(治石)기술 중 하나로 이해할 수 있다.

따라서 이러한 장초석은 백제 장인들에 의해 통일신라시대에도 자연스럽게 전파되었을 것으로 생각된다. 그리고 이것이 조선시대의 남원 광한루에 사용된 것으로 보아 고려시대에도 꾸준히 제작되었음을 추정해 볼 수 있다.

□ 초반석

익산 미륵사지 동·중·서원 금당지 및 조선시대의 성문·사찰 등에서 주로 볼 수 있다. 초반석은 대부분 장초석과 함께 시설되기 때문에 발굴조사 중 초반석이 보이면 해당 유구에 장초석이 사용되었음을 인지한다.

◆ 익산 미륵사지 서원 금당지의 초반석과 장초석

_ 익산 미륵사지 서원 금당지의 초반석과 장초석(백제 사비기). 두 석재는 별석(別石)으로 제작되었다.

◆ 익산 미륵사지 중원 금당지의 초반석

_ 익산 미륵사지 중원 금당지의 초반석 1(백제 사비기). 평면 원형
을 띠고 있다.

_ 익산 미륵사지 중원 금당지의 초반석 2(백제 사비기). 평면 방형
을 띠고 있다.

초반석은 위치면에서 초석과 적심석 사이에 놓이고 있다. 아울러 초석이 놓이는 초반석 상면은 기단토 상면 보다 약간 높게 솟아 있다. 초반석의 평면 형태는 원형, 방형, 부정형 등 일정치 않으나 이 위에 별석의 초석이 놓이기 때문에 상면은 평평하게 치석되어 있다.

◆ 고창 선운사 천왕문의 초반석과 장초석

_ 고창 선운사 천왕문의 초반석과 장초석(조선). 두 석재는 별석으로 조성되었다.

◆ 남원 광한루의 초반석과 장초석

_ 남원 광한루의 초반석과 장초석. 두 석재는 별석으
로 이루어졌다.

한편, 성문에서는 장초석 아래에 별도의 문둔테석(문지도리석, 확돌)이 놓여 있음을 볼
수 있는데 이는 초반석과 기능적으로 분명한 차이가 있다. 즉, 이는 성문을 여닫기
위해 필요한 부재로서 이의 상면에는 원형 구멍 하나가 뚫려 있어 초반석과 확실히
구별되고 있다.

※ 보령 보령읍성 문루의 문둔테석(문지도리석, 확돌)

_ 보령 보령읍성 문루의 장초석과 문둔테석(문지도리석, 확돌)

□ 고맥이초석

벽체 하부를 구성하는 하인방을 받칠 수 있도록 별도의 '살'을 덧붙인 초석이다. 이러한 '살'은 하인방을 지탱하는 고맥이(흔히 장대석으로 제작)와 비슷한 레벨에서 상호 연결되어 있다. 우리나라의 경우 통일신라~고려시대의 유적에서 많이 볼 수 있다.

◆ 경주 불국사 극락전의 고맥이초석과 고맥이

_ 경주 불국사 극락전의 고맥이초석과 고맥이(장대석). 초석의 위치에 따라 고맥이 '살'의 방향이 달리 치석되어 있다.

　고맥이초석은 놓이는 위치에 따라 '살'의 방향이 각기 다양하게 나타나고 있다. 즉, 건물 모서리에 놓이는 고맥이초석과 건물 중앙에 놓이는 고맥이초석은 벽체의 방향에 따라 살이 가리키는 방향이 각기 다르게 나타난다.

　한편, 일부 고맥이초석의 경우 후대 건물에 재사용되는 경우가 많으므로 초석의 위치에 따른 살의 방향이 일치하는지 발굴과정에서 유심히 살펴보아야 한다. 만약, 벽체의 방향과 살의 방향이 일치하지 않는다면 이는 재사용된 초석으로 이해한다.

◆ 건물 외벽이나 내벽의 중간에 놓이는 고맥이초석

• 원주 법천사지 부도전지 서건물지의 고맥이초석

_ 원주 법천사지 부도전지 서건물지의 고맥이초석(고려). 모서리를 제외한 곳에 사용되었다.

• 경주 감은사지 강당지의 고맥이초석

_ 경주 감은사지 강당지의 고맥이초석과 장대석 고맥이(통일신라)

• 경주 불국사 극락전의 고맥이초석

고맥이초석

장대석 고맥이

고맥이초석

_ 경주 불국사 극락전의 고맥이초석과 장대석 고맥이(통일신라)

• 원주 법천사지 부도전지 남서건물지의 고맥이초석

외벽

기둥

내벽

외벽

_ 원주 법천사지 부도전지 남서건물지의 고맥이초석(고려). 기둥을 중심으로 외벽
과 내벽의 칸막이를 조성하기 위해 '살'이 조성되어 있다.

◆ 건물 모서리에 놓이는 고맥이초석

• 원주 법천사지 부도전지 남서건물지의 고맥이초석

_ 원주 법천사지 부도전지 남서건물지의 고맥이초석(고려). 초석은 건물의 모서리에 위치하였으며, 기둥을 중심으로 'ㄴ'자 모양으로 살이 조성되었다.

• 영주 부석사 무량수전의 고맥이초석

_ 영주 부석사 무량수전의 고맥이초석(고려). 하인방을 받치기 위한 살이 'ㄴ'자 모양으로 치석되어 있다.

□ 동바리초석

건물 내부의 마루나 누각, 혹은 쪽마루 등을 시설하는 과정에서 마루의 처짐을 방지하기 위해 세우는 별도의 기둥을 '동바리'라 하고, 이를 받치는 초석을 동바리초석이라 부른다.

◆ 영주 부석사 범종루의 동바리초석

_ 영주 부석사 범종루의 기둥과 초석, 동바리와 동바리초석

◆ 서울 창덕궁 낙선재 쪽마루의 동바리초석

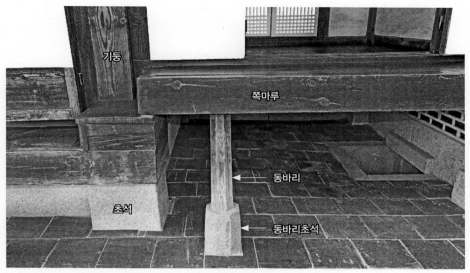

_ 서울 창덕궁 낙선재 쪽마루의 동바리와 동바리초석

◆ 논산 노강서원 강학당의 동바리초석

_ 논산 노강서원 강학당 마루 아래의 기둥과 초석, 동바리와 동바리초석

• 여주 신륵사 구룡루의 동바리초석

동바리초석

초석

_ 여주 신륵사 구룡루 마루 아래의 초석과 동바리초석

◆ 발굴조사에서 확인된 동바리초석

• 양주 회암사지 조사전지의 동바리초석

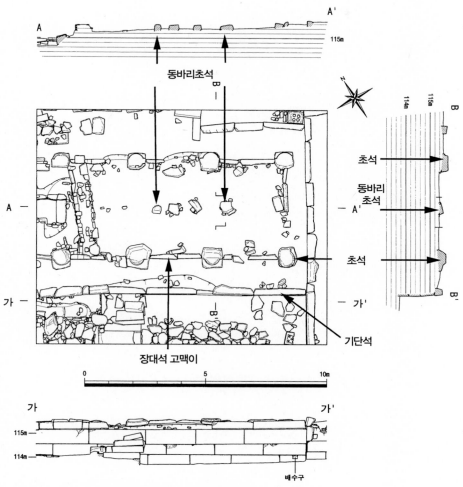

_ 양주 회암사지 조사전지의 동바리초석(고려 말 이후)
(경기도 외, 2003, 『檜巖寺Ⅱ 7·8단지 발굴조사 보고서』, 79쪽 그림 21)

• 양주 회암사지 내 건물지의 동바리초석

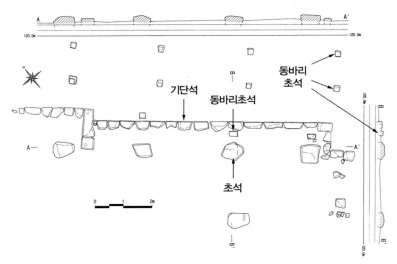

_ 양주 회암사지 내 건물지의 초석과 동바리초석(고려 말 이후)

(경기도 외, 2016, 『檜巖寺Ⅴ 사역 동쪽 석축·담장지 및 북서쪽 외곽』, 62쪽 그림 18)

• 전주 동고산성 내 제 11건물지의 동바리초석

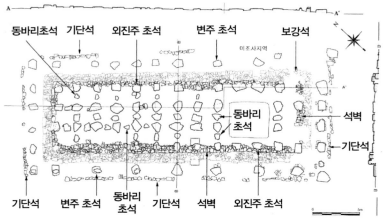

_ 전주 동고산성 내 제 11건물지의 초석과 동바리초석(조선)

(전북문화재연구원·전주시, 2006, 『全州 東固山城』, 도면 7)

• 양양 낙산사 원통보전 중앙 건물지의 초석과 동바리초석

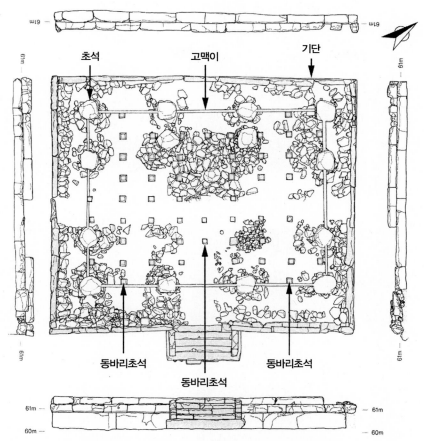

_ 양양 낙산사 원통보전 중앙 건물지의 초석과 동바리초석(1953년 중건)
(국립문화재연구소, 2008, 『洛山寺 發掘調查報告書』, 51쪽 도면 9)

  동바리초석은 동일 건물의 주초석과 비교해 크기가 작다. 그리고 배치면에서 정형
성을 보이는 것이 있는 반면, 그렇지 않은 것도 살필 수 있다. 하지만 주초석과 마찬가
지로 기단토 상면에 축조되며, 치석된 석재뿐만 아니라 할석 등으로도 제작된다.
  따라서 건물지 발굴조사 중 기단토 상면에서 주초석 이외의 별도 석재가 발견된다

면 일단 동바리초석으로 생각하고 조사를 진행하여야 한다. 그리고 최종적으로 동바리초석으로 확인되면 해당 건물지에 마루가 시설되었음을 파악하고, 이를 존치시키도록 한다.

□ 활주초석(活柱礎石)

지붕 구조의 하나인 팔작지붕은 흔히 겹처마를 하고 있다. 이때 모서리에 해당되는 귀마루의 하부에는 추녀와 사래가 일직선상으로 배치되어 있다. 여기서 추녀의 하중을 지탱하는 보조기둥을 활주라 하고, 활주를 받치는 초석을 활주초석이라고 부른다.

◆ 양산 통도사 대웅전의 활주와 활주초석

_ 양산 통도사 대웅전의 활주와 활주초석

_ 양산 통도사 대웅전의 활주초석. 기단 상면 모서리에 활주초석이 배치되어 있다.

◆ 영주 부석사 무량수전의 활주초석

_ 영주 부석사 무량수전의 활주초석. 기단 상면 모서리에 활주초석이 위치하고 있다.

◆ 고창 선운사 대웅보전의 활주와 활주초석

활주

활주
초석

기단석

_ 고창 선운사 대웅보전의 활주초석. 기단 상면 모서리에 활주초석이 배
치되어 있다.

활주초석은 기단 내부에 위치하며, 위치상으로는 모서리 안쪽에 자리하고 있다.
대개 일반 초석에 비해 크기가 작고, 장식적인 면이 강하다. 하지만 고창 선운사 대
웅보전의 활주초석처럼 장초석을 사용하는 예도 찾아볼 수 있다.

따라서 기단 내부에 위치하는 석재의 경우 이것이 지붕이나 가구 구조와 어떠한 연
관성이 있는지를 면밀히 검토한 후에 제거할 것인지, 아니면 존치시킬 것인지를 결정
한다.

2) 적심시설(積心施設)

적심은 초석 아래에 놓이는 보강시설로서 적심공(積心孔)과 이의 내부를 채우는 충전물(흙, 석재, 모래, 혼축 등)로 구성되어 있다. 적심공은 평면 형태에 따라 원형, 방형(장방형), 장타원형, 부정형 등으로 나눌 수 있고, 기단토 상면의 제토 과정을 통해 확인할 수 있다.

적심시설은 적심공 내부의 재료에 따라 적심토(積心土), 적심석(積心石), 적심사(積心沙) 등으로 구분할 수 있다. 그리고 조선시대 건물지에서 주로 살필 수 있는 것처럼 석재와 흙을 교대로 조성한 적심토석혼축도 확인할 수 있다.

◆ 여주 고산서원지의 적심시설

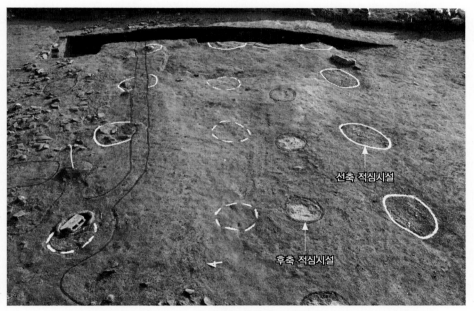

_ 여주 고산서원지의 적심시설(조선). 선축된 적심공에는 토석혼축, 후축된 적심공에는 모래가 충전되어 있다.

적심시설 내부에서는 흙과 돌 외에 기와편이나 토·자기편 등이 함께 발견되는 경우가 있다. 그런데 여기서의 기와편이나 토·자기편 등은 해당 건물지의 유물과는 전혀 관련이 없는 것들이다.

이처럼 적심시설의 충전물에 포함된 유물들은 선축(先築)된 건물의 폐기물로 이해할 수 있다. 그리고 이들 유물들은 해당 건물지의 편년을 설정함에 있어 결정적인 역할을 하게 된다. 즉, 적심석에서 15세기의 분청사기와 18세기의 백자가 함께 검출된다면 해당 건물지의 조성 시기는 무조건적으로 18세기 이후가 되어야 한다.

적심시설은 그 재료가 돌이든 흙이든 적심공 내부에 조성되기 때문에 발굴조사 과정에서 쉽게 확인할 수 있다. 그러나 적심시설의 축조기법 및 적심공이 기단토의 어느 깊이까지 굴광되었는지는 평면 조사에서 결코 인지하기 어렵다. 이를 확인키 위해서는 적심시설의 절개작업이 필수적이다. 절개는 적심석뿐만 아니라 기단석 및 기단토까지 확대하여 실시하면 효과적이다.

적심시설의 깊이는 구릉사면에 조성된 건물지의 경우 위아래가 서로 다르게 나타날 수 있다. 즉, 구릉 사면에 건물을 조영할 경우 윗면은 주로 절토나 정지기법을 통해 대지를 조성하는 반면, 경사 아랫면은 윗면에서 생성된 잔토(殘土)를 이용해 성토다짐, 혹은 판축공법으로 축토(築土)하게 된다.

이럴 경우 경사 윗면의 적심시설 깊이는 매우 낮게 나타난다. 왜냐하면 생토면 자체가 적심시설이 될 수 있기 때문에 적심공 내부의 충전물은 초석을 놓기 위한 보조시설에 불과하다. 하지만 경사 아랫면의 경우는 생토면이 아니기 때문에 건물 하중을 고려한 적심시설을 축조할 수밖에 없다. 특히, 성토다짐토인 건물지의 경우 기단토의 지내력이 약하기 때문에 이를 보완하기 위해 상대적으로 적심의 깊이를 더 깊게 하는 경향이 있다.

□ 경사면에 따른 적심석의 깊이 차이

◆ 경사 윗면의 적심석

_ 여주 영릉 재실유적 상-1건물지 경사 윗면의 적심석. 경사 윗면은 생토면의 영향으로 아랫면에 비해 성토 깊이가 깊지 않다. 따라서 적심석의 깊이 또한 깊지 않다.

◆ 경사 아랫면의 적심석

_ 여주 영릉 재실유적 상-1건물지 경사 아랫면의 적심석. 경사 아랫면의 성토 깊이가 깊은 만큼 적심석의 깊이 또한 깊게 조성되어 있다.

한편, 발굴조사를 진행하다보면 초석이 없이 적심석만 어지럽게 산재된 경우를 볼 수 있다. 이러한 경우에는 먼저 건물의 형태를 갖출 수 있는 방형, 혹은 장방형 구조의 적심시설을 우선적으로 배열해 본다. 이때 30cm 정도 내외의 적심석 레벨 높이는 크게 고려할 필요가 없다. 왜냐하면 건물이 폐기되는 과정에서 초석과 함께 적심시설의 상단이 멸실될 수 있기 때문이다.

건물의 형태를 갖추는 적심시설이 결정되면 적심 상호 간에 중복된 것을 찾아본다. 여기서 파괴된 적심석은 완형의 적심석에 비해 선축된 것임을 판단한다.

그런데 문제는 중복된 적심시설이 없는 경우이다. 이때에는 서로 축이 맞지 않는 인접한 적심시설을 대상으로 토층조사를 실시한다. 그리고 적심시설을 축조하기 위한 적심공의 토층 관계를 유심히 살펴본다. 앞에서 설명한 바대로 적심시설은 기단토에 조성되기 때문에 이들의 토층 관계를 파악해 보면 중복된 적심시설의 선후 관계를 어느 정도 인지할 수 있다.

◆ 중복된 적심석

_ 여주 영릉 하단 건물지의 적심석 중복 상태. 선·후축 적심석의 구분은 층위, 석재의 물림 상태, 배치관계 등을 고려하여 판별할 수 있다. (기호문화재연구원 제공)

본고에서는 삼국시대 이후 조선시대에 이르는 적심시설의 여러 사례를 살펴보고 자 한다. 그러나 적심석의 경우만 하더라고 그 종류가 매우 다양하여 세부적인 분류 가 쉽지 않다. 따라서 발굴조사 중에 나타날 수 있는 대표적인 사례만을 선별하여 알 아보도록 하겠다.

□ 적심석

적심석은 삼국시대 이후 대부분 할석이나 역석(강자갈)으로 조성되었다. 그러나 고려~ 조선시대에 이르면 장대석이나 판석형 할석으로 조합된 적심석도 간혹 찾아지고 있다.

역석(강자갈)을 이용한 적심석은 기반토가 구하상이거나 하천에 인접한 건물지에서 주로 확인할 수 있다. 그리고 장대석이나 판석형 할석으로 조합된 적심석의 경우는 경복궁이나 관아건물 등에서 주로 검출되고 있다. 이로 보아 적심석의 재료에 따라 건물의 위계도 어느 정도 반영되었던 것으로 생각된다.

◆ 할석 적심석

_ 초석 아래에 원형의 할석 적심석이 조성되어 있다(조선).

◆ 역석(강자갈) 적심석

_ 평면 원형의 역석(강자갈) 적심석 단면 상태(통일신라~고려)

◆ 장대석 적심석

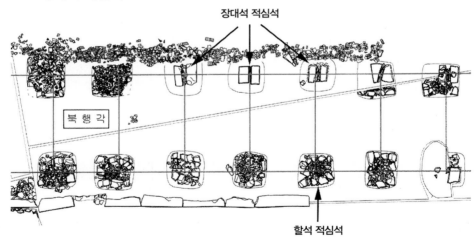

_ 서울 경복궁 흥복전지 북행각지의 장대석 적심석(조선)
(국립문화재연구소, 2008, 『景福宮 燒廚房址 發掘調査報告書 1』, 63쪽 도면 14)

◆ 판석형 할석 적심석

_ 서울 동대문 운동장 유적 내 건물지의 판석형 할석 적심석(조선)

저습지와 같은 연약지반에 건물을 조성할 때에는 적심석 아래에 말뚝지정을 실시하여 지반을 보강하는 경우가 있다. 그러므로 시·발굴조사 과정에서 연약지반이 확인되고, 이 위로 성토작업 및 기와건물이 조성되었다면 한번쯤 말뚝지정의 존재를 생각해 보는 것이 절대적으로 필요하다.

□ 적심석 아래의 말뚝지정

◆ 서울 청계천 하랑교지의 적심석 아래 말뚝지정

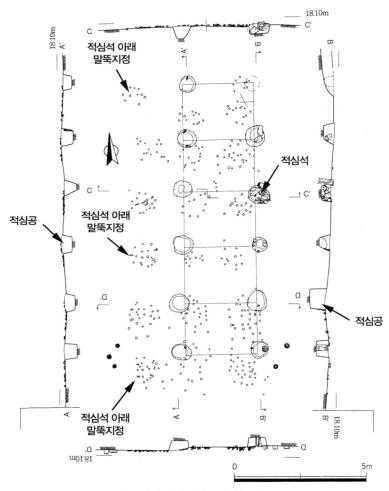

_ 서울 청계천 하랑교지의 적심석 아래 말뚝지정(조선)
(서울특별시·中央文化財研究院, 2004, 『淸溪川 遺蹟』, 76쪽)

◆ 진주 평안동유적 2-7건물지의 적심석 아래 말뚝지정

• 적심석 노출 상태

_ 진주 평안동유적 2-7건물지의 적심석(고려~조선) (동서문물연구원 제공)

• 적심석 제거 후 말뚝지정의 현황

_ 진주 평안동유적 2-7건물지의 적심석 제거 후 상태(고려~조선). 적심공
내부에 말뚝지정이 빽빽하게 이루어졌다. (동서문물연구원 제공)

• 적심공 내부 말뚝지정의 세부 모습

_ 진주 평안동유적 2-7건물지의 적심공 내부 말뚝지정 세부(고려~조선) (동서문물연구원 제공)

• 적심공 내부의 단면 상태

_ 진주 평안동유적 2-7건물지의 적심공 내부 토층 상태(고려~조선) (동서문물연구원 제공)

◆ 서울 동대문 운동장 유적 내 건물지 5의 적심석 아래 말뚝지정

_ 서울 동대문 운동장 유적 내 건물지 5의 적심석과 말뚝지정(조선)
(서울특별시 · 중원문화재연구원, 2011, 『동대문 운동장 유적』, 173쪽 사진 101)

□ 적심토

  백제의 고토에 해당되는 부여 및 익산지역의 기와건물지에서 주로 확인되고 있다.
평면 형태는 원형, 방형, 장방형, 부정형 등 다양한 편이다. 그동안 부여 군수리사
지, 능산리사지, 금성산 건물지, 화지산 건물지, 관북리유적 및 익산지역의 왕궁리
유적 등에서 조사된 바 있다.

◆ 원형 적심토

• 부여 가탑리유적 건물지의 원형 적심토

_ 부여 가탑리유적 건물지의 원형 적심토(백제 사비기)

• 부여 능산리사지 금당지의 원형 적심토

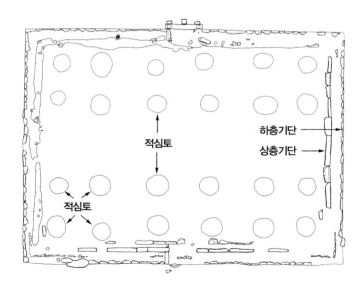

_ 부여 능산리사지 금당
지의 원형 적심토(백제
사비기). 초석은 모두 유
실되었다.
(國立扶餘博物館·扶餘郡,
2000,『陵寺-圖面·圖版-』,
13쪽 도면 9)

• 부여 사비로–백강로 구간 동남리유적 건물지의 원형 적심토

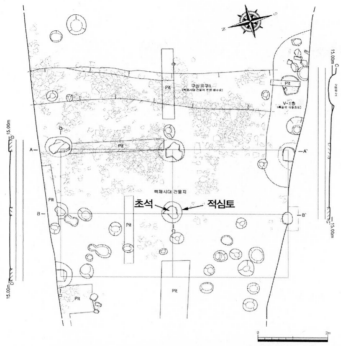

_ 부여 사비로–백강로 구간 동남리유적 건물지의 원형 적심토(백제 사비기)
(충남역사문화연구원, 2008, 「사비로–백강로 연결도로부지 내 부여 동남리유적」, 202쪽 도면 7)

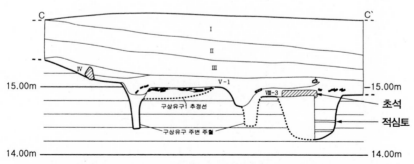

_ 부여 사비로–백강로 구간 동남리유적 건물지의 원형 적심토 세부(백제 사비기)
(충남역사문화연구원, 2008, 「사비로–백강로 연결도로부지 내 부여 동남리유적」, 199쪽 도면 5)

◆ (장)방형 적심토

• 부여 화지산 건물지의 장방형 적심토

_ 부여 화지산 건물지의 장방형 적심토(백제 사비기)

• 부여 동남리유적 중앙 건물지의 방형 적심토

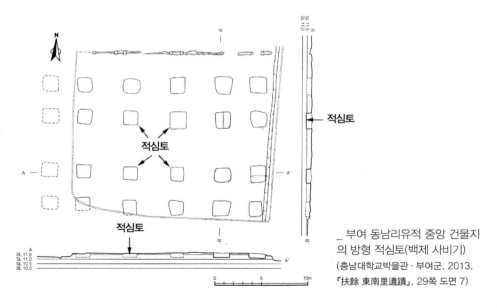

_ 부여 동남리유적 중앙 건물지
의 방형 적심토(백제 사비기)
(충남대학교박물관·부여군, 2013,
『扶餘 東南里遺蹟』, 29쪽 도면 7)

• 부여 관북리유적 '라'지구 대형 전각 건물지의 방형 적심토

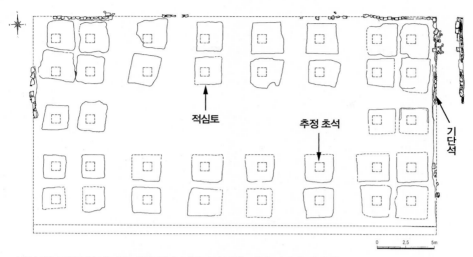

적심토

추정 초석

기단석

_ 부여 관북리유적 '라'지구 대형 전각 건물지의 방형 적심토(백제 사비기)
(국립부여문화재연구소, 2009, 『扶餘 官北里百濟遺蹟 發掘報告 Ⅲ 本文』, 149쪽 도면 47)

초석

적심토

_ 부여 관북리유적 '라'지구 대형 전각 건물지의 방형 적심토 및 초석 복원

◆ 부정형 적심토

• 익산 왕궁리유적 건물지 4의 부정형 적심토

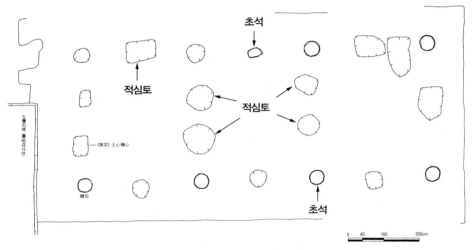

_ 익산 왕궁리유적 건물지 4의 원형 · 방형 · 부정형 적심토(백제 사비기)
(國立扶餘文化財硏究所, 1997, 『王宮里 發掘調査 中間報告 II』, 341쪽 도면 5)

    적심토는 적심공 내부에 충전되는 흙으로서 이의 토질은 점토와 마사토가 주류를
이루고 있다. 또한 적심토의 축조기법은 대지조성토나 기단토와 마찬가지와 판축공
법과 성토다짐공법으로 구분할 수 있다. 이중 전자가 후자에 비해 압도적으로 많이
조성되었다.

◆ 판축 적심토

• 부여 능산리사지 금당지의 판축 적심토

_ 부여 능산리사지 금당지의 판축 적심토(백제 사비기)
(國立扶餘博物館 · 扶餘郡, 2000, 『陵寺-圖面 · 圖版-』, 222쪽 도판 12-②)

◆ 성토다짐 적심토

• 부여 가탑리유적 건물지의 성토다짐 적심토

적심토

_ 부여 가탑리유적 건물지의 성토다짐 적심토(백제 사비기)

그런데 이러한 적심토의 축토공법은 평면상에서 확인할 수 없는 것이기에 반드시 절개에 따른 토층조사가 필요하다. 이를 통해 적심공의 깊이와 바닥면에 대해서도 확인해 볼 필요가 있다.

◆ 적심토의 단면 조사

• 부여 화지산 건물지 1의 적심토

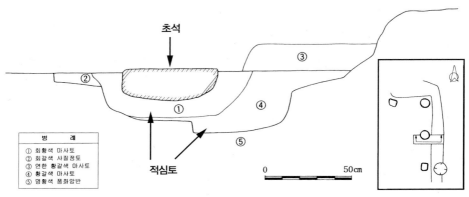

_ 부여 화지산 건물지 1의 적심토 단면(백제 사비기)
(국립부여문화재연구소, 2002, 「화지산」, 43쪽 도면 15)

적심토의 평면 형태 중 대형 (장)방형의 경우는 주로 부여 및 익산지역의 대형건물지에서 확인되었다. 그리고 부여 능산리사지의 중문지와 목탑지, 금당지의 적심토를 보면 모두 평면 원형을 이루고 있다. 이로보아 적심토의 평면 형태에 따른 위계는 존재하지 않았던 것으로 생각된다.

다만, 적심공과 초석의 평면 형태에 있어서는 어느 정도의 친연성이 있어 주목된다. 예컨대 군수리사지 금당지 적심토의 경우 평면 방형으로 이 위의 초석 역시도 방형의 형태를 띠고 있다. 아울러 동남리유적의 적심토도 초석과 마찬가지로 평면 원형을 이루고 있다. 하지만 모든 초석과 적심토의 평면 형태가 일치하는 것이 아니기 때문에 초석과 관계없이 적심토의 굴광선 확인 작업 시 신중을 기하도록 한다.

적심토는 대형 기와건물지에서도 확인되고 있는 것으로 보아 적심석에 비해 그 기능성이 결코 뒤떨어지지 않았음을 볼 수 있다. 아울러 이는 중국 북위의 영령사 유적에서도 확인되고 있는 것으로 보아 그 계통이 중국에 있었음을 알게 한다.

아울러 조선시대에 해당되는 서울 동대문 운동장 유적 및 공주 공산성 기와건물지 등에서도 적심토가 검출되고 있다. 이로보아 적심토는 적심석과 마찬가지로 삼국시대 이후 조선시대에 이르기까지 가장 중심적인 적심시설이었음을 판단할 수 있다.

◆ 조선시대의 적심토

• 공주 공산성 내 건물지의 원형 적심토

_ 공주 공산성 내 건물지의 원형 적심토(조선)

_ 공주 공산성 내 건물지의 원형 적심토 단면 상태(조선)

• 부여 홍산현 관아 3건물지의 원형 적심토

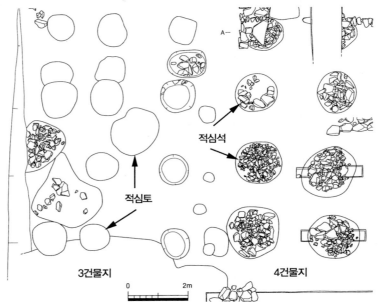

적심석

적심토

3건물지   0   2m   4건물지

_ 부여 홍산현 관아 3건물지의 원형 적심토(조선). 4건물지는 원형 적심석으로 조성되어 차이를 보인다. (백제고도문화재단·부여군, 2015, 「부여 홍산현 관아 II」, 95쪽)

□ 적심사(積心沙)

　적심토와 구분이 필요한 적심시설이다. 적심토는 적심공 내부에 마사토와 점토 등을 성토다짐(혹은 판축)하여 축조하는 반면, 적심사는 강모래를 주재료로 하여 조성하고 있어 적심토와 적심사는 재료 면에서 엄격한 차이가 있다. 적심사는 통일신라시대 유구인 공주 공산성 28칸 건물지에서 찾아볼 수 있다.

　◆ 공주 공산성 내 28칸 건물지의 적심사

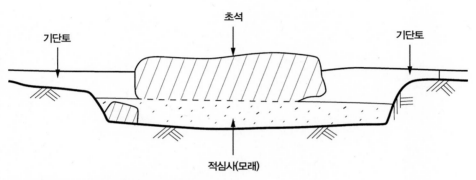

_ 공주 공산성 내 28칸 건물지의 적심사(통일신라)
(公州大學校 博物館 · 忠淸南道, 1992, 『公山城建物址』, 129쪽 그림 47 중)

　따라서 보고서에서 흔히 볼 수 있는 입사기초라는 용어의 정의가 필요하다고 생각된다. 여기서 기초는 지정 혹은 적심이라는 용어로 이해할 수 있다. 그런데 입사라는 용어에서 이것이 마사토인지, 아니면 모래인지가 불분명하여 이의 분명한 선택이 필요하다고 판단된다.

　적심사의 조사도 적심토와 마찬가지로 조사의 말미에 절개작업을 실시하여 단면구조와 토층, 깊이 등을 파악해 본다.

□ 적심석(상)+적심토(하)

적심공의 아랫면에 적심토를 깔고, 그 위에 적심석을 올려놓은 구조이다. 서로 혼축하지 않고 그 층위가 상하 분명하다는 점에서 토석혼축의 적심석과 구별된다. 서울 동대문 운동장 유적 조선시대 건물지에서 확인할 수 있다.

◆ 서울 동대문 운동장 유적 내 건물지의 적심시설

_ 서울 동대문 운동장 유적 내 건물지의 적심시설(조선)

□ 소결 적심시설

적심공을 파고 그 내부에 점토를 충전한 다음 불다짐을 한 것이다. 소결된 부분이 적심의 중심부에 해당되고 있다. 원주 반곡동유적 건물지를 비롯한 여주 고산서원지 등 조선시대 건물지에서 주로 확인되고 있다. 소결 적심시설은 최상면에서 소결흔이 확인되기 때문에 이의 두께 정도를 파악해 보기 위한 적심의 절개작업이 필요하다.

◆ 여주 고산서원지의 소결 적심시설

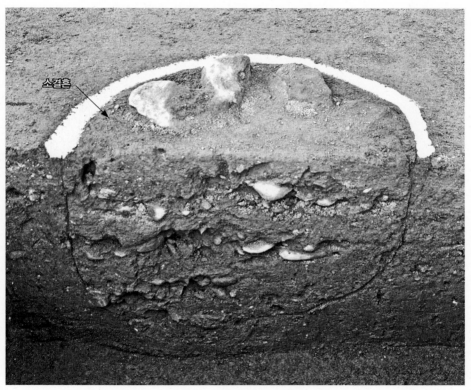

_ 여주 고산서원지의 소결 적심시설(조선). 역석(강자갈)과 흙을 교대로 다짐하였다. 마지막으로 적심석을 놓기 전에 불다짐을 하였다.

□ 기타 적심시설

◆ 서울 종로 옥인동5번지 유적 내 건물지의 적심시설

적심공(積心孔)의 바닥면에 흙, 그 위로 한 겹의 적심석을 깔고, 다시 그 위에 한 겹의 흙을 성토하였다. 그리고 마지막으로 적심공의 상면을 적심석으로 마감하였다.

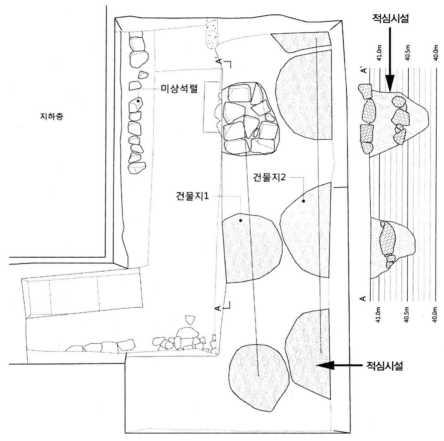

_ 서울 종로 옥인동5번지 유적 내 건물지의 적심시설(조선)
(한울문화재연구원, 2016, 「서울 종로 옥인동5번지 유적」, 64쪽 도면 21)

11. 목탑지 심초부(木塔址 心礎部)와 심초석(心礎石) 겸 공양석(供養石)

삼국시대 이후의 목탑지는 대부분 평면 방형을 이루고 있다. 이는 현재 남아 있는 속리산 법주사 오층목탑(팔상전)이나 발굴조사 과정에서 드러난 삼국시대~고려시대의 목탑지 등을 통해 확인할 수 있다. 그러나 고구려의 경우는 목탑지의 평면이 8각형을 이루고 있어 동 시대 다른 나라의 유적과 평면상의 차이를 보이고 있다.

□ 목탑(지)의 평면 형태

◆ 백제

• 부여 능산리사지 목탑지

상·하층 기단과 목탑지 중심에서 심초부가 확인되었다. 심초석 겸 공양석이 지하에 위치하고 있는 것으로 보아 사도가 축조되었을 것으로 추정된다. 심초석 겸 공양석 위에서는 뚜껑이 유실된 '창왕'명 사리감과 잘려진 직경 40cm 정도의 심주가 조사되었다.

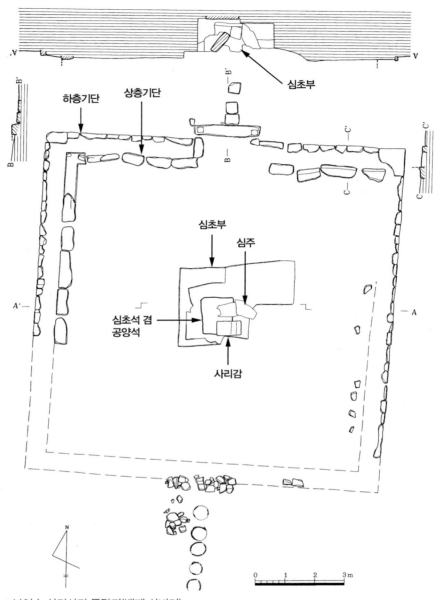

심초부

하층기단 상층기단

B'

심초부
심주

심초석 겸
공양석

사리감

N

0 1 2 3 m

_ 부여 능산리사지 목탑지(백제 사비기)

(國立扶餘博物館 ·扶餘郡, 2000, 『陵寺-圖面 ·圖版-』, 11쪽 도면 8)

• 부여 군수리사지 목탑지

　수직횡렬식의 전적기단으로 조성된 하층기단과 여러 개의 주공, 그리고 심초부가
확인되었다. 심초부는 기단토와 생토면을 굴광하여 축조한 사도와 심초석 겸 공양석
등으로 구분되고 있다. 일제강점기 일본인들의 발굴 과정에서 금동보살입상 및 금동
여래좌상이 수습되었다. 하지만, 무계획적인 발굴로 말미암아 심주의 흔적은 확인되
지 않았다. 아울러 능산리사지 및 왕흥사지 등에서 발굴된 사리감의 존재가 검출되
지 않아 많은 의문을 남기고 있다.

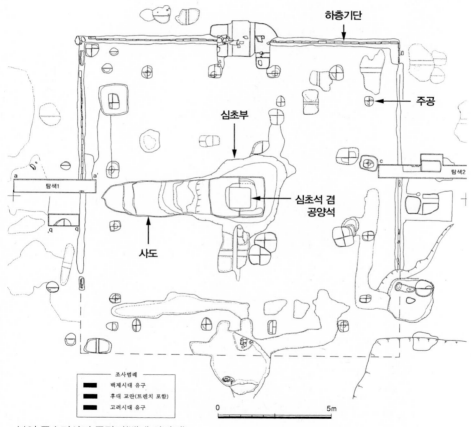

_ 부여 군수리사지 목탑지(백제 사비기)
(국립부여문화재연구소, 2010, 『扶餘軍守里寺址Ⅰ-木塔址 · 金堂址 發掘調査報告書-』, 63쪽 도면 27 중)

• 부여 왕흥사지 목탑지

상·하층 이중기단과 심초부가 조사되었다. 심초부에서는 사도와 공양석이 검출되었다. 공양석은 기단토 아래에 조성되었고, 심주를 받치는 심초석은 기단토 상면에 놓았을 것으로 추정된다. 공양석과 심초석 사이에는 직경 80cm의 방형 판축토가 축토되어 있다.

공양석의 남쪽에는 사리감을 안치하기 위한 장방형의 사리공이 마련되어 있다. 이로 보아 사리공의 출현은 백제의 경우 577년 이후로 판단되고, 이는 신라 및 일본에도 영향을 미쳤던 것으로 생각된다.

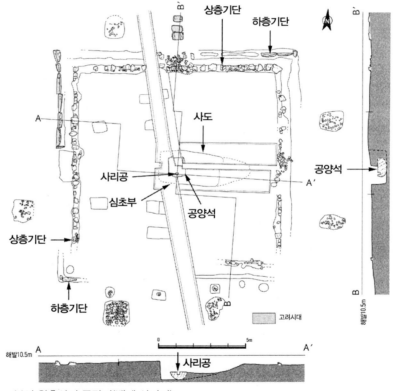

_ 부여 왕흥사지 목탑지(백제 사비기)
(국립부여문화재연구소, 2009, 『王興寺址 Ⅲ 木塔址 金堂址 發掘調査 報告書』, 48쪽 도면 8)

• 부여 금강사지 목탑지

　기단은 상·하층 이중기단으로 조성되었다. 목탑지 남쪽 부분의 유실 상태가 심하
여 정확한 평면 구조는 알 수 없다. 심초부에서 심초석 겸 공양석, 공양구 등이 수습
되지 않아 백제시대의 다른 목탑지 심초부와 큰 차이를 보이고 있다. 다만, 발굴조사
과정에서 심주의 흔적이 토층상에서 확인되어 목탑지로 판단되었다.

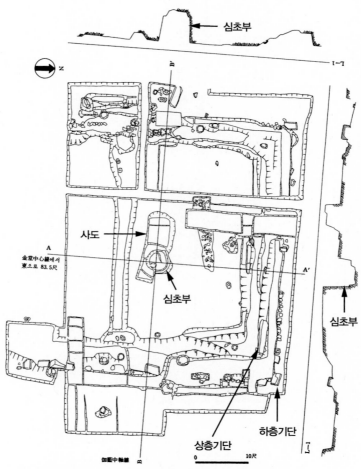

_ 부여 금강사지 목탑지(백제 사비기) (國立博物館, 1969, 「金剛寺」, 도면 5)

• 부여 부소산사지 목탑지

기단을 조성하기 위해 굴광해 놓은 요구(凹溝)와 계단지, 탈취공 등이 남아 있다. 초석과 적심시설, 심초석 겸 공양석 등은 유실되어 살필 수 없다. 기단 형식은 요구의 형적으로 보아 단층기단으로 추정된다.

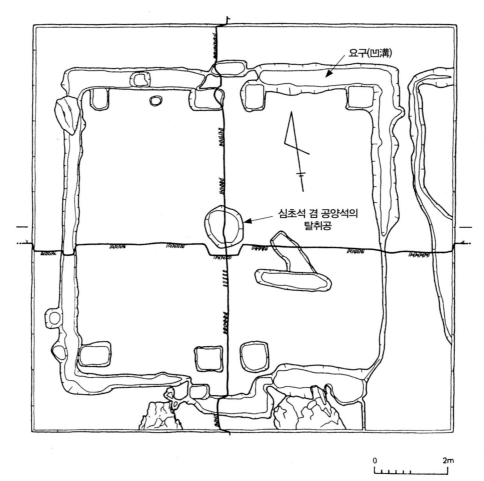

요구(凹溝)

심초석 겸 공양석의
탈취공

0　　　　　2m

_ 부여 부소산사지 목탑지(백제 사비기)
(國立文化財研究所, 1996, 『扶蘇山城-廢寺址 發掘調査報告-(1980년)』, 25쪽 도면 4)

• 익산 미륵사지 중원 목탑지

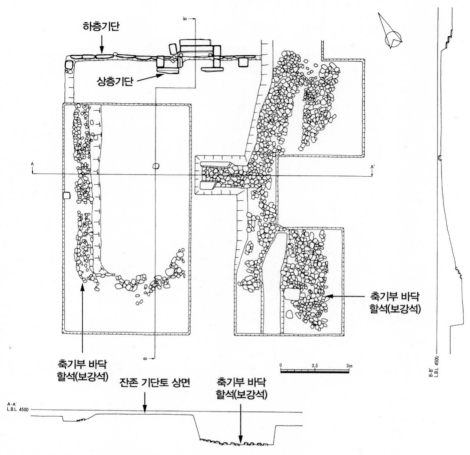

하층기단

상층기단

축기부 바닥
할석(보강석)

축기부 바닥
할석(보강석)

잔존 기단토 상면

축기부 바닥
할석(보강석)

0   2.5   5m

B-B'
L.B.L 4500

A-A'
L.B.L 4500

_ 익산 미륵사지 중원 목탑지(백제 사비기)

(國立扶餘文化財硏究所, 1996, 『彌勒寺 遺蹟發掘調査報告書 II(圖版編)』, 420쪽 도면 37)

• 익산 제석사지 목탑지

　기단은 이중기단으로 조성되었고, 축기부토와 기단토가 판축공법으로 조성되었다. 기단토 상면의 심초석 겸 공양석은 두 매로 절단되어 있으며, 사리공은 방형으로 투공되었다. 심초석 겸 공양석의 아래에서 적심시설은 확인되지 않았고, 주변에서 정위치의 초석(사천주 등)도 거의 발견되지 않았다. 이로 보아 기단토 상면의 많은 유실이 추정된다.

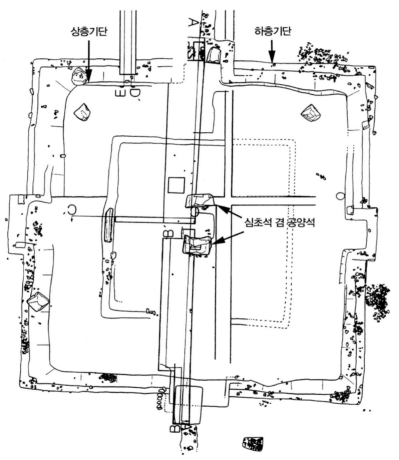

_ 익산 제석사지 목탑지(백제 사비기) (국립부여문화재연구소, 2011, 『제석사지 발굴조사보고서 I』, 71쪽 도면 5)

◆ 고구려

고구려의 목탑은 백제나 신라와 달리 평면 팔각형으로 이루어졌다. 그리고 목탑을 중심으로 이의 동·서·북쪽에 금당이 배치되어 1탑3금당식의 가람배치를 보이고 있다.

고구려 사지는 대부분 일제강점기에 부분적인 발굴조사가 이루어져 목탑의 전모를 파악하기 힘들다. 따라서 여기에서는 목탑 평면도를 중심으로 개략적으로 살펴보고자 한다.

• 평양 금강사지(청암리사지) 목탑지

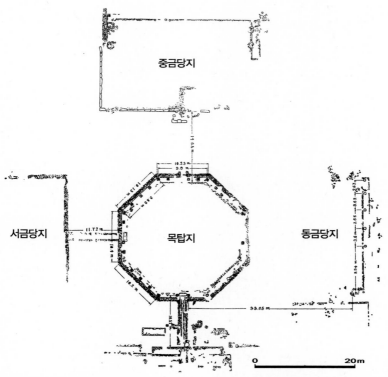

_ 평양 금강사지(청암리사지) 1탑3금당 가람배치. 목탑지가 평면 팔각형을 이루고 있다.
(朝鮮古蹟硏究會, 昭和15年6月, 「第二 平壤淸岩里廢寺址の調査(槪報)」 『昭和十三年度古蹟調査報告』, 圖版 第10)

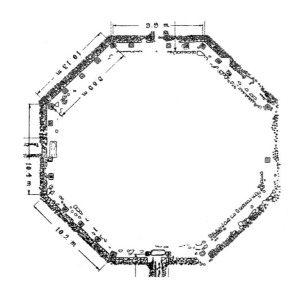

_ 평양 금강사지(청암리사지) 팔각 목탑지(고구려)

(朝鮮古蹟硏究會, 昭和15年6月,「第二 平壤淸岩里廢寺址の調査(槪報)」『昭和十三年度古蹟調査報告』, 圖版 第 10 세부)

• 평양 정릉사지 목탑지

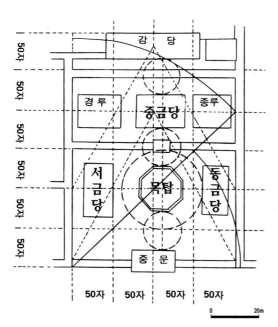

_ 평양 정릉사지 1탑3금당 가람배치(고구려). 목탑은 팔각형의 평면을 이루고 있다.

(文化財管理局 文化財硏究所, 1991, 『北韓文化遺蹟發掘槪報』, 73쪽 그림 2)

• 봉산 토성리사지 목탑지

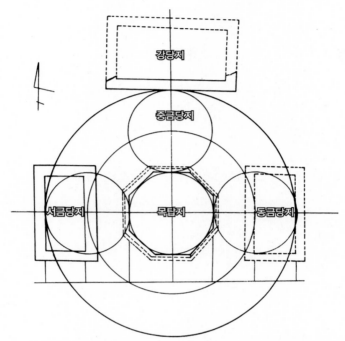

_ 봉산 토성리사지 1탑3금당 가람배치(고구려). 목탑의 평면은 팔각형을 이루고 있다.
(文化財管理局 文化財研究所, 1991,『北韓文化遺蹟發掘槪報』, 368쪽 그림 1)

◆ 신라

• 경주 황룡사지 구층목탑지

　기단은 지대석과 면석, 갑석으로 이루어진 단층의 가구기단이다. 기단의 외곽으로
는 층위를 달리한 상·하층의 대지기단이 조성되어 있다. 기단 내부에는 모두 84개의
초석이 배치되어 있으며, 정중앙에는 심초석 겸 공양석이 자리하고 있다. 이로 보아
황룡사 구층목탑의 심초석 겸 공양석은 본래부터 기단토 상면에 노출되어 있었음을
알 수 있다.

심초석 겸 공양석은 부정형한 평면 형태를 보이고 있으며, 중앙부에는 방형의 사리공이 마련되어 있다. 그리고 이의 주변으로도 배수 홈과 촉구멍 등이 시설되어 있다. 그런데 촉구멍의 경우 후축된 방형 대석의 바닥면에서도 확인되고 있어 창건기의 황룡사 구층목탑과는 직접적인 관련성이 없어 보인다.

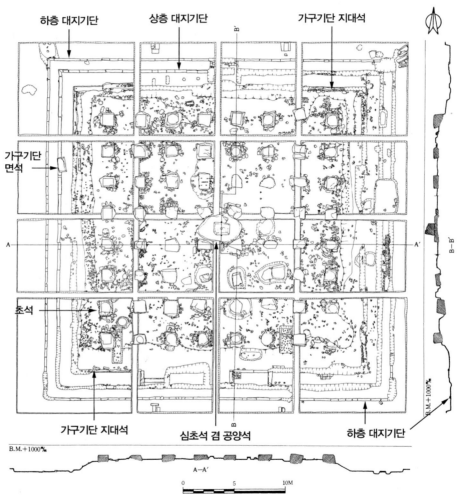

_ 경주 황룡사지 구층목탑지(신라)
(文化財管理局 文化財研究所, 1982, 『皇龍寺(圖版編)』, 도면 4)

• 경주 사천왕사지 동탑지

서탑지와 마찬가지로 이중기단으로 조성되었다. 상층은 가구기단이고, 면석부가 사천왕전으로 축조되어 장엄성과 화려함을 보여주고 있다. 상층 기단토 상면에는 평면 방형의 초석과 심초석 겸 공양석이 자리하고 있다. 사리공은 방형으로 심초석 겸 공양석의 정 중앙에 위치하고 있다.

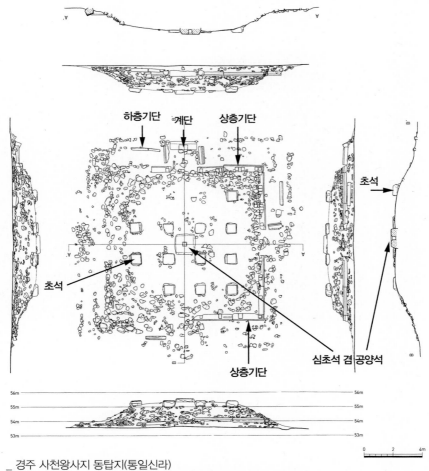

_ 경주 사천왕사지 동탑지(통일신라)
(국립경주문화재연구소, 2013, 『四天王寺 II 回廊內廓 발굴조사보고서』, 105쪽 도면 16)

• 경주 망덕사지 동탑지

가구기단의 내부에 평면 방형의 초석과 심초석 겸 공양석이 지상식으로 조성되어 있다. 사리공은 평면 방향으로 정 중앙에 마련되어 있으나 배수구 홈 등은 시설되지 않았다.

_ 경주 망덕사지 동탑지(통일신라)

◆ 고려

• 남원 실상사 목탑지

단층의 가구기단 내부에 부정형의 초석과 방형의 심초석 겸 공양석이 지상식으로

조성되어 있다. 목탑지의 중앙부에 여러 매의 석재가 겹쳐 있으나 이중 맨 아래의 석
재가 심초석 겸 공양석으로 판단된다. 사리공은 장방형으로 투공되어 있다.

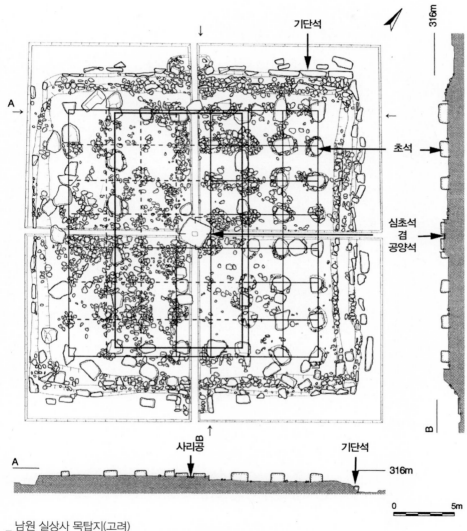

_ 남원 실상사 목탑지(고려)
(국립부여문화재연구소, 2006, 『實相寺 II 發掘調査報告書』, 66쪽 도면 12)

_ 남원 실상사 목탑지(고려)

• 남원 만복사지 목탑지

　기단토 상면에서 원형 초석과 적심석 등이 조사되었다. 심초석 겸 공양석은 확인
되지 않았으나 목탑지 중앙부에서 적심시설이 검출된 것으로 보아 이의 형적으로 판
단되었다. 주변 초석과의 층위 관계를 고려해 볼 때 심초석 겸 공양석은 지상식으로
축조되었다.

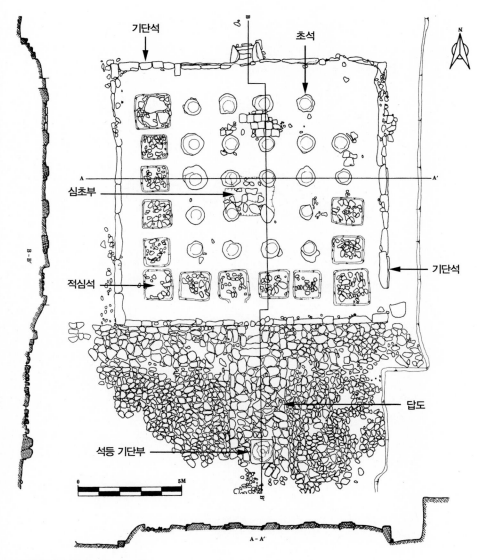

기단석

초석

심초부

적심석

기단석

답도

석등 기단부

0   5M

B-B'

A - A'

_ 남원 만복사지 목탑지(고려)

(全羅北道·全北大學校 博物館, 1986,『萬福寺 發掘調査報告書』, 도면 5)

• 영암 천황사지 목탑지

기단석과 초석만 발견되었을 뿐 심초석 겸 공양석은 확인되지 않았다. 심초부로 추정되는 곳에서 지하식의 유구가 검출되지 않는 것으로 보아 심초석 겸 공양석은 기단토 상면에 조성되었음을 추정할 수 있다.

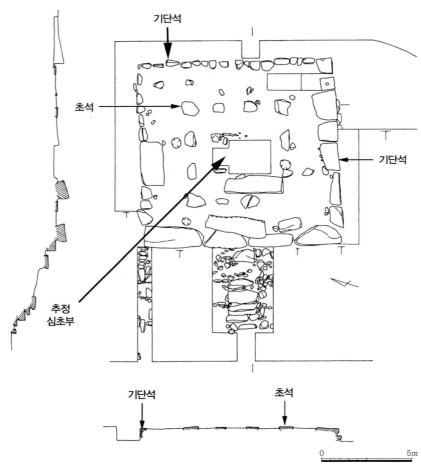

_ 영암 천황사지 목탑지(고려)

(靈巖郡・順天大學校博物館, 2005, 『靈巖 天皇寺 I』, 29쪽 도면 4)

◆ 조선

• 보은 법주사 오층목탑(팔상전)

심초석 겸 공양석은 기단토 상면에 조성되어 있다. 사리공은 방형으로 이의 중심부에서 확인되었다. 심주를 중심으로 3열의 기둥이 배치되어 실내가 넓게 마련되어 있다.

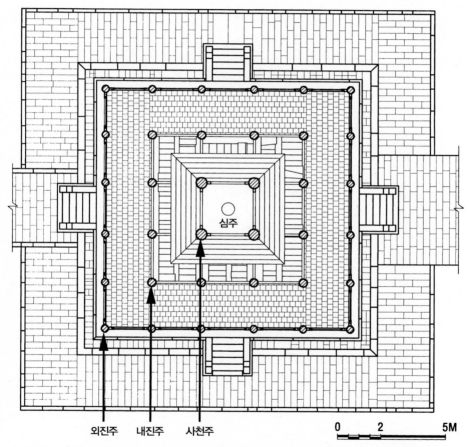

외진주   내진주   사천주   0   2   5M

_ 보은 법주사 팔상전(조선 후기)의 내부 기둥 배치. 각각의 기둥 아래에는 초석이 시설되어 있다.
(국립문화재연구소, 2013, 『한국 고대건축의 기단 II 경기·강원·충북·충남·전북·전남편』, 75쪽)

목탑지의 평면 제토를 진행하다보면 계단이나 기단, 초석 외에 기단토의 중심부에서 커다란 굴광선을 확인할 수 있다. 이 유구는 심초부라 불리는 것으로 평면 형태는 대개 장방형이나 사도(斜道)와 결합하여 말각 이등변삼각형 및 부정형 등으로 살펴지기도 한다.

◆ 부여 금강사지 목탑지 사도(斜道)

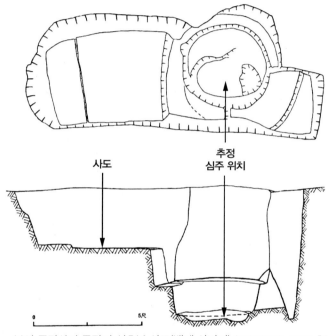

_ 부여 금강사지 목탑지 심초부 사도(백제 사비기) (國立博物館, 1969, 『金剛寺』, 14쪽 Fig.4)

목탑 내·외부에서는 심주(心柱)와 사천주(四天柱), 내진주, 외진주, 변주 등 위치와 기능에 따라 다양한 종류의 기둥을 볼 수 있다. 그리고 각각의 기둥 아래에는 이를 받치기 위한 초석이 갖추어져 있음을 살필 수 있다.

◆ 일본 법륭사 오층목탑의 각종 기둥

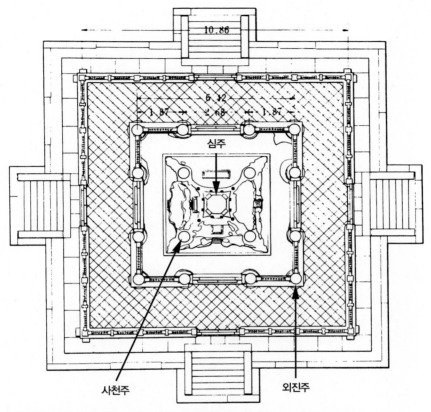

_ 일본 법륭사 오층목탑의 기둥 배치 (大西修也, 1990, 『法隆寺』, 小學館 66쪽 도면 59)

초석 중 목탑의 근간인 심주를 받치는 초석을 특별히 심초석(心礎石)[7]이라 한다. 그런데 심초석의 경우 사리공양도 함께 이루어져 공양석의 역할도 결코 무시할 수 없다. 이렇게 볼 때 심초석은 목탑의 심주를 받치는 구조적 기능뿐만 아니라 부처님의

---

7) 초석은 기둥을 받치는 기초시설이다. 심초석(心礎石)도 초석과 마찬가지로 기둥을 받치는 역할을 하는데 다만, 중심 기둥(心柱)을 대상으로 한다는 점에서 심초석이라고 부른다.

진신사리를 봉안하는 종교적 기능도 함께 내포하고 있음을 알 수 있다.

6세기 중반 이후 백제 및 신라의 목탑 심초석 겸 공양석은 지하에 조성되었다. 완성된 기단토를 되파기한 후 심초석 겸 공양석을 안치하고, 그 위에 심주를 세워 놓았다. 심주 주변으로는 사리를 봉안한 사리감과 구슬, 불상 등 다양한 공양구가 함께 매납되었다.

6세기대의 목탑지 중 발굴조사를 통해 그 형적이 확인된 예는 부여지역의 능산리사지, 군수리사지, 왕흥사지, 금강사지 등 대부분 백제 사비기 유적에 한정되고 있다. 이 중 심주와 사리감, 심초석 겸 공양석의 잔존 상태가 가장 양호한 것으로는 부여 능산리사지 목탑지를 들 수 있다.

◆ 부여 능산리사지 목탑지의 지하 심초석 겸 공양석

_ 부여 능산리사지 목탑지의 지하 심초석 겸 공양석(567년 무렵)
(국립부여박물관, 2010, 「백제 중흥을 꿈꾸다 능산리사지」, 145쪽)

심초석 겸 공양석은 기단토 아래인 지하에 위치하고 있다. 발굴조사 과정에서 직경 40~50cm 정도의 심주가 심초석 겸 공양석 위에서 일부 발견되었고, 사리감은 뚜껑이 유실된 채 심주 옆에서 엎어져 확인되었다. 이러한 구조를 보이는 심초석 겸 공양석은 비록 심주나 사리감은 발굴되지 않았지만 부여 군수리사지 목탑지도 마찬가지였을 것으로 생각된다.

◆ 부여 군수리사지 목탑지의 지하 심초석 겸 공양석

_ 부여 군수리사지 목탑지의 지하 심초석 겸 공양석(백제 사비기)

지하에 매설된 심주는 능산리사지 목탑지처럼 일부가 잔존한 것이 있는 반면, 금강사지 목탑지처럼 완전 부식되어 공동화(空洞化)된 것도 살필 수 있다.

목탑지의 지하 심초부를 조사할 때에는 반드시 '十'자둑을 설치하고 조사를 진행하는 것이 좋다. 왜냐하면 '一'자둑을 설치한다든지, 혹은 절반은 남겨두고 절반만 제토하는 방법을 따르게 된다면 공동화된 심주 흔적의 절반 이상을 파괴할 수도 있기 때문이다.

그러므로 지하 심초부를 조사할 때에는 먼저 심주의 공동화된 형적이 평면상에서 확인되는지를 면밀하게 관찰하는 것이 필요하다. 이러한 과정을 거쳤음에도 불구하고 심주의 흔적이 평면상에서 검출되지 않는다면 그 다음 공정으로서 十자둑을 설치하고 단면 조사를 실시한다.

그런데 일본의 목탑지 조사 내용을 보면 심주 주변에서 부식된 목판이나 점토 등의 흔적이 확인되는 경우를 종종 살필 수 있다. 이는 아마도 물이나 습기로부터 심주의 부식을 막기 위한 안전 조치로 파악된다. 백제의 목탑기술이 일본에 전파되었음을 전제할 때 향후 백제의 목탑지에서도 이러한 유구가 확인될 가능성은 매우 높다고 생각된다.

따라서 심초석 겸 공양석이 지하에 위치한 심초부를 조사할 때 면밀한 토층조사는 기본이라 할 수 있다. 특히, 목판이 부식될 경우 거의 숯 형태로 남아 있거나 그 형적만 존재할 수 있으므로 경험이 많은 조사원급 이상이 직접 토층 조사를 실시하는 것이 효과적이다.

한편, 577년 무렵이 되면 부여 왕흥사지 목탑지와 같이 심초석과 공양석이 상하 분리되는 경향도 엿볼 수 있다. 즉, 지하에 위치한 공양석에는 사리기와 함께 여러 공양구를 매납하고, 기단토 상면에는 심주를 받치는 심초석을 별도로 설치하였다. 그리고 심초석 아래로는 심주의 하중을 지탱하기 위한 판축 적심토를 직경 80cm 정도로 축토해 놓았다.

◆ 부여 왕흥사지 목탑지의 지하 공양석과 판축 적심토

_ 부여 왕흥사지 목탑지의 지하 공양석 및 판축 적심토(백제 사비기)

_ 부여 왕흥사지 목탑지의 지하 공양석
내 장방형 사리공

부여 왕흥사지 목탑지에서 볼 수 있는 심초석과 공양석의 상하 분리는 사실 중국 동위~북제시기의 업성 조팽성사지 목탑지에서 살필 수 있다. 그리고 왕흥사지 목탑지에서는 상평오수전 등 중국 북제시기의 유물도 찾아지고 있다. 이로 보아 당시 위덕왕 대에 백제와 중국 북조와의 문화교류가 상당히 활발하였음을 유추해 볼 수 있다.

◆ 중국 업성 조팽성사지 목탑지

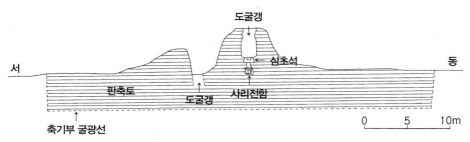

_ 중국 업성 조팽성사지 목탑지(동위~북제)

　　백제의 조탑기술은 588년 일본 대화정권의 실력자인 소아마자의 요청으로 일본에 전파된다. 이때 백제에서는 사찰을 축조할 수 있는 사공, 와박사, 노반박사, 화공 등이 파견된다. 이들에 의해 일본 최초의 사원인 비조사(飛鳥寺)가 창건되고, 5층목탑도 완성된다. 따라서 일본 목탑의 기술적 계통은 백제와 불가분의 관계에 있다고 할 수 있다.

　　비조사 목탑지의 심초석 겸 공양석은 부여 능산리사지 및 군수리사지와 마찬가지로 지하에 1매의 석재로 만들어져 있다. 다만, 석재의 정 중앙에 사리를 안치할 수 있는 방형 사리공이 조성되고, 이의 주변으로 배수 홈이 시설되어 있다는 점에서 구조상의 차이를 보인다.

◆ 일본 비조사 목탑지의 지하 심초석 겸 공양석

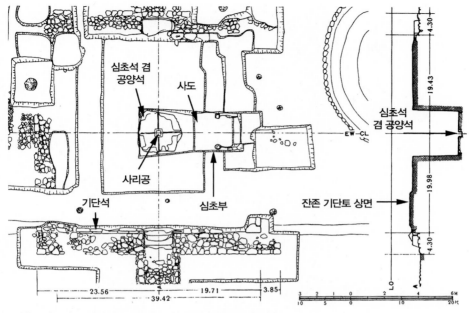

_ 일본 비조사 목탑지의 지하 심초석 겸 공양석(588년 이후)
(국립부여문화재연구소, 2009, 『한·중·일 고대사지 비교연구(1) -목탑지편-』, 104쪽 도면 2)

_ 일본 비조사 목탑지의 지하 심초석 겸
공양석과 공양구
(奈良國立文化財硏究所飛鳥資料館, 1996,
『飛鳥資料館 案内』)

◆ 일본 법륭사 오층목탑의 지하 심초석 겸 공양석

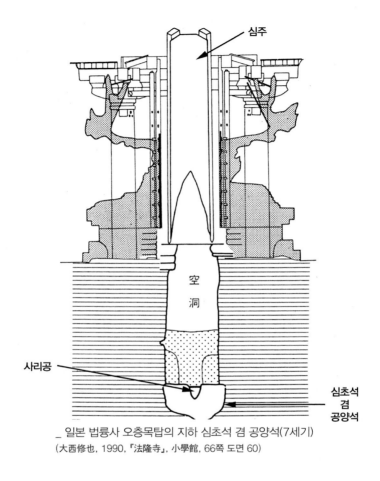

심주

空
洞

사리공

심초석
겸
공양석

_ 일본 법륭사 오층목탑의 지하 심초석 겸 공양석(7세기)
(大西修也, 1990, 『法隆寺』, 小學館, 66쪽 도면 60)

  이처럼 심초석 겸 공양석의 정 중앙에 사리공이 조성된 사례는 7세기대의 백제 제
석사지 목탑지와 구아리사지 목탑지, 그리고 신라의 황룡사지 구층목탑지 등에서도
찾아볼 수 있다.

◆ 부여 구아리사지 목탑지의 심초석 겸 공양석

_ 부여 구아리사지 목탑지의 심초석 겸 공양석(백제 사비기). 정식적인 발굴조사를 거치지 않고 수습
되어 정확한 출토 위치를 알 수 없다. 중앙부에 방형의 사리공이 마련되어 있다.

□ 목탑지 출토 유물

　지하의 심초석 겸 공양석에는 심주(心柱) 뿐만 아니라 사리감이나 보살상, 구슬, 중
국제 동전 등 다양한 유물들이 공양되고 있다. 구슬 같은 경우 크기가 매우 작기 때
문에 심초부 전체의 흙을 모아 물체질 하는 것이 필요하다. 아울러 심초석 겸 공양석
의 축조기법을 파악하기 위해 토층조사 및 이의 하부조사도 필요하다.

◆ 부여 능산리사지 목탑지 출토 유물

• '창왕(昌王)'명 사리감

_ 부여 능산리사지 목탑지 출토 '창왕'명 사리감
(백제 사비기)

• 팔찌

_ 부여 능산리사지 목탑지 출토 팔찌
(백제 사비기)

• 소조보살좌상

_ 부여 능산리사지 목탑지 출토 소조보살좌상
(백제 사비기)

• 구슬

_ 부여 능산리사지 목탑지 출토 구슬(백제 사비기)

◆ 부여 왕흥사지 목탑지 출토 유물

_ 부여 왕흥사지 목탑지 출토 사리기(백제 사비기). 좌측의 청동제 사리기에 기록된 명문을 통해 왕흥사 목탑이 577년 무렵에 조성되었음을 알 수 있다.

◆ 부여 부소산사지 목탑지 출토 유물

_ 부여 부소산사지 목탑지 출토 금동요대장식(백제 사비기)

◆ 경주 황룡사지 구층목탑지 출토 유물

• 금동사리외함 벽판

_ 경주 황룡사지 구층목탑지 출토 금동사리외함 벽판. 활과 칼을 든 신장입상이 조각되어 있다.
(文化財管理局 文化財研究所, 1984, 『皇龍寺』, 352쪽 삽도 23)

• 금동사리내함 표면 문비(門扉)

_ 경주 황룡사지 구층목탑지 출토 금동사리내함 표면 문비. 화문과 신장입상이 조각되어 있다.
(文化財管理局 文化財硏究所, 1984, 『皇龍寺』, 356쪽 삽도 30)

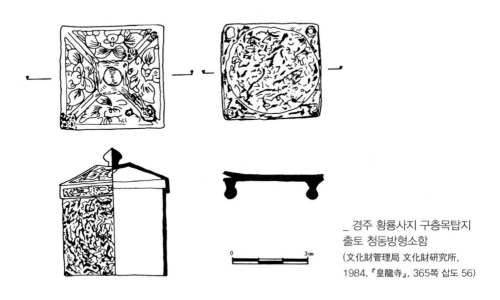

_ 경주 황룡사지 구층목탑지
출토 청동방형소함
(文化財管理局 文化財硏究所,
1984, 『皇龍寺』, 365쪽 삽도 56)

◆ 일본 비조사 목탑지 출토 유물

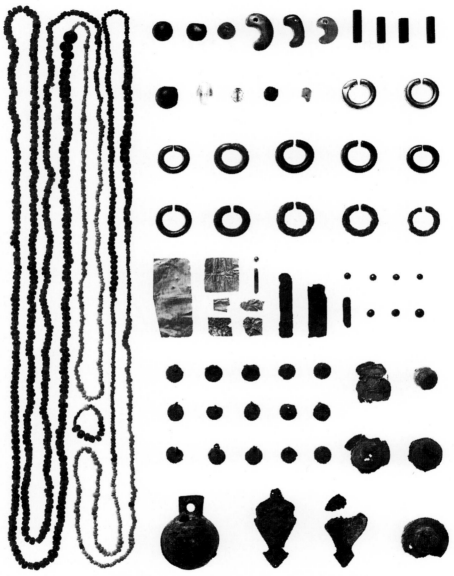

_ 일본 비조사 목탑지 출토 유물(비조) (奈良國立文化財研究所, 1996, 『飛鳥資料館 案內』)

한편, 지하의 심초부에는 심초석 겸 공양석 외에 사도(斜道, 경사진 길)가 조성되어 있다. 사도는 심초부의 어느 한 부분을 굴광하여 바닥면까지 경사지게 축조하거나 계단상으로 조성한 것으로서 6세기대 백제 목탑지에서 주로 확인되고 있다.

즉, 군수리사지 목탑지의 사도는 남북 길이 1.8m, 동서 너비 4.74m이고, 15°의 경사도를 보이고 있다.[8] 그리고 왕흥사지 목탑지의 사도는 남북 길이 1.96m, 동서 너비 5.30m로 약 10°의 경사도를 유지하고 있다.[9] 그런데 금강사지 목탑지는 위와 같은 경사도가 아닌 2단의 계단으로 조성되어 앞의 두 사례와 큰 차이를 보이고 있다.

◆ 부여 군수리사지 목탑지의 사도

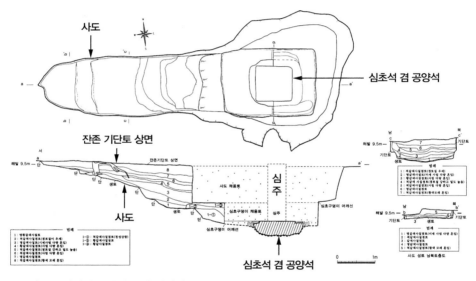

_ 부여 군수리사지 목탑지의 사도(백제 사비기)
(국립부여문화재연구소, 2010, 『扶餘軍守里寺址 Ⅰ-木塔址·金堂址 發掘調査報告書-』, 76쪽 도면 33)

---

8) 국립부여문화재연구소, 2010, 『扶餘軍守里寺址 Ⅰ-木塔址·金堂址 發掘調査報告書-』.

9) 국립부여문화재연구소, 2009, 『王興寺址 Ⅲ 木塔址 金堂址 發掘調査 報告書』.

◆ 부여 왕흥사지 목탑지의 사도

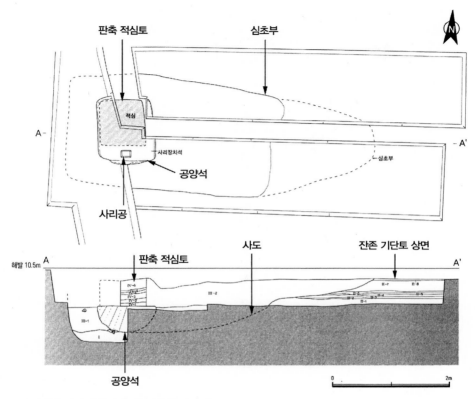

_ 부여 왕흥사지 목탑지의 사도(백제 사비기)
(국립부여문화재연구소, 2009, 『王興寺址 Ⅲ 木塔址 金堂址 發掘調査 報告書』, 53쪽 도면 10)

사도는 목탑뿐만 아니라 경주의 신라 나정유적 내 수혈유구에서도 조사된 바 있어 흥미롭다. 그런데 여기에서는 사도 외에 심초석 겸 공양석으로 볼 수 있는 판석이나 공양구 등이 전혀 검출되지 않았다. 이렇게 볼 때 사도는 종교나 제의적 기능보다는 목조건물과 관련된 구조적 기능으로 이해하는 것이 타당하지 않을까 생각된다.

_ 1차시설 수혈유구와 경주 나정유적
(中央文化財研究院 · 慶州市, 2008, 『慶州 蘿井 –寫眞–』, 27쪽 사진 27)

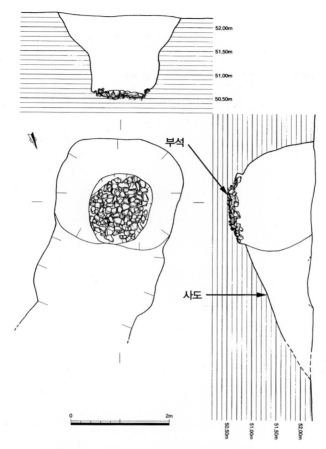

_ 경주 나정유적 내 1차시설 수혈유구의 사도(신라)
(中央文化財研究院 · 慶州市, 2008,『慶州 蘿井 –本文–』, 44쪽 도면 14)

　한편, 7세기 이후가 되면 백제 및 신라의 목탑 심초부는 지하에서 지상으로 올라
오게 된다. 이는 백제시대의 익산 제석사지 목탑지 및 신라시대의 경주 황룡사지 구
층목탑지, 사천왕사지 목탑지, 망덕사지 목탑지 등에서 살필 수 있다.

◆ 익산 제석사지 목탑지의 지상 심초석 겸 공양석

_ 익산 제석사지 목탑지의 지상 심초석 겸 공양석(백제 사비기)

_ 익산 제석사지 목탑지의 지상 심초석 겸 공양석의 사리공(백제 사비기)

경주 황룡사지 목탑지의 심초석 겸 공양석에는 사리를 안치하기 위한 방형 사리공이 마련되어 있다. 현재 심초석 겸 공양석의 상면에는 방형의 큰 석재가 올려 있는데 이는 구층목탑이 폐기된 이후에 올린 것이다. 본래 이곳에는 직경 90cm 정도의 심주가 세워졌던 것으로 파악되었다. 방형 사리공의 주변으로는 일본 비조사 목탑지와 유사한 배수 홈이 음각되어 있다.

이러한 심초석 겸 공양석의 지상화는 통일신라시대 이후 고려·조선시대의 목탑(지)에서도 동일하게 나타나고 있다.

◆ 경주 황룡사지 구층목탑지의 지상 심초석 겸 공양석

_ 경주 황룡사지 구층목탑지의 지상 심초석 겸 공양석(신라)과 방형대석. 방형 대석은 목탑이 폐기된 이후에 올려졌다. 심초석 주변으로 초석이 배치되어 있다.

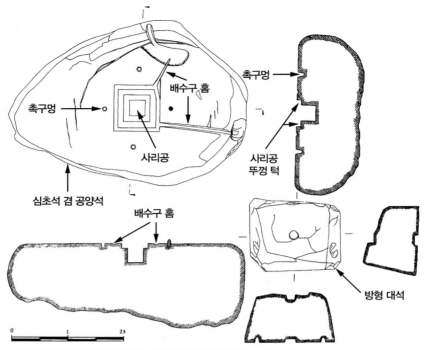

_ 경주 황룡사지 구층목탑지의 심초석 겸 공양석과 방형대석 세부
(文化財管理局 文化財研究所, 1982, 『皇龍寺(圖版編)』, 도면 40-2)

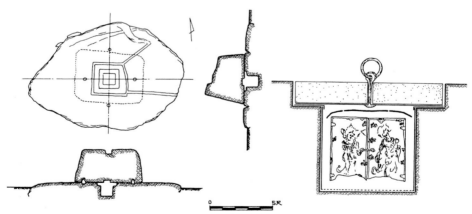

_ 경주 황룡사지 구층목탑지의 심초석 겸 공양석 실측도(좌) 및 사리장치 복원도(우)
(文化財管理局 文化財研究所, 1984, 『皇龍寺』, 369쪽 삽도 65 · 66)

◆ 경주 망덕사지 동탑지의 지상 심초석 겸 공양석

초석
심초석 겸 공양석
초석

_ 경주 망덕사지 동탑지의 지상 심초석 겸 공양석(통일신라)

　지상의 심초석 겸 공양석은 목탑의 기단토에 조성되기 때문에 적심시설이 반드시 필요하다. 그리고 적심을 시설하는 과정에서 공양구를 매납하는 경우도 흔히 볼 수 있다. 따라서 심초석 겸 공양석을 이동시켜 그 하부를 조사하는 것이 필요하다.

　조사 시 긁개보다는 꽃삽을 이용하여 기단토에 매립된 공양구가 유실되지 않도록 한다. 또한 제토한 토양의 경우도 버리지 말고 물체질하여 구슬 등의 유물이 유실되지 않도록 주의한다.

12. 온돌시설(溫突施設)

우리나라는 사계절이 뚜렷한데 특히 겨울에는 혹독하게 추운 날씨를 견뎌내야만
했다. 그러기에 신석기시대 이후 조선시대에 이르기까지 난방은 주거에 있어 없어서
는 안될 필수 요소가 되었다.

◆ 용인 농서리유적 신석기시대의 주거지와 노지

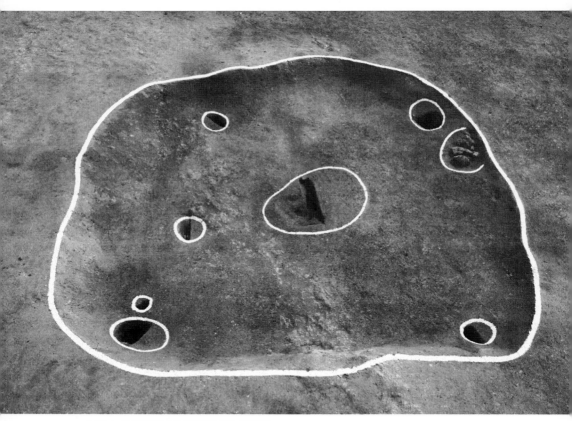

_ 용인 농서리유적 신석기시대 6호 주거지

_ 용인 농서리유적 신석기시대 4호 주거지의 노지

선사시대의 난방은 주로 노지(爐址)[10]를 통해 살필 수 있다. 이는 삼한시대 수혈주거에 부뚜막을 갖춘 굴절형(혹은 직선형) 고래가 등장하기까지 오랜 기간 난방이나 습도조절, 조명, 조리활동의 기능을 담당하였다.

---

10) 노(爐)는 달리 화덕이라고도 한다.

◆ 춘천 중도 청동기시대의 주거지와 노지

_ 춘천 중도 청동기시대 329호 주거지 (한얼문화유산연구원 제공)

_ 춘천 중도 청동기시대 주거지의 노지. 주거지 바닥면을 굴광하고 노지를 조성하였다. 노지 한 변에 강돌이 시설되어 있다.

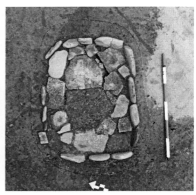

_ 춘천 중도 청동기시대 469호 주거지의 노지. 주거지 바닥면을 굴광한 후 바닥과 벽면을 돌로 쌓아 노지를 조성하였다.

삼한시대의 부뚜막은 아궁이(火口)와 고래 사이에 조성되었다. 내부는 불을 지필 수 있도록 텅 비어 있으며, 상부는 장란형토기와 같은 자비(煮沸) 용기를 끼울 수 있도록 구멍이 뚫려 있다. 자비용기 위로는 시루가 올려 진다. 부뚜막 내부 연소실의 바닥면에는 자비용기를 얹어놓을 수 있도록 지각(支脚)이 설치되어 있다.

◆ 춘천 율문리유적 1호 주거지의 부뚜막과 고래

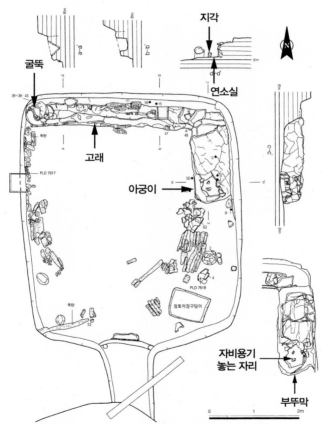

_ 춘천 율문리유적 1호 주거지의 내부 시설(삼한)
(예맥문화재연구원, 2008, 『春川 栗文里遺蹟Ⅰ』, 30쪽 그림 8)

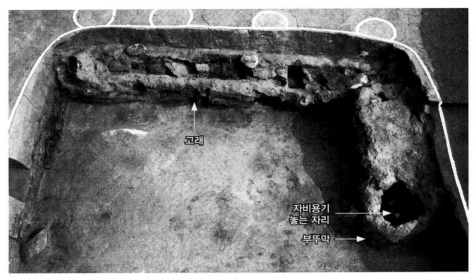

_ 춘천 율문리유적 1호 주거지의 부뚜막과 고래 전경
(예맥문화재연구원, 2008, 『春川 栗文里遺蹟I』, 5쪽 원색사진 4)

◆ 부뚜막에 설치된 자비용기와 시루

_ 부뚜막과 자비용기(심발형토기) 및 시루의
복원
(경기도박물관, 2006, 『묻혀진 백제문화로의 산책 한
성백제』, 80쪽 사진 53)

_ 자비용기로 사용된 심발형토기
(국립부여박물관 소장)

_ 시루
(국립공주박물관 소장)

　삼한시대의 주거 형태와 부뚜막은 삼국시대에도 그대로 등장하고 있다. 다만, 장
란형토기 대신 철제솥이 주로 사용되었으며, 아궁이에는 아궁이틀이라 부르는 장식
이 가미되기도 하였다.

　삼국시대 기와건물에서 확인되는 고래의 평면 형태는 삼국시대 수혈주거와 비교
해 큰 차이가 없다. 고래는 벽체를 따라 'ㄱ'자형 혹은 'ㅣ'자형으로 조성되어 있다.

실내 전체에 비해 고래가 차지하는 범위가 좁은데 이러한 난방 구조를 쪽구들[11]이라
한다. 사람들은 이 구들 위에서 휴식을 취하거나 취침을 하였다.

◆ 신포시 오매리사지의 굴절형 고래(쪽구들)

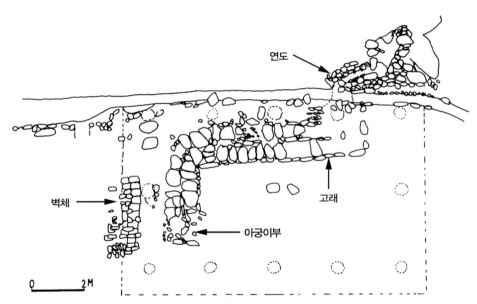

_ 신포시 오매리사지 1호 건물지의 굴절형 고래(고구려)
(張慶浩, 1992, 『韓國의 傳統建築』, 文藝出版社, 517쪽 도면 292)

---

11) 구들은 "따뜻한 돌"이란 온돌(溫突)의 우리말이다.

◆ 부여 능산리사지 북편건물지의 직선형 고래(쪽구들)

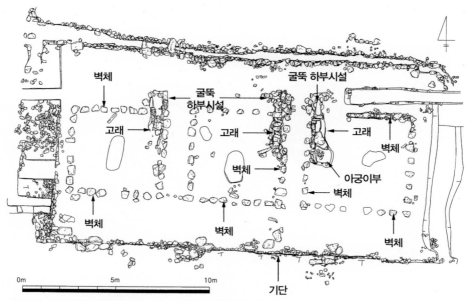

_ 부여 능산리사지 북편건물지 2의 직선형 고래(백제 사비기)
(한국전통문화학교 고고학연구소 · 부여군, 2010, 『扶餘 陵山里寺址 제9차 발굴조사 보고서』, 130쪽 도면 58)

　　기와건물 내부에서 별도의 부뚜막 시설이 확인되지 않는 것으로 보아 일상적인 취사활동은 실외에서 이루어졌음을 알 수 있다. 이는 357년에 조성된 고구려의 안악3호분 벽화와 우산묘구 태왕릉 출토 모형 청동 부뚜막을 통해서도 파악할 수 있다. 이러한 취사 방식은 일찍이 중국 한대에 유행하였으며, 남북조시대 무렵 우리나라 삼국에도 영향을 미쳤던 것으로 보인다.

▢ 각 나라의 부뚜막 형태

◆ 중국

• 한대 부뚜막(명기)

_ 중국 하남박물원 소장 부뚜막(무척<武陟> 출토)

_ 중국 하남박물원 소장 부뚜막(남양<南陽> 출토)

_ 중국 하남박물원 소장 부뚜막
(안양<安陽> 출토)

_ 중국 하남박물원 소장 부뚜막
(항성<項城> 출토)

• 낙랑시대 부뚜막(명기)

_ 석암리 99호분 출토 부뚜막
(국립중앙박물관, 2001, 『낙랑』, 192쪽 사진 197)

_ 양동리 5호분 출토 부뚜막
(국립중앙박물관, 2001, 『낙랑』, 191쪽 사진 194)

• 남북조시대 부뚜막(명기)

_ 청자 부뚜막(서진)
(南京市博物館, 2004, 『六朝風采』, 338쪽 사진 278)

_ 청자 부뚜막(서진)
(南京市博物館, 2004, 『六朝風采』, 339쪽 사진 279)

□ 삼국시대 부뚜막

◆ 고구려

• 평양 안악3호분 고분벽화의 부뚜막

_ 평양 안악3호분에 그려진 부엌
과 부뚜막
(안악3호분 부엌 - 張慶浩, 1992, 『韓
國의 傳統建築』, 文藝出版社, 54쪽 그
림 1)

• 중국 집안 태왕릉 출토 청동 부뚜막(명기)

_ 중국 집안 태왕릉 출토 청동 부뚜막
(文物出版社, 2004, 『集安高句麗王陵』, 圖版七九 상단 사진)

• 평북 운산 용호동 묘 출토 철제 부뚜막(명기)

아궁이틀

_ 평북 운산 용호동 묘 출토 철제 부뚜막

• 서울 구의동 보루 출토 시루와 철솥

_ 서울 구의동 보루 출토 시루와 철솥
(5~6세기)
(국립중앙박물관 소장)

◆ 백제

• 익산 왕궁리유적 출토 토제 부뚜막

정면   측면

_ 익산 왕궁리유적 출토 토제 부뚜막(백제 사비기)

• 군산 여방리 82호분 출토 토제 부뚜막(명기)

_ 군산 여방리 82호분 출토 토제 부뚜막
(국립중앙박물관, 1999, 「특별전 百濟」, 174쪽
사진 325)

◆ 일본

• 평성궁유적 출토 토제 부뚜막

_ 평성궁유적 출토 토제 부뚜막
(나라시대)

□ 부뚜막 복원

◆ 예산 대흥현 관아의 부뚜막

_ 예산 대흥현 관아의 부뚜막

_ 예산 대흥현 관아의 부뚜막 근경. 현재 사용되고 있다.

◆ 공주 신관동 소재 음식점의 부뚜막

아궁이

_ 공주 신관동 소재 음식점의 부뚜막. 현재 사용하고 있다.

한편, 구들이 시설되지 않은 대부분의 실내 바닥은 기단토 상면[12]으로써 흙바닥이었다. 따라서 쪽구들이 유행하였던 삼국~고려 후기까지는 신발을 방 안에까지 신고 들어가는 입식(立式) 생활을 영위하게 되었다.

즉, 사람들은 실내에까지 신발을 신고 들어가 땅바닥이 아닌 구들장 위에 걸터앉았던 것이다. 이는 생활면인 기단토 상면과 고래를 구성하는 고래둑과 구들장이 높이면에서 차이가 있음을 의미한다.

◆ 입식생활에서의 기단토와 구들장의 층위 관계

구들장은 기단토 보다 상면에 조성되어 있으며, 아궁이부는 거의 모두 실내에 위치한다.

_ 오산 지곶동사지 A-1 건물지(승방지)의 기단석과 기단토, 구들장(고려). 기단토(基壇土)보다 20~30cm 높은 곳에 구들장이 시설되어 있다. 이러한 온돌구조는 당시의 생활방식이 신발을 신고 방안으로 들어가 구들장에 걸터 않는 입식생활이었음을 알게 한다.

---

12) 이는 생활면으로 이해할 수 있다.

이러한 당시의 난방구조는 한편으로 시굴조사나 발굴조사 과정에서 제토에 신중을 기하게 한다. 초석이 놓인 기단토면(생활면)보다 고래둑과 구들장이 더 높은 곳에 조성되기 때문에 기단토면이나 초석을 기준으로 제토를 진행한다면 고래둑과 구들장을 훼손할 가능성이 높다.

통일신라시대의 기와건물에도 삼국시대와 마찬가지로 굴절형의 쪽구들이 유행하였다. 그러나 남원 실상사 승방지와 같이 입체형의 쪽구들도 일부 확인할 수 있다. 특히 후자의 난방시설은 아궁이가 고래의 중간지점에 위치하는 축조상의 특징을 보이고 있으며, 고래의 평면 형태는 원형이나 타원형을 이루고 있다. 아궁이가 고래의 중간지점에 위치하는 사례는 동 시대의 수혈주거지에서도 쉽게 찾아볼 수 있다.

□ 쪽구들−실내 벽체를 따라 일정 부분에만 고래가 시설

◆ 굴절형 고래 − 'ㄱ'자 형태의 고래

• 익산 미륵사지 건물지 9호

_ 익산 미륵사지 건물지 9호의 굴절형 고래(고려). 벽면을 따라 고래가 'ㄱ'자 모양으로 조성되었다. 기단토면(생활면)에 비해 고래둑이 높게 축조되어 사람들이 구들장에 걸터앉을 수 있도록 하였다(입식생활).
(國立扶餘文化財硏究所, 1996, 『彌勒寺 遺蹟發掘調査報告書 II』, 96쪽 삽도 18)

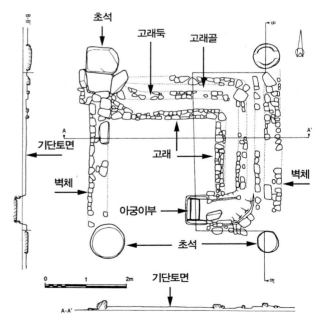

◆ 입체형 고래-좌우 대칭 형태의 입체적인 고래

• 남원 실상사 건물지 8호

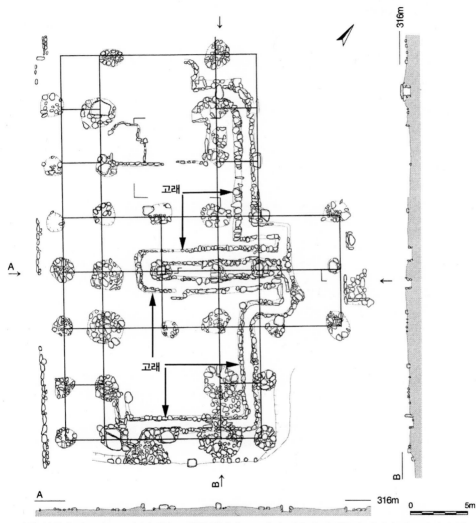

고래

고래

316m

A →

←

A

B ↑

316m

0 ___ 5m

316m

B

_ 남원 실상사 건물지 8호의 입체형 고래(통일신라). 고래가 건물의 벽체뿐만 아니라 내부에까지 휘돌아가도록 입체적으로 조성되었다. (국립부여문화재연구소, 2006, 『實相寺 II 發掘調査報告書』, 64쪽 도면 9)

고려시대의 기와건물 중 난방시설은 12세기 전반을 기점으로 혁신적인 변화를 보이고 있다. 즉, 굴절형의 쪽구들에서 전면구들[13]로 점차 변화하게 된다. 이는 실내의 모든 공간을 고래로 시설하였음을 의미한다. 이제 바야흐로 신발을 벗고 방안으로 들어가는 좌식생활을 영위하게 된 것이다.

□ 전면(온통)구들 – 실내 전체에 고래가 시설

◆ 평택 백봉리유적 내 2호 건물지-연소실(함실)[14]만 있고 부뚜막이 없는 경우

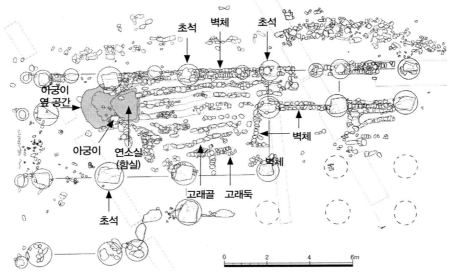

_ 평택 백봉리유적 내 2호 건물지(고려, 12세기 전반). 고래가 벽체 내부, 즉 실내에 전체적으로 깔려 있다. 이러한 구조는 이제 신발을 밖에 벗고 안으로 들어가는 좌식생활이 이루어졌음을 의미한다. 요즈음의 생활방식과 동일하다. (기호문화재연구원, 2010, 『平澤 栢峯里 遺蹟』, 101쪽 도면 45)

---

13) 온통구들이라고도 한다.
14) 함이나 상자처럼 생긴 조그마한 공간. 이곳에서 장작불이 지펴지고 있어 넓게 보면 가마의 연소실로 이해할 수 있다.

◆ 여주 연라리유적 내 B건물지 북쪽구들-함실이 없고 부뚜막만 있는 경우

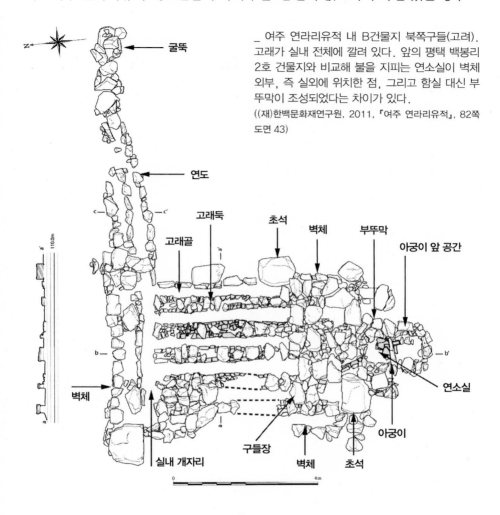

_ 여주 연라리유적 내 B건물지 북쪽구들(고려).
고래가 실내 전체에 깔려 있다. 앞의 평택 백봉리
2호 건물지와 비교해 불을 지피는 연소실이 벽체
외부, 즉 실외에 위치한 점, 그리고 함실 대신 부
뚜막이 조성되었다는 차이가 있다.
((재)한백문화재연구원, 2011, 「여주 연라리유적」, 82쪽
도면 43)

전면구들은 입식생활을 좌식생활로 바꾸었을 뿐만 아니라 난방구조에서도 큰 변
화를 가져왔다. 즉, 함실(函室)의 등장을 들 수 있다. 이는 일종의 연소실[15](장작더미가 불

---

15) 이는 본래 가마 구조에서 볼 수 있다. 함실이란 아궁이부의 한 구조로서 모든 온돌건물지에 존
재하는 것은 아니다. 이에 반해 불이 붙어 타는 연소실은 온돌건물지 어디에서나 볼 수 있다.

타는 공간)로서 아궁이와 고래 사이에 위치하고 있다. 위에서 보면 반원 혹은 원형에 가깝고, 단면상으로는 토광형을 이루고 있다.

함실(연소실)은 온돌구조로 볼 때 건물 내부(실내)에 자리하고 있으며, 이때 아궁이는 벽체 바로 아래에 조성된다. 함실이 실내에 자리하기 때문에 별도의 부뚜막은 시설할 수 없게 된다. 이처럼 부뚜막이 없이 함실과 직접적으로 연결된 아궁이를 함실 아궁이라 한다

▢ 함실 아궁이-부뚜막이 없는 아궁이

◆ 평택 백봉리유적 내 2호 건물지

_ 평택 백봉리유적 내 2호 건물지(고려)의 함실 아궁이. 장작더미가 불타는 공간을 흔히 연소실이라 부른다. 이때 연소실이 건물 내부에 조성될 경우가 있는데 이러한 유구를 함실이라고 한다. 함실과 고래 사이에는 불고개(부넘기)라 부르는 턱이 축조되어 있다.
(기호문화재연구원, 2010, 『平澤 栢峯里 遺蹟』, 103쪽 도면 46)

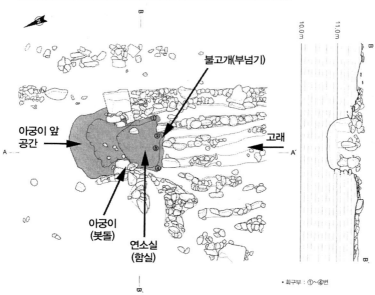

그러나 12세기 전반에 이르면 연소실은 점차 실내에서 실외로 옮겨지게 된다. 그리고 동시에 연소실의 윗면은 물을 끓이거나 밥을 지을 수 있는 철제 솥을 걸칠 수 있도록 둥그렇게 설계되었다. 이는 새로운 부뚜막 구조를 의미하는 것으로 부엌의 일부를 구성하였다. 이처럼 건물 외부에 부뚜막이 시설된 곳의 아궁이를 부뚜막 아궁이라 한다.

□ 부뚜막 아궁이–부뚜막을 갖춘 아궁이

◆ 여주 연라리유적 내 B건물지 북쪽구들

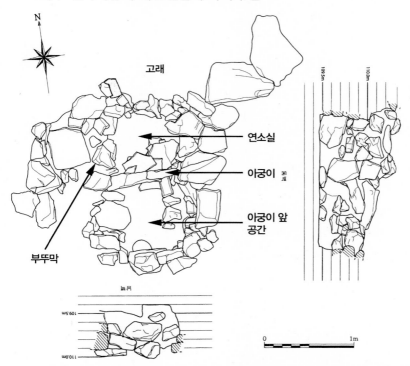

_ 여주 연라리유적 내 B건물지 북쪽구들의 부뚜막 아궁이(고려). 장작더미가 불타는 연소실이 건물 외부(실외)에 위치해 있다. 연소실 윗면은 대개 둥그렇게 석축되는데, 이곳에 철솥을 걸치곤 한다.
((재)한백문화재연구원, 2011, 『여주 연라리유적』, 83쪽 도면 44)

◆ 아산 외암민속마을

_ 아산 외암민속마을의 부뚜막 아궁이. 아궁이에서 지핀 불은 부뚜막에서의 조리활동과 실내 난방 등
두 가지 기능을 가능케 하였다.

  쪽구들과 연소실(함실)이 실내에 위치하였던 전면구들에서는 일상적인 취사활동을
할 수 없었다. 이는 솥을 걸칠 수 있는 부뚜막 구조가 없었기 때문이다. 따라서 취사
활동이 이루어진 부엌은 방과 떨어진 별도의 공간에서 이루어졌다. 이러한 이원적 구
조는 결과적으로 부엌에서 음식을 조리할 때 발생한 불기운을 실내 난방에 전혀 사용
할 수 없게 하는 취약점을 갖게 하였다.

  그런데 고려 후기에 이르면 건물 외부(실외)에 연소실이 조성되고, 여기에 부뚜막이
만들어지게 되었다. 그리고 솥과 용기를 시설하여 여러 음식을 만들게 되었다. 이는
아궁이에서 발생한 열기가 실내의 난방뿐만 아니라 취사활동까지도 겸할 수 있게 되
는 일석이조의 효과를 얻게 된 것이다.

이상으로 우리나라 난방시설의 변화를 간략하게 알아보았다. 이제는 삼국시대 이후 조선시대에 이르기까지 발굴조사에서 확인된 기와건물지의 난방시설 사례를 중심으로 조사 방법과 해석 등을 기술해 보고자 한다.

기와건물지의 바닥은 크게 세 가지로 나누어 볼 수 있다. 첫 번째는 사찰에서 주로 볼 수 있는 것처럼 바닥을 우물마루로 시설한 예이다. 이는 생활면이 마루이기 때문에 기단토 상면에는 주초석과 동바리초석, 그리고 적심시설이 주로 조성되었다. 바닥이 나무이기 때문에 고래와 같은 난방시설은 기본적으로 조성할 수 없었다. 다만, 이동식 화로나 마루의 일부분을 제거하고 만든 모닥불 등의 난방시설은 가능하였다.

◆ 우물마루

• 고창 선운사 만세루의 우물마루

_ 고창 선운사 만세루의 우물마루. 기둥과 기둥 사이에 장귀틀이 있고, 이와 직교하여 동귀틀이 마련된다. 장귀틀과 동귀틀 사이에는 마루청판이 놓이게 된다.

• 여주 신륵사 구룡루 우물마루의 초석과 동바리초석

_ 여주 신륵사 구룡루의 우물마루 아래(조선). 동바리는 사람들의 하중에 의해 마루바닥이 처지는 것을 방지해 준다.

두 번째는 기와건물의 바닥이 흙바닥인 경우이다. 이는 삼국시대 이후 고려 전기에 이르기까지 쪽구들 이외의 대부분 공간이 흙바닥[16]이었던 것으로도 알 수 있다. 이러한 경우 기단토면에는 쪽구들을 구성하는 고래나 아궁이와 함께 초석 등이 축조되었다.

---

16) 이는 층위상 기단토 상면에 해당된다.

◆ 흙바닥

• 오산 지곶동사지 A−1 건물지(승방지)의 건물 내부−기단토 상면이 생활면

_ 오산 지곶동사지 A−1 건물지(승방지)의 바닥면(고려). 건물 내부에서 고래를 제외한 나머지 면은 흙바닥(기단토 상면)을 그대로 사용하였다. (기호문화재연구원 제공)

    세 번째는 전(塼)이나 돌이 바닥에 시설된 경우이다. 전이 건물 바닥에 깔린 경우는 청양 장곡사 상대웅전처럼 사찰이나 관아, 성곽 등에서 주로 볼 수 있다. 그리고 돌이 바닥에 깔린 경우는 광양 마로산성 Ⅱ−2건물지 및 이성산성 건물지처럼 흔히 창고 건물에서 살필 수 있다. 그런데 이들 사례의 건물지에서도 아직까지 고래와 같은 난방시설은 검출되지 않았다.

◆ 전(塼)바닥

• 청양 장곡사 상대웅전

_ 청양 장곡사 상대웅전의 전 바닥(고려). 전의 중앙에 연화문, 측면에 당초문이 조각되어 있다.

• 남양주시 사릉 정자각

_ 남양주시 사릉 정자각 내부의 전 바닥

이렇게 볼 때 난방시설은 기본적으로 흙바닥에서만 살필 수 있다는 공통점이 있다. 그리고 초석과 같이 기단토 상면에 조성되어 있음을 확인할 수 있다. 다만, 시기에 따라 아궁이가 실내에 있는 경우와 실외에 있는 경우로 크게 구분할 수 있다.

건물지 조사 중에 우리가 가장 일반적으로 살필 수 있는 유구로는 기단과 초석, 적심석 등을 들 수 있다. 그리고 아주 간헐적으로 아궁이나 고래와 같은 난방시설이 찾아지고 있다. 구들장이나 굴뚝의 경우는 건물이 폐기되면서 유실되는 경우가 많아 발굴조사에서 확인하기란 쉽지 않다.

□ 지상건물지의 구들장과 굴뚝

◆ 오산 지곶동사지 A-1 건물지(승방지)의 구들장과 굴뚝 하부시설

_ 오산 지곶동사지 A-1 건물지(승방지)의 구들장과 굴뚝 하부시설(고려). 굴뚝 하부시설은 벽체에 붙어 토석혼축으로 조성되었다.

◆ 수원 광교신도시 부지 내 건물지의 구들장과 굴뚝 하부시설

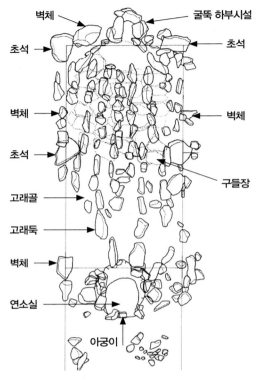

벽체
굴뚝 하부시설
초석
초석
벽체
벽체
초석
구들장
고래골
고래둑
벽체
연소실
아궁이

_ 수원 광교신도시 부지 내 건물지의 구들장과 굴뚝 하부시설(조선) (高麗文化財研究院 · 京畿都市公社, 2011, 『光教新都市 文化財 發掘調査 Ⅳ』, 305쪽 도면 165)

또한 기와건물지를 조사하면서 쉽게 검출되는 유구로는 와적층을 들 수 있다. 이는 지붕의 기와가 무너져 쌓인 것으로서 이것이 만약 남아있다면 아래의 난방시설이 잔존해 있을 가능성은 매우 높다. 아울러 기단 및 초석 등의 유구 존재도 같은 맥락에서 생각할 수 있다.

와적층이 확인되면 도면에 그 범위를 표기하고, 사진을 찍은 후 기단토 상면까지 작업을 진행한다. 이때 와적층에 너무 많은 시간을 소비하게 되면 역으로 아래에 위치한 유구를 조사할 시간이 부족하기 때문에 발굴현장에서 적절하게 시간을 배분한다.

와적층을 제거하는 도중에 석재 등이 노출될 가능성도 적지 않다. 이는 무너진 구들장이나 고래둑과 같은 유구일 수도 있으므로 무조건적으로 제거하는 것은 옳지 않다. 일단 남겨 두고 고래와 관련이 없다는 확신이 들면 그때 가서 제거해도 늦지 않다.

고래둑 위에 놓이는 구들장은 고래시설의 맨 상면에 놓이기 때문에 대부분 유실된

상태에서 조사되고 있다. 이는 아마도 후대의 경작이나 교란 등이 가장 큰 원인일 것으로 생각된다. 그렇다면 기와건물지내에서 우리가 가장 일반적으로 살필 수 있는 유구는 바로 고래둑이다.

기단 내부에서는 초석과 적심석, 그리고 초석과 초석 사이에서 고맥이 등을 볼 수 있다. 이때 외진주 초석 내부에서 석렬(石列)이나 와열(瓦列) 등이 기단토 상면에 축조되어 있는 것을 볼 수 있는데, 이것이 바로 고래둑이다. 고래둑과 고래둑 사이는 한 단 낮게 평탄화 된 고래골이 있으며, 이는 불길의 통로로서 대부분 재층이 형성되어 있다.

◆ 고래둑과 고래골의 재층

_ 삼척 흥전리사지 서원 건물지 고래골의 재층(통일신라)

일반적으로 고래둑과 고래골은 같은 방향으로서 기단의 방향과도 나란하다. 제토를 진행하다보면 고래둑이 희미하게 지면에 노출될 때가 있으나 그렇지 않은 경우도 많이 있다. 또는 유구의 성격을 인식하지 못하는 경우도 종종 있을 수 있다. 하지만 조사원급 이상이라면 적어도 조사하는 유구가 온돌건물지인지 아닌지를 현장에서 얼마든지 식별할 수 있기에 다음과 같은 방법으로 조사를 진행한다.

고래의 방향은 대체로 건물지의 입지와도 밀접한 관련이 있다. 예컨대 산 경사면을 절토하고 건물지를 축조할 때 아궁이부는 흔히 경사 아랫면에 조성되고, 굴뚝은 이의 반대 면인 경사 윗면에 배치되곤 한다. 이는 기본적으로 고래가 경사방향과 나란하게 시설되었음을 의미한다. 이러한 경우에는 구들장이 유실되고, 고래둑이 일부 불분명하더라도 지체하지 말고 경사방향과 직교하게 탐색 피트를 설치한다. 이는 고래둑과 고래골을 찾기 위한 가장 쉬운 방법이라 할 수 있다.

하지만 고래는 등고선의 방향과 나란하게 조성되기도 한다. 이럴 경우에도 등고선과 직교하게 탐색 피트를 설치하여 고래둑과 고래골을 먼저 찾아본다. 그런 연후에 고래골을 연장하여 아궁이 및 개자리, 굴뚝 등의 존재를 확인해 본다.

◆ 고래둑과 고래골을 찾기 위한 구덩이 조사

• 평택 백봉리유적 내 1호 건물지의 구덩이 조사

_ 평택 백봉리유적 내 1호 건물지의 조사 중 모습(고려). 고래가 등고선과 나란한 방향으로 조성되어 이와 직교하게 구덩이를 설치하였다. 구덩이 조사를 통해 고래둑이나 고래골이 확인되면 이를 좌우로 확대시켜 유구의 전모를 파악한다.

_ 평택 백봉리유적 내 1호 건물지의 고래둑과 고래골의 토층 현황. 고래둑이 교란되어 무너졌고, 그 위에 퇴적토가 덮여 있음을 볼 수 있다.

이렇게 볼 때 고래는 건물의 장축방향으로 조성되고 있음을 알 수 있다. 물론 쪽구들이 조성되는 삼국시대 이후 고려 후기(약 13세기 대)까지는 대부분 'ㄱ'자 형태로 고래가 조성되기 때문에 평면 형태가 위와 다르게 나타난다. 하지만 장축의 외진주 초석과 접해 고래가 시설됨은 동일하다.

따라서 건물의 장축과 직교하게 탐색 피트를 설치하면 고래둑이나 고래골을 확인할 수 있고, 이를 좌우로 확대한다면 나머지 고래 및 아궁이, 굴뚝 등을 찾아낼 수 있다.

탐색 피트 조성 시 퇴적토와 고래둑을 잘 식별하여 고래둑이 절단되지 않도록 주의한다. 고래둑은 대부분 석재를 이용하여 조성하지만 기와와 점토, 혹은 돌과 점토를 혼축하여 축조하기도 한다. 여기서 돌과 점토가 혼축된 고래둑인 경우 고래골의 퇴적토와 간혹 혼동할 때가 있다. 고래둑은 기본적으로 열기에 소결되어 있으므로 꽃삽과 같은 도구로 작업할 때 좀 더 단단함을 느낄 수 있다. 따라서 고래를 조사하는 시점에는 경험 있는 조사원의 참여가 그 어느 때 보다도 필요하다.

한편, 기와건물을 평지가 아닌 산 경사면에 축조할 경우 경사 상단은 필연적으로 대지를 절토·정지하게 된다. 이러한 곳의 고래골은 상단부의 경우 생토면이나 아궁이에 가까운 하단부는 성토다짐토에 해당된다. 고래골이 생토면인 지점은 습기를 머금을 때 부드러워지는 경향이 있어 반복적인 정리 작업은 오히려 고래골의 인위적인 멸실을 낳고, 고래둑을 띄우게 하는 실수를 범하게 된다.

　　고래둑과 고래둑 사이에는 구들장이 올라간다. 구들장의 위치는 앞에서 살펴본 바와 같이 쪽구들이 조성된 고려 후기까지 기단토면(생활면)이나 초석보다도 오히려 높은 곳에 위치하였다. 따라서 초석이 놓인 면만 생각하고 제토를 진행한다면 고래둑과 구들장을 파괴할 가능성이 아주 높다.

　　고래둑의 끝단에는 실내 개자리가 조성되어 있다. 아궁이에서 시작된 열기가 굴뚝으로 빠져나갈 때 마지막으로 거치는 관문이다. 고래둑과 직교하여 길게 조성되어 있으며, 벽체와 붙어 있다.

□ 실내 개자리

◆ 서울 경복궁 광원당지의 실내 개자리

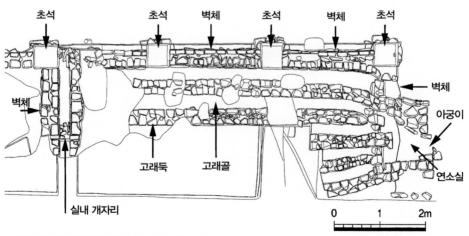

_ 서울 경복궁 광원당지의 실내 개자리(조선)
(국립문화재연구소, 2014, 『경복궁 흥복전 주변지역 발굴조사보고서』, 45쪽)

◆ 공주 금학동 주미산유적 1호 건물지의 실내 개자리

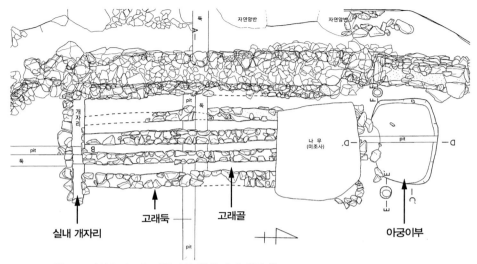

_ 공주 금학동 주미산유적 1호 건물지의 실내 개자리(근대)
(공주시·한얼문화유산연구원, 2017, 『공주 주미산유적』, 57쪽 도면 26)

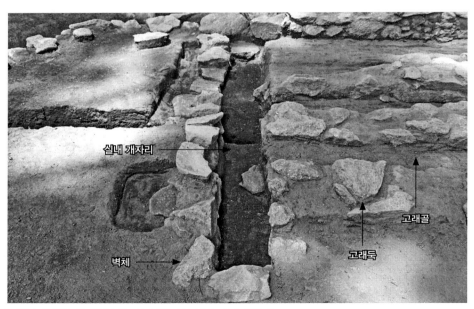

_ 공주 금학동 주미산유적 1호 건물지의 실내 개자리(근대)

이상으로 볼 때 우리나라의 온돌시설은 아궁이 앞 공간 → 아궁이(火口) → 부뚜막
→ 연소실(함실) → 불고개(부넘기, 불턱) → 고래 → 실내 개자리 → 굴뚝 등의 구조로 이루
어져 있으며, 아궁이에서 굴뚝 방향으로 나아갈수록 레벨이 약간씩 상승함을 살필
수 있다.

◆ 지상건물지 온돌시설의 각부 명칭

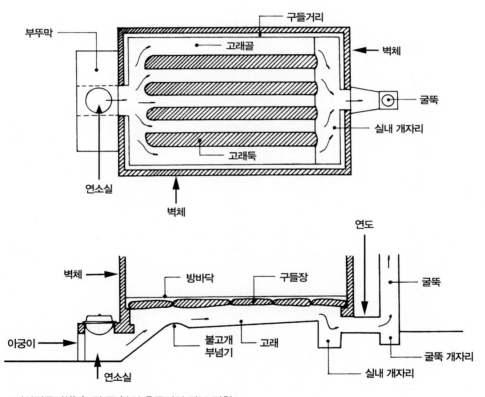

_ 지상건물지(草家 및 瓦家)의 온돌시설 각부 명칭
(張慶浩, 1992, 『韓國의 傳統建築』, 文藝出版社, 526쪽 도면 298)

1) 아궁이부

아궁이부는 불을 지피는 공간과 연소하는 공간으로 크게 구분할 수 있다. 여기서 전자는 불을 지피는 입구로서의 아궁이(火口)와 사람이 앉아서 불을 지피는 공간인 '아궁이 앞 공간'으로 다시 세분할 수 있다.

아궁이는 흔히 봇돌과 이맛돌로 이루어져 있다. 그런데 건물지를 조사하다보면 이러한 구조는 쉽게 찾아볼 수 없고, 대부분 멸실되었거나 무너진 상태로 확인되는 것이 일반적이다.

◆ 아궁이의 봇돌과 이맛돌

_ 평택 백봉리유적 내 1호 건물지의 아궁이(고려). 봇돌이 양 옆에 세워 있고, 그 위에 이맛돌이 올려져 있다.

아궁이는 대부분 생활면(혹은 기단토면)과 같은 높이에 조성되거나 혹은 생활면을 굴착하여 축조하는 것이 일반적이다. 그런데 정자나 누각, 서원 등의 아궁이를 보면 지면에서 얼마만큼 떠 있는 것을 볼 수 있다. 이러한 구조에서는 공간적으로 부뚜막을 설치하기가 불가능하다. 아궁이가 지면에서 떠 있기 때문에 이의 규모 또한 그리 크지 않다. 이는 '함실 아궁이'의 한 부류에 포함되는 것으로써 벽체나 고맥이 부분에 조성된다.

◆ 함실 아궁이의 세부 명칭

_ 평택 백봉리유적 내 2호 건물지의 함실 아궁이(고려). 장작더미가 타는 연소실이 벽체 내부, 즉 실내에 위치하고 있다. 이는 아궁이와 불고개 사이에 토광형으로 조성되어 있으며, 고건축에서는 특히 '함실'이라고 부른다. 아궁이 앞에는 불을 지필 수 있는 '아궁이 앞 공간'이 마련되어 있다.

◆ 함실 아궁이의 사례

• 남원 광한루의 함실 아궁이

생활면

_ 남원 광한루의 함실 아궁이(조선)

• 아산 맹씨행단의 함실 아궁이

함실 아궁이　　　　　　함실 아궁이

_ 아산 맹씨행단의 함실 아궁이(조선)

• 논산 노강서원 강학당의 함실 아궁이

하인방

고맥이

함실 아궁이

초석

기단석

_ 논산 노강서원 강학당의 함실 아궁이(조선). 아궁이는 초석과 초석 사이의 고맥이에 조성되어 있다. 기단토면에 조성되어 있지 않고, 지면에서 떠 있다.

장작더미가 불타는 공간을 흔히 연소실(燃燒室)로 칭하고 있으나 이는 위치에 따라 달리 불리기도 한다. 즉, 연소실이 건물 내부에 존재하는 경우는 그 외형을 본 따 특별히 함실(函室)이라 부른다. 이에 따라 똑같은 아궁이라 할지라도 이것이 함실에 시설되면 함실 아궁이, 부뚜막에 시설되면 부뚜막 아궁이로 부르고 있다.

◆ 부뚜막 아궁이

• 양주 회암사지 전 영당지의 부뚜막 아궁이

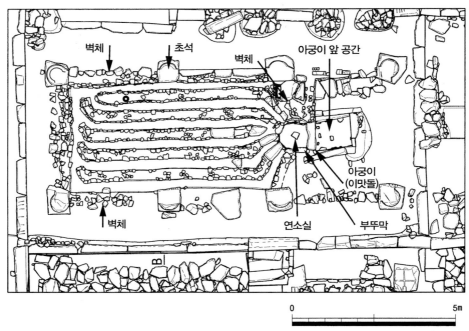

_ 양주 회암사지 전 영당지의 부뚜막 아궁이(조선). 장작더미가 타는 연소실이 벽체 외부 즉, 실외에
자리하고 있다. 연소실 윗면에 둥그렇게 구멍이 뚫려 있는 것으로 보아 이곳에 솥을 걸었던 것으로
생각된다. 연소실과 아궁이 앞 공간 사이에는 아궁이를 구성하는 이맛돌이 가로로 걸쳐 있다.
(경기도 외, 2003, 『檜巖寺II 7 · 8단지 발굴조사 보고서』, 86쪽 그림 24)

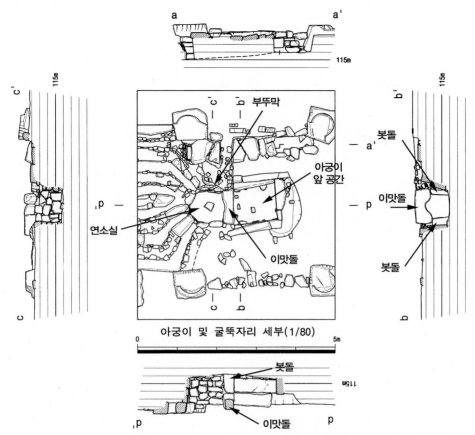

아궁이 및 굴뚝자리 세부(1/80)

_ 양주 회암사지 전 영당지의 부뚜막 아궁이 세부(조선). 봇돌 사이에 걸쳐진 이맛돌의 아랫부분이 둥그렇게 치석되어 있다. 장작더미를 효과적으로 집어넣기 위한 치석기법으로 생각된다.
(경기도 외, 2003, 『檜巖寺Ⅱ 7·8단지 발굴조사 보고서』, 86쪽 그림 24)

　발굴조사 과정에서 만나게 되는 최초의 아궁이부는 기와나 석재, 전 등 건축 폐기물과 뒤섞여 있어 그 형적을 찾아내기가 쉽지 않다. 또한 대부분의 아궁이부가 기단토 보다 아래에 조성되어 있고, 여기에 퇴적토나 폐기물 등이 쌓여 있어 고래둑이나 구들장에 비해 육안으로 확인하기가 매우 어렵다.

◆ 내부 조사 전후 아궁이부의 모습

• 평택 백봉리유적 내 2호 건물지의 아궁이부 조사 전후 모습

아궁이부

_ 평택 백봉리유적 내 2호 기와건물지의 아궁이부 조사 전 모습(고려). 아궁이가 폐기되면서 기와편과 석재들이 채워져 있다.

_ 평택 백봉리유적 내 2호 기와건물지의 아궁이부 조사 중 모습(고려)

_ 평택 백봉리유적 내 2호 기와건물지의 아궁이부 조사 후 모습(고려)

• 평택 백봉리유적 내 1호 건물지 아궁이부 조사 전후 모습

아궁이부

_ 평택 백봉리유적 내 1호 건물지의 아궁이부 조사 전 모습(고려). 기와를 비롯해 석재, 소토편 등이 함께 뒤섞여 폐기되어 있다.

_ 평택 백봉리유적 내 1호 건물지의 아궁이부 조사 후 모습(고려)

• 오산 지곶동사지 A-1 건물지(승방지)의 아궁이부 조사 전후 모습

구들장

고래둑

아궁이부

_ 오산 지곶동사지 A-1 건물지(승방지)의 아궁이부 조사 전 모습(고려). 아궁이가 폐기되면서 기와
편과 석재가 쌓여 있다.

_ 오산 지곶동사지 A-1 건물지(승방지)의 아궁이부 조사 후 모습(고려)

삼국시대 이후 고려 후기까지의 실내 아궁이부는 연소실을 통해 고래와 연결되며, 이를 구성하는 고래둑과 구들장은 모두 기단토 상면에 위치한다. 그러므로 제토 과정에서 고래둑이나 구들장은 초석과 더불어 우선적으로 발견된다. 아궁이부에 비해 상대적으로 위치 파악이 가능하므로 이를 통해 역으로 아궁이부를 찾아내는 것이 효과적이다.

◆ 쪽구들에서의 기단토면(생활면)과 온돌시설

- 부여 능산리사지 북편건물지 2호의 쪽구들

_ 부여 능산리사지 북편건물지 2호의 쪽구들(백제 사비기). 기단토 상면이 생활면에 해당되고, 이보
다 높게 고래둑과 구들장이 조성되어 있다.
(한국전통문화학교 고고학연구소, 2010, 『扶餘 陵山里寺址 제9차 발굴조사 보고서』, 399쪽 사진 135)

그런데 이때 무엇보다도 중요한 것이 바로 조사자의 학습능력이다. 적어도 건물지를 조사하기 앞서 고래 구조나 아궁이부의 위치, 그리고 개자리 및 고래골의 층위 등에 대해 인지하고 있어야 한다. 아울러 건물지에서 출토되는 유물의 시기적 편년에도 어느 정도의 안목이 필요하다. 만약 사전에 이러한 지식이 습득되지 않았다면 조사의 어려움뿐만 아니라 아궁이부를 찾기 위한 시간이 더욱 많이 소요될 것이다.

　아궁이부의 평면이 확인되면 일단 사진을 찍고 토층 확인을 위한 구덩이 조사를 실시한다. 이를 통해 아궁이부의 깊이 및 바닥면에서의 유물 존재 유무를 파악해 본다. 바닥면에는 대부분 재층과 소결면이 형성되어 있어 이 부분까지 확실하게 조사를 진행한다.

　사람들은 아궁이를 통해 불을 지핀다. 이때 사람들이 불을 때거나 재를 끌어 모으는 공간이 필요하게 된다. 이는 흔히 아궁이로 통칭되고 있으나 적합한 용어는 아니라고 생각된다.

　사람들이 불을 지피거나 재를 끌어 모으는 '아궁이 앞 공간'은 기단토를 굴광하여 조성한 토광형과 반토광형, 그리고 굴광하지 않고 기단토면을 그대로 사용한 개방형 등이 있다. 토광형과 반토광형의 마땅한 기준은 없으나 성인의 무릎보다 깊은 것은 토광형, 그렇지 않은 것은 반토광형으로 보면 좋을 듯싶다.

◆ 토광형의 아궁이 앞 공간

• 평택 백봉리유적 내 1호 건물지의 토광형 아궁이 앞 공간

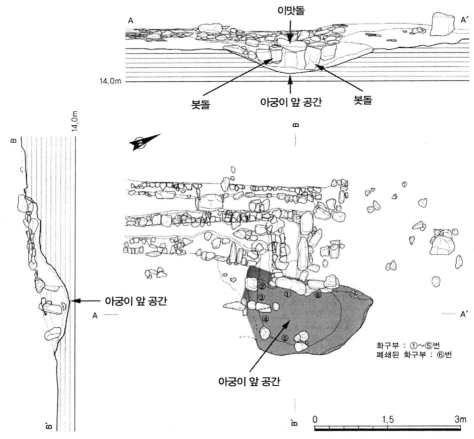

_ 평택 백봉리유적 내 1호 건물지(고려)의 토광형 아궁이 앞 공간. 아궁이 앞 공간의 바닥면이 아궁이를 구성하는 봇돌보다 레벨이 아래에 있다.
(기호문화재연구원, 2010, 『平澤 栢峯里 遺蹟』, 65쪽 도면 20)

• 평택 백봉리유적 내 2호 건물지의 토광형 아궁이 앞 공간

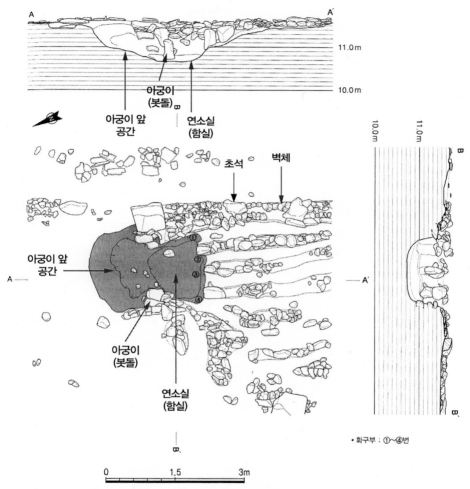

_ 평택 백봉리유적 내 2호 건물지(고려)의 토광형 아궁이 앞 공간
(기호문화재연구원, 2010, 『平澤 栢峯里 遺蹟』, 103쪽 도면 46)

• 현재의 토광형 아궁이 앞 공간

_ 공주 한옥마을의 토광형 아궁이 앞 공간

◆ 반토광형의 아궁이 앞 공간

• 공주 공산성 내 건물지의 반토광형 아궁이 앞 공간

_ 공주 공산성 내 건물지의 반토광형 아궁이 앞 공간(조선). 아궁이를 구성하는 봇돌이 교란되었고, 이맛돌은 유실되었다.

• 반토광형의 아궁이 앞 공간 복원

_ 예산 추사고택 안채의 반토광형 아궁이 앞 공간(최근 복원)

_ 예산 추사고택 안채의 반토광형 아궁이 앞 공간 세부(최근 복원)

개방형은 요즈음의 시골 부엌에서도 확인할 수 있다. 아궁이와 불을 지피는 '아궁이 앞 공간', 그리고 부엌 바닥이 동일 높이에 위치하고 있다. 아궁이가 유실되었을 경우 토광형이나 반토광형에 비해 '아궁이 앞 공간'의 확인이 어려울 수 있다. 이때에는 소결된 연소실을 기준으로 하여 아궁이의 흔적을 찾아보고, '아궁이 앞 공간'에 대해서도 추정해 본다.

◆ 개방형의 아궁이 앞 공간

• 김천 월명리 산39-1번지 유적 내 1호 건물지의 개방형 아궁이 앞 공간

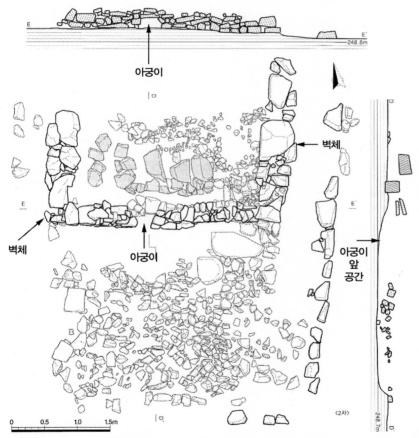

_ 김천 월명리 산39-1번지 유적 내 1호 건물지의 개방형 아궁이 앞 공간(조선). 단면도로 보아 건물지는 석벽건물로 파악된다. (世宗文化財研究院, 2013, 「金泉 月明里 山39-1番地 遺蹟」, 49쪽 도면 15)

• 부여 홍산면 홍산현 관아의 개방형 아궁이 앞 공간

_ 부여 홍산면 홍산현 관아의 개방형 아궁이 앞 공간(최근 복원)

• 강릉 선교장 안채주옥의 개방형 아궁이 앞 공간

_ 강릉 선교장 안채주옥의 개방형 아궁이 앞 공간

아궁이는 고래골과의 높이차를 이용하여 난방의 효과를 극대화하고 있다. 즉 아궁이 바닥면의 깊이가 깊을수록 상대적으로 불고개(부넘기, 불턱)의 높이가 높아지고, 이는 멀리까지 불기운을 분출할 수 있게 하였다.[17]

◆ 불고개(부넘기, 불턱)

• 평택 백봉리유적 2호 건물지의 불고개(부넘기, 불턱)

_ 평택 백봉리유적 2호 건물지(고려)의 불고개(부넘기, 불턱). 연소실(함실)과 연결되어 있으며, 일정한 경사도를 유지하며 올라가고 있다.

---

17) 이는 가마의 구조 및 원리와 동일하다. 즉 함실에 해당되는 연소실과 불고개에 해당되는 단벽 등은 열을 멀리까지 보내는 데 결정적인 역할을 한다.

• 양주 회암사지 시자료지의 불고개(부넘기, 불턱)

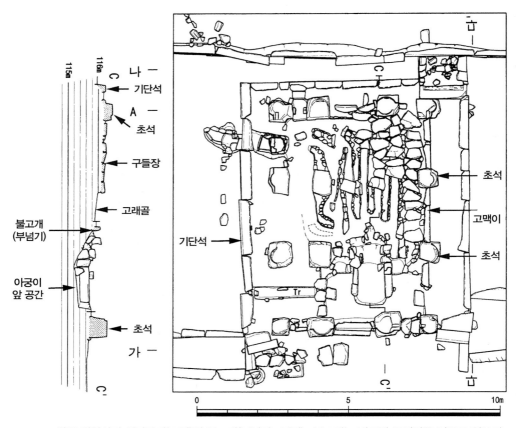

_ 양주 회암사지 시자료지(고려)의 불고개(부넘기, 불턱). 불고개는 비교적 급경사를 이루고 있으며,
벽체를 구성하는 초석의 주좌면보다 구들장이 아래에 놓여 있음을 볼 수 있다.
(경기도 외, 2003, 『檜巖寺Ⅱ 7·8단지 발굴조사 보고서』, 73쪽 그림 18)

　　반면, 아궁이의 깊이가 깊지 않으면 불고개(부넘기, 불턱) 또한 낮아질 수밖에 없어 불
기운을 멀리 보낼 수 없게 된다. 그리고 연소실의 크기 또한 난방에 직접적인 영향을
미칠 수 있어 연소실의 크기와 온돌방의 규모 등 양자의 상관관계를 비교해 보아도
좋을 듯싶다.

아궁이는 항상 높은 열에 노출되어 있기 때문에 보수 작업이 종종 일어난다. 이는 할석과 점토, 혹은 점토만을 이용하는 경우가 있으므로 조사 말미에 절개작업을 통해 이를 확인해 본다. 아울러 선축된 아궁이를 폐쇄하고 새롭게 조성하는 예도 살필 수 있으므로 폐쇄된 아궁이 및 이와 연계된 고래 등을 조사하여 후축된 아궁이 및 고래와 구분하여 도면에 표기하도록 한다.

◆ 아궁이의 토층조사

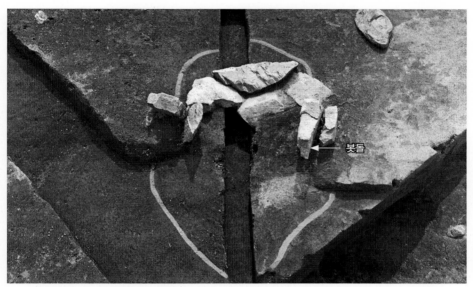

봇돌

_ 김포 마송유적 1호 건물지의 아궁이 절개 모습

발굴조사에 앞서 지표조사나 시굴조사 과정에서 삼국~고려 전기의 기와 및 청자, 토기 등의 유물이 수습된다면 아궁이는 건물지 내부에 입지할 가능성이 높다. 이때 아궁이를 구성하는 봇돌이나 이맛돌은 살짝만 건드려도 훼손될 소지가 많으므로 제토 시 주의를 기울인다.

건물 내부에 조성된 아궁이는 기단토를 파고 조성되었기 때문에 평면 제토 과정에서 확인이 어렵지 않다. 그리고 일부 아궁이의 경우 주변 기단토면에 석재를 이용하여 방형 혹은 장방형으로 곽을 시설해 놓아 그 형적을 파악하기도 쉽다. 하지만 석곽시설이 없이 토광형으로 조성된 예도 건물지에서 어렵지 않게 살필 수 있다.

◆ 아궁이 주변의 장방형 석곽시설

• 삼척 흥전리사지 동원 1호 건물지

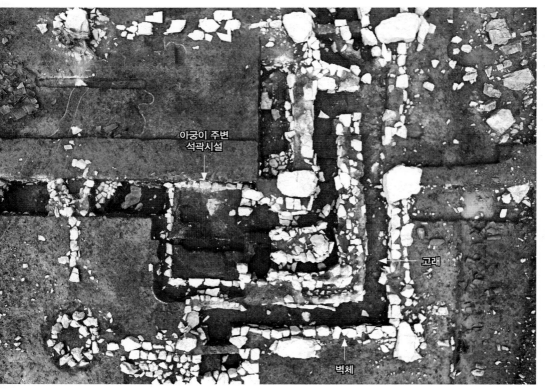

_ 삼척 흥전리사지 동원 1호 건물지의 아궁이 주변 장방형 석곽시설(통일신라)
(불교문화재연구소 제공)

_ 대전 상대동유적 건물지의 아궁이 주변 석곽시설(고려). 장방형의 형태를 띠고 있으며, 폐기된 아궁이 내부에는 기와·토기·소토편 등이 뒤섞여 있다.

아궁이부 내부나 주변에서는 한편으로 철솥이나 청동그릇, 청자, 백자 등이 출토될 수 있으므로 삽이나 긁개보다는 꽃삽을 이용하여 세밀하게 작업을 진행하는 것이 좋다.

◆ 평택 백봉리유적 내 1호 건물지의 아궁이 앞 공간 출토 철정

_ 평택 백봉리유적 내 1호 건물지의 아궁이 앞 공간 출토 철정(고려). 바닥면에 3개의 다리가 부착되어 있다.

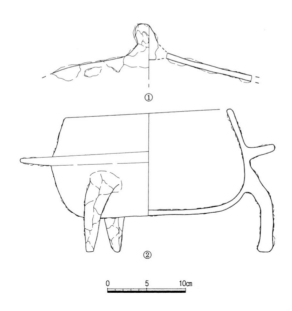

①

②

0   5   10cm

_ 평택 백봉리유적 내 1호 건물지의 아궁이 앞 공간 출토 철정. 철정 높이 18.5cm, 입지름 21.2cm. 뚜껑 높이 8.1cm

한편, 12세기 전반 이후~조선시대 건물지의 아궁이부는 이전 시기와 비교해 그 위치를 달리하고 있다. 즉, 부뚜막이 없는 경우에는 초석과 초석 사이의 벽체 하부에 아궁이부가 조성된다. 그러나 부뚜막이 축조되었을 경우에는 벽체에서부터 어느 정도 떨어져 아궁이부가 조성된다. 벽체와 아궁이부 사이에는 부뚜막이 설치되었기 때문에 연소실 또한 이곳에 자리하게 된다.

이처럼 아궁이부가 실내에서 실외로 이동하는 것은 구들 구조의 변화와 밀접한 관련이 있다. 즉, 쪽구들에서 전면(온통)구들로의 변화를 의미한다. 이는 동일한 공간에 더 많은 사람들이 난방 효과를 볼 수 있다는 장점이 있다. 그리고 구조적으로는 건물의 벽체 내부, 즉 실내에 전면적으로 고래가 시설된다.

◆ 전면(온통)구들의 유적 사례

• 군위 가호리 977-3번지 유적 내 1-2호 건물지의 전면(온통)구들

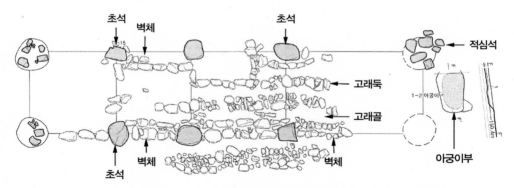

_ 군위 가호리 977-3번지 유적 내 1-2호 건물지의 전면구들(고려). 아궁이부가 실외에 위치하고 있으며, 건물 내부에 3줄의 고래가 조성되어 있다.

(경상북도 · 世宗文化財硏究院, 2013, 『軍威 佳湖里 977-3番地 遺蹟-본문-』, 83쪽 도면 15)

• 김포 마송유적 1호 건물지의 전면(온통)구들

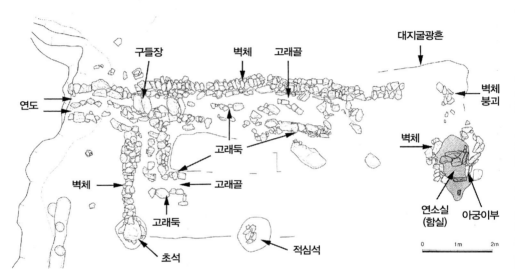

_ 김포 마송유적 1호 건물지의 전면구들(고려). 아궁이부는 실외에 위치하고 있으며, 가운데를 중심
으로 2~3줄의 고래가 조성되어 있다. 건물지의 중간 부위에 고래가 시설되지 않은 점은 건물의 성
격과 밀접한 관련이 있을 것으로 생각된다.

(기호문화재연구원, 2010, 『金浦 馬松 遺蹟I』, 135쪽 도면 87)

• 원주 법천사지 건물지 14호의 전면(온통)구들

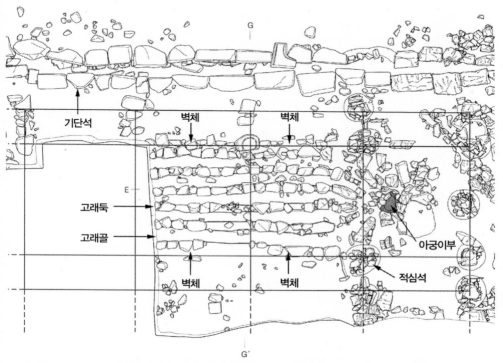

기단석

벽체   벽체

고래둑

고래골

아궁이부

적심석

벽체   벽체

_ 원주 법천사지 건물지 14호의 전면구들(조선). 벽체 내부, 즉 실내에 5줄의 고래가 시설되어 있다. 아궁이부는 실외에 위치하고 있다.
(원주시 · 江原考古文化研究院, 2014, 『原州 法泉寺 II-III구역 발굴조사 보고서-』, 73쪽 도면 18)

• 공주 금학동 주미산유적 4호 건물지의 전면(온통)구들

라벨: 벽체, 고래골, 고래둑, 벽체, 실내개자리

_ 공주 금학동 주미산유적 4호 건물지의 전면구들(근대). 건물 내부에 5줄의 고래가 조성되어 있다.

이러한 전면(온통)구들에서의 초석은 쪽구들과 비교해 그 위치에서 차이를 보인다. 즉, 쪽구들에서의 초석은 기단토면(생활면)에 놓였으나 전면(온통)구들에서의 초석은 이제 기단토면이 아닌 고래둑 위에 시설된다. 이는 기단토면 전체가 고래둑과 고래골로 채워지는 것과 무관치 않다.

연소실은 실내에 존재할 경우 그저 불을 지피는 공간에 불과하지만 이것이 실외로 분리되면 부뚜막을 형성하게 된다. 과거의 주택이나 요즈음 민속마을에서 볼 수 있는 것과 같은 구조이다. 연소실 위로는 솥을 걸칠 수 있도록 동그란 구멍이 뚫려 있고, 이 주변으로 방형 혹은 장방형의 구조물이 조성되는데 이것이 바로 부뚜막이다.

부뚜막은 삼국시대 이후 계속하여 존재해 왔다. 그런데 대략 고려 중기 무렵까지의 부뚜막은 취침이 이루어지는 공간과 접해 있지 않았다. 그래서 연소실에서 발생하는 불기운을 난방에 사용할 수 없었다. 이는 취사 활동과 실내의 난방이 한 장소에서 함께 이루어지지 않았음을 의미한다.

따라서 아궁이부 조사를 실시하면서 연소실의 위치를 살펴보는 것은 특히 중요한 작업이라 할 수 있다. 예컨대 연소실이 벽체에서 떨어져 위치하게 되면 부뚜막의 존재와 함께 이것이 고려 말~조선시대에 해당되는 건물지임을 판단해 보고, 출토 유물과 비교해 본다.

(1) 아궁이부가 실내(벽체 내부)에 위치하는 경우

굴절형의 쪽구들에서 흔히 살필 수 있다. 강화 선원사지 E지구 서 제2건물지의 사례로 보아 적어도 13세기 중반 무렵까지는 사용된 것으로 보인다. 이는 아궁이부가 실외에 배치되는 전면(온통)구들이 유행하는 시기와도 서로 일치한다.

□ 삼국시대

◆ 고구려

• 중국 집안 동대자유적의 실내 아궁이부

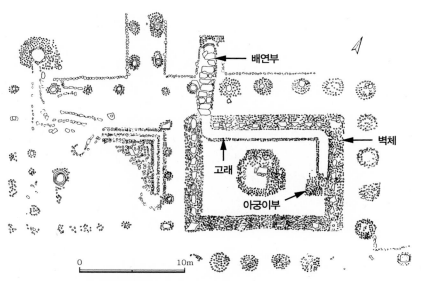

_ 중국 집안 동대자유적의 실내 아궁이부(고구려)
(張慶浩, 1992, 『韓國의 傳統建築』, 文藝出版社, 73쪽 도면 21)

• 함경남도 신포시 오매리사지 1호 건물지의 실내 아궁이부

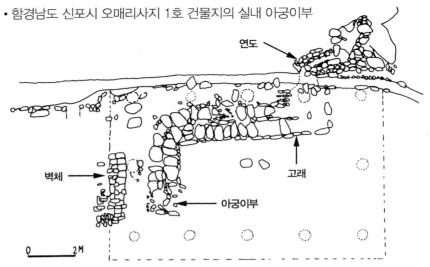

연도

벽체

고래

아궁이부

0   2M

_ 함경남도 신포시 오매리사지 1호 건물지의 실내 아궁이부(고구려)
(張慶浩, 1992, 『韓國의 傳統建築』, 文藝出版社, 517쪽 도면 292)

• 평양 정릉사지의 실내 아궁이부

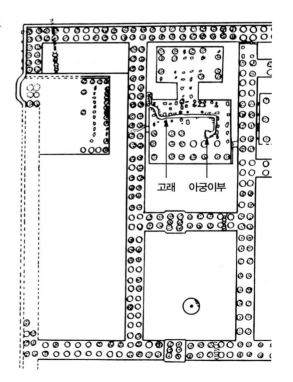

고래 아궁이부

_ 평양 정릉사지의 실내 아궁이부
(고구려)
(文化財管理局 文化財研究所, 1991, 『北韓文
化遺蹟發掘槪報』, 73쪽 그림 1)

◆ 백제

• 공주 공산성 건물지의 실내 아궁이부

_ 공주 공산성 건물지의 실내 아궁이부(백제 웅진~사비기)

• 부여 능산리사지 강당지의 실내 아궁이부

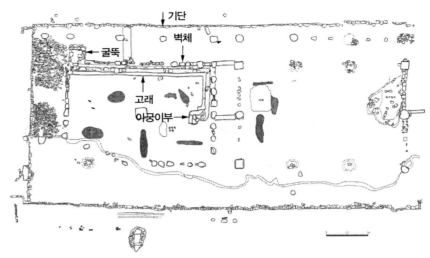

_ 부여 능산리사지 강당지의 실내 아궁이부(567년 경)
(國立扶餘博物館, 2000, 『陵寺 -圖面·圖版-』, 15쪽 도면 10)

• 부여 능산리사지 북편건물지 2호의 실내 아궁이부

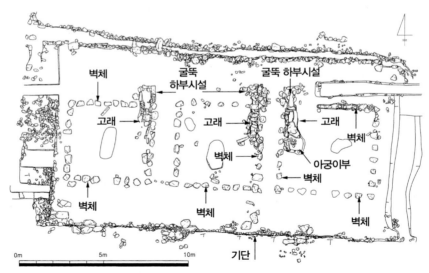

_ 부여 능산리사지 북편건물지 2호의 실내 아궁이부(567년 경)
(한국전통문화학교 고고학연구소, 2010, 『扶餘 陵山里寺址 제9차 발굴 조사 보고서』, 130쪽 도면 58)

아궁이부가 실내에 위치에 사례는 초석을 갖춘 기와건물뿐만 아니라 굴립주 건물에서도 똑같이 찾아지고 있다. 아궁이와 연결된 고래는 벽체를 따라 쪽구들로 조성되었으며, 이러한 구들 구조는 삼국시대의 수혈주거지에서도 쉽게 살펴볼 수 있다.

• 부여 쌍북리 184-11번지 굴립주 건물지의 실내 아궁이부

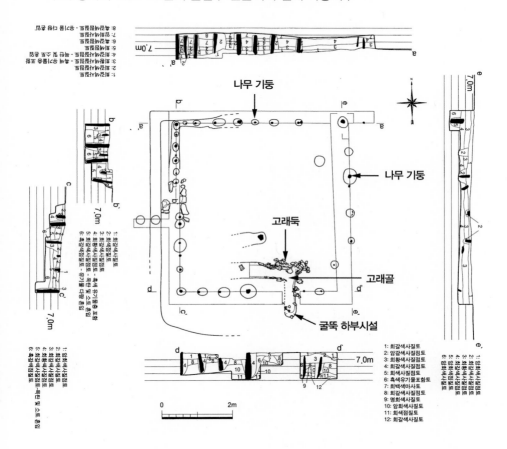

_ 부여 쌍북리 184-11번지 굴립주 건물지(백제 사비기). 남쪽 벽면과 인접해 굴절형의 고래가 시설되어 있다. 고래 형적으로 보아 아궁이부는 실내에 위치하고 있었음을 알 수 있다.
(백제고도문화재단, 2014, 『부여 쌍북리 184-11유적(부여 사비119안전센타부지)』, 70쪽 도면 20)

◆ 통일신라시대

　아궁이부는 거의 대부분 실내에 축조되었고, 고래는 굴절형 및 입체형으로 조성되었다. 굴절형의 경우 'ㄱ'자 형태가 대부분이고, 'ㄷ'모양도 일부 유적에서 확인되고 있다. 입체형 고래는 남원 실상사 및 삼척 흥전리사지 등 주로 9세기 이후의 온돌시설에서 조사되고 있다.

•삼척 흥전리사지 동원 1호 건물지의 실내·외 아궁이부

　아궁이부는 실내 및 실외에서 모두 찾아볼 수 있다. 실내에 조성된 고래는 쪽구들이지만 'ㄱ'자 형태의 굴절형이 아닌 입체형으로 조성되었다. 실외 아궁이부는 건물의 확장 과정에서 축조된 것인지 향후 검토가 필요하다.

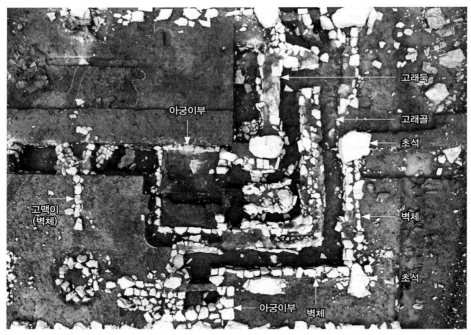

_ 삼척 흥전리사지 동원 1호 건물지의 실내 아궁이부(통일신라). 아궁이부가 벽체를 중심으로 내·외부에 조성되어 있다. 통일신라시대의 희귀한 아궁이부 사례에 해당된다. (불교문화재연구소 제공)

• 삼척 흥전리사지 동원 2호 건물지의 실내 아궁이부

건물 내부에 아궁이부가 조성되어 있다. 아궁이부 외곽으로는 얇은 할석을 이용하여 장방형의 곽을 축조해 놓았다. 고래는 벽체와 인접해 'ㄱ'모양의 외줄 고래로 조성되었으며, 고래골에서는 재층이 확인된다. 굴뚝은 벽체에 붙여 시설하였다.

_ 삼척 흥전리사지 동원 2호 건물지의 실내 아궁이부(통일신라) (불교문화재연구소 제공)

• 남원 실상사 건물지 8호의 실내 아궁이부

남아 있는 초석과 적심, 그리고 벽체(고맥이)로 보아 아궁이부는 실내에 위치하였을 것으로 판단된다. 그리고 고래의 축조 상태로 보아 아궁이는 남쪽뿐만 아니라 북쪽에도 배치되었을 것으로 생각된다.

고래는 삼국시대 이후 다른 굴절형과 달리 입체형으로 조성되었다. 이는 통일신라시대 쪽구들의 특징으로 판단되며, 최근 삼척 흥전리사지 동원 1호 건물지에서도 확인된 바 있다.

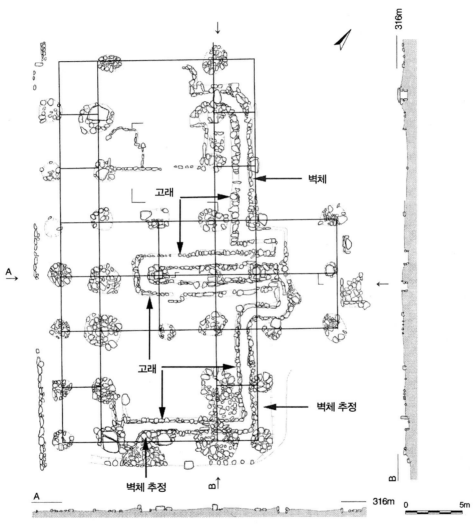

_ 남원 실상사 건물지 8호의 실내 아궁이부(통일신라). 고래와 외진주 초석의 배치 관계로 볼 때 아궁이부가 실내에 위치하고 있었음을 알 수 있다. (국립부여문화재연구소, 2006,「實相寺 II 發掘調査報告書」, 64쪽)

• 강릉 굴산사지 건물지 3의 실내 아궁이부

장방형의 '아궁이 앞 공간'이 석재로 조성되어 있고, 고래둑과 고래골, 구들장이 일부 남아 있다. 굴뚝은 연도의 잔존 상태로 보아 북서면 기단석에서 어느 정도 떨어진 곳에 위치하고 있음을 알 수 있다. 고래둑과 고래골의 축조 상태로 보아 삼국시대보다 입체적으로 조성되었음을 살필 수 있다.

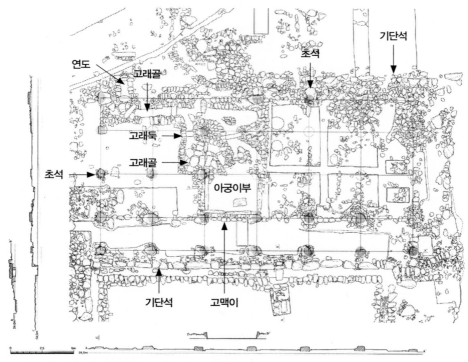

_ 강릉 굴산사지 건물지 3의 실내 아궁이부(통일신라)
(國立中原文化財研究所, 2015, 『강릉 굴산사지(사적 제448호) 발굴조사 보고서 I』, 53쪽 도면 10)

• 강릉 굴산사지 건물지 8의
  실내 아궁이부

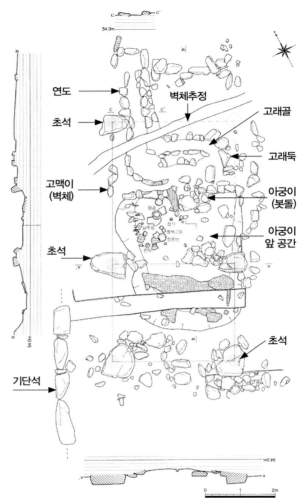

연도
초석
벽체추정
고래골
고래둑
고맥이
(벽체)
아궁이
(봇돌)
아궁이
앞 공간
초석
초석
기단석

_ 강릉 굴산사지 건물지 8의 실내
아궁이부(통일신라)
(國立中原文化財研究所, 2015, 『강릉 굴
산사지(사적 제448호) 발굴조사 보고서
Ⅰ』, 62쪽 도면 17)

• 순천 금둔사지 Ⅰ-4건물지의 실내 아궁이부

　남아 있는 기단석과 초석의 배치로 보아 아궁이부는 실내에 조성되었다. 아울러
단면도를 보면 초석이 놓인 기단토면(생활면)보다 구들장이 더 높은 곳에 올려 있음을
볼 수 있다.

488　건축유적의 발굴과 해석

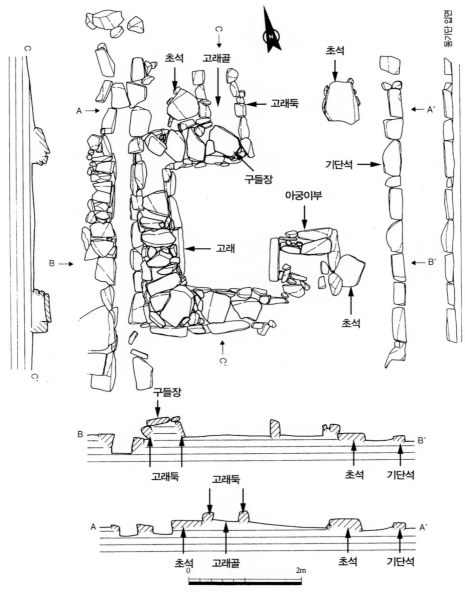

초석
고래골
초석

A ←
A´ ←

고래둑 ←

초석

구들장

기단석 →

아궁이부

고래 ←

초석

B →
B´ ←

구들장

B

구들장

고래둑
고래둑

초석 기단석

B´

A

초석 고래골

초석 기단석

A´

0   2m

_ 순천 금둔사지 Ⅰ–4건물지의 실내 아궁이부(9세기 경)
(順天大學校博物館, 2004, 『順天 金芚寺址』, 69쪽 도면 21)

◆ 발해시대

• 흑룡강성 영안현 상경 용천부 서구 침전지의 실내 아궁이부

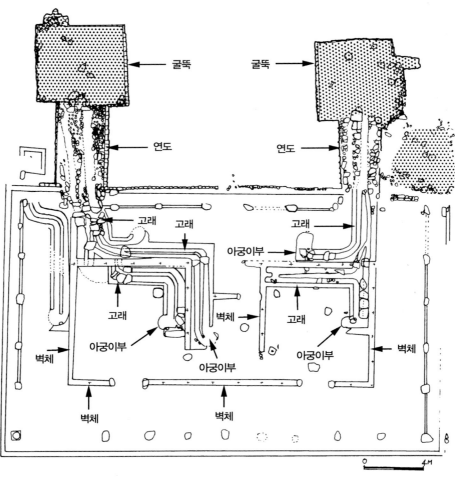

_ 흑룡강성 영안현 상경 용천부 서구 침전지의 실내 아궁이부(발해)
(張慶浩, 1996, 『韓國의 傳統建築』, 文藝出版社, 515쪽 도면 291)

◆ 고려시대

• 오산 지곶동사지 A-1 건물지(승방지)의 실내 아궁이부

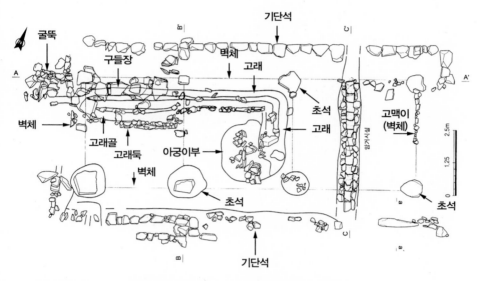

_ 오산 지곶동사지 A-1 건물지(승방지)의 실내 아궁이부(12세기 전반)
(기호문화재연구원, 2010, 『烏山 紙串洞遺蹟(Ⅱ)』, 18쪽 도면 229)

• 여주 고달사지 가-4 건물지 북협칸의 실내 아궁이부

아궁이부는 건물 내부 중심부에서 벽체 방향으로 약간 치우쳐 있으며, 고래는 굴절형으로 한 줄만 조성되었다. 구들장은 모두 유실되었으며, 고래둑의 잔존 상태도 불량하다.

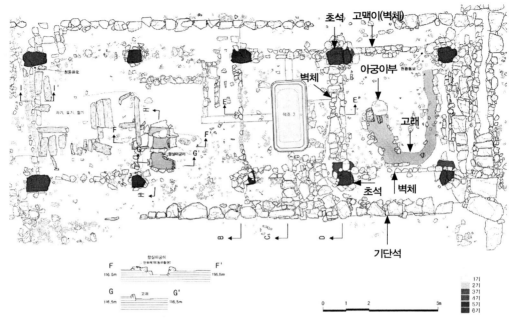

_ 여주 고달사지 가-4 건물지 북협칸의 실내 아궁이부(고려)
(京畿文化財團附設 畿甸文化財研究院, 2007, 『高達寺址II』, 405쪽 도면 156 중)

• 익산 미륵사지 건물지 1-①호의 실내 아궁이부

건물 내부에 아궁이부가 조성되어 있으며, 고래는 한 줄이다. 아궁이부는 아궁이 앞 공간 → 아궁이(봇돌과 이맛돌) → 연소실(함실) → 불고개(부넘기, 불턱)의 순으로 축조되어 있다. 연소실(함실)과 연결된 고래에서는 구들장이 확인된다.

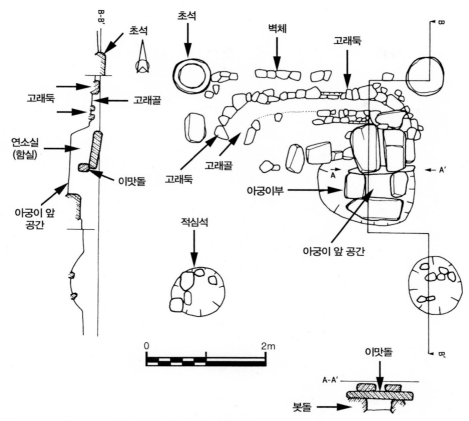

초석 · 초석 · 벽체 · 고래둑 · 고래둑 · 고래골 · 연소실 (함실) · 이맛돌 · 고래둑 · 고래골 · 아궁이부 · 아궁이 앞 공간 · 적심석 · 아궁이 앞 공간 · 이맛돌 · A-A' · 봇돌

0　　　　　　2m

_ 익산 미륵사지 건물지 1-①호의 실내 아궁이부(고려)
(國立扶餘文化財硏究所, 1996, 『彌勒寺 遺蹟發掘調査報告書 II』, 76쪽 삽도 4)

• 익산 미륵사지 건물지 3호의 실내 아궁이부

굴뚝은 유실되었고, 아궁이부와 고래만 남아 있다. 초석 배치로 보아 아궁이부는 실내에 조성되었음을 알 수 있다. 아궁이부는 아궁이 앞 공간과 연소실로 이루어졌으며, 두 유구 사이에는 봇돌과 이맛돌로 조성된 아궁이가 축조되어 있다. 고래는 2줄 고래로 추정된다.

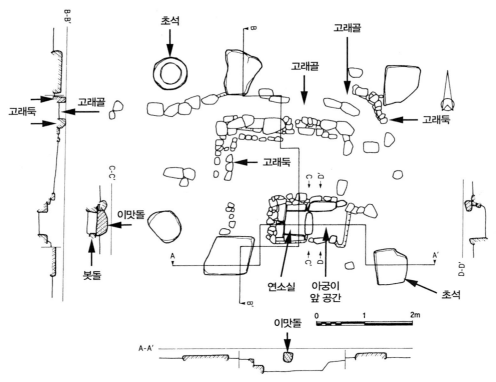

초석

고래골

고래골

고래둑

고래둑

고래골

고래둑

이맛돌

봇돌

연소실

아궁이 앞 공간

초석

이맛돌

0   1   2m

A-A'

_ 익산 미륵사지 건물지 3호의 실내 아궁이부(고려)

(國立扶餘文化財硏究所, 1996,『彌勒寺 遺蹟發掘調査報告書 II』, 82쪽 삽도 12)

• 익산 미륵사지 건물지 14호의 실내 아궁이부

　남북 3칸, 동서 2칸의 온돌건물지이다. 건물의 벽체와 고래 구조로 보아 아궁이부는 실내에 위치하고 있음을 알 수 있다. 고래는 3줄로 시작하여 4줄로 바뀌고 있으며, 입체적으로 조성되어 있다.

　초석은 기단토면(생활면)에 놓여 있는 것이 있는 반면, 고래둑 위에 시설된 것도 살필 수 있다. 이는 초석의 레벨 차이를 보여주는 것으로 기둥을 통한 높이 조절이 이루어졌음을 짐작할 수 있다. 굴뚝은 벽체와 약간 떨어져 조성되었다.

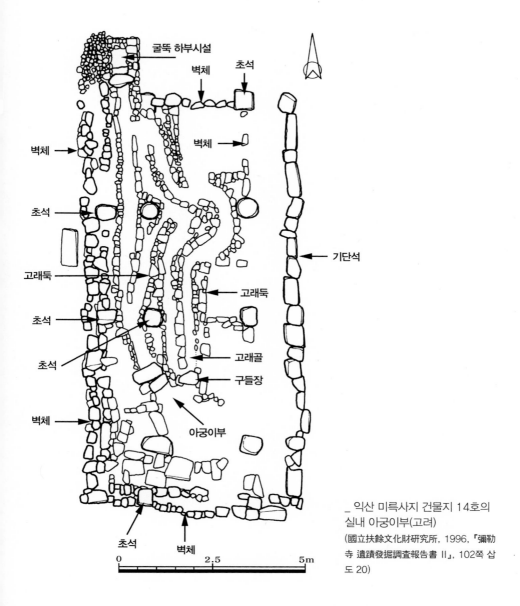

_ 익산 미륵사지 건물지 14호의 실내 아궁이부(고려)
(國立扶餘文化財研究所, 1996, 『彌勒寺 遺蹟發掘調査報告書 II』, 102쪽 삽도 20)

• 대전 상대동 원골유적 Ⅰ지구 2-1호 건물지의 실내 아궁이부

초석 배치와 벽체 시설로 보아 아궁이부는 실내에 조성되었다. 벽면을 따라 고래가 1~2줄로 축조되었다. 구들장은 모두 유실되었으나 고래둑이 기단토면(생활면)보다 높게 조성되었음을 살필 수 있다.

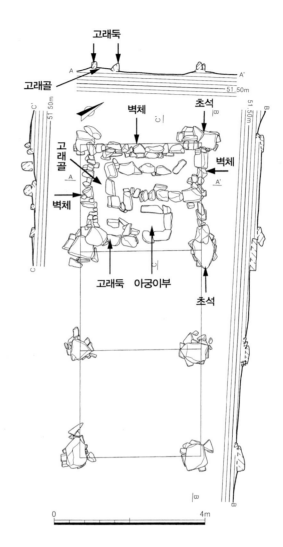

_ 대전 상대동 원골유적 Ⅰ지구 2-1호 건물지의 실내 아궁이부(고려)
(중앙문화재연구원, 2011, 『대전 상대동 원골 유적-본문 1-』, 31쪽 도면 10)

• 강화 선원사지 E지구 서 제 2건물지의 실내 아궁이부

기단석과 초석 배치로 보아 아궁이부가 실내에 조성되었음을 알 수 있다. 고래는 2~3줄로 축조되었으나 구들장은 모두 유실되었다. 고래는 'ㄱ' 모양으로 시설되었다.

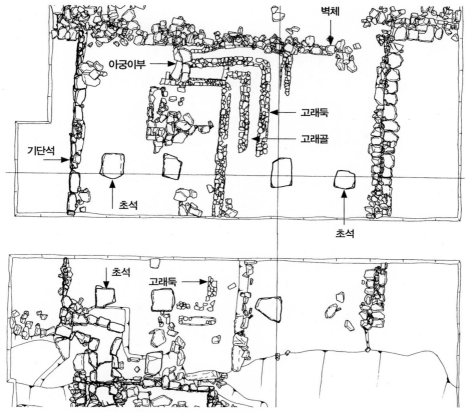

_ 강화 선원사지 E지구 서 제 2건물지의 실내 아궁이부(고려 후기)

(東國大學校博物館, 2003, 『史蹟 259號 江華 禪源寺址發掘調査 報告書 II(圖版)』, 67쪽 유구도면 11 중)

한편, 앞에서 살펴 본 것처럼 삼국시대 및 고려 전기[18]의 온돌시설은 기본적으로 쪽구들이면서 고래가 직선형(∥), 혹은 굴절형(ㄱ)의 구조를 보이고 있다. 그리고 무엇보다도 아궁이부가 실내(벽체 내부)에 위치하고 있음을 살필 수 있다.

---

18) 굴절형의 고래는 고려 후기에도 나타나고 있다. 그러나 고려 전기에 비하면 그 수는 현격히 적은 편이다.

그런데 백제 사비기로 편년되는 부여 능산리사지 북편건물지 1호에서는 직선형의 쪽구들에 아궁이부가 실외에 배치되었음을 확인할 수 있다. 이는 대단히 희귀한 사례에 속하는 것으로서 건물지의 성격과 밀접한 관련이 있을 것으로 생각된다. 즉, 깨끗한 청결을 요하는 식당이기 때문에 아궁이부를 내부가 아닌 외부에 조성하였을 것으로 판단된다.

◆ 삼국시대의 실외 아궁이부

• 부여 능산리사지 북편건물지 1호

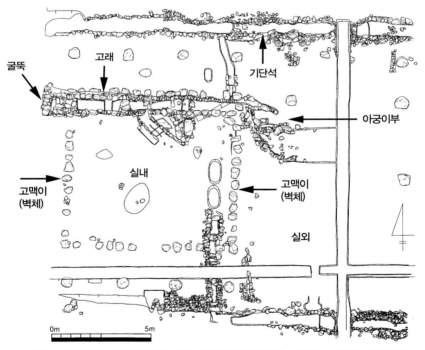

_ 부여 능산리사지 북편건물지 1호의 실외 아궁이부(백제 사비기). 봇돌과 이맛돌은 살필 수 없으나 아궁이부가 실외에 위치하고 있음을 확인할 수 있다.
(한국전통문화학교 고고학연구소, 2010,「扶餘 陵山里寺址 제9차 발굴 조사 보고서」, 59쪽 도면 12)

(2) 아궁이부가 실외(벽체 외부)에 위치하는 경우

아궁이가 초석과 초석 사이의 벽체 하부에 조성되는 경우와 벽체에서 어느 정도 떨어져 축조되는 사례로 나누어 볼 수 있다. 여기서 전자는 장작더미가 연소하는 함실이 벽체 내부에 포함되며, 후자는 실외(벽체 외부)에 시설된다.

◆ 연소실(함실)이 벽체 내부(실내)에 위치하는 경우

초석과 초석 사이에 아궁이(붓돌, 이맛돌)가 위치한다. 이때 아궁이부(아궁이 앞 공간, 아궁이)는 생활면을 굴착하고 조성하는 경우도 있어 평면 제토 시 주의를 기울인다.

• 양주 회암사지 4단지 '사' 건물지의 벽체 내부(실내) 연소실(함실)

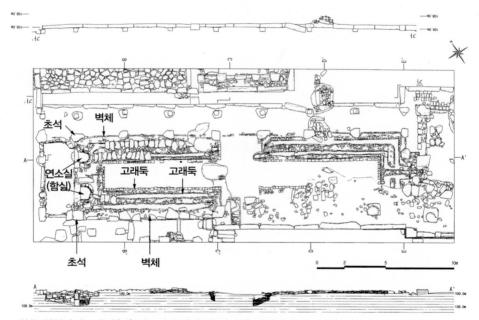

_ 양주 회암사지 4단지 '사' 건물지의 벽체 내부(실내) 연소실(함실, 고려 말~조선 전기). 연소실은 초석과 초석 사이의 벽체 내부에 자리하고 있다.
(경기도 외, 2013, 『檜巖寺Ⅳ 1~4단지 발굴조사 보고서 -본문-』, 67쪽 그림 23)

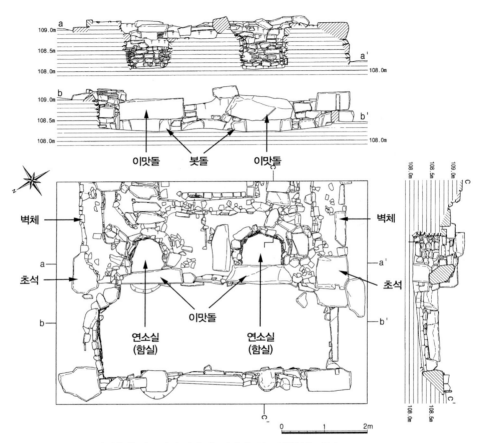

_ 양주 회암사지 4단지 '사' 건물지의 벽체 내부(실내) 연소실(함실) 세부
(경기도 외, 2013, 『檜巖寺Ⅳ 1~4단지 발굴조사 보고서 -본문-』, 69쪽 그림 24)

• 남해 전 백련암지 상단 건물지의 벽체 내부(실내) 연소실(함실)

　기단석과 초석의 배치로 보아 연소실(함실)이 벽체 내부에 위치하고 있음을 알 수 있다. 아궁이(봇돌, 이맛돌)는 벽체 아래에 조성되어 있다. 아궁이와 기단석 사이에는 '아궁이 앞 공간'이 자리하고 있다.

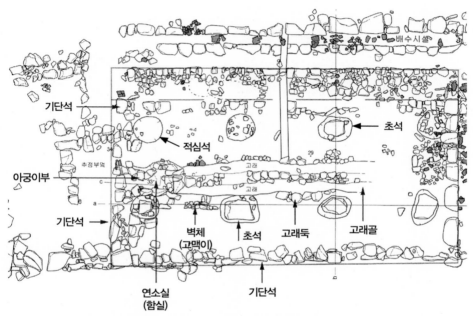

_ 남해 전 백련암지 상단 건물지의 벽체 내부(실내) 연소실(함실, 고려)
(문화재청 · 남해군 · 慶南發展硏究院 歷史文化센타, 2016, 『남해 傳 백련암지』, 43쪽 도면 15)

• 수원 광교신도시 부지 내 3호 건물지의 벽체 내부(실내) 연소실(함실)

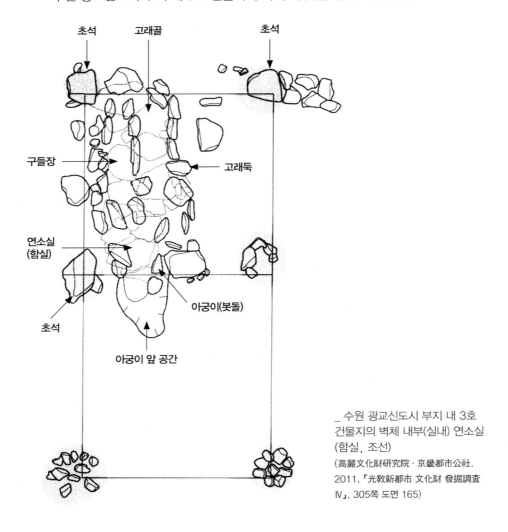

초석   고래골   초석

구들장

고래둑

연소실
(함실)

초석

아궁이(봇돌)

아궁이 앞 공간

_ 수원 광교신도시 부지 내 3호
건물지의 벽체 내부(실내) 연소실
(함실, 조선)
(高麗文化財硏究院·京畿都市公社,
2011,『光敎新都市 文化財 發掘調査
Ⅳ』, 305쪽 도면 165)

한편, 조선시대 가옥 중 마루 아래에 조성된 아궁이부의 경우 평면 구조상 기단 내부에 위치할 수 있다. 이는 기둥 이상의 상부 구조가 유실된 상태에서 보면 마치 건물 내부에 아궁이부가 축조된 것과 같은 혼란에 빠뜨리게 한다.

◆ 마루 아래의 아궁이부

• 서울 창덕궁 낙선재 마루 아래의 아궁이부

_ 서울 창덕궁 낙선재 마루 아래의 아궁이부(조선). 기단 내부에 아궁이부가 조성되어 있다. 그렇지만 자세히 보면 초석과 초석 사이에 아궁이(봇돌, 이맛돌)가 위치하고 있다.

• 논산 명재고택 누마루 아래의 아궁이부

_ 논산 명재고택의 아궁이부(조선 후기). 누마루 아래에 아궁이부가 조성되어 있다. 아궁이(봇돌, 이맛돌)는 초석과 초석 사이에 자리하고 있다.

하지만 이 역시도 아궁이부의 위치를 면밀히 살펴보면 바로 초석과 초석 사이에 아궁이(붓돌, 이맛돌)가 시설되어 있다. 따라서 아궁이부와 초석 배치를 거시적 관점에서 미시적 측면으로 축소하여 살펴보는 것이 필요하다. 그리고 이러한 평면 구조는 아궁이부를 중심으로 한 건물 배치가 좀 더 복합적으로 이루어졌음을 고려하여 건축학자의 도움을 반드시 받도록 한다.

◆ 연소실이 실외에 위치하는 경우

연소실이 실외에 조성되면 이것을 매개로 하여 별도의 부뚜막이 축조되곤 한다. 그리고 아궁이(붓돌, 이맛돌)는 부뚜막이 설치되는 만큼 벽체에서 멀어지게 된다. 이는 부뚜막을 중심으로 하여 외진주 초석과 아궁이의 위치가 어느 정도 떨어져 있음을 의미한다.

이러한 부뚜막의 조성은 한 번의 연소 행위를 통해 실내의 난방과 취사를 동시에 시행할 수 있다는 장점이 있다. 이는 이전 시기의 난방 및 취사시설과 비교해 확실한 차이를 보여준다.

• 군위 가호리 977-3번지 유적 내 1-2건물지의 실외 연소실

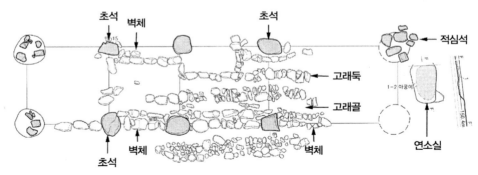

_ 군위 가호리 977-3번지 유적 내 1-2건물지의 실외 연소실(고려)
(世宗文化財硏究院, 2013, 『軍威 佳湖里 977-3番地 遺蹟 -본문-』)

• 양주 회암사지 3단지 '다' 건물지의 실외 연소실

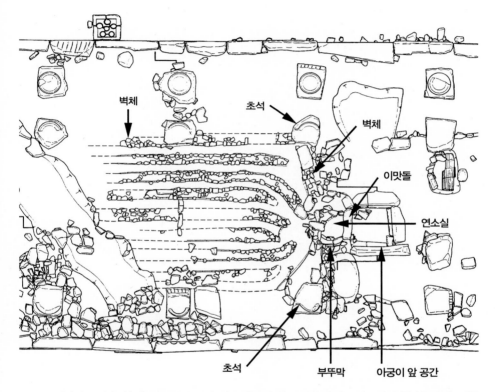

_ 양주 회암사지 3단지 '다' 건물지의 실외 연소실(고려 말~조선 전기). 연소실의 윗면은 솥을 걸칠 수 있도록 둥그렇게 축조되었다. 연소실 주변의 석재로 보아 부뚜막이 시설되었을 것으로 판단된다. (경기도 외, 2013, 『檜巖寺Ⅳ 1~4단지 발굴조사 보고서 -본문-』, 121쪽 그림 52)

• 양주 회암사지 4단지 '가' 건물지의 실외 연소실

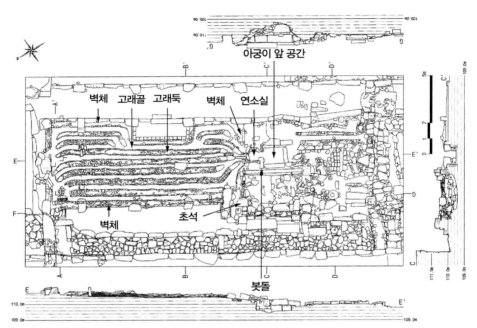

_ 양주 회암사지 4단지 '가' 건물지의 실외 연소실(고려 말~조선 전기). 아궁이부의 봇돌을 중심으로
연소실과 '아궁이 앞 공간'으로 구분되고 있다.
(경기도 외, 2013, 『檜巖寺Ⅳ 1~4단지 발굴조사 보고서 -본문-』, 41쪽 그림 7)

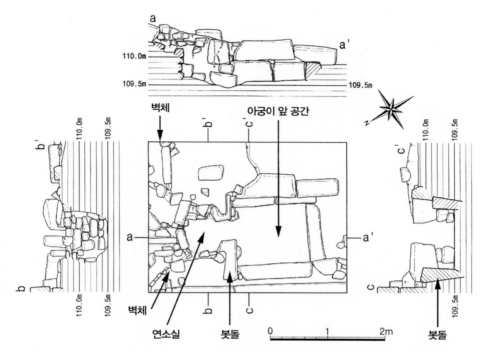

110.0m
109.5m
109.5m

벽체
아궁이 앞 공간

벽체
연소실
봇돌
봇돌

110.0m
109.5m
110.0m
109.5m
110.0m
109.5m
109.5m

0   1   2m

_ 양주 회암사지 4단지 '가' 건물지의 실외 연소실 세부. 연소실 윗면은 솥을 걸칠 수 있도록 둥그렇게 조성되었다.
(경기도 외, 2013, 『檜巖寺Ⅳ 1~4단지 발굴조사 보고서 -본문-』, 42쪽 그림 8)

• 서울 북한산 서암사지 건물지의 실외 연소실

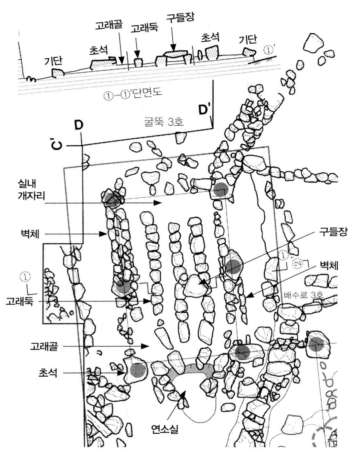

고래골　고래둑　구들장
초석　　　　초석　기단
기단　초석
①　　　　　　　　　　　　　　　①'
①—①'단면도

D'
굴뚝 3호
D
C'

실내
개자리
벽체
구들장
①
②
벽체
①
고래둑
배수로 3호
고래골
초석
연소실

_ 서울 북한산 서암사지 건물지의 실외 연소실(조선)
(佛敎文化財硏究所 · 북한산 서암사, 2015, 『북한산 서암사지Ⅱ』, 37쪽 도면 9)

• 화성 남양동 7지점 2호 건물지의 실외 연소실

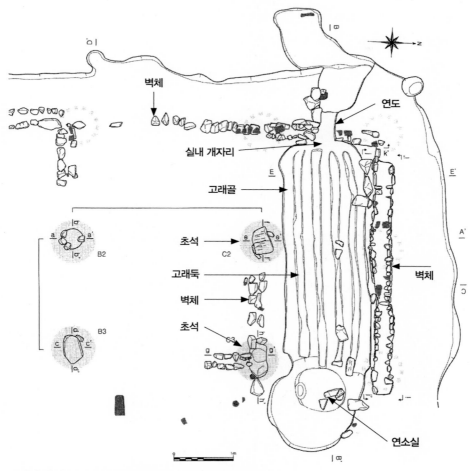

_ 화성 남양동 7지점 2호 건물지의 실외 연소실(조선 전기)
(한백문화재연구원, 2014, 『화성 남양동 유적II』, 318쪽 도면 274)

(3) 고래 없이 석축 화덕만 존재하는 경우

마치 노지처럼 고래나 굴뚝이 없이 석축 화덕만 존재한다. 통일신라시대 이후의 건물지에서 주로 확인되며, 한 건물지 내에 두 곳 이상이 조성된 사례도 살필 수 있다.

층위상 적심석과 같은 레벨에 위치하고 있는 것으로 보아 기단토를 파고 지하에 석축 화덕을 설치하였음을 알 수 있다. 통일신라 및 고려시대에 이미 쪽구들이나 전면(온통)구들이 존재하였음을 볼 때 이러한 석축 화덕이 설치된 건물지가 적어도 취침을 위한 유구는 아니었을 것으로 생각된다. 아마도 회의나 강학 등을 위한 목적으로 조성되었을 것으로 생각된다.

◆ 양양 진전사지 건물지 6의 실내 석축 화덕

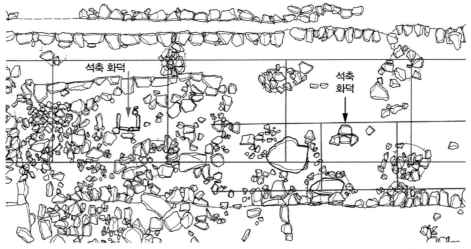

_ 양양 진전사지 건물지 6의 실내 석축 화덕(나말여초 추정). 고래가 없이 석축 화덕만 조성되어 있다.
(江原文化財研究所 · 神興寺, 2004, 「陳田 發掘調査 報告書」, 55쪽 도면 13 중)

◆ 강화 선원사지 건물지의 실내 석축 화덕

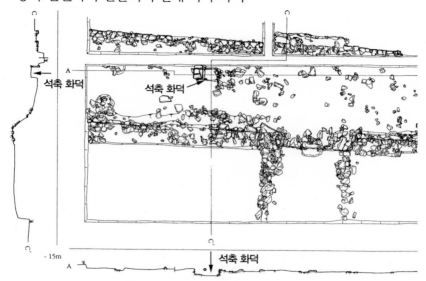

_ 강화 선원사지 건물지의 실내 석축 화덕(고려)
(東國大學校博物館, 2003, 『史蹟 259號 江華 禪源寺址發掘調査 報告書 II(圖版)』, 61쪽 유구도면 9)

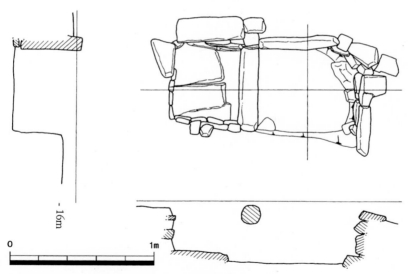

_ 강화 선원사지 건물지의 실내 석축 화덕 세부(고려)
(東國大學校博物館, 2003, 『史蹟 259號 江華 禪源寺址發掘調査 報告書 II(圖版)』, 61쪽 유구도면 9)

◆ 홍성 월산리유적의 실내 석축 화덕

• 4호 건물지의 실내 석축 화덕

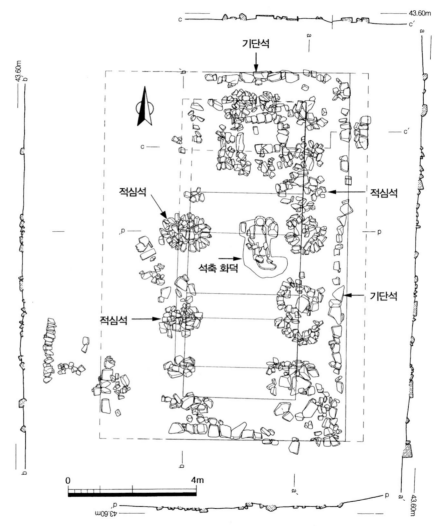

_ 홍성 월산리유적 4호 건물지의 실내 석축 화덕(고려)
(中央文化財研究院·韓國土地公社, 2001, 『洪城 月山里遺蹟』, 31쪽 도면 10)

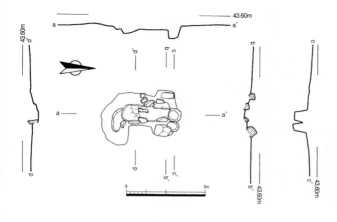

_ 홍성 월산리유적 4호 건물지
의 실내 석축 화덕 세부(고려)
(中央文化財硏究院 · 韓國土地公社,
2001, 「洪城 月山里遺蹟」, 32쪽
도면 11 상단)

• 14호 건물지의 실내 석축 화덕

_ 홍성 월산리유적 14호 건물지의 실내
석축 화덕(고려)
(中央文化財硏究院 · 韓國土地公社, 2001, 「洪
城 月山里遺蹟」, 52쪽 도면 21)

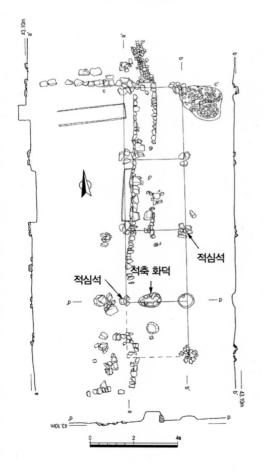

적심석

석축 화덕

적심석

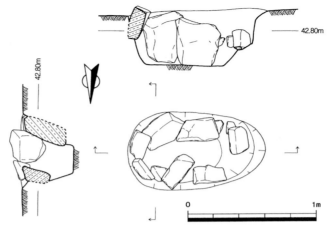

_ 홍성 월산리유적 14호 건물지의 실내 석축 화덕 세부(고려)
(中央文化財硏究院·韓國土地公社, 2001, 「洪城 月山里遺蹟」, 53쪽 도면 22)

◆ 대전 상대동 원골유적의 실내 석축 화덕

• 6-3호 건물지의 실내 석축 화덕

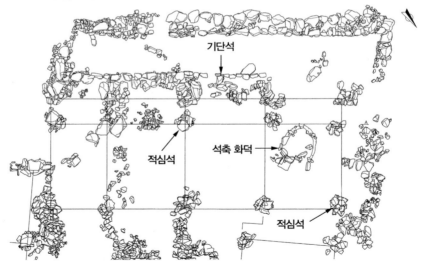

_ 대전 상대동 원골유적 6-3호 건물지의 실내 석축 화덕(고려)
(중앙문화재연구원, 2011, 「大田 上垈洞 원골遺蹟-本文 I-」)

• Ⅳ지구 5-1호 건물지의 실내 석축 화덕

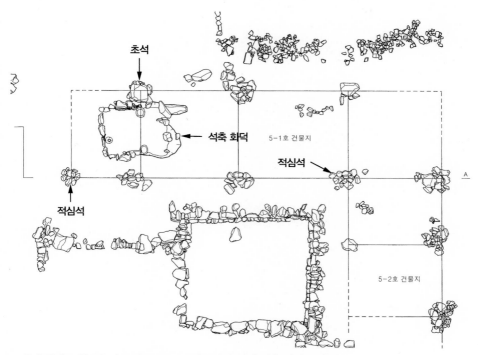

_ 대전 상대동 원골유적 Ⅳ지구 5-1호 건물지의 실내 석축 화덕(고려)
(중앙문화재연구원, 2011, 『大田 上垈洞 원골遺蹟-本文 I-』, 43쪽 도면 256)

2) 고래

고래는 불길이 지나가는 고래골과 구들장이 올라가는 고래둑, 그리고 사람들이 앉을 수 있는 구들장으로 이루어져 있다. 구들장은 위가 평평한 판석형 할석을 이용하고 있으며, 이 위에 점토를 발라 사람들이 생활할 수 있도록 하였다.

◆ 양주 회암사지 수좌료지의 고래와 구들장

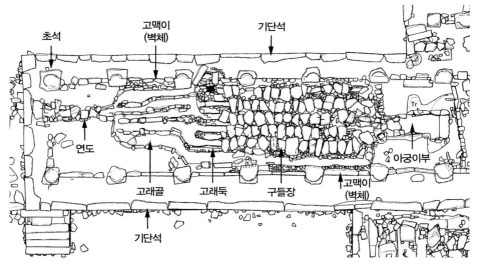

_ 양주 회암사지 수좌료지의 고래둑과 고래골, 구들장(고려 말~조선 전기)

(경기도 외, 2003, 『檜巖寺Ⅱ 7·8단지 발굴조사 보고서 -본문-』, 82쪽 그림 22)

고래둑은 온돌이 시설된 건물지에서 가장 쉽게 볼 수 있으며, 둑처럼 'ㄷ'형태로 조성되어 있다. 이는 대개 평평한 석재를 여러 단으로 쌓아 올리거나 아니면 길쭉한 석재를 한 매로 세워 축조하기도 한다. 그리고 깨진 기와편을 점토와 함께 쌓아 올려 고래둑을 만들기도 한다. 이러한 경우 축조기법에서 흡사 평적식의 와적기단을 연상시킨다. 그 외 고래둑은 석재와 점토를 혼축하여 조성하고 있다.

◆ 고래둑 위에 구들장이 덮힌 모습

_ 공주 금학동 주미산유적 2호 건물지의 구들장 모습(근대). 구들장에 사용된 석재는 고래둑을 모두 덮을 수 있는 판석형 할석을 사용하였다. 고래둑과 구들장 사이는 연기가 빠져나올 수 없도록 점토와 할석을 혼축하여 발라놓았다. (한얼문화유산연구원 제공)

◆ 벽체 내부의 고래골과 고래둑

_ 공주 금학동 주미산유적 2호 건물지의 고래 모습(근대). 벽체 내부에 고래둑과 고래골이 조성되어 있다. 고래둑 위에는 구들장이 놓여진다. (한얼문화유산연구원 제공)

고래둑과 고래둑 사이는 고래골로서 이는 불길이 지나가는 통로에 해당된다. 불기운은 재와 함께 이동되기 때문에 고래골 바닥 대부분에는 재층이 형성되어 있다. 그런데 이를 반복하여 정리할 경우 훼실될 가능성이 높으므로 한번 정리하면 사진을 찍고 유구를 덮어둔다.

또한 아궁이에서 멀리 떨어진 고래골 일수록 재층이 거의 없을 수도 있으므로 제토 작업 시 주의를 기울인다. 특히 고래둑의 아랫부분이 노출되지 않도록 제토 작업에 신중을 기한다.

기와건물지의 고래는 시기에 따라 그 평면 형태가 다양함을 볼 수 있다. 그리고 실내에서 고래가 차지하는 범위 또한 점차 확대되고 있음을 살필 수 있다.

즉, 삼국시대에는 'ㄱ'자 및 '∥'형태의 고래가 쪽구들로 조성되었다. 이는 통일신라시대에도 마찬가지로 나타나는데, 특히 이 시기에는 입체형의 고래가 등장한다. 그리고 고려시대에는 12세기 전반을 기준으로 쪽구들에서 점차 전면(온통)구들로 변화해 감을 확인할 수 있다.

□ 쪽구들(입식생활)의 고래 구조

◆ 굴절형 고래

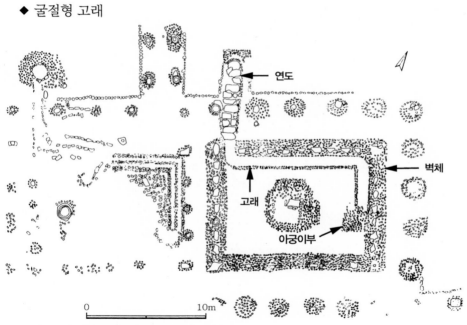

_ 중국 집안 동대자유적의 굴절형 고래(고구려)
(張慶浩, 1992, 『韓國의 傳統建築』, 文藝出版社, 73쪽 도면 21)

◆ 직선형 고래

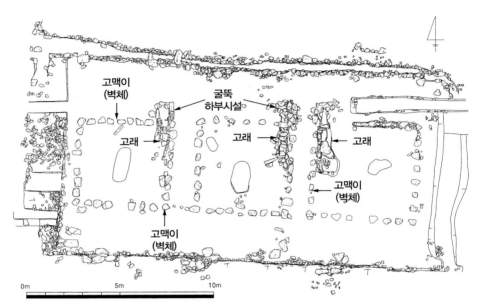

고맥이
(벽체)

굴뚝
하부시설

고맥이
(벽체)

고래

고래

고래

고맥이
(벽체)

고맥이
(벽체)

0m   5m   10m

_ 부여 능산리사지 북편건물지 2호의 직선형 고래(백제 사비기)
(한국전통문화학교 고고학연구소, 2010, 『扶餘 陵山里寺址 제9차 발굴 조사 보고서』, 123쪽 도면 54)

◆ 입체형 고래

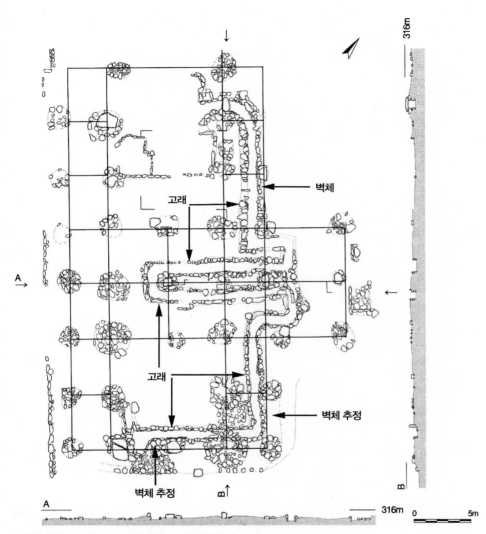

벽체

고래

벽체

316m

A →

고래

벽체 추정

A

벽체 추정

B ↑

316m

0   5m

_ 남원 실상사 건물지 8의 입체형 고래(통일신라)
(국립부여문화재연구소, 2006, 『實相寺 II 發掘調査報告書』, 64쪽 도면 9)

이러한 고래 구조의 변화는 한편으로 입식생활을 좌식생활로 바꾸는 원동력이 되었고, 발굴과정에서도 확연한 차이를 보여주고 있다.

쪽구들이 시설된 기와건물에서는 기본적으로 입식생활을 하였고, 실내에까지 신발을 신고 들어갔다. 그리고 초석이 시설된 기단토면(생활면)보다 고래둑을 높게 조성하여 사람들이 구들장에 걸터앉아 휴식을 취하거나 취침을 할 수 있도록 하였다.

◆ 쪽구들(입식생활)에서의 기단토와 구들장의 층위 관계
  –구들장은 기단토보다 높은 곳에 위치(실내 아궁이 조성)

_ 오산 지곶동사지 B–1 건물지(승방지)의 쪽구들(고려). 고래는 굴절형이며, 구들장이 기단토 상면(생활면)보다 위에 조성되었음을 볼 수 있다.

고래둑은 기단토를 약간 굴착하여 돌이나 기와를 이용하여 조성하였다. 구들장이 기단토면(생활면) 보다 높은 곳에 축조되는 반면, 고래골은 기단토 보다 아래면에 조성되어 높이차를 보인다.

◆ 쪽구들(입식생활)에서의 기단토와 고래골의 층위 관계

  -고래골이 기단토보다 아래 면에 위치

_ 오산 지곶동사지 B-1 건물지(승방지)의 쪽구들(고려). 기단토 상면(생활면)을 굴착하여 고래둑과 고래골을 조성하였다. 구들장의 경우 생활면 보다 높은 곳에 놓여 있다.

    따라서 단면상으로 보면 고래는 생활면 보다 높게 축조되었다. 기단토 위에 고래 둑이 조성되었기 때문에 육안으로도 쉽게 확인할 수 있다. 고래 수는 삼국시대 및 통일신라시대의 경우 일정하게 나타나는 반면, 고려시대에는 2줄에서 3줄로 늘어나는 것도 살필 수 있다. 이는 활용면적의 좁고 넓음에 따라 사용 목적도 달랐던 것으로 생각된다. 예컨대 좁은 고래에서는 휴식을 취하고, 넓은 고래에서는 취침을 행했던 것으로 판단된다.

◆ 고래 줄수의 변화

3줄 고래 →

2줄 고래 →

_ 오산 지곶동사지 B-1 건물지(승방지)의 쪽구들(고려). 고래의 중간 지점에서 두 줄이 세 줄로 바뀌고 있다.

반면, 12세기 전반 무렵 쪽구들에서 전면(온통)구들로의 변화는 생활방식의 차이뿐만 아니라 아궁이와 고래의 위치 또한 바꾸어 놓고 있다. 즉 고래가 실내 전면에 시설되고, 그 위에 구들장이 올라감에 따라 사람들은 이제 신발을 벗고 실내에 들어가는 좌식생활을 하게 되었다. 그리고 실내에 위치한 아궁이도 실외로 옮겨지게 되었다.

□ 전면(온통)구들 – 좌식생활

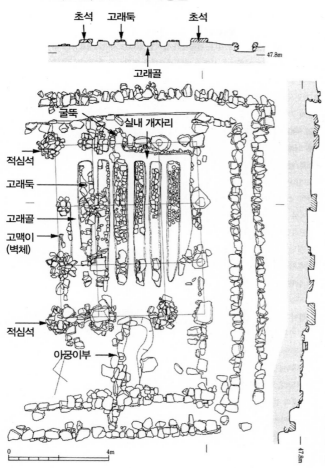

초석　고래둑　　초석
고래골
47.8m

굴뚝　실내 개자리
적심석
고래둑
고래골
고맥이
(벽체)
적심석
아궁이부

0　　　　4m

47.8m

_ 고창 연기사지 제 2건물지의
전면(온통)구들(조선)
(湖南文化財研究院, 2004, 『高敞
烟起寺址』, 51쪽 도면 9)

　벽체에 조성된 초석은 고래둑과 같은 층위에 축조될 수 있으나 실내에 놓이는 초
석은 구들장 위에 조성된다. 쪽구들이 사용된 건물지에서의 고래둑과 초석의 레벨과
는 확연한 차이를 보여준다. 따라서 조선시대 기와건물지 조사에서 구들장이 유실되
었다면 이보다 위에 조성된 초석 또한 이미 멸실되었을 수도 있을 것이라는 가능성을
두고 내부 구조를 실시한다.

◆ 전면(온돌)구들(좌식생활)에서의 초석과 고래둑, 구들장의 층위 관계
  -초석은 고래둑이나 구들장보다 높은 곳에 위치(실외 아궁이 조성)

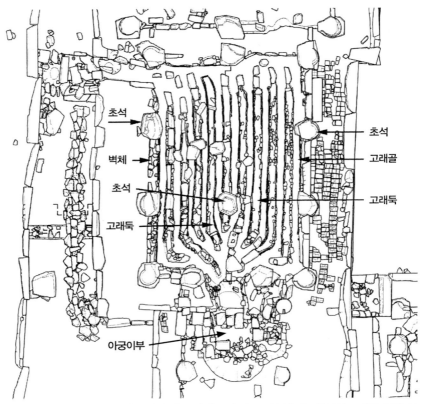

_ 양주 회암사지 서승방지의 초석과 온돌시설(고려 말~조선 전기). 초석이 고래둑 위에 조성되어 층위상 구들장 위에 놓였음을 알 수 있다.
(서방장지 – 경기도 외, 2003, 『檜巖寺Ⅱ 7 · 8단지 발굴조사 보고서 –본문–』, 51쪽 그림 9)

한편, 구들장은 얇은 판석형 활석으로 이루어져 완형보다는 깨어져 고래바닥에 떨어진 것이 많아 발굴조사 과정에서 무조건 제거하는 것은 옳지 않다. 이는 향후 구들장의 수를 복원함에 있어 중요한 자료를 잃게 하는 요인이 될 수 있다. 구들장과 구들장 사이는 연기가 빠져 나가지 않도록 점토로 보강되어 있다.

고래골 바닥면에는 재가 떨어져 있기 때문에 바닥이 약간 흑색을 띠며, 이는 개자리부나 굴뚝 개자리부에서도 마찬가지이다. 따라서 이 부분을 정리함에 있어 기단토나 대지조성토까지 제토하지 않도록 주의를 기울인다. 고래는 건물지마다 그 방향(직선형, 사선형, 굴절형 등)이 얼마든지 다를 수 있기 때문에 우선적으로 평면 상태를 주의 깊게 관찰한 후 내부 조사를 실시토록 한다.

□ 전면(온통)구들의 고래 구조

◆ 직선형 고래

• 공주 금학동 주미산유적 4호 건물지의 직선형 고래

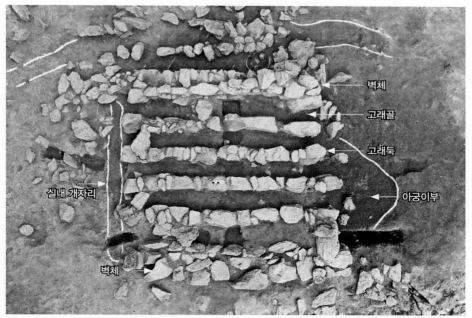

_ 공주 금학동 주미산유적 4호 건물지의 직선형 고래(근대) (한얼문화유산연구원 제공)

◆ 사선형 고래

• 양주 회암사지 4단지 '타' 건물지의 사선형 고래

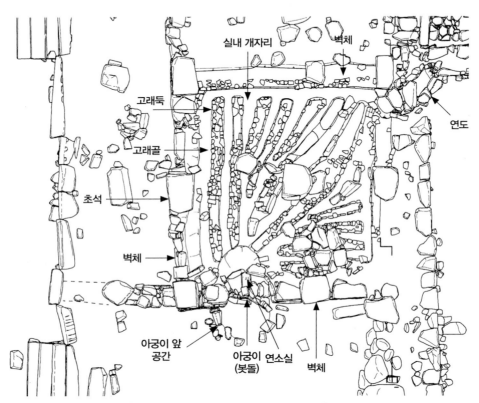

_ 양주 회암사지 4단지 '타' 건물지의 사선형 고래(고려 말~조선 전기)
(경기도 외, 2013, 『檜巖寺IV 1~4단지 발굴조사 보고서 -본문-』, 89쪽 그림 35)

◆ 굴절형 고래

• 대전 상대동 원골유적 I 지구 2-1호 건물지의 굴절형 고래

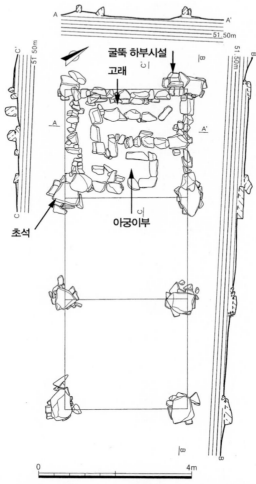

_ 대전 상대동 원골유적 I 지구 2-1호 건물지의 굴절형 고래(고려)
(中央文化財研究院, 2011, 『大田 上垈洞 원골遺蹟-本文 I-』, 31쪽 도면 10)

• 양주 회암사지 4단지 '아' 건물지의 굴절형 고래

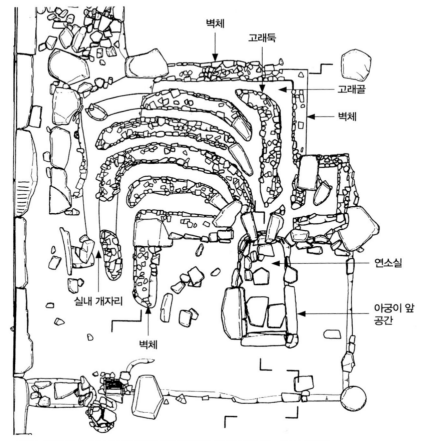

_ 양주 회암사지 4단지 '아' 건물지의 굴절형 고래(고려 말~조선 전기)
(경기도 외, 2013, 『檜巖寺Ⅳ 1~4단지 발굴조사 보고서 −본문−』, 73쪽 그림 26)

3) 실내 개자리

개자리는 굴뚝 하부를 비롯해 고래둑 끝단과 벽체 사이에 조성되어 있다. 후자는
실내에 위치하고 있어 여기에서는 편의상 실내 개자리로 부르고자 한다.

◆ 여주 연라리유적 B건물지 북쪽구들의 실내 개자리

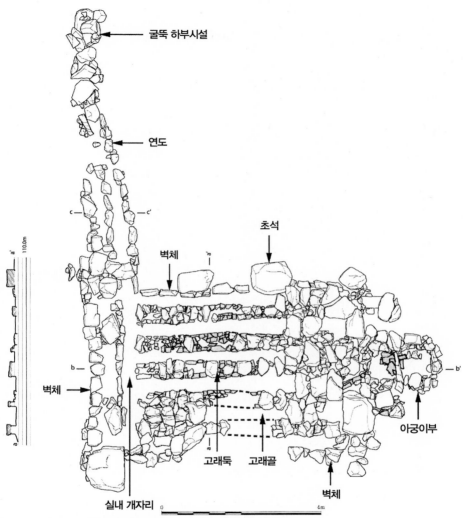

_ 여주 연라리유적 B건물지 북쪽구들의 실내 개자리(고려 말)
(한백문화재연구원, 2011, 『여주 연라리유적』, 82쪽 도면 43)

실내 개자리는 연소실에서 발생한 불기운이 여러 갈래의 고래를 따라 굴뚝으로 넘어가는 데 있어 마지막으로 합쳐지는 공간이다. 벽체와 접해 길게 조성되어 있으며, 고래골보다 약간 낮은 레벨을 보이고 있다.

◆ 양주 회암사지 전 영당지의 실내 개자리

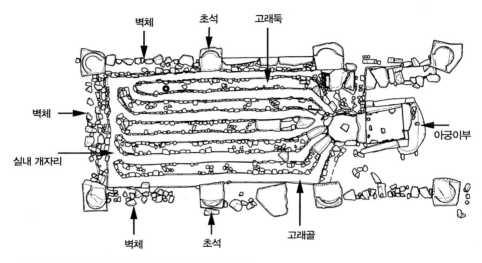

_ 양주 회암사지 전 영당지의 실내 개자리(조선 전기)
(경기도 외, 2003, 『檜巖寺 Ⅱ 7·8단지 발굴조사 보고서-본문-』, 86쪽 그림 24)

단면상 'ㅁ'형으로 약하게 굴토되었거나 평탄면으로 이루어져 있어 정리 작업 시 신중을 기한다. 제토 작업 과정에서 실내 개자리가 노출되면 일단 층위 파악 차원에서 탐색 피트를 설치해 보는 것이 좋다. 이를 통해 기단토면, 재층, 퇴적토 등이 확인되면 비로소 제토 작업을 실시한다.

실내 개자리에서 모아진 불기운은 벽체의 연도를 따라 굴뚝에 연결된다. 그런데 벽체가 무너지거나 교란될 경우 연도를 찾기 어려울 수도 있다. 이때에는 재층이나 석축 상태를 유심히 살펴 그 차이를 확인해 보고, 연도의 위치를 추정해 본다.

◆ 공주 금학동 주미산유적 4호 건물지의 실내 개자리

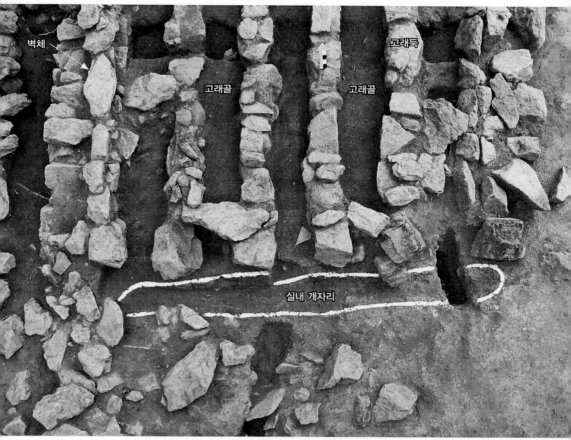

벽체

고래둑

고래골

고래골

실내 개자리

_ 공주 금학동 주미산유적 4호 건물지의 실내 개자리 (한얼문화유산연구원 제공)

만약, 조사 중에 고래둑의 대부분이 유실되어 실내 개자리의 존재를 확인할 수 없다면 벽체의 위치를 우선적으로 살펴본다. 벽체는 기둥과 기둥 사이에 조성되어 있으므로 건물지 외곽에서의 초석과 적심시설 등을 찾아보는 것도 좋은 방법이다.

◆ 여주 고산서원지 건물지의 실내 개자리

_ 여주 고산서원지 건물지의 실내 개자리(조선) (한얼문화유산연구원 제공)

평면상에서 벽체의 위치가 파악되면 다음에는 벽체의 두께가 어느 정도인지를 살펴본다. 벽체는 대부분 토축이나 석축으로 이루어져 있고, 벽체 하부의 적심은 기단토를 굴토하고 조성되기 때문에 탐색 피트를 설치해 보면 토층에서 이의 형적을 충분히 확인할 수 있다.

◆ 화성 금의리유적 건물지의 실내 개자리

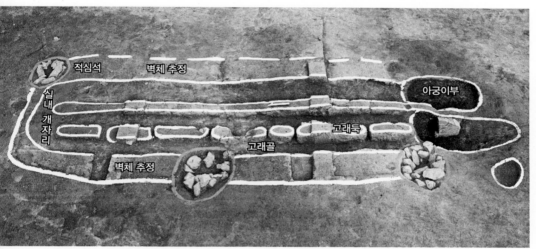

_ 화성 금의리유적 건물지의 실내 개자리(조선)

실내 개자리는 이처럼 벽체와 접해 조성되기 때문에 유구의 잔존 상태가 비록 불량
하다 할지라도 현장에서 너무 긴장하지 않도록 한다. 이러한 때 일수록 건물지의 평
면 구조를 되새기고, 과정에 맞춰 단면 작업을 실시한다면 개자리의 흔적은 충분히
찾아질 수 있다.

4) 굴뚝

건물지 발굴조사에서 굴뚝은 확인하기 어렵다. 이는 지상의 구조물로 축조되기 때문에 건물이 붕괴되면서 파괴되는 것이 일반적이다. 따라서 오늘날 우리가 발굴과정에서 확인하는 유구는 굴뚝과 관련된 하부시설과 개자리이다.

◆ 부여 능산리사지 강당지의 굴뚝 하부시설

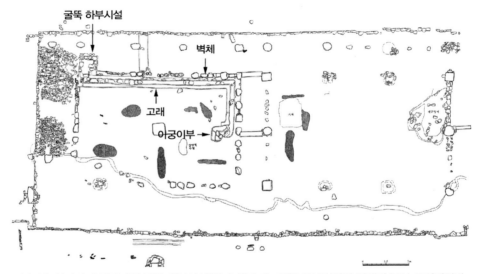

_ 부여 능산리사지 강당지의 굴뚝 하부시설(백제 사비기). 굴뚝 하부시설이 벽체에 붙어 조성되었다.
(國立扶餘博物館, 2000, 『陵寺 -圖面·圖版-』, 15쪽 도면 10)

◆ 부여 능산리사지 북편건물지 1호의 고래와 굴뚝 하부시설

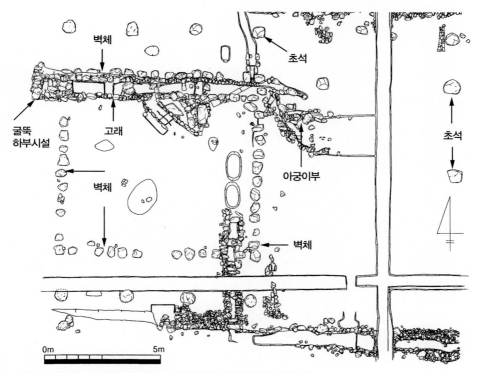

벽체

초석

굴뚝
하부시설

고래

초석

벽체

아궁이부

벽체

0m   5m

_ 부여 능산리사지 북편건물지 1호의 굴뚝 하부시설(백제 사비기)
(한국전통문화학교 고고학연구소, 2010, 『扶餘 陵山里寺址 제9차 발굴 조사 보고서』, 59쪽 도면 12)

_ 부여 능산리사지 북편건물지 1호의 굴뚝 하부시설(백제 사비기)

(한국전통문화학교 고고학연구소, 2010, 「扶餘 陵山里寺址 제9차 발굴 조사 보고서」, 372쪽 사진 89-②)

굴뚝 하부시설은 대부분 석축으로 이루어졌으며 평면 원형, 혹은 (장)방형을 띠고 있다. 벽이나 기단과 접해 조사되고 있으나 이보다 멀리 떨어져 있는 것도 확인된다.

◆ 수원 광교 신도지 부지 내
3호 건물지의 굴뚝 하부시설

굴뚝 하부시설

초석

벽체

벽체

초석

초석

고래둑

고래골

초석

연소실

아궁이부

_ 수원 광교 신도지 부지 내 3호 건물지의 굴뚝 하부시설(조선). 벽체에 붙여 굴뚝 하부시설을 조성하였다.
(高麗文化財硏究院 · 京畿都市公社, 2011, 『光敎新都市 文化財 發掘調査 Ⅳ』, 305쪽 도면 165)

쿠들장

굴뚝
하부시설

_ 수원 광교 신도지 부지 내 3호 건물지의 굴뚝 하부시설(조선)

건물에서 멀리 떨어진 굴뚝의 경우 반드시 연도를 시설해야만 한다. 이때 연도는 생활면 아래의 대지조성토에 축조되어 있다. 그러므로 실내 개자리에서부터 연도가 어느 방향으로 뻗어가는 지를 유심히 살펴보아야 한다.

◆ 김포 마송유적 1호 건물지의 연도

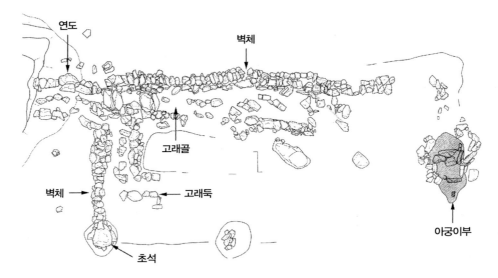

_ 김포 마송유적 1호 건물지의 연도(고려)
(기호문화재연구원, 2010, 『金浦 馬松 遺蹟Ⅰ』, 135쪽 도면 87)

만약, 연도가 교란되었거나 부분적으로 폐기되었다면 실내 개자리가 있는 벽체를 중심으로 탐색 피트를 설치한다. 이는 연도의 잔존 유무나 상태를 파악하기 위한 작업이기 때문에 피트의 너비는 넓을 필요가 없다.

◆ 양주 회암사지 서방장지의 연도

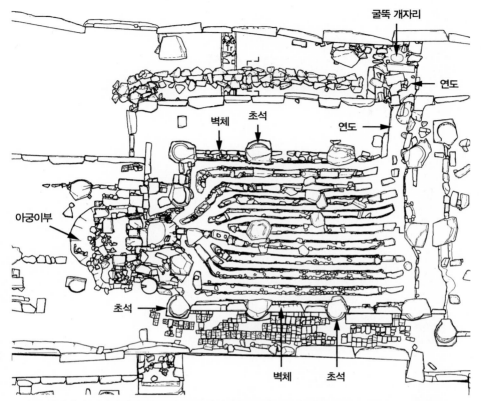

_ 양주 회암사지 서방장지의 연도 및 굴뚝 개자리(고려 말~조선 전기). 굴뚝 개자리는 굴뚝의 최하부
로서 재가 마지막으로 제거되는 부분이다. (경기도 외, 2003, 『檜巖寺Ⅱ 7·8단지 발굴조사 보고서』, 51쪽 그림 9)

　다만 이의 깊이는 실내 개자리의 레벨을 고려하여 높낮이를 조정한다. 왜냐하면
연기는 낮은 곳에서 높은 곳으로 이동하기 때문에 실내 개자리 윗면의 연도는 이보다
레벨이 높아야 하기 때문이다.

　한편, 궁궐 내에서 화계단과 인접한 건물지를 조사한다면 굴뚝의 위치를 이곳으로
비정한다고 해도 결코 무리가 아니다. 이는 경복궁이나 창덕궁 등의 사례를 통해 충
분히 확인할 수 있기 때문이다. 비록 굴뚝의 하부시설이 존재하지 않을지언정 이를

찾아보기 위한 노력을 기울였다는 점에서 아쉬움은 없을 것이라 생각된다.

굴뚝 개자리는 하부시설의 아래 지하에 조성되어 있다. 이는 지표면을 파고 축조되었으며, 평면은 대부분 원형을 띠고 있다. 바닥면에서는 재층이 확인되고 있다.

따라서 굴뚝 하부시설이 검출되면 반드시 굴뚝 개자리 확인을 위한 조사를 실시하여야 한다. 이때 개자리 내부는 흙으로 충전되어 있기 때문에 평면에서 이의 굴광선을 잘 찾아보도록 한다.

□ 굴뚝 하부시설이 벽체와 붙어 있는 경우

◆ 양주 회암사지 3단지 '가' 건물지

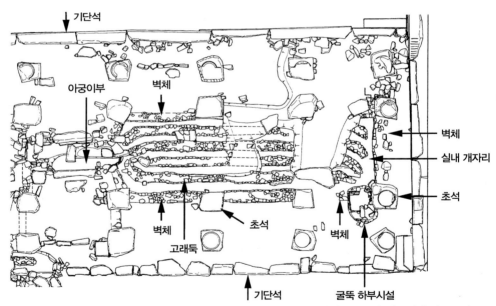

_ 양주 회암사지 3단지 '가' 건물지의 굴뚝 하부시설(고려 말~조선 전기). 굴뚝이 아궁이와 마주보지 않고, 건물의 장축에 조성되어 있다.
(경기도 외, 2013, 『檜巖寺Ⅳ 1~4단지 발굴조사 보고서 -본문-』, 106쪽 그림 45)

◆ 공주 마곡사 대웅보전 주변 건물

_ 공주 마곡사 대웅보전 주변 건물. 굴뚝이 벽체에 붙어 조성되었다.

□ 굴뚝이 벽체와 떨어져 있는 경우

◆ 여주 연라리유적 B건물지

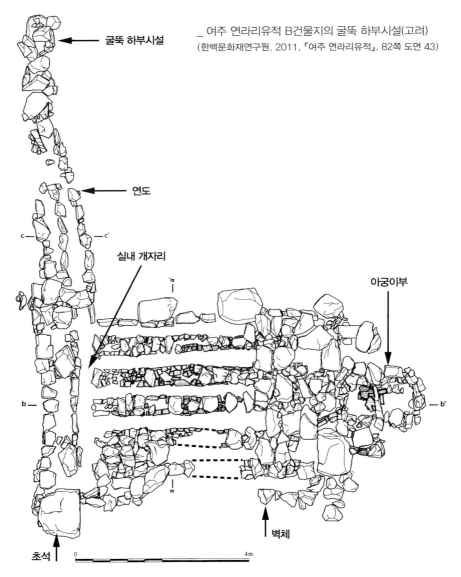

_ 여주 연라리유적 B건물지의 굴뚝 하부시설(고려)
(한백문화재연구원, 2011, 『여주 연라리유적』, 82쪽 도면 43)

굴뚝 하부시설

연도

실내 개자리

아궁이부

벽체

초석

0   4m

_ 천안 목천 은대리 박문수 생가의 굴뚝. 굴뚝이 벽체와 떨어져 담 너머에 위치해 있다.

13. 벽체(壁體)

　건물의 벽체는 비바람을 막아주는 구조물로서 실내와 실외를 구분 짓는 경계가 된다. 이는 수혈 주거가 출현하면서부터 등장하였으나 오늘날과 같은 기와(초가)집의 벽체 구조는 삼국시대에 이르러 출현하였다.

◆ 기와 지붕의 벽체

• 부여 무량사 극락전

_ 부여 무량사 극락전(조선). 벽면은 회가 발려진 후 채색되었다.

• 공주 마곡사 해탈문

_ 공주 마곡사 해탈문(조선). 벽체가 판벽으로 이루어졌다.

_ 공주 마곡사 해탈문의 벽체 세부(조선)

창방

상인방

벽

중인방

벽

하인방

고맥이

초석   기단토   초석

• 공주 공산성 공북루

_ 공주 공산성 공북루(조선). 누각의 특성상 벽체가 시설되지 않았다.

◆ 양철(초가) 지붕의 벽체

_ 양철 지붕의 도리식 건물
벽체(충남 홍성 민가)

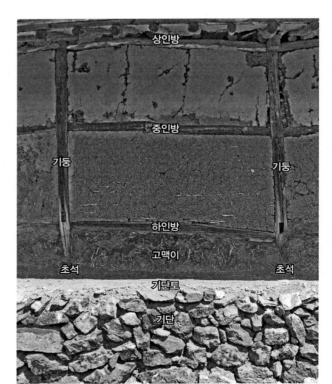

기와건물의 벽체는 기둥과 기둥 사이에 조성되며, 벽면을 구성하기 위해서는 흔히 상·중·하인방이라 불리는 목재가 사용된다. 벽체는 어떠한 재료로 마감하였느냐에 따라 토벽(土壁), 토전벽(土塼壁), 전석혼축벽(塼石混築壁), 회벽(灰壁), 석벽(石壁), 전벽(塼壁), 판벽(板壁) 등으로 불리고 있으며, 이들은 현재 우리나라의 목조 기와건물에서도 어렵지 않게 살필 수 있다.

□ 토벽과 토전벽

_ 토벽과 토전벽(강원도 원주시 부론면 정산리)

◆ 토벽

토벽은 벽의 마감을 점토로 한 것이다. 벽을 구성하는 주요 부재인 인방 사이에 수수깡이나 옥수수대, 혹은 나무줄기와 같은 유기물질을 설치하고 그 위에 점토를 발라 벽을 조성한 것이다. 점토 내부에는 짚을 잘게 썰어 넣어 접착력을 높게 하였다. 대부분 건축유적의 벽체가 여기에 해당되고 있다.

• 공주시 정안면 광정리 토벽

_ 토벽의 내부 구조. 중인방과 기단석에 가려진 하인방 사이에 나무와 점토를 이용하여 토벽을 구성하였다.

◆ 토전벽

토전은 일종의 흙벽돌로써 짚을 잘게 썰어 넣은 점토를 장방형의 틀(笵)에 넣어 제작한다. 가마에서 굽지 않고 그늘에서 자연스럽게 말려 사용한다. 벽체를 구성하는 토전과 토전 사이는 점토를 이용하여 접착한다.

• 원주시 부론면 정산리 거돈사지 입구 토전벽

• 아산시 염치읍 토전벽

• 천안시 목천읍 서흥리 토전벽

토전벽

기단석

_ 천안 목천읍 서흥리 민가 건물의 토전벽(현대)

삼국시대 토벽건물로는 대벽건물도 포함시킬 수 있다. 이는 구(溝) 내부에 여러 개
의 기둥을 배치하고, 마치 토담과 같이 흙을 쌓아올려 벽을 축조한 것이다. 벽체 하

부에 구(溝)를 조성했다는 점에서 여느 굴립주 건물과 차이를 보인다. 기둥은 토벽 사이에 설치되어 건물의 내외부에서는 살필 수 없고, 한쪽 면에 출입문을 달아놓았다.

다만, 기둥과 기둥 사이에 인방과 같은 별도의 나무 부재가 존재하였는지, 그리고 어떤 공법을 사용하여 토벽을 축조하였는지는 아직까지 발굴조사 과정에서 확인된 바 없다.

대벽건물은 백제시대 공주 및 부여지역에서 주로 살필 수 있고, 고대 일본의 주거 유적에서도 어렵지 않게 찾아볼 수 있다.

◆ 백제시대의 대벽건물

_ 부여 동남리 202-1번지 유적 내 대벽건물지(백제 사비기) (백제고도문화재단 제공)

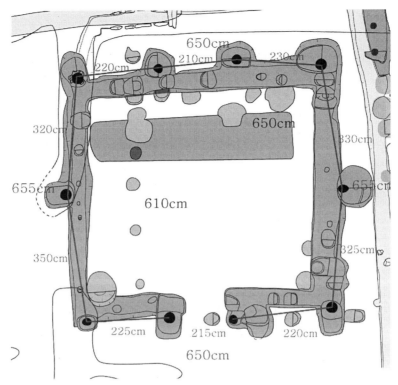

_ 부여 동남리 202-1번지 유적 내 1호 대벽건물지 평면도(백제 사비기)
(백제고도문화재단 제공)

아울러 삼국시대의 토벽으로는 판축벽도 고려할 수 있다. 마치 판축토성처럼 벽을 판축공법으로 조성한 경우이다. 다만, 판축토성이 영정주나 횡장목, 종장목 등을 사용하는 것과 달리 판축벽은 이동식 판축 도구를 이용하여 축토(築土)하였던 것으로 생각된다.

이러한 판축 도구는 요즘도 중국에서 토벽을 축조할 때 사용되고 있다. 그리고 우리나라의 경우 조선시대 말기까지 토담을 조성할 때 이러한 장비를 이용하였다. 따라서 판축벽은 중국 남북조시대에 백제를 비롯한 삼국에 유입되었던 토목기술로 생각된다.

◆ 중국 신강성 투루판시 교하고성 내 건물지의 판축벽

_ 중국 신강성 투루판시 교하고성 내 건물지의 판축벽(북위). 단면에서 보이는 횡선이 한 번 판축할 때의 높이이다.

◆ 중국에서 현재 사용되고 있는 이동식 판축 도구

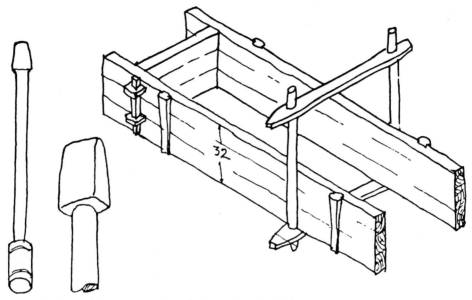

_ 중국의 이동식 판축 도구. 요즈음도 이 장비를 사용하고 있다.
(劉致平, 1989, 『中國建築類型及結構』, 中國建築工業出版社, 354쪽 그림 468)

회벽은 토벽에 백회를 바른 것으로 방수 효과를 높이도록 한 것이다. 부여 부소산
사지 및 임강사지 등에서 벽화편이 발견된 것으로 보아 삼국시대부터 회벽은 이미 존
재하였던 것으로 판단된다. 특히, 고구려 석실묘 내부에서 회벽이 어렵지 않게 발견
되는 것도 이 같은 판단을 가능케 한다.

◆ 부여 부소산사지 벽화편

_ 부여 부소산사지 출토 벽화편(백제 사비기). 토벽 위에 회를
바르고, 까치로 보이는 새를 채색해 놓았다.

◆ 부여 임강사지 벽화편

_ 부여 임강사지 벽화편(백제 사비기)

◆ 논산 돈암서원 장판각의 회벽

_ 논산 돈암서원 장판각의 회벽. 토벽 위에 회를 발라 놓았다.

석벽은 벽의 내·외부를 돌로 마감한 것을 말한다. 축조공법의 차이에 따라 토벽이
나 회벽에서 볼 수 있는 인방은 시설되지 않았다. 삼국시대부터 조선시대에 이르기까
지 주로 성곽 내부의 건축물에서 확인되었다. 오늘날에도 농촌이나 사찰의 창고건물
등에서 흔히 살필 수 있다.

◆ 남한산성 대형 기와건물지의 석벽

_ 남한산성 대형 기와건물지의 석벽 외부(통일신라)

◆ 현대의 석벽건물 모습

_ 충남 아산시 영인면 아산리 관음사 입구의 석벽건물. 현재 창고로 사용되고 있다.

석벽건물은 지상식 뿐만 아니라 반지하식으로도 조성되었다. 예컨대 공주 옥룡동 유적 및 산청 어서리유적(이상 삼국시대), 광양 마로산성 Ⅱ-2 · 3건물지(통일신라시대) 등에서 반지하식의 석벽건물을 볼 수 있다. 구릉 사면에 'ㄇ'모양으로 절토 · 정지를 한 후 돌을 쌓아올려 석벽을 구성하였다.

◆ 반지하식으로 조성된 석벽건물

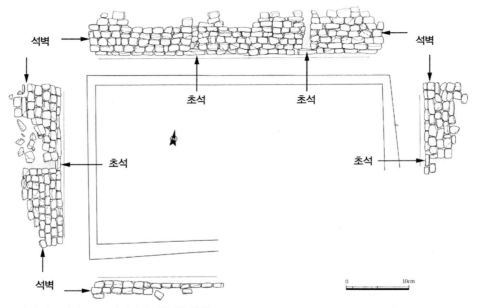

_ 광양 마로산성 Ⅱ-3석벽건물지(통일 신라)
(순천대학교박물관, 2005, 『光陽 馬老山城 Ⅰ』, 145쪽 도면 58)

석벽의 축석(築石)기법은 편축과 협축 모두 살필 수 있다. 담장처럼 돌을 쌓아올리는 협축기법이 대부분을 차지하고 있으나 편축기법의 석벽건물도 일부 살필 수 있다. 편축기법은 반지하식의 석벽건물에서 주로 확인되고 있다.

◆ 편축기법으로 조성된 석벽건물

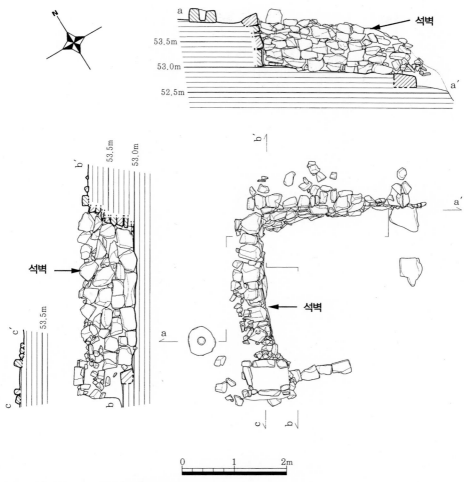

_ 부산 용당동유적의 편축기법 석벽건물지(고려)
(慶南文化財硏究院, 2007, 『釜山 龍塘洞 遺蹟』, 163쪽 도면 85)

◆ 협축기법으로 조성된 석벽건물

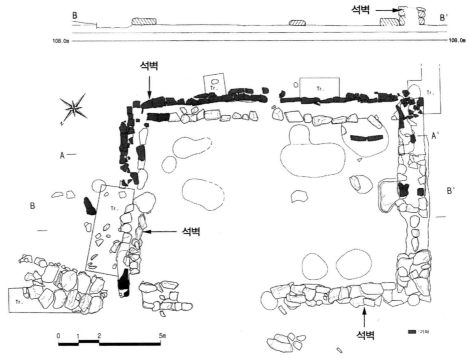

_ 양주 회암사지 내 협축기법 석벽건물지(고려 말~조선 전기)
(경기도 외, 2016, 『檜巖寺Ⅴ 사역 동쪽 석축·담장지 및 북서쪽 외곽』, 45쪽 그림 10)

  석벽건물 중 광주 남한산성 내 대형 건물지의 경우 석벽 사이에 판축토가 조성되어
있다. 마감 재료를 기준으로 하였기 때문에 토벽이 아닌 석벽으로 부르고 있다. 판축
토의 내외부에서 영정주가 확인되지 않는 것으로 보아 이동식 판축 도구를 사용하였
던 것으로 생각된다.

◆ 석벽 내부가 판축토인 유적

_ 남한산성 대형 기와건물지의 석벽 내부 판축토(통일신라). 판축토가 왼쪽으로 무너져 내렸다.

    석벽건물의 기둥은 석벽 내·외면 및 중앙에 배치되어 있으나 대부분 석벽 중앙 및
내면에서 살필 수 있다. 석벽 외부에도 퇴칸(혹은 차양칸) 조성을 위한 초석(변주)이 마련
되어 있는데, 광주 남한산성 건물지 및 홍성 석성산성 건물지 등에서 찾아볼 수 있
다. 두 건물지 모두 통일신라시대에 축조되었고, 규모가 대형이라는 공통점이 있다.
퇴칸 초석 외곽으로 기단석이 조성되어 있으나 대부분의 석벽건물에서는 이러한 유
구를 확인할 수 없다.

◆ 초석이 석벽 내면에 위치한 유적

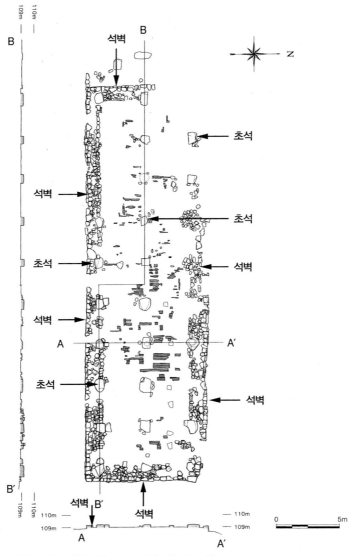

_ 정읍 고부 구읍성 내 Ⅱ-1 석벽건물지(조선)
(전북문화재연구원·정읍시, 2007, 『井邑 古阜 舊邑城 Ⅰ』, 70쪽 도면 13)

◆ 초석이 석벽 중앙에 위치한 유적

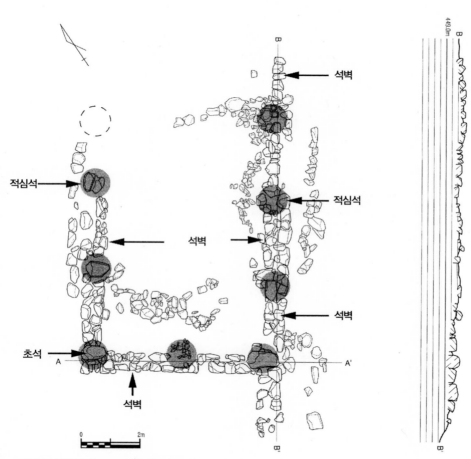

_ 담양 금성산성 내 3호 석벽건물지(조선)
(湖南文化財研究院 · 潭陽郡, 2010, 『潭陽 金城山城』, 73쪽 도면 33)

◆ 초석이 석벽 외면에 위치한 유적

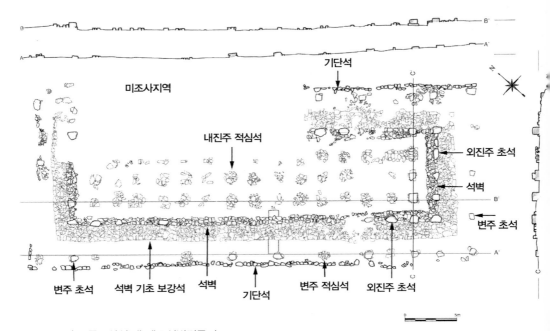

_ 전주 동고산성 내 제 7석벽건물지
(전북문화재연구원 · 전주시, 2006, 『全州 東固山城』, 도면 4)

　　하지만 모든 석벽건물에 초석이 배치된 것은 아니다. 가령 규모가 작은 방형 혹은 장방형의 석벽건물에는 초석이 시설되지 않는다. 이는 기둥이 아닌 벽체로 직접 대들보를 지탱하는 구조였음을 의미한다.

◆ 초석이 없는 석벽건물

석벽

석벽 내면
(석벽 외면 유실)

_ 초석이 없는 서산 강당리 석벽건물지(조선) (백제문화재연구원 제공)

　삼국시대 이후 조선시대에 이르기까지 석벽건물은 주로 창고로 사용되었다. 그러
나 산성 내부나 산촌지역에서 발견되는 석벽건물의 경우는 내부에 아궁이나 고래 등
을 시설하여 취사 및 난방 등을 해결하였다.

◆ 석벽건물 내부에 고래가 시설된 유적

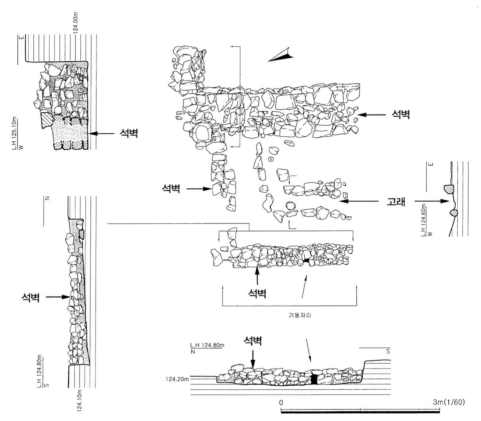

_ 홍련봉 제2보루 1호 석벽건물지(고구려)
(高麗大學校考古環境研究所, 2007, 『紅蓮峰 第2堡壘 -1次 發掘調査報告書-』, 28쪽)

1) 삼국시대 석벽건물지

(1) 고구려

◆ 홍련봉 제2보루 2호 석벽건물지

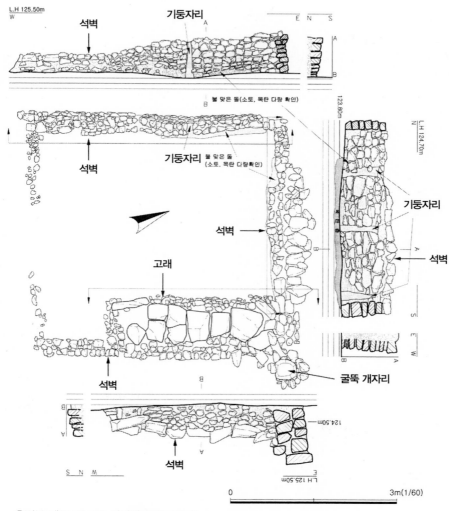

석벽 기둥자리
L.H 125.50m
W
불 맞은 돌(소토, 목탄 다량 확인)
석벽
기둥자리 불 맞은 돌
(소토, 목탄 다량확인)
석벽
기둥자리
석벽
고래
굴뚝 개자리
석벽
석벽
0　　　　　　　　3m(1/60)

_ 홍련봉 제2보루 2호 석벽건물지(고구려)

(高麗大學校考古環境研究所, 2007, 『紅蓮峰 第2堡壘−1次 發掘調査報告書−』, 29쪽)

(2) 백제

◆ 공주 옥룡동 414번지 유적 내 2호 석벽건물지

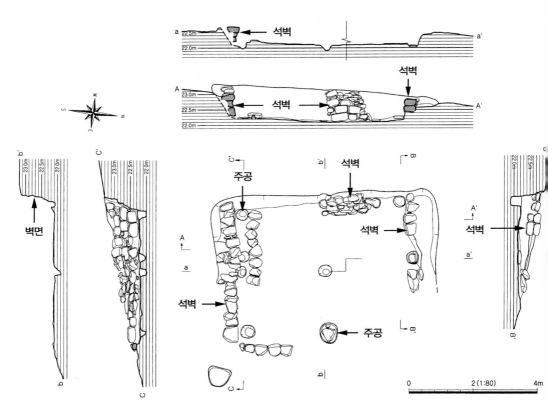

_ 공주 옥룡동 414번지 유적 내 2호 석벽건물지(백제)
(충청문화재연구원, 2010, 『공주 옥룡동 414번지 유적』, 19쪽 도면 10)

◆ 부여 능산리사지 북편 석벽건물지

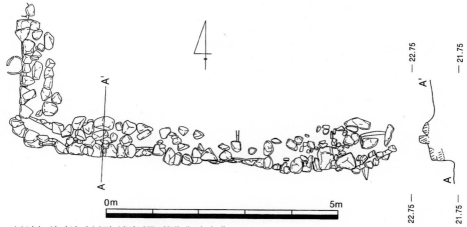

_ 부여 능산리사지 북편 석벽건물지(백제 사비기)
(한국전통문화학교 고고학연구소 · 부여군, 2010, 『扶餘 陵山里寺址 제9차 발굴조사 보고서』, 211쪽 도면 111)

(3) 신라 혹은 가야

◆ 산청 어서리유적 1호 석벽건물지

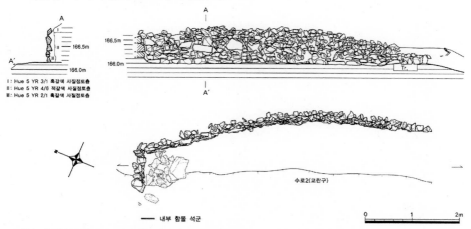

_ 산청 어서리유적 1호 석벽건물지(신라 혹은 가야)
(부산지방국토관리청 · 慶南文化財硏究院, 2008, 『山淸 於西里 遺蹟』, 44쪽 도면 5)

2) 통일신라시대 석벽건물지

◆ 남한산성 대형 기와건물지

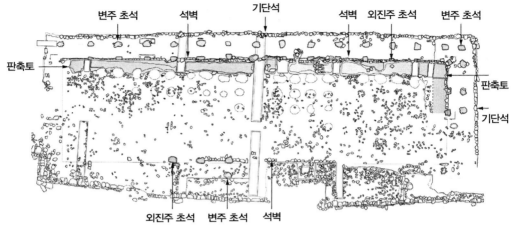

_ 남한산성 대형 기와건물지(통일신라)
(한국토지주택공사 토지주택박물관·경기문화재단, 2010, 『南漢行宮址 第7·8次調查報告書』, 도면 8 중)

_ 남한산성 대형 기와건물지의 외진주 초석. 석벽 외면에 위치하고 있다.

◆ 홍성 석성산성 내 대형 석벽건물지

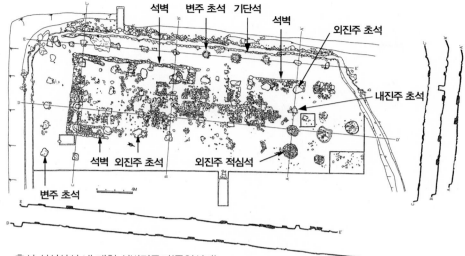

_ 홍성 석성산성 내 대형 석벽건물지(통일신라)
(祥明大學校 博物館・洪城郡, 1998,『洪城 石城山城 建物址發掘調査報告書』, 65쪽 도면 8)

◆ 연기 운주산성 동문지 주변 석벽건물지

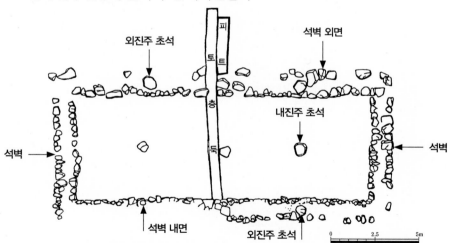

_ 연기 운주산성 동문지 주변 석벽건물지(통일신라)
(公州大學校博物館・忠淸南道 燕岐郡, 1998,『燕岐 雲住山城』, 21쪽 도면 4)

◆ 영월 정양산성 내 석벽건물지(일명 저온저장시설)

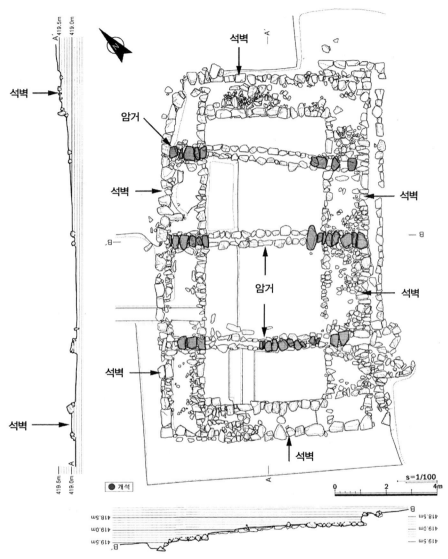

_ 영월 정양산성 내 석벽건물지(통일신라)
(영월군·江原考古文化硏究院, 2014, 『寧越 正陽山城 Ⅰ』, 118쪽 도면 49)

◆ 광양 마로산성 내 Ⅱ-2 석벽건물지

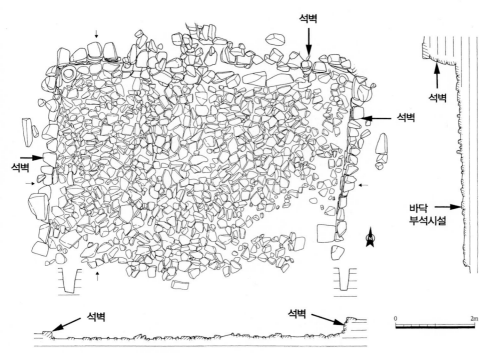

석벽

석벽

석벽

석벽

바닥
부석시설

석벽

석벽

0   2m

_ 광양 마로산성 내 Ⅱ-2 석벽건물지(통일신라)
(光陽市·順天大學校博物館, 2005, 『光陽 馬老山城 Ⅰ』, 135쪽 도면 52)

3) 발해시대 석벽건물지

◆ 러시아 연해주 크라스키노 사원 내 석벽건물지

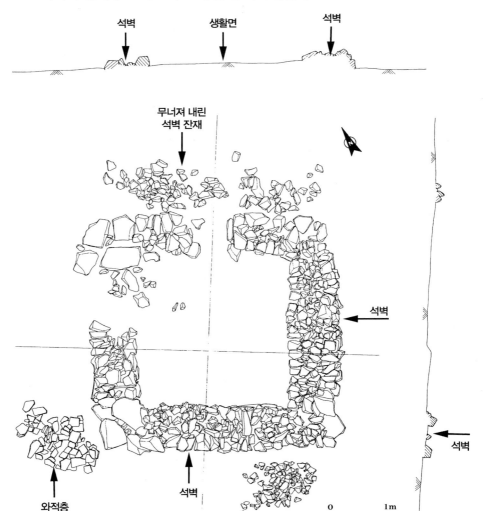

_ 러시아 연해주 크라스키노 사원 내 석벽건물지(발해). 소형의 전각으로 추정된다.
(문명대 외, 2004, 『러시아 연해주 크라스키노 발해 사원지 발굴보고서』, 고구려연구재단, 87쪽 도면 7)

4) 고려시대 석벽건물지

◆ 대전 법동유적 내 5호 석벽건물지

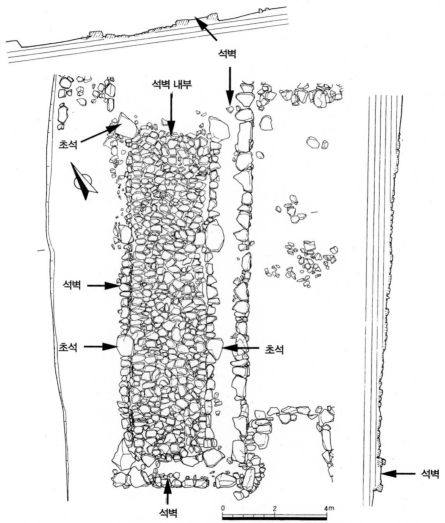

석벽

석벽 내부

초석

석벽

초석

초석

석벽

석벽

0 2 4m

_ 대전 법동유적 내 5호 석벽건물지(고려) (韓南大學校博物館, 2002, 「大田 法洞 建物址」, 78쪽 도면 24)

◆ 아산 학성산성 내 석벽건물지

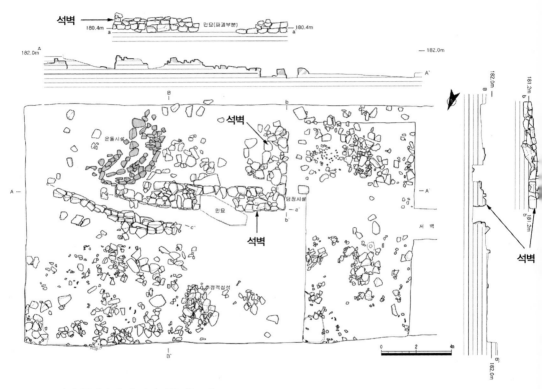

_ 아산 학성산성 내 석벽건물지(고려)
(충남역사문화연구원, 2006, 「아산 학성산성」, 71쪽 도면 23)

◆ 영광 남천리유적 내 6호 석벽건물지

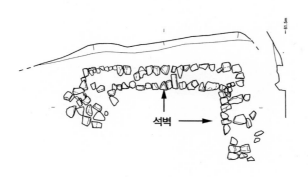

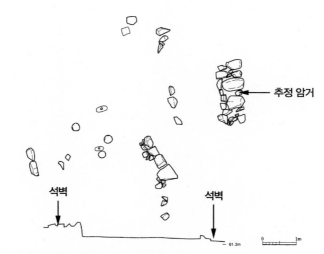

_ 영광 남천리유적 내 6호 석벽건물지(고려)
(東北亞支石墓硏究所, 2013, 『靈光 南川里遺蹟』, 102쪽 도면 53)

5) 조선시대 석벽건물지

◆ 부여 부소산성 내 군창지

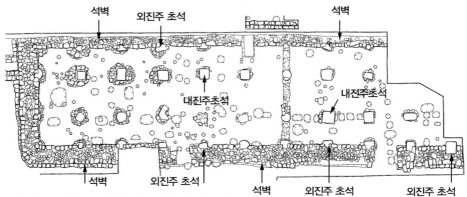

_ 부여 부소산성 내 군창지 북고 석벽건물지(조선)
(國立扶餘文化財研究所, 2003, 『扶蘇山城』, 397쪽 도면 2)

_ 부여 부소산성 내 군창지 북고 석벽건물지 서남 모서리 세부(조선). 외진주 기둥 아랫부분을 보호하기 위해 기와를 돌려놓았다. (國立扶餘文化財研究所, 2003, 『扶蘇山城』, 472쪽 도판 12)

◆ 대구 노변동유적 당집 석벽건물지

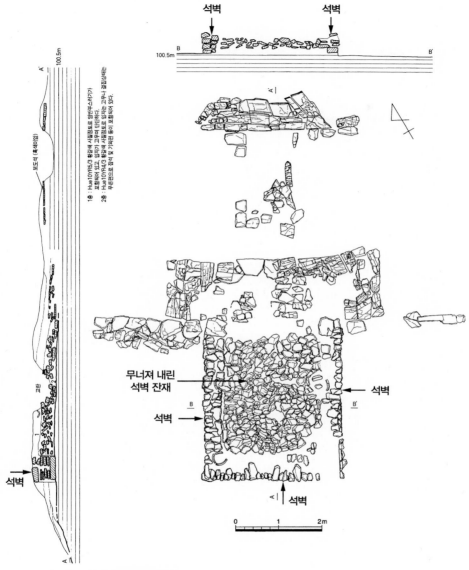

_ 대구 노변동유적 당집 석벽건물지(조선)
(嶺南文化財研究院, 2005, 「大邱 蘆邊洞 社稷壇遺蹟」, 82쪽 도면 36)

◆ 부산 포이진유적 내 1호 석벽건물지

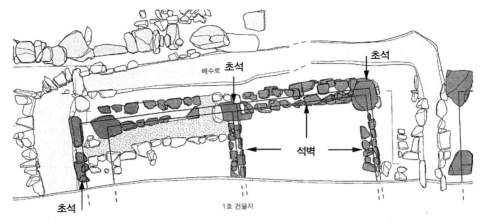

_ 부산 포이진유적 내 1호 석벽건물지(조선 후기) (한국문물연구원, 2012, 『釜山 民樂洞 包伊鎭遺蹟』, 65쪽)

◆ 공주 공산성 내 전(傳)
　　중군영지 8칸 석벽건물지

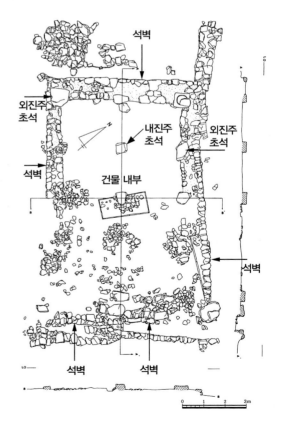

_ 공주 공산성 내 전 중군영지 8칸 석벽
건물지(조선)
(公州大學校 博物館, 1992, 『公山城建物址』,
244쪽 그림 99)

◆ 서울 천왕동유적 내 7호 석벽건물지

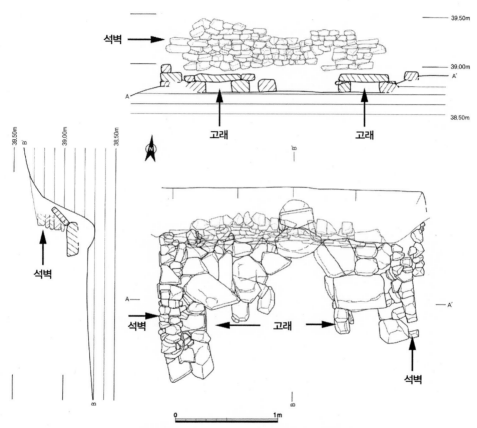

_ 서울 천왕동유적 내 7호 석벽건물지(조선). 내부에 난방시설인 고래가 조성되어 있다.
(中原文化財硏究院, 2010, 『서울 天旺洞 遺蹟』, 77쪽 도면 29)

◆ 문산 당동리유적 내 4지점 석벽건물지

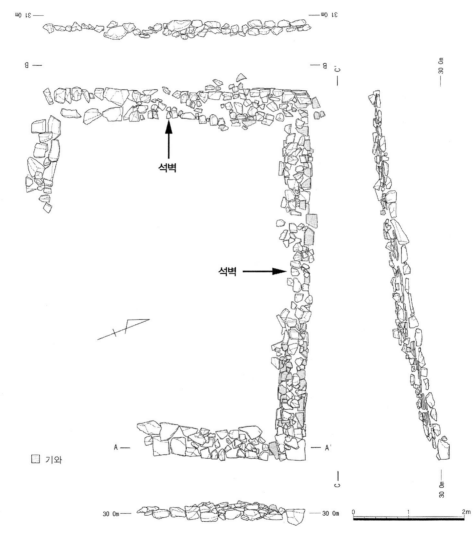

석벽

석벽

기와

_ 문산 당동리유적 내 4지점 석벽건물지(조선)
(京畿文化財團 京畿文化財硏究院, 2009, 「汶山 堂洞里 遺蹟」, 431쪽 도면 281)

석벽건물이 지상에 축조되었을 경우 생활면(구지표면)에서 많은 석재들이 발견될 수 있다. 이는 석벽이 붕괴되어 나타난 현상으로 석재들 사이에서는 흙뿐만 아니라 기와나 토·자기편 등도 함께 살필 수 있다. 이러한 유물들은 석벽건물의 사용 시기를 결정한다는 점에서 유물 수습 시 주의를 기울이도록 한다.

발굴조사 중에 건물지가 노출되면 일단 당황하기 마련이다. 특히 석재가 교란되어 나타나면 더욱 더 많은 시간과 판단력을 요구하게 된다. 이러한 경우에는 먼저 포크레인을 뒤로 물리고 석렬의 잔존 상태나 축석기법 등을 유심히 살펴본다. 만약 여기서 편축, 혹은 협축 등의 축석기법이 확인되지 않는다면 이것들을 붕괴된 석재로 파악하고 과감히 제거하도록 한다. 여기서 석재의 성격을 제대로 이해하지 못한다면 그 만큼 조사기간을 소비하게 되고, 장비 및 인부들도 낭비하는 결과를 초래하기 때문에 조사원들의 신속한 판단이 요구된다.

◆ 석벽이 무너진 상태의 석벽건물

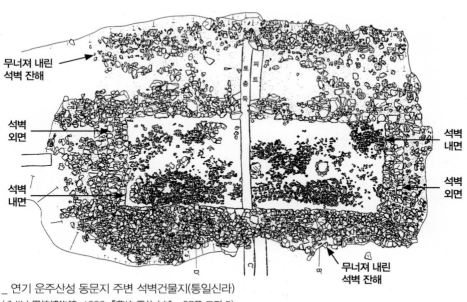

_ 연기 운주산성 동문지 주변 석벽건물지(통일신라)
(公州大學校博物館, 1998, 『燕岐 雲住山城』, 27쪽 도면 5)

위와 다르게 붕괴된 석재 사이에서 담장과 같은 협축의 축석기법이 노출된다면, 이것이 직선 형태로 이어지는지 아니면 직각으로 꺾이는지를 확인해 본다. 석벽건물은 일정한 길이에서 반드시 직각으로 꺾이기 때문에 일자형의 담장과는 뚜렷한 차이를 보이고 있다. 아울러 노출된 석렬이 석벽건물이라면 이의 내·외면에 초석이나 적심시설, 혹은 기둥뿌리(柱根) 보호시설 등이 설치되었는지도 유심히 살펴본다.

석벽건물의 잔존 상태가 확인되면 도면을 그리기 전에 먼저 석벽을 사이에 두고 탐색 피트를 조성해 본다. 석벽은 위로 올라갈수록 많은 하중을 받기 때문에 기저부에 보강시설을 축조하는 경우가 많다(전주 동고산성 제 7석벽건물지). 따라서 석벽의 축조기법 및 대지조성토, 생활면 등을 함께 찾아본다는 차원에서 반드시 토층조사를 실시하는 것이 좋다.

이상의 건물 벽체 외에 전벽과 전석혼축벽, 판벽 등도 찾아볼 수 있다. 이들 벽체는 궁궐이나 사원, 혹은 성곽 등의 건축물에서 주로 살필 수 있으며, 초가집에서는 확인할 수 없다.

전벽은 벽돌(전돌)로 벽을 조성한 것을 말한다. 우리나라보다는 중국의 건축물에서 주로 볼 수 있다. 전돌은 벽체보다 기단이나 중요 건물의 바닥면, 전축분, 전탑 등에 시설되었음을 살필 수 있다.

◆ 서울 창덕궁 건축물의 전벽

_ 서울 창덕궁 인정전 주변 건축물의 전벽

◆ 중국 건축물의 전벽

_ 서중국 서안 대자은사의 종루 전벽

◆ 부여 군수리사지 출토 상자형 전돌

_ 부여 군수리사지 출토 상자형 전돌 정면(백제 사비기). 연화문과 인동문이 장식되어 있다.

_ 부여 군수리사지 출토 상자형 전돌의 후면과 측면, 상면. 장방형의 구멍이 측면에 1개, 후면과 상면에 각각 2개씩 뚫려 있다.

전석혼축벽은 전돌과 석재를 이용하여 벽체를 조성한 것을 말한다. 이럴 경우 전돌과 석재는 일정한 구역으로 나뉘어 개별적으로 쌓여진다. 전벽에는 문자, 그림 등이 도식화 되어 나타나는 경우도 살필 수 있다.

◆ 서울 창덕궁 내 건축물의 전석혼축벽

_ 서울 창덕궁 내 건축물의 전석혼축벽. 전과 방형의 치석재(治石材)를 사용하여 벽체를 조성하였다.

판벽은 벽체의 재료로 판자를 사용한 것을 말한다. 흔히 사찰의 전각에서 살필 수 있다. 그러나 발굴조사에서는 판벽건물 역시 토벽건물과 똑같은 형적으로 나타나기 때문에 화재로 폐기되지 않는 한 구별하기가 쉽지 않다.

◆ 공주 마곡사 해탈문의 판벽

_ 공주 마곡사 해탈문의 판벽. 목판을 이용하여 벽을 조성하였다.

14. 고맥이

 기와(초가)건물에는 벽체를 조성하기 위해 기둥과 인방이 사용된다. 인방은 벽면에 놓이는 위치에 따라 상인방, 중인방, 하인방 등으로 불린다. 그런데 기와(초가)건물 중에는 하인방 아래로 고맥이라 부르는 보강재를 시설하는 것이 있는 반면, 그렇지 않은 경우도 살필 수 있다. 여기에서는 고맥이가 사용된 건물지를 중심으로 살펴보고자 한다.

 ◆ 고창 선운사 도솔암 나한전의 인방

_ 고창 선운사 도솔암 나한전의 측면. 판벽의 상하로 인방이 설치되어 있다.

◆ 안동 봉정사 화엄강당의 하인방과 토축 고맥이

_ 안동 봉정사 화엄강당의 하인방과 토축 고맥이(조선)

◆ 서울 창덕궁 내 건축물의 하인방과 하방벽, 장대석 고맥이

_ 서울 창덕궁 내 건축물의 장대석 고맥이

인방 중 가장 아래에 설치되는 하인방은 목재로 제작되었으며, 벽체의 하중을 직접적으로 받고 있다. 고맥이는 하중으로 인해 하인방이 쳐지는 것을 방지할 목적으로 기단토 상면에 조성된다. 발굴조사 과정에서는 초석과 초석 사이에 길게 열을 지은 줄기초처럼 나타나고 있다. 하지만 부여 능산리사지 서회랑 북단 건물지(일명 공방지)처럼 징검다리 형태로 조성된 것도 살필 수 있다.

□ 할석 고맥이

◆ 삼척 흥전사지 동원 건물지의 할석 고맥이

_ 삼척 흥전사지 동원 건물지의 할석 고맥이(통일신라). 고맥이는 크고 작은 한 줄의 할석렬로 이루어졌다.

◆ 울산 연암동유적 건물지의
  할석 고맥이

_ 울산 연암동유적 건물지의 할석 고맥이
(고려)

(韓國文化財保護財團 외, 2011, 『蔚山 蓮岩洞
遺蹟』, 51쪽 도면 24)

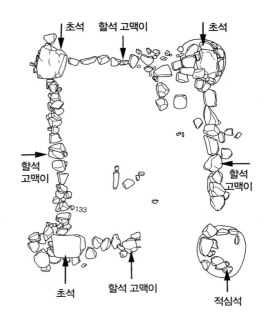

◆ 예산 상가리유적 건물지의 할석 고맥이

_ 예산 상가리유적 건물지의 할석 고맥이(고려). 고맥이는 담장지처럼 협축으로 조성되었다.

◆ 고흥 능가사 8호 건물지의 할석 고맥이

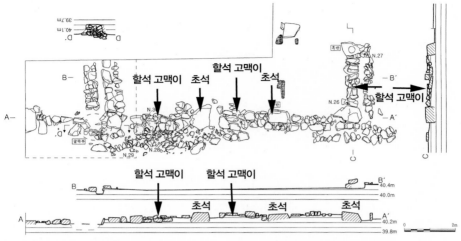

_ 고흥 능가사 8호 건물지의 할석 고맥이(조선). 고맥이는 2~3줄의 할석렬로 이루어졌다.
(全南文化財研究院 · 楞伽寺, 2004, 『高興 楞伽寺』, 73쪽)

◆ 공주 공산성 내 건물지의 할석 고맥이

_ 공주 공산성 내 건물지의 할석 고맥이(조선). 고맥이는 두 줄의 할석렬로 조성되었다.

◆ 남원 실상사 해우소의 할석(역석) 고맥이

할석(역석) 고맥이

_ 남원 실상사 해우소의 할석(역석) 고맥이. 고맥이는 생활면에 조성되었으며, 초석보다 높게 축조되었다.

　그러나 대부분의 건물지 조사에서 고맥이의 형적은 쉽게 찾아볼 수 없다. 즉, 건물지 내부에서 초석이 유실되고 적심석 만 남아 있는 경우 고맥이의 존재는 확인하기 어렵다. 왜냐하면 고맥이는 기단토 상면(혹은 생활면)에 조성되기 때문에 초석과 거의 같은 레벨이거나 이보다 높게 조성되어 있다. 따라서 초석과 기단토 상면이 유실되었다면 고맥이도 함께 멸실된 것으로 이해하여야 한다.

◆ 고맥이가 없는 건축물

문(門)이나 누각(樓閣), 회랑(回廊), 산신각 등에는 기둥이나 초석이 존재함에도 불구하고 대부분 고맥이가 시설되지 않는다.

• 영주 부석사 안양문

_ 고맥이가 없는 영주 부석사 안양문

• 춘천 청평사 익랑

_ 고맥이가 없는 춘천 청평사 회전문 동쪽의 익랑

• 고창 선운사 산신각

_ 고맥이가 없는 고창 선운사 산신각

고맥이가 기단토 상면에 축조되는 반면, 고맥이 적심은 기단토를 'U'자 모양으로 굴광하고 그 내부에 시설된다. 따라서 층위상 적심시설과 같은 레벨에 조성되어 있다. 하지만 모든 건물지에 고맥이 적심이 조성되는 것은 아니기 때문에 발굴조사 말미에 이의 존재 유무를 파악할 수 있는 토층조사가 반드시 필요하다. 탐색 피트는 고맥이가 축조되는 초석과 초석 사이에 보나 도리 방향으로 직교하게 설치한다.

◆ 고맥이 적심

• 울산 영축사지 강당 부속 건물지의 고맥이 적심

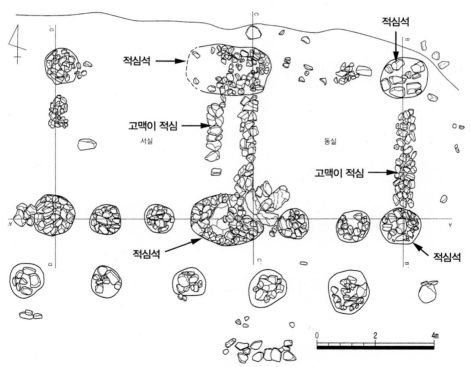

_ 울산 영축사지 강당 부속 건물지의 고맥이 적심(통일신라). 초석과 같은 레벨에 위치하는 고맥이는 초석과 함께 유실되었다. (울산박물관, 2016, 『울산 영축사지 발굴조사보고서 I』, 81쪽 도면 13)

• 창령 술정리 391번지 유적 고맥이 적심

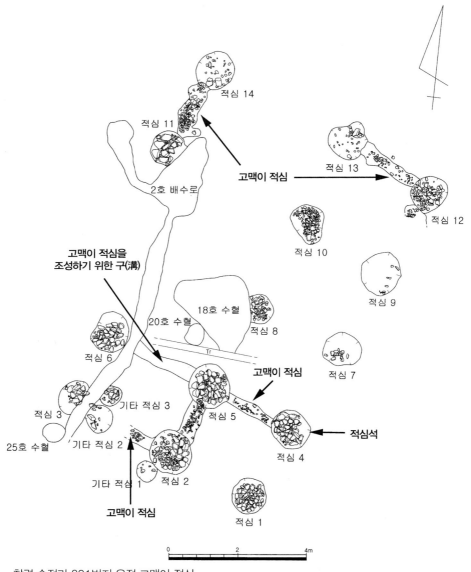

_ 창령 술정리 391번지 유적 고맥이 적심
(경상문화재연구원, 2012, 『昌寧 述亭里 391番地 遺蹟』, 26쪽 도면 10)

• 양주 회암사지 설법전지 고맥이 적심

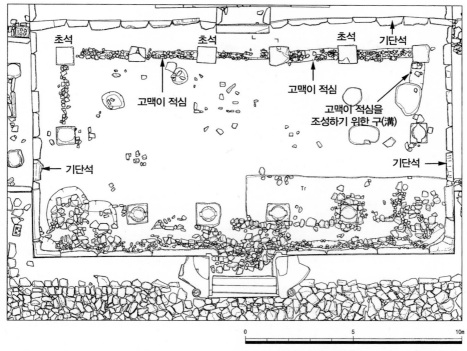

_ 양주 회암사지 설법전지 고맥이 적심(고려 말). 고맥이는 다른 건물지와 비교해 볼 때 장대석이었을 가능성이 높다. (경기도 외, 2003, 『檜巖寺II 7·8단지 발굴조사 보고서 –본문–』, 77쪽 그림 20)

발굴 작업 중 기단석 내부의 제토 작업 시 일정한 석렬이나 와열(瓦列) 등이 초석과 연결되어 있으면 일단 고맥이로 판단하고 꽃삽이나 긁개 등을 이용하여 정밀 작업을 실시한다. 특히 와석혼축(瓦石混築) 고맥이의 경우에는 작은 힘으로도 쉽게 무너지거나 훼손될 수 있으므로 흙 제토 과정에서 주의를 기울인다.

아울러 고맥이 적심의 아랫부분을 확인하기 위해 흙을 너무 제토하다 보면 이 유구를 축조하기 위해 굴광한 구(溝)를 파괴할 수 있다. 또한 기단토의 인위적인 멸실을 불러올 수도 있으므로 유구 조사 과정에서 층위를 고려하여 작업을 진행한다.

고맥이는 사용된 재료에 따라 다양한 양상을 보이고 있다. 예컨대 통일신라 및 고려시대 사지의 금당지에서는 장대석 고맥이를 쉽게 볼 수 있다. 이는 경주 감은사지 금당지 및 울주 간월사지 금당지, 그리고 불국사 대웅전, 아미타전, 그리고 고려시대의 부석사 무량수전 등에서 찾아지고 있다.

□ 장대석(長臺石) 고맥이

◆ 울주 간월사지 금당지의 장대석 고맥이

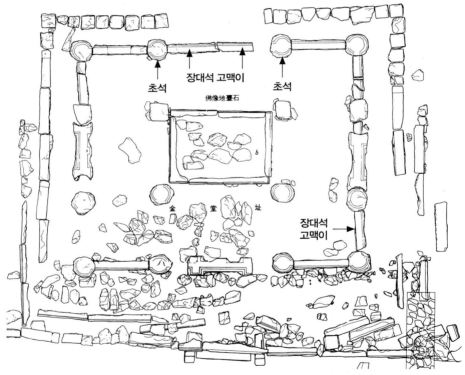

_ 울주 간월사지 금당지의 장대석 고맥이(통일신라). 고맥이초석 사이에 장대석이 한 줄로 놓여 있다.
(東亞大學校博物館, 1985, 『蔚州澗月寺址 I』, 49쪽)

◆ 원주 법천사지 부도전지 서건물지의 장대석 고맥이

초석

초석

장대석 고맥이

초석

장대석 고맥이

_ 원주 법천사지 부도전지 서건물지의 장대석 고맥이(고려). 고맥이초석 사이에 장대석이 놓여 있다.

◆ 여주 고달사지의 장대석 고맥이

• 금당지의 장대석 고맥이

_ 여주 고달사지 금당지의 장대석 고맥이
(고려)

• 3건물지의 장대석 고맥이

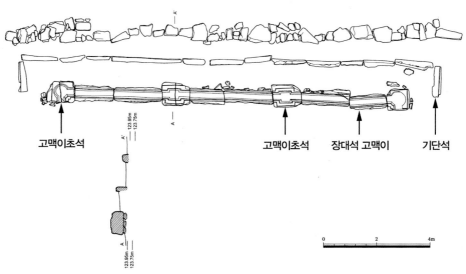

_ 여주 고달사지 3건물지의 장대석 고맥이(고려) (京畿道博物館 외, 2002, 「高達寺址 I」, 41쪽 도면 12)

◆ 영주 부석사 무량수전의 장대석 고맥이

기둥

하인방   하인방

장대석 고맥이   장대석 고맥이

초석

_ 영주 부석사 무량수전의 장대석 고맥이(고려)

    장대석 고맥이 외에 기와나 벽돌을 사용한 와적 고맥이나 전적 고맥이, 그리고 기와와 돌이 혼축된 와석혼축 고맥이 등도 기와건물지에서 찾아볼 수 있다. 특히, 전적 고맥이의 경우 양주 회암사지 및 공주 신원사 중악단, 그리고 조선시대 궁궐 유적 등에서 확인되어 장대석 고맥이와 함께 장엄성과 위계를 보여주고 있다.

□ 와적(瓦積) 고맥이

◆ 울산 병영성 진해루 하층 건물지의 와적 고맥이

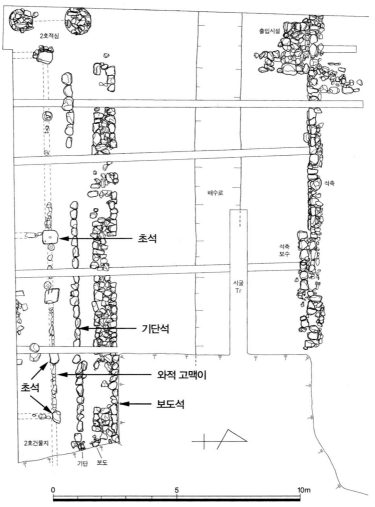

_ 울산 병영성 진해루 하층 건물지의 와적 고맥이(조선)
(蔚山文化財研究院, 2004, 『蔚山兵營城鎭海樓』, 13쪽 도면 9)

◆ 서울 동대문 운동장 유적
  건물지의 와적 고맥이

_ 서울 동대문 운동장 유적 건물지의 와
적 고맥이 1(조선). 기와편을 사용하여
담장 형식으로 조성하였다.

_ 서울 동대문 운동장 유적 건물지의 와적 고맥이 2(조선). 완형에 가까운 수키와를 한 줄로 겹쳐 쌓
았다.

□ 전적(塼積) 고맥이

◆ 양주 회암사지 서승당지의 전적 고맥이

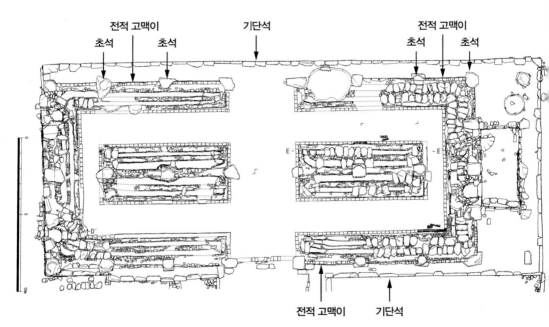

_ 양주 회암사지 서승당지의 전적 고맥이(고려 말~조선 전기)
(경기도 외, 2009, 『檜巖寺 Ⅲ 5·6단지 발굴조사 보고서 -본문-』, 35쪽 그림 9)

◆ 평창 월정사 적광전의 전적 고맥이

_ 평창 월정사 적광전의 전적 고맥이

◆ 서울 경복궁 내 건축물의 전적 고맥이

_ 서울 경복궁 내 건축물의 전적 고맥이

□ 와석혼축(瓦石混築) 고맥이

◆ 서울 동대문 운동장 유적 건물지의 와석혼축 고맥이

_ 서울 동대문 운동장 유적 건물지의 와석혼축 고맥이(조선). 기와편과 소형의 할석을 이용하여 고맥이를 조성하였다.

□ 토축(土築) 고맥이

◆ 안동 봉정사 영산암의 토축 고맥이

_ 안동 봉정사 영산암의 토축 고맥이

특히, 조선시대에 이르면 흙과 돌을 혼축하여 고맥이를 조성하고, 흙 부분만 강회를 발라 마감한 고맥이도 찾아볼 수 있다. 이러한 고맥이의 경우 초석 주변이나 기단석 내부에서 강회 부스러기가 검출될 수 있으므로 기단토 정리 작업 시 주의를 기울이도록 한다.

또한 토축한 고맥이 표면에 전체적으로 강회를 바른 경우도 조선시대 건축물에서 흔히 살필 수 있다. 여기서 강회는 고맥이의 주성분인 흙이 빗물에 의해 침식되는 것을 막아주는 방수제의 역할을 담당하게 된다.

□ 강회로 마감한 고맥이

◆ 여주 신륵사 조사당의 석축 고맥이

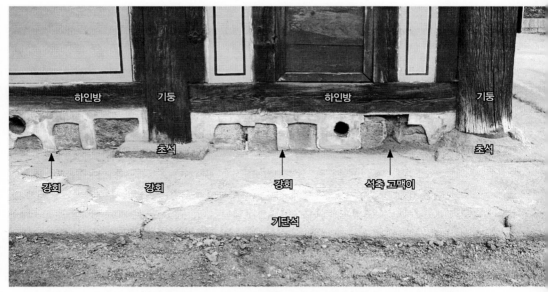

_ 여주 신륵사 조사당 측면의 석축 고맥이. 고맥이를 구성하는 돌과 돌 사이의 흙 부분 만 강회를 발라 마감하였다. (2009년 5월 14일 촬영)

◆ 공주 신원사 중악단의 전적 고맥이

기둥

하인방

전

초석

디딤돌

강회

전

_ 공주 신원사 중악단의 전적 고맥이. 전을 이용하여 고맥이를 조성한 후 강회를 발라 마감하였다.

◆ 김제 금산사 미륵전 고맥이

강회 고맥이

_ 김제 금산사 미륵전의 강회 고맥이. 흙으로 조성한 고맥이 표면에 전체적으로 강회를 발라 마감하였다.

고맥이는 축조 위치에 따라 기둥뿌리와 서로 접할 수 있다. 이러한 경우 기둥 보호를 위해 고맥이와 기둥 사이에 기와나 돌 등을 끼워 놓게 된다. 그런데 사실 이들 유구는 건물지 발굴조사에서 쉽게 찾아볼 수 없다. 따라서 향후 고맥이와 초석 사이의 잔존 양상을 유심히 관찰하여 이의 자료를 확보할 필요가 있다.

◆ 기둥 보호용 고맥이 시설

• 고창 선운사 대웅보전 고맥이

_ 고창 선운사 대웅보전의 기둥과 고맥이 사이의 석재

• 고창 선운사 만세루 고맥이

_ 고창 선운사 만세루의 기둥과 고맥이 사이의 기와

고맥이는 동일 건물지에서도 그 높이가 서로 다르게 나타날 수 있다. 즉, 경사면에 건물을 조성할 경우 아래로 내려올수록 고맥이 높이는 상대적으로 높아지게 된다. 이는 경사면 아래일수록 기둥의 높이가 높아지는 것과 정비례 하는 것으로 볼 수 있다.

◆ 태안 흥주사 만세루 고맥이

_ 태안 흥주사 만세루. 하인방 아래의 고맥이가 경사면 아래로 내려갈수록 깊이가 깊어지고 있다.

　한편, 기와건물 중 건물의 바닥면이 지상에 떠 있는 누정(樓亭)이나 한 칸 규모의 산신각, 칠성각 등에는 이러한 고맥이가 시설되지 않는 경우가 있다. 이는 벽체가 없거나 혹은 이의 하중이 그리 크지 않기 때문인 것으로 생각된다.

15. 배수시설(排水施設)

배수시설은 물의 흐름과 마찬가지로 경사 윗면에서 아래로 축조되어 있다. 그러므로 이의 존재를 확인하기 위해선 배수시설과 직교하게 구덩이 조사를 실시하는 것이 효과적이다. 지형상 등고선 방향과 나란하게 구덩이를 설치하되 너비는 존재유무를 파악할 정도로 적절하게 조절한다.

◆ 배수시설

_ 춘천 청평사 경내의 배수시설

시굴(표본)조사 중에 배수시설이 확인되면 발굴조사는 기단 및 초석뿐만 아니라 대지조성토까지 확대하여 실시한다. 전자가 건축기술과 관련된 것이라면 후자는 토목기술과 밀접하게 연계되어 있기 때문이다.

만일 대지조성토에 축조된 배수시설을 시굴(표본)조사 중에 인지하지 못한다면 발굴조사 과정에서 그 만큼 기간과 경비를 더 투자하여야 한다. 이는 조사기간의 부족을 초래할 수도 있으므로 시굴조사 과정에서 층위 파악 및 유구 확인에 만전을 기하여야 한다.

배수시설은 지표(생활)면에 드러난 것이 있는 반면, 지표면 아래인 대지조성토에 조성된 것도 살필 수 있다. 따라서 이를 구분하기 위해 전자를 명거(明渠), 후자를 암거(暗渠)라 부르고 있다. 암거의 경우 지하에 조성되기 때문에 명거와 달리 뚜껑돌(개석)이 반드시 존재한다.

□ 배수시설 – 명거(明渠)와 암거(暗渠)

◆ 명거

• 부여 능산리사지의 석축 명거

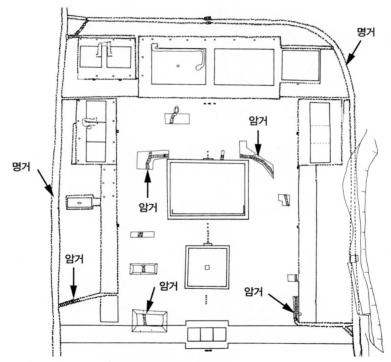

_ 부여 능산리사지의 석축 명거와 암거(백제 사비기)
(국립부여박물관·부여군, 2000, 「부여 능산리사지 제6차 발굴조사 지도위원회 자료」, 7쪽 도면 1)

_ 복원된 부여 능산리사지의 석축 명거 (박연서 선생님 제공)

• 서울 경복궁 내 석축 명거

_ 서울 경복궁 내 석축 명거

• 원주 법천사지 부도전지 남동건물지 후면의 석축 명거

기단석

명거

_ 원주 법천사지 부도전지 남동건물지 후면의 배수시설(고려). 기단석과 축대 사이에 명거가 조성되어 있다.

• 공주 공산성 건물지 석축 명거

_ 공주 공산성 건물지의 석축 명거(조선). 기단석과 접해 명거가 축조되어 있다.

◆ 암거

• 부여 능산리사지 북편건물지의 기와 암거

_ 부여 능산리사지 북편건물지의 기와 암거
(백제 사비기)
(한국전통문화학교 고고학연구소 · 부여군, 2010, 『扶
餘 陵山里寺址 제9차 발굴 조사 보고서』, 458쪽 사진
216-③)

• 익산 미륵사지의 석축 암거

_ 익산 미륵사지 동탑지 주변
석축 암거(백제 사비기)
(文化財管理局 文化財研究所,
1989, 『彌勒寺遺蹟發掘調査報告
書 I』, 104쪽 삽도 1)

석축 암거 ──►

0   10m

• 익산 왕궁리유적의 석축 암거

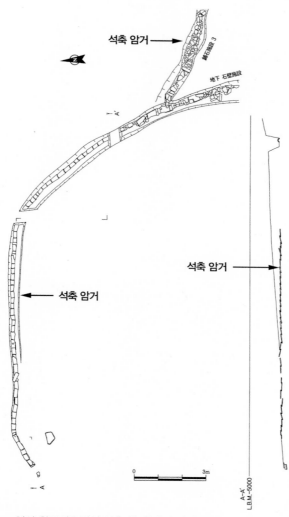

석축 암거

석축 암거

석축 암거

_ 익산 왕궁리유적의 석축 암거(백제 사비기)
(國立扶餘文化財研究所, 2002, 「益山 王宮里 發掘中間報告 Ⅳ」, 56쪽 도면 16)

• 대전 상대동유적의 석축 암거

_ 대전 상대동 원골유적 내 석축 암거
(고려)

• 공주 금학동유적 2호 건물지의 석축 암거

건물지

석축 암거

_ 공주 금학동유적 2호 건물지의 석축 암거(근대) (한얼문화유산연구원 제공)

배수시설은 흔히 건물지의 기단과 접해 조성되거나 건물 외곽에 별도로 설치된다. 이때 처마 아래에 축조된 배수시설은 낙수면(落水面)과 일치하게 된다. 이는 향후 건물 복원 과정에서 처마의 형식(겹처마, 홑처마)을 결정하는데 있어 큰 도움을 줄 수 있다.

◆ 건물지 기단과 접한 배수시설

• 보령 충청수영성 내 건물지의 배수시설

_ 보령 충청수영성 내 건물지의 배수시설(조선). 배수시설의 바닥면에는 굵은 모래층이 형성되어 있다.

• 대전 상대동유적 내 건물지의 배수시설

_ 대전 상대동유적 내 건물지(고려). 건물지 기단과 접해 배수시설이 조성되어 있다.

• 안동 봉정사 극락전 측면의 배수시설

_ 안동 봉정사 극락전 측면의 배수시설. 기단석과 짝을 이루는 배수시설은 할석으로 조성되었다.

• 예산 수덕사 대웅전 측면의 배수시설

_ 예산 수덕사 대웅전 측면의 배수시설. 기단석,
배수시설 모두 장대석으로 조성되었다.

• 화성 융릉 정자각 후면의 배수시설

_ 화성 융릉 정자각 후면의 배수시
설. 바닥면이 부석되어 있다.

• 예산 추사고택 사랑채 후면의 배수시설

_ 예산 추사고택 사랑채 후면의 배수시설. 배수시설 내부에서는 처마에서 떨어진 낙수 흔적을 볼 수 있다.

• 합천 해인사 법보공간 수다라장 후면의 배수시설

_ 합천 해인사 법보공간 수다라장 후면의 배수시설. 담장 아래의 배수구와 연결되어 있다.

• 논산 명재고택의 배수시설

_ 논산 명재고택 배수시설. 대문과 중정 사이에 조성되어 있으며, 담장 아래의 배수구와 연결되어 있다.

배수시설은 흔히 석재로 조성되나 기와로 만들어진 것도 살필 수 있다. 그런데 기와로 만들어진 배수시설의 경우 대부분 지표면 아래인 대지조성토에 축조되는 경우가 많아 제토 작업 시 주의를 기울여야 한다.

한편, 발굴조사를 진행하다보면 하나의 배수시설을 사이에 두고 두 건물지가 서로 마주보는 경우가 있다. 이는 지붕의 구조나 높낮이 등을 서로 연계하여 빗물이 배수구로 떨어지도록 축조한 것이다.

◆ 두 건물지 기단석 사이의 배수시설

• 개성 고려궁성 추정 건덕전 건물지군의 배수시설

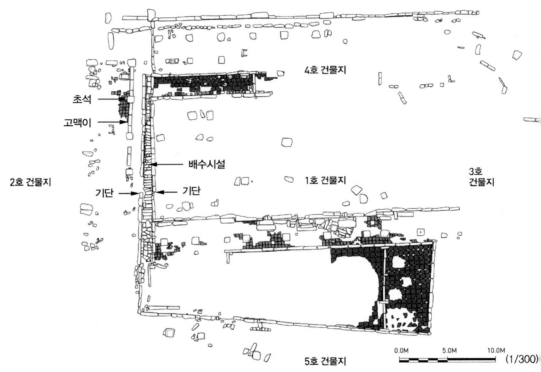

_ 개성 고려궁성 추정 건덕전 건물지군 1호 건물지와 2호 건물지 사이의 배수시설(고려)
(국립문화재연구소, 2015, 『개성 고려궁성 남북공동 발굴조사보고서 II』, 43쪽 도면 1)

• 서울 북한산 삼천사 대지암지 부도전지의 배수시설

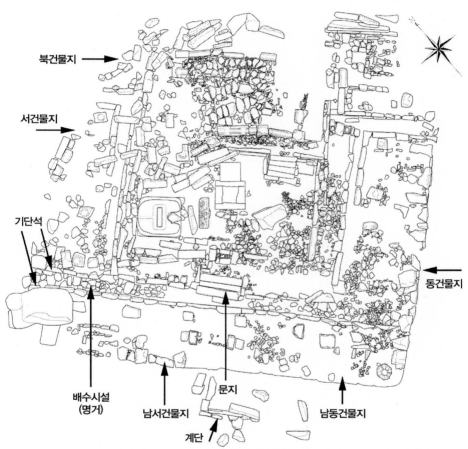

북건물지 →

서건물지 →

기단석

동건물지 ←

배수시설
(명거)

남서건물지

문지

계단

남동건물지

_ 서울 북한산 삼천사 대지암지의 부도전지(고려). 동·서건물지 기단석과 남동·남서건물지 기단석
사이에 배수시설(명거)이 길게 조성되어 있다.
(서울역사박물관, 2011, 『북한산 삼천사지 발굴조사보고서』, 그림 10)

• 대전 상대동유적 내 건물지의 배수시설

_ 대전 상대동유적 내 건물지의 배수시설(고려). 배수시설을 중심으로 좌우에 건물지가 조성되어 있다. 두 건물지의 마주보는 기단석이 배수시설이고, 바닥에는 판석형 할석이 부석되어 있다.

　　우수가 모이는 중정(中庭)에서의 배수시설은 대체로 암거 형태로 축조되고 있다. 따라서 건물지의 중정을 조사할 경우에는 육안으로 배수시설이 확인되지 않더라도 북건물지(중앙건물지)의 장축과 직교하게 트렌치 조사를 실시하는 것이 필요하다. 이는 배수시설이 건물지의 기본 방향에서 볼 때 위에서 아래로 조성되기 때문에 남북 방향으로 트렌치를 설치하면 유구를 확인하지 못하는 경우가 발생하므로 이와 직각되게 조사하여야 한다.

_ 영광 불갑사 칠성각과 팔상전 사이의 배수시설. 이들 건물의 경우 맞배지붕을 하고 있다.

◆ 중정(中庭)

• 충주 숭선사지 중정

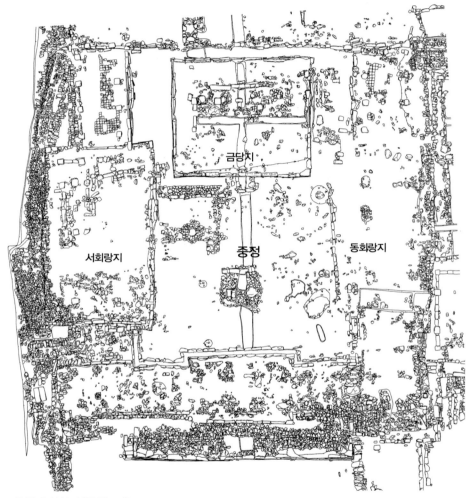

_ 충주 숭선사지 중정(고려)
(충청대학 박물관 · 충주시, 2006, 『충주 숭선사지』, 도면 2 중)

• 대전 상대동 원골유적 내 건물지의 중정

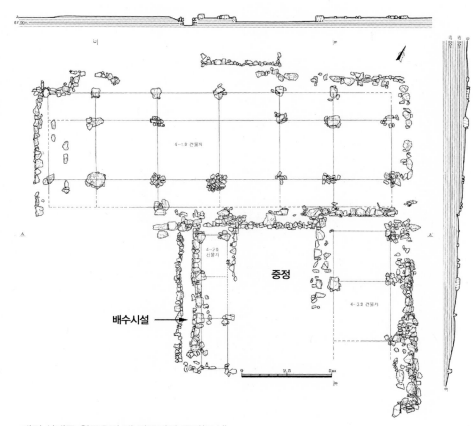

_ 대전 상대동 원골유적 내 건물지의 중정(조선)
(中央文化財研究院 외, 2011, 『大田 上垈洞 원골遺蹟-本文I-』, 263쪽 도면 123)

◆ 중정(中庭) 배수시설(암거)

• 공주 주미사지 중정의 배수시설(암거)

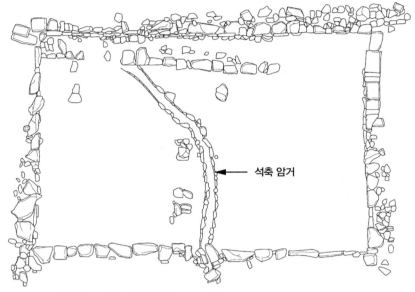

석축 암거

_ 공주 주미사지 중정 내 배수시설(암거, 조선)
(公州大學校 博物館·忠淸南道 公州市, 1999, 『舟尾寺址』, 61쪽 도면 24)

　　암거를 확인하기 위한 구덩이의 길이는 되도록 길게 하는 것이 좋다. 왜냐하면 암거가 한 방향이 아닌 여러 방향으로 분기할 가능성도 배제할 수 없기 때문이다.

　　특히 경사 아랫면의 저습지를 성토하고, 건물을 조영하였을 경우 이곳의 성토량은 경사 윗면에 비해 상대적으로 많아질 수밖에 없다. 또한 대지조성토에 축조된 암거의 위치도 생활면(지표면)을 기준으로 더 깊은 곳에서 발견될 수 있다. 그리고 암거가 시설된 곳은 대개 물이 흐르는 지역이기 때문에 지반 역시도 불안정한 것이 당연하다.

　　따라서 이러한 곳에 구덩이를 설치할 때에는 굴토한 흙이 무너지지 않도록 멀리 쌓아두거나 구덩이가 붕괴되지 않도록 어느 정도의 안식각을 두는 것이 필요하다.

아울러 건물을 감싸는 담장이 시설되어 있을 경우에는 이의 하단부를 주의 깊게 살펴볼 필요성이 있다. 이는 건물 내부의 우수를 외부로 배수할 때 담장을 통과할 수밖에 없기 때문이다. 담장지에서의 배수구는 생활면과 동일한 층위에 형성되기 때문에 평면 작업을 통해 확인할 수 있다. 만약 층위 파악이 어려우면 담장지에 잇대어 구덩이를 설치하여 생활면에 대한 토층조사를 실시한 후 확장 조사하면 된다.

◆ 담장(지) 아래의 배수시설

• 경주 신라 왕경유적 내 담장 아래의 배수시설

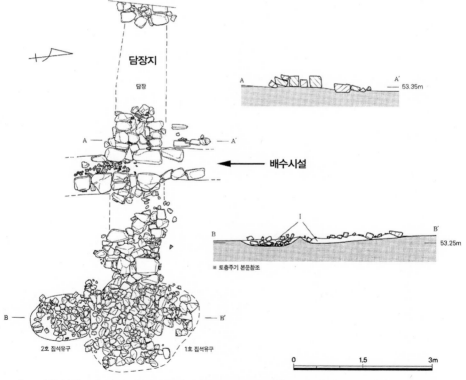

_ 경주 신라 왕경유적 내 담장 아래의 배수시설 (신라문화유산조사단, 2009, 『王京遺蹟 X』, 23쪽 도면 8)

• 양주 회암사지 내 담장 아래의 배수시설

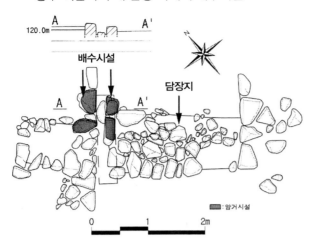

_ 양주 회암사지 내 담장 아래의
배수시설(고려 말~조선 전기)
(경기도 외, 2016, 『檜巖寺Ⅴ 사역 동쪽
석축·담장지 및 북서쪽 외곽』, 83쪽 그
림 28)

• 서울 원지동 원지유적 1호 건물지 담장 아래의 배수시설

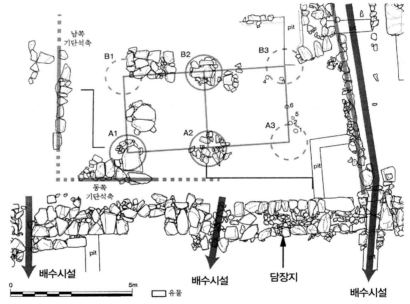

_ 서울 원지동 원지유적 1호 건물지 담장 아래의 배수시설
(한백문화재연구원, 2015, 『서울 원지동 원지』, 70쪽 도면 11)

• 예산 추사고택 영당 담장 아래의
  배수시설

배수시설

_ 예산 추사고택 영당 담장 아래의 배수시설

_ 예산 추사고택 영당 담장 아래의 배수시설 세부

또한 담장 외에 기단이나 축대 면석에도 배수시설이 축조될 수 있으므로 입면에서 출수구(出水口)나 이의 홈 등을 주의 깊게 살펴보아야 한다. 이때 출수구 중에는 기단이나 담장, 축대보다도 앞으로 길게 빼어진 배수시설이 있는데 이를 누조(漏槽)라고 한다.

◆ 수원 화성 화홍문의 누조

_ 수원 화성 화홍문의 누조(조선). 홍예문 위에 누조가 돌출되어 있다.

_ 수원 화성 화홍문의 누조 세부(조선)

◆ 기단에 조성된 출수구(누조)

• 서울 종묘 정전 월대의 출수구(누조)

출수구(누조)

기단석

_ 서울 종묘 정전 월대에 조성된 출수구(누조). 월대의 기단토 상면에는 박석이 깔려 있고, 출수구 방향으로 물이 모이도록 바닥면을 조정하였다.

만약, 지표면에서 배수시설 등이 노출되지 않았음에도 불구하고 출수구가 확인된다면 이는 대지조성토에 암거가 시설되었음을 의미하는 것이므로 이의 확장 및 확인조사가 반드시 요구된다.

◆ 축대에 조성된 출수구

• 춘천 청평사 익랑 축대의 출수구

_ 춘천 청평사 익랑 축대의 출수구 1. 축대는 할석으로 조성되었다.

_ 춘천 청평사 익랑 축대의 출수구 2. 축대는 다듬어진 치석으로 조성되었다.

• 경주 불국사 축대 출수구(누조)

_ 경주 불국사 축대(구획식 석축)에 조성된 출수구(누조)

• 합천 영암사지 축대 출수구(누조)

축대   출수구(누조)

_ 합천 영암사지 축대에 조성된 출수구(누조)

• 순천 송광사 축대 출수구(누조)

축대

출수구(누조)

_ 순천 송광사 경내 축대의 출수구(누조)

한편, 암거는 지표면에서 대지조성토로 스며드는 유수나 연약지반에 흐르는 물을 배수하기 위해 조성되기도 한다. 특히 물이 집수되는 골짝이나 경작지(전답) 상면에 건물지가 조성되었다면 암거의 존재는 거의 필연적이라 할 수 있다.

석축 암거가 주로 연약지반과 인접한 성토(판축) 대지 하부에 조성된다면, 기와 암거는 대지조성토 상면에 위치하고 있다. 암거는 우물형 혹은 석곽형(판석 혹은 할석으로 조성) 집수조와 함께 서로 세트화 되는 경향이 있기 때문에 어느 한 유구가 노출되었을 경우 상호 연계하여 두 유구의 존재를 모두 확인해 보는 것이 좋다.

석축 암거나 기와 암거 모두 지표면 아래에 조성되어 있으므로 이들 유구는 구덩이 조사를 통해서만 확인할 수 있다. 따라서 구덩이 작업 중 대지조성토 아래에서 석렬이나 와열 등이 검출되면 일단 암거로 생각하고 이의 위아래에 관련된 집수시설이 있는지를 살펴본다.

한편, 회랑이 구비된 평지가람에서도 배수시설의 존재는 거의 필수적으로 나타난다. 이는 회랑 내부의 우수를 밖으로 빼내기 위한 기본적인 토목시설에 해당되기 때문이다. 이럴 경우 회랑지의 기단 및 기단토를 절개하고, 석재를 이용해 배수시설을 축조한다.

사지 회랑지에서의 배수시설은 명거나 암거 모두 조성된다. 다만, 명거가 설치되었을 경우 이것이 암거와 연결될 수 있으므로 확장 범위에 구덩이를 설치하여 이의 존재 유무를 확실히 파악해 보도록 한다.

지형을 고려해 볼 때 회랑지에서의 배수시설은 경사 윗면보다 아랫면에 조성되는 것이 일반적이다. 따라서 남북을 장축으로 한 가람배치에서 배수시설의 존재는 지대가 낮은 동·서회랑지의 하단부나 남회랑지에서 발견될 가능성이 매우 높다.

◆ 사지 회랑지의 배수시설

• 부여 왕흥사지 서회랑지의 배수시설

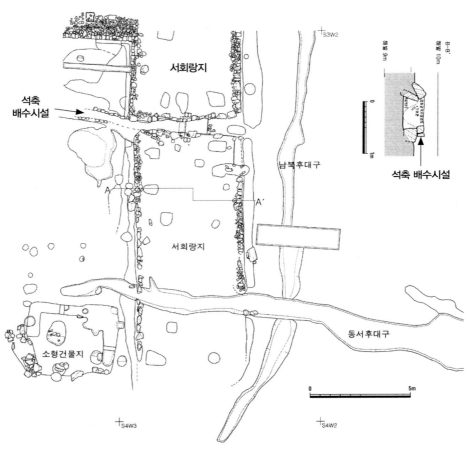

_ 부여 왕흥사지 서회랑지의 석축 배수시설(백제 사비기)
(국립부여문화재연구소, 2012, 『王興寺址 Ⅳ』, 53쪽 도면 4)

• 부여 정림사지 서회랑지의 배수시설

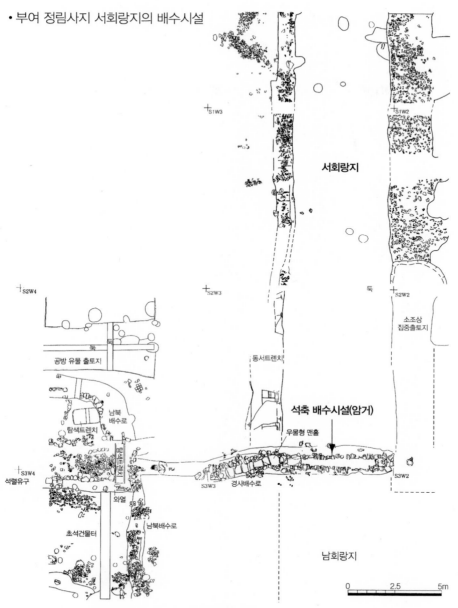

서회랑지

석축 배수시설(암거)

독

소조상
집중출토지

동서트렌치

우물형 맨홀

공방 유물 출토지

남북
배수로

탐색트렌치

석렬유구

외열

경사배수로

초석건물터

남북배수로

남회랑지

0   2.5   5m

_ 부여 정림사지 서회랑지의 석축 배수시설(백제 사비기)

(국립부여문화재연구소, 2011, 『扶餘 定林寺址 發掘調査報告書』, 99쪽 도면 31 중)

• 울산 영축사지 남회랑지의 배수시설

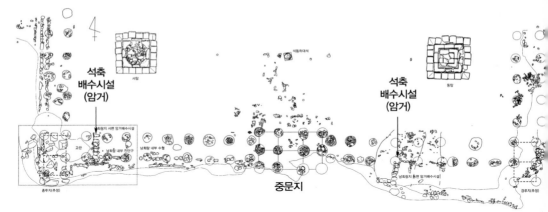

석축
배수시설
(암거)

석축
배수시설
(암거)

중문지

_ 울산 영축사지 남회랑지의 석축 배수시설(암거, 통일신라)
(울산박물관, 2016, 『울산 영축사지 발굴조사보고서 I』, 85쪽 도면 14)

_ 울산 영축사지 중문지 동쪽 남회랑지
의 배수시설(암거, 통일신라) 세부
(울산박물관, 2016, 『울산 영축사지 발굴조사
보고서 I』, 96쪽 도면 21)

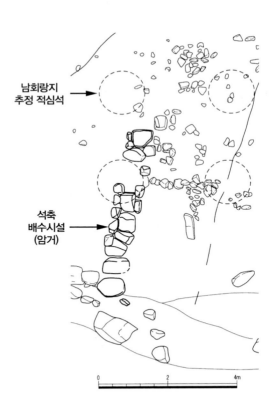

남회랑지
추정 적심석

석축
배수시설
(암거)

0   2   4m

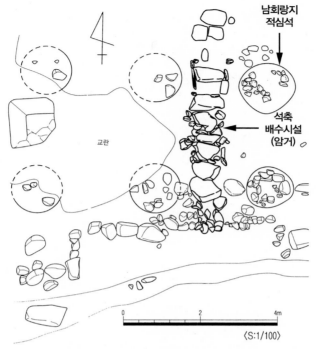

남회랑지
적심석

석축
배수시설
(암거)

교란

0 　　　　　2 　　　　　4m

〈S:1/100〉

_ 울산 영축사지 중문지 서쪽 남회랑지의 배수시설(암거, 통일신
라) 세부

(울산박물관, 2016, 『울산 영축사지 발굴조사보고서 I』, 96쪽 도면 22)

끝으로 유수(流水)가 모이는 곡간부나 물이 흐르는 구릉 사면에 건물지가 조성된 경
우 이의 후면에 구(溝)를 길게 축조하고 있다. 이는 산에서 내려오는 유수를 건물지 외
곽으로 유도하여 직접적인 수해를 입지 않도록 시설한 것이다.

◆ 건물지 외곽의 구상(溝狀) 배수시설(溝)

• 대전 원신흥동유적 1호 건물지의 구상 배수시설

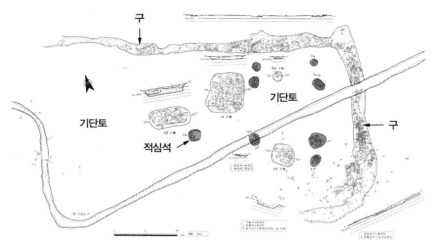

_ 대전 원신흥동유적 1호 건물지의 구상 배수시설(나말여초)

(백제문화재연구원, 2011, 『대전 원신흥동 유적』, 23쪽 도면 7)

• 상주 아천리 산17번지 유적 1호 건물지의 구상 배수시설

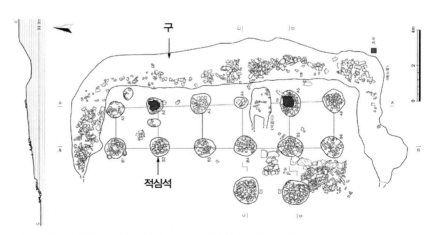

_ 상주 아천리 산17번지 유적 1호 건물지의 구상 배수시설(조선)

(세종문화재연구원, 2016, 『尙州 雅川里 山17番地 遺蹟』, 54쪽 도면 13)

이러한 건물 외곽의 배수시설은 석재를 이용하여 암거나 명거로 조성하거나 혹은 아무 시설 없이 구(溝)로만 축조하는 경우도 살필 수 있다. 따라서 이러한 유구의 존재를 파악키 위해서는 일단 등고선 방향과 직교가 되도록 구덩이 조사를 실시하는 것이 좋다. 그런 다음 구가 확인되면 이를 좌우로 확대하여 전면 조사를 진행한다.

16. 생활면(生活面, 地表面)

생활면은 인간이 생활하면서 밟고 다니는 지표면을 의미한다. 이 층위에는 기와건물이 붕괴된 와적층이 존재하거나 혹은 도로, 답도, 건물 등이 조성되어 있다.

◆ 경주 불국사 극락전의 생활면과 답도

_ 경주 불국사 극락전 주변의 생활면. 생활면 위로 기단과 답도가 조성되어 있다.

와적층은 지붕의 기와가 당시의 생활면(구지표면)에 무너져 내려 형성된 것을 말한다. 그런데 여기에는 기와뿐만 아니라 당시 가옥에서 사용되었던 토기나 자기, 철기 등이 함께 포함되어 있다. 이들 유물은 향후 가옥의 초축이나 운영·폐기 시기 등을 밝히는데 있어 중요한 자료가 되기 때문에 수습 과정에서 출토 위치나 층위 등을 꼼꼼히 기록해 둔다.

◆ 여주 영릉 재실유적의 와적층과 생활면(구지표면)

• 와적층 제거 전

_ 여주 영릉 재실유적 내 상-1건물지의 와적층 제거 전 모습(조선). 와적층 아래가 생활면에 해당된다.

• 와적층 제거 중

_ 여주 영릉 재실유적 내 상-1건물지의 와적층 제거 중 모습(조선)

• 와적층 제거 후

_ 여주 영릉 재실유적 내 상-1건물지의 와적층 제거 후 모습(조선). 와적층이 제거된 바닥면이 곧 생활면이다.

• 토층 단면에서의 와적층

_ 여주 영릉 재실유적 내 상-1건물지의 토층 단면. 생활면을 중심으로 그 위에 와적층이 형성되어 있고, 아래로는 대지조성토가 성토다짐 되어 있다.

　발굴조사 과정에서 와적층이 노출되면 우선 그 범위를 체크하고, 깨끗이 정리한다. 그리고 지붕을 구성하는 용마루나 내림마루, 추녀마루, 처마 등에 놓인 치미나 잡상, 동단식와(棟端飾瓦, 마루 끝 장식기와), 와당(수막새, 암막새), 연목와(서까래기와), 부연와, 토수기와, 사래기와, 착고기와 등이 있는지 육안으로 관찰한다. 이들 특수기와는 유물 수습 과정에서 그 위치를 도면에 표기하여 향후 건물 복원 시 적극 활용토록 한다.

□ 지붕과 처마에 사용된 각종 기와

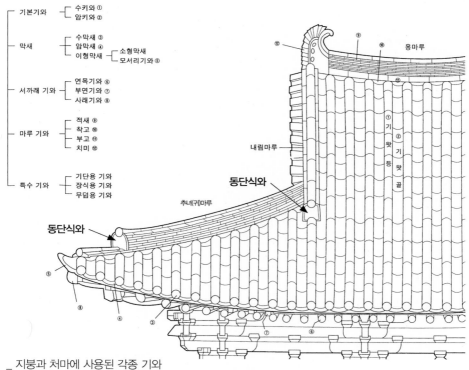

기본기와 ─┬─ 수키와 ①
         └─ 암키와 ②

막새 ─┬─ 수막새 ③
   ├─ 암막새 ④
   └─ 이형막새 ─┬─ 소형막새
                └─ 모서리기와 ⑤

서까래 기와 ─┬─ 연목기와 ⑥
           ├─ 부연기와 ⑦
           └─ 사래기와 ⑧

마루 기와 ─┬─ 적새 ⑨
       ├─ 착고 ⑩
       ├─ 부고 ⑪
       └─ 치미 ⑫

특수 기와 ─┬─ 기단용 기와
        ├─ 장식용 기와
        └─ 무덤용 기와

용마루 ⑩

① 기왓등 ② 기왓골

내림마루

동단식와

추녀(귀)마루

동단식와

_ 지붕과 처마에 사용된 각종 기와
(한국매장문화재협회 · 국립김해박물관, 2016, 『기와, 공간을 만들다』, 85쪽 도면 6)

◆ 치미

_ 공주 주미사지 출토 치미(통일신라).
용마루 양 끝에 장식된다.

◆ 잡상

왕실과 관련된 고려·조선시대의 왕궁, 왕릉, 사원, 성문 등지에서 확인된다. 팔
작지붕이나 우진각지붕의 추녀(귀)마루에 놓여졌다. 인물형을 비롯해 조형, 괴수형
등이 있다. 조선시대에는 별도의 잡상장에 의해 제작되었으며, 형태도 정형화 되었다.

_ 개성 만월대 출토 조형 잡상(고려)
(국립중앙박물관 소장)

_ 양주 회암사지 출토 인물형 잡상(고려)   _ 양주 회암사지 출토 괴수형 잡상(고려)

◆ 동단식와(棟端飾瓦, 마루 끝 장식 기와)

팔작지붕의 내림마루나 추녀마루(귀마루), 우진각지붕의 추녀마루 등에 장식된다. 삼국시대에는 연화문이나 기하학문 등이 조각되나 통일신라시대 이후가 도면 귀면(鬼面)이 주류를 이룬다.

_ 부여 쌍북리 출토 동단식와(백제 사비기)

_ 경주 황룡사지 출토
동단식와(통일신라)
(國立慶州博物館, 2000,
『新羅瓦塼』, 330쪽 사진 1080)

_ 공주 주미사지 출토
동단식와(통일신라).
귀면(鬼面)을 하고 있다.

◆ 수막새와 암막새

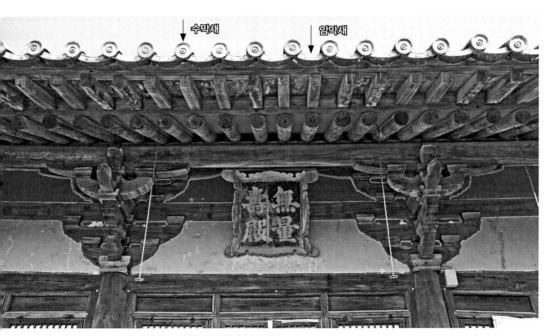

수막새

암막새

無量
壽殿

_ 영주 부석사 무량수전의 수막새와 암막새

_ 보은 법주사 오층목탑(팔상전)의 수막새와 암막새

_ 공주 주미사지 출토 수막새와 암막새(통일신라)

◆ 연목와(서까래기와)와 부연와

겹처마를 구성하는 연목(서까래, 단면 원형)과 부연(단면 방형)의 끝단에 못을 박아 장식한 기와를 '연목와(서까래기와)'와 '부연와'라 한다. 부여 가탑리사지 출토 부연와로 보아 겹처마는 삼국시대부터 등장하였음을 알 수 있다.

부연(단면 방형)

연목(서까래, 단면 원형)

_ 공주 신원사 대웅전의 겹처마. 연목(서까래)과 부연이 화려하게 단청되어 있다.

_ 부여 금강사지 출토 연목와(서까래기와, 백제 사비기). 수막새와 비교해 주연이 없고, 자방 한 가운데에 못 구멍이 있다.

_ 부여 가탑리사지 출토 부연와(백제 사비기). 연목와와 마찬가지로 가운데에 못 구멍이 있다.

_ 부여 동남리유적 출토 연목와
(백제 사비기). 수막새의 자방
에 구멍을 뚫어 연목와로 재사
용하였다.

◆ 토수(吐首)기와

용이나 이무기의 머리 형태를 취하고 있다. 홑처마의 추녀나 겹처마의 사래 끝단
에 끼운 다음 못을 박아 고정시켰다. 우수로 인한 목 부재의 부식을 방지하기 위해
사용되었다.

_ 서울 창덕궁 진선문의 토수기와. 사래 끝단에 토수기와가 부착되어 있다.

_ 여주 영릉 정자각의 토수기와. 추녀 끝단에 토수기와가 위치해 있다.

_ 양주 회암사지 출토 토수기와(고려 말). 용의 형상을 하고 있다.

◆ 추녀기와, 사래기와

추녀나 사래의 끝단에 부착된 기와로 귀면와나 완형의 암키와 등이 사용된다. 귀면와의 경우 동단식와(마루 끝 장식기와)와 비교해 아랫면이 평평하게 제작되어 있다.

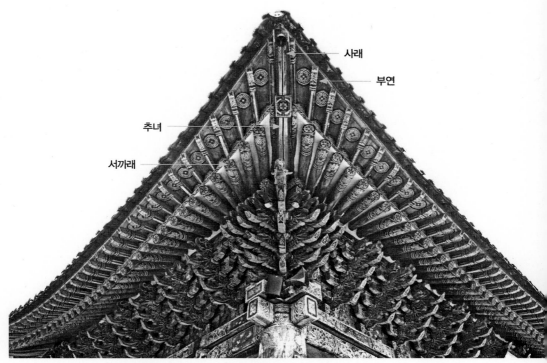

_ 논산 쌍계사 대웅전의 겹처마에서 보이는 추녀와 사래(조선)

그런데 사실 귀면와라는 용어만을 가지고 이것이 지붕이나 처마의 어느 부분에 사용되었는지는 구체적으로 파악하기가 쉽지 않다. 이는 문양으로 기와를 분류한 것이기 때문에 수막새나 암막새, 연목와, 부연와, 착고, 치미 등과 같이 기능이 내포된 명시적 용어와는 거리가 멀다. 따라서 귀면와라는 모호한 명칭 보다는 동단식와, 추녀기와, 사래기와 등과 같은 구체적인 용어가 합리적이라 할 수 있다.

그리고 발굴조사 과정에서 추녀기와와 사래기와를 구별한다는 것 자체도 쉽지 않은 부분이라 할 수 있다. 왜냐하면 건축물이 세워 있는 경우에는 추녀와 사래의 구분이 명확하기 때문에 여기에 사용된 기와 역시도 쉽게 구별할 수 있다. 그러나 건물이 폐기되고, 와적층에서 못 구멍이 있는 장방형의 기와(혹은 와제품)가 검출되었을 때 이를 추녀기와로 볼지, 아니면 사래기와로 볼지 그 구분이 불분명하다. 이는 결과적으로 폐기된 기와집에서 서까래나 부연과 같은 부재, 혹은 연목와나 부연와가 출토되지 않는 한 추녀기와나 사래기와를 엄격히 판별할 수 없다는 사실에 봉착하게 된다. 그러므로 건물지에서 수습된 못 구멍이 있는 장방형의 기와(혹은 와제품)를 사래기와라고 단정짓는 것은 옳지 않다. 그 보다 먼저 추녀나 사래 중 어느 부분에 사용된 것인지를 파악하는 것이 우선적이라 할 수 있다.

• 추녀기와

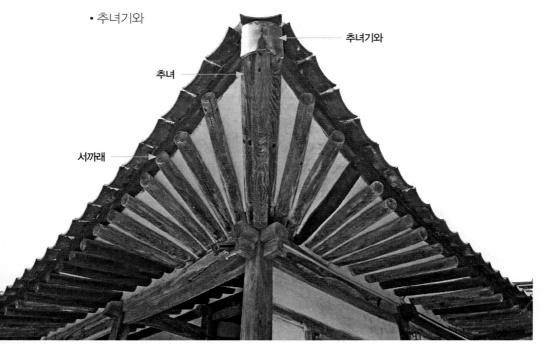

_ 논산 명재고택의 추녀기와(조선). 추녀 끝단에 완형의 암키와가 부착되어 있다.

_ 보은 법주사 오층목탑(팔상전)의 추녀기와(조선). 추녀 끝단에 귀면이 조각된 추녀기와가 부착되어 있다. 이마와 코 부분에 두 개의 못이 박혀 있다.

• 사래기와

_ 영주 부석사 무량수전의 사래기와. 사래 끝단에 암키와로 만든 사래기와가 부착되어 있다.

• 추녀 혹은 사래기와

_ 경주 황룡사지 출토 연화당초문
추녀 혹은 사래기와(통일신라)
(추녀, 사래기와 – 國立慶州博物館, 2000,
『新羅瓦塼』, 393쪽 사진 1296)

_ 경주 안압지 출토 귀면문 추녀
혹은 사래기와(통일신라)
(國立慶州博物館, 2000, 『新羅瓦塼』,
332쪽 사진 1083)

_ 부여 구아리사지 출토 귀면문 청동장식(백제 사비기). 추녀나 사래 끝단에 장식되었을 것으로 추정된다. 네 모서리에 소형의 원공이 뚫려 있다.

◆ 착고기와

기와건물의 용마루 중 가장 아랫부분에 놓이는 기와이다. 용마루와 기왓골 및 기왓등의 접착을 원활히 하기 위해 수키와의 좌우를 호형으로 절단하여 제작하였다. 마치 삼각팬티를 연상시키고 있다.

_ 착고기와의 모습

와적층에 대한 도면 작업이 완료되면 그 다음으로 구덩이를 설치한다. 이는 와적층 뿐만 아니라 기단석까지 확대하여 토층조사를 실시하는 것이 좋다. 이 과정에서 와적층이 어느 정도 두께로 쌓여있고, 생활면(구지표면)은 어느 정도 레벨에 위치해 있는지를 층위상으로 살펴본다.

◆ 오산 지곶동사지의 와적층과 생활면(구지표면)

와적층

생활면(구지표면)
대지조성토1
대지조성토2

대지조성토3

_ 오산 지곶동사지 기단 밖 토층 모습(고려). 생활면을 중심으로 위, 아래에 와적층과 대지조성토가 형성되어 있다.

층위상에서 생활면이 확인되면 일정한 너비로 와적층을 남겨두고 하강 작업을 실시한다. 이때 와적층과 생활면 사이는 삽이나 긁개 등을 이용하여 무리하게 제토·정리하지 않도록 한다. 이는 자칫 잘못하면 생활면을 유실케 하는 원인이 됨과 동시에 낙수면(落水面)의 멸실을 불러올 수 있다. 따라서 건물지의 생활면 조사는 인부나 경험이 적은 조사원 보다는 경험 많은 선임 조사원이 실시하는 것이 좋다.

생활면은 토층상으로 보면 각기 다양하게 나타난다. 먼저 토층조사를 진행하다보면 생활면은 다른 대지조성토나 퇴적된 토양에 비해 흙의 강도가 강함을 느낄 수 있다. 이는 긁개보다 꽃삽 등의 작업을 통해 충분히 인지 가능하다.

◆ 평창 오대산 월정사의 생활면(구지표면)

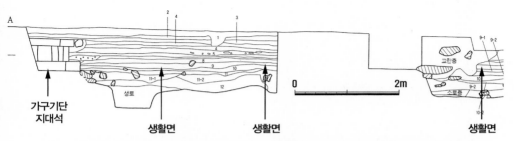

_ 평창 오대산 월정사의 생활면(고려). 현 월정사 팔각구층석탑 아래의 고려시대 생활면(구지표면)이다.
(월정사 · (재)대한불교조계종 유지재단 문화유산발굴조사단, 2004, 『五臺山 月精寺 석조보살좌상 주변지역 시 · 발굴
조사보고서』, 29쪽 도면 4 중)

아울러 생활면에는 부분적으로 모래가 포함되어 있거나 다른 대지조성토에 비해 복잡한 간층(間層)을 보여주고 있다. 이는 우수로 인한 반복적인 퇴적의 결과로 이해할 수 있다. 그리고 색감에 있어서도 약간 검은색을 띠는 것이 일반적이다.

건물지에서 생활면은 기단석 외부에 존재한다. 전체 기단석에서 생활면은 아래쪽에 위치할 수도 있지만 위에 형성될 수도 있다. 따라서 건물 내부에 초석이 유실되고 적심석만 노출되어 있다면 이는 기단석 상부의 멸실을 인지하여야 한다. 그리고 위에 형성된 생활면의 유실 가능성까지도 연계하여 생각할 필요가 있다. 하지만 이는 고

고학적으로 확인된 부분이 아니기 때문에 반드시 토층조사를 실시하여 생활면의 존재를 찾아보는 것이 좋다.

◆ 여주 영릉 재실유적 하단 건물지의 생활면(구지표면)

_ 여주 영릉 재실유적 하단 건물지의 생활면(조선). 생활면 아래의 대지조성토에는 기와건물의 폐기물인 기와, 백자편 등이 포함되어 있다. 이들 유물은 상대적으로 건물지보다 선행되는 유물이기에 건물지 편년 시 적극 활용한다.

생활면이 기단석의 윗부분에 형성될 경우 그 아랫부분의 대지조성토는 상대적으로 높게 축토(築土)된다. 대지조성토는 용어에서도 알 수 있듯이 대지조성에 사용된 토양을 말한다. 그런데 여기에는 토양뿐만 아니라 기와나 토·자기편, 석재 등이 혼축된 경우를 종종 살필 수 있다. 이는 대지조성 중에 기와건물지의 잔재를 폐기시킨 것으로써, 한편으로 선축된 기와건물이 주변에 존재하였음을 의미하기도 한다.

◆ 대전 상대동유적 내 건물지의 생활면(구지표면)과 와적층

_ 대전 상대동 SD1 건물지의 생활면과 와적층(고려). 대지조성토에 포함된 와적층은 선축된 기와건물이 폐기된 후 혼입된 것이고, 생활면 위의 와적층은 가장 마지막 단계의 기와건물이 폐기되어 형성된 것이다. 따라서 같은 성격의 와적층이라 하더라도 층위에 따라 이의 해석은 완전 달라질 수 있다.

생활면 아래의 대지조성토에 포함된 유물은 선축된 유구의 산물이기 때문에 위에 조성된 건물지 편년에 결정적인 영향을 미친다. 즉, 대지조성토에 폐기된 유물은 시

기적으로 생활면의 유물과 동 시기이거나 적어도 이보다 이른 것들이다. 따라서 대지 조성토 출토 유물과 생활면 수습 유물을 시기적으로 상호 비교·검토하여 건물지의 초축 연대와 중심 시기를 밝혀보도록 한다.

한편, 건물지가 아닌 탑이나 석등, 대좌, 부도, 귀부 등을 발굴조사 할 경우 생활 면은 석물의 지대석을 통해 확인할 수 있다. 즉, 지대석의 측면을 자세히 관찰해 보 면 생활면 아래인 대지조성토에 묻히는 부분의 경우 치석(治石) 되지 않고 거친 요철 상태로 남아 있다. 반면, 지면에 노출되는 부분은 곱게 치석해 놓아 차이를 보인다. 따라서 치석된 부분과 그렇지 않은 부분의 경계면을 건축물의 생활면(구지표면)으로 이 해하면 큰 무리가 없다.

◆ 오산 지곶동사지 금당지 내부의 생활면(구지표면)

_ 오산 지곶동사지 금당지 내부 불단(가구기단)의 지대석(고려). 지대석 윗면에는 면석을 올리기 위한 턱이 마련되어 있다. 지대석의 측면부는 치석된 면과 거친 면으로 이루어졌으며, 이의 경계가 생활면 이 된다.

◆ 울산 영축사지 동탑지의 생활면(구지표면)

생활면
(구지표면)

생활면(구지표면)

_ 울산 영축사지 동탑지의 생활면(통일신라). 지대석 측면부의 치석된 면과 거친 면의 경계면이 당시
의 생활면이다.

17. 낙수면(落水面)과 산수시설(散水施設)

기와 지붕에 비가 내리면 이것이 생활면(지표면)에 떨어져 낙수면(落水面)을 조성하게
된다. 이는 기단의 끝단에서 대부분 1m 내에 위치하고 있으며 층위상으로는 굵은 모
래가 형성되어 있다. 따라서 건물의 기단이 노출되면 생활면을 찾기 위한 탐색 구덩
이의 단면작업이 필요하고, 이 과정에서 낙수면을 찾아보도록 한다.

◆ 낙수면

_ 안동 봉정사 기와건물의 낙수면.
낙수면에는 생활면과 달리 굵은
모래층이 형성되어 있다.

낙수면은 건물 복원 시 처마의 길이를 결정짓는 중요한 요소이기 때문에 조사 과정에서 이것이 유실되지 않도록 정밀 작업을 실시한다. 예컨대 각 시기의 기와건물지에서 낙수면이 확인된다면 처마의 길이가 시기적으로 어떻게 변화해 갔는지를 파악할수 있다. 그리고 이를 건축물의 복원에 적극적으로 활용함으로써 역사 왜곡도 어느 정도 줄일 수 있을 것이라 생각된다.

◆ 건물지 토층에서의 낙수면

• 광주 고룡동 벽파정유적 건물지의 낙수면

＿ 광주 고룡동 벽파정유적 건물지의 낙수면. 낙수면은 기본적으로 생활면(지표면)에 형성되어 있다.

• 광주 고룡동 벽파정유적 건물지의 낙수면 세부

낙수면

_ 광주 고룡동 벽파정유적 건물지의 낙수면. 이곳에 굵은 모래층이 형성되어 있다.

• 예산 추사고택 안채의 낙수면

_ 예산 추사고택 안채의 낙수면. 낙수면에 굵은 모래층이 형성되어 있다. 이를 통해 암키와의 너비, 처마의 길이 등을 추정할 수 있다.

낙수면은 지붕의 형태나 처마 구조에 따라 지표면에서 각기 달리 나타나고 있다. 즉, 팔작지붕과 우진각지붕에서의 낙수면은 곡면으로 표현된다. 하지만 맞배지붕에서는 일직선상으로 나타나고 있다. 그리고 처마의 구조(홑처마, 겹처마)에 있어서도 낙수면의 거리가 달라질 수 있다.

◆ 팔작지붕의 낙수면

• 논산 쌍계사 대웅전의 팔작지붕

_ 논산 쌍계사 대웅전의 팔작지붕(조선)

• 팔작지붕의 낙수면

_ 천안 광덕사 명부전 팔작지붕의 낙수면, 낙수면이 곡면으로 휘어져 있다.

◆ 맞배지붕의 낙수면

• 예산 수덕사 대웅전 맞배지붕

_ 예산 수덕사 대웅전의 맞배지붕

• 예산 수덕사 대웅전 맞배지붕의 낙수면

_ 예산 수덕사 대웅전 맞배지붕의
낙수면. 낙수면이 일자로 길게 형
성되어 있다.

한편, 일부 기와건물에서는 낙수(落水)로부터 기단이나 생활면을 보호하기 위해 돌
이나 전, 기와 등을 기단과 접해 놓거나 일정한 거리를 두고 정연하게 깔아 놓는 경우
가 있다. 이는 산수(散水)라 불리는 것으로 백제 사비기 부여 왕흥사지 강당지 및 서회
랑 북단 건물지 등 삼국시대 건물지에서도 이미 확인된 바 있다. 돌을 이용한 산수시
설의 경우 할석이나 다듬어진 판석 및 장대석 등을 사용하고 있다.

◆ 평양 청암리사지 목탑지 산수시설

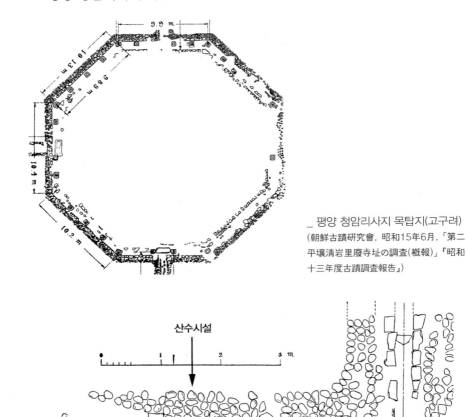

_ 평양 청암리사지 목탑지(고구려)
(朝鮮古蹟研究會, 昭和15年6月,「第二
平壤淸岩里廢寺址の調査(槪報)」『昭和
十三年度古蹟調査報告』)

산수시설

_ 평양 청암리사지 목탑지 산수시설(고구려)
(朝鮮古蹟研究會, 昭和15年6月,「第二 平壤淸岩里廢寺址の調査(槪報)」『昭和十三年度古蹟調査報告』)

◆ 황해도 봉산 토성리사지 목탑지 산서수실

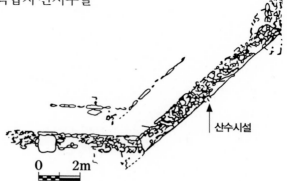

_ 봉산 토성리사지 목탑지 산수
시설(고구려)
(文化財管理局 文化財研究所, 1991,
『北韓文化遺蹟發掘概報』, 368쪽)

산수시설

□ 백제

◆ 부여 왕흥사지 산수시설

• 부여 왕흥사지 강당지 남면(전면)의 산수시설

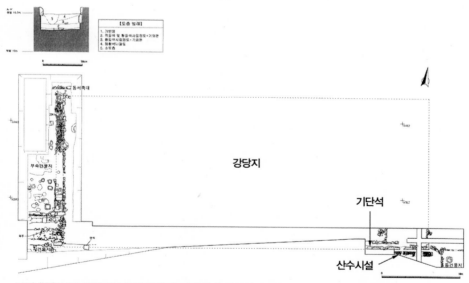

강당지

기단석

산수시설

_ 부여 왕흥사지 강당지 남면(전면)의 기단석과 산수시설(백제 사비기). 남면 기단석으로부터 30cm
떨어진 지점에 너비 60cm의 산수시설이 조성되어 있다.
(국립부여문화재연구소, 2012, 『王興寺址 Ⅳ』, 63쪽 도면 8)

_ 부여 왕흥사지 강당지 남면(전면)의
산수시설 세부(백제 사비기). 기와와
석재를 이용하여 산수시설을 조성하
였다.

• 부여 왕흥사지 서건물지(서회랑 북단 건물지)의 산수시설

_ 부여 왕흥사지 서건물지(서회랑 북
단 건물지) 서면(후면)의 산수시설(백
제 사비기)

(국립부여문화재연구소. 2015. 『王興寺址
Ⅵ』. 39쪽 도면 7)

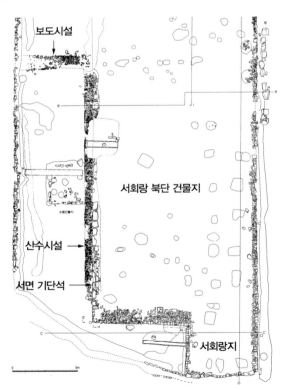

_ 부여 왕흥사지 서건물지(서회랑 북단 건물지) 서면(후면)의 산수시설(백제 사비기). 기단과 접해 60cm의 너비로 산수시설이 조성되었다. 평기와편을 땅에 박아 산수시설을 축조하였다.

◆ 익산 미륵사지 중원 금당지의 산수시설

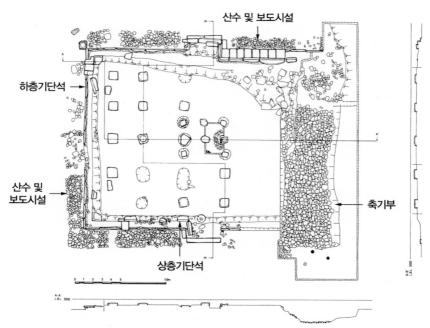

_ 익산 미륵사지 중원 금당지의 산수시설(백제 사비기). 기단과 접해 산수시설이 조성되었다. 넓이로 보아 보도의 기능도 겸했을 것으로 생각된다.

(國立扶餘文化財硏究所, 1996, 『彌勒寺 遺蹟發掘調査報告書 II(圖版編)』, 419쪽 도면 36)

산수는 기단과 접해 있거나 생활면 위 한정된 범위에만 깔려 있기 때문에 제토 과정상에서 어렵지 않게 살필 수 있다. 조사 말미에 산수의 중복 상태를 파악하기 위한 절개작업을 실시하도록 한다.

□ 고려

◆ 대전 상대동유적 내 건물지 전면의 산수시설

_ 대전 상대동유적의 건물지 전면의 산수시설 1(고려). 기단과 접해 산수시설을 조성하였다. 사용된 석재는 위가 평평한 할석이다.

_ 대전 상대동유적 내 건물지 전면의 산수시설 2(고려). 산수시설 외곽으로 1매의 경계석을 세워 놓고, 그 내부에 소형의 할석들을 축석해 놓았다.

◆ 여주 고달사지 금당지의 산수시설

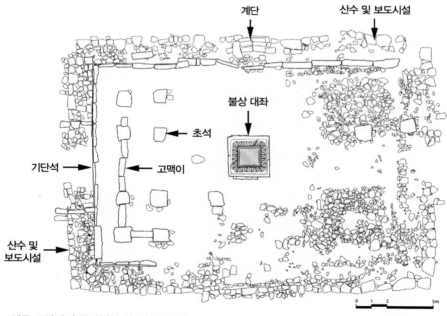

계단

산수 및 보도시설

불상 대좌

초석

기단석

고맥이

산수 및
보도시설

0 1 2   5m

_ 여주 고달사지 금당지의 산수시설(고려)

(경기문화재단 부설 기전문화재연구원, 2007, 『高達寺址 II』, 807쪽 삽도 3하)

□ 조선

◆ 부여 홍산 동헌 전면의 산수시설

_ 부여 홍산 동헌 전면의 산수시설. 장대석을 이용
하여 산수시설을 조성하였다.

◆ 서울 창덕궁 대조전 전면의 산수시설

_ 서울 창덕궁 대조전 전면의 산수시설. 기단석과 답도 사이에 강돌(역석)이 전체적으로 깔려 있다.

◆ 서울 종묘 정전 후면의 산수시설

_ 서울 종묘 정전 후면의 산수시설. 두 매의 암키와를 맞대 산수시설을 조성하였다.

◆ 안동 하회마을 양진당 입암고택 전면의 산수시설

_ 안동 하회마을 양진당 입암고택 전면의 산수시설. 기단과 접해 강돌(역석)을 이용하여 산수시설을 조성하였다.

□ 일제강점기 이후

◆ 서울 창덕궁 청향각 후면의 산수시설

_ 서울 창덕궁 청향각 후면의 산수시설. 지붕 위의 우수를 흠통을 이용하여 배수하였다. 산수시설은 4매의 무문전을 이용하여 조성하였다.

◆ 서울 서대문형무소 지하 감옥의 산수시설

_ 서울 서대문형무소 지하 감옥의 산수시설(일제강점기). 처마에 부착된 새 모양의 출수구를 통해 지붕의 우수를 배수하였다. 산수시설은 다듬어진 석재로 만들어졌으며, 낙수면은 둥그렇게 굴착되었다.

18. 계단(階段)

건축유구에서의 계단은 기단이 높은 경우 흔히 살필 수 있다. 외벌대의 단층기단과 같이 그 높이가 낮은 경우에는 이러한 계단(지) 유구를 찾아보기 어렵다.

따라서 발굴조사 중 이중기단이나 가구기단, 혹은 높이가 높은 단층기단이 발견되면 건물지의 4면에 계단지가 존재하는지를 우선적으로 확인해 본다. 아울러 층단식으로 건물이 배치될 경우에도 계단이 축조되었을 가능성이 높으므로 이의 존재 파악에 중점을 둔다.

◆ 가구기단에 조성된 가구식계단

_ 춘천 청평사 대웅전의 가구식계단(조선)

여기에서는 그 동안 사지 발굴을 통해 드러난 계단 유구를 중심으로 그 위치 및 축조기법 등을 살펴보고자 한다.

사지에서의 계단은 중문, 탑, 금당, 강당 등 대부분의 전각지에서 확인할 수 있다. 육안으로 살펴지는 계단은 조사상 큰 어려움이 없겠지만 계단에 사용된 부재가 대부분 반출된 경우에는 이의 확인 조사가 쉽지 않으므로 제토 과정에서 이의 형적을 자세히 살펴보아야 한다.

◆ 익산 미륵사지 강당지 계단

_ 익산 미륵사지 강당지 계단(백제 사비기)

계단은 기단과 접해 외부로 돌출되어 있거나 기단 내부에 포함된 경우가 있고, 위치상으로는 기단의 중앙 혹은 좌·우변에 치우쳐 있기도 하다. 아울러 가구식계단의 경우 치석된 지대석이나 소맷돌, 답석 등이 여러 매 필요하기 때문에 이의 출토 위치를 유심히 관찰할 필요가 있다. 혹 치석된 석재를 사용하지 않았을 경우에는 기단과 접해 있는 돌무지를 의심해 볼 필요가 있다.

◆ 오산 지곶동사지 금당지 계단

_ 오산 지곶동사지 금당지 계단(고려). 기단 중앙에 계단이 설치되어 있다.

계단은 흔히 기단 외부의 와적층과 중복되는 경우가 많다. 이는 기와지붕의 붕괴
와 밀접한 관련이 있기에 와적층을 제거하고 계단의 잔존부를 노출시켜 본다. 계단
석이 모두 유실되었을 경우에는 계단을 시설하기 위해 굴광해 놓은 구(溝)나 홈이 있
을 수 있으므로 평면작업을 통해 이의 형적을 확인한다.

한편, 통일신라기에는 경주 황룡사지나 사천왕사지, 감은사지, 망덕사지, 불국사
(연화교, 칠보교, 백운교, 청운교) 등에서처럼 계단 최하부의 좌우에 석주를 꽂아놓고 있다. 이
는 법수석의 시원적 형태로 하단부는 평면 원형으로 정교하게 치석되어 있다. 아울러
다보탑의 계단 아래 좌우에도 이러한 법수석이 꽂혀 있어 통일신라시대 당탑 및 주요
건물의 계단 아래에 주로 시설되었음을 살필 수 있다.

◆ 석주 형태의 계단 법수석

• 경주 황룡사지 목탑지 계단의 법수석 구멍

법수석 구멍

_ 경주 황룡사지 목탑지 계단의 법수석 구멍(통일신라). 법수석은 유실되고 구멍만 남아 있다.

• 경주 감은사지 금당지 계단의 법수석 구멍

법수석 구멍

법수석 구멍

_ 경주 감은사지 금당지 계단의 법수석 구멍(통일신라)

• 경주 망덕사지 동탑지 계단의 법수석 구멍

_ 경주 망덕사지 동탑지 계단의 법수석 구멍(통일신라). 법수석은 유실되었다.

• 경주 불국사 안양문 계단의 법수석

_ 경주 불국사 안양문 계단 난간 아래의 법수석(통일신라)

• 경주 불국사 다보탑 계단의 법수석

법수석

소맷돌

면석

지대석

_ 경주 불국사 다보탑 계단의 법수
석(통일신라)

　따라서 통일신라기 당탑 및 주요 건물의 계단지를 조사할 때에는 이의 하부 좌우에 법수석(석주)를 꽂기 위한 구멍이 뚫려 있는지 확인해 볼 필요가 있다.

　기와건물지의 계단은 축조기법에 따라 가구식계단, 장대석계단, 여의계단, 할석계단 등으로 구분할 수 있다. 가구식계단은 지대석과 면석, 소맷돌 등으로 이루어지며, 소맷돌은 직선인 것과 곡선으로 휘어진 것 등이 살펴진다.

◆ 가구식계단

• 양산 통도사 대웅전의 가구식계단

_ 양산 통도사 대웅전의 가구식계단(통일신라). 면석에 연화문이 조각되어 있고, 법수석에는 꽃이 장식되어 있다.

• 합천 영암사지 금당지의 가구식계단

_ 합천 영암사지 금당지의 가구식계단(통일신라). 계단 측면 면석부에 가릉빈가가 조각되어 있다. 소맷돌은 유실되어 확인할 수 없다.

면석 표면에는 꽃이나 풀, 구름 등이 시문되어 있고, 소맷돌의 끝단에도 법수가 조각되어 있다. 법수석(法首石)은 용이나 원숭이, 사자, 해태, 태극문양, 꽃 등 다양하다. 가구식계단의 중앙부에는 밟고 올라갈 수 있도록 장대석의 답석(踏石)이 마련되어 있다.

◆ 용(龍) 법수석

• 서울 창덕궁 인정전 월대 계단의 용 법수석

_ 서울 창덕궁 인정전 월대 계단의 용 법수석(조선)

◆ 사자 법수석

• 천안 광덕사 대웅전 계단의 사자 법수석

_ 천안 광덕사 대웅전 계단의 사자 법수석(조선). 계단 아래 좌우에 돌 사자가 세워져 있다.

_ 천안 광덕사 대웅전 계단의 사자 법수석

◆ 운문(雲紋) 법수석

• 서울 종묘 정전 계단의 운문 법수석

_ 서울 종묘 정전 계단 측면(조선). 곡면의 소맷돌 아래에 운문형의 법수석이 조각되어 있다.

_ 서울 종묘 정전 계단의 운문 법수석 세부(조선)

장대석계단과 여의계단은 모두 면석이나 소맷돌이 없이 다듬어진 장대석(혹은 판석)으로 조성되었다는 특징이 있다. 전자가 똑같은 너비의 장대석(혹은 판석)으로 답석을 축조한 반면, 여의계단은 위로 올라갈수록 답석의 너비를 좁게 하였다.

◆ 장대석계단

• 예산 수덕사 대웅전의 장대석계단

_ 예산 수덕사 대웅전의 장대석계단

• 화성 건릉 정자각의 장대석계단

_ 화성 건릉 정자각의 장대석계단(조선)

◆ 여의계단

• 보령 성주사지 금당지의 장대석 여의계단

_ 보령 성주사지 금당지의 장대석 여의계단(통일신라). 계단 위로 올라갈수록 일정 폭만큼 좁아지고 있다.

　할석계단은 주변에서 쉽게 볼 수 있는 석재를 이용하여 계단을 조성한 것이다. 석재의 크기가 서로 달라 돌과 돌 사이에 쐐기돌이 박혀 있는 것도 볼 수 있다.

◆ 할석계단

• 대전 상대동유적 내 건물지의 할석계단

_ 대전 상대동유적 내 건물지의 할석계단(고려)

• 보령 충청수영성 내 할석계단

_ 보령 충청수영성 내 할석계단(조선). 축대 사이에 계단이 조성되어 있다.

19. 축대(築臺)

경사면에 대지를 조성하기 위해선 우선적으로 성토다짐이나 판축공법으로 토양을 축토(築土)하여야 한다. 그런 다음 토양(대지조성토)이 유수에 의해 유실되지 않도록 대지의 끝단에 축대를 시설하게 된다. 또한 대지조성토 내부의 유수가 원활히 배수될 수 있게 암거를 축조하기도 한다.

그런데 대지를 조성하기 위한 토양의 축토기법은 평면상에서 결코 확인할 수 없다. 그리고 축대의 뒤채움 행위도 파악하기 어렵다. 이의 궁금증을 해결하기 위해선 축대와 직교하게 길게 구덩이 조사를 실시하는 것이 가장 효과적이다. 이때 대지조성토의 축토기법도 함께 살펴 보아야하기 때문에 구덩이의 너비와 길이는 현장 여건에 맞게 설치하는 것이 좋다.

특히, 경사 윗면에서 아랫면으로 내려올수록 대지조성토의 깊이가 깊어지기 때문에 구덩이의 폭은 안전상 넓게 파는 것이 유리하다. 그리고 구덩이에서 파낸 흙이 다시 구덩이에 토압을 가하지 않도록 멀리 버리도록 한다. 또한 구덩이의 깊이가 깊을 때에는 붕괴에 대비하여 사다리나 토단을 마련하는 것도 좋은 대책이 될 수 있다.

구덩이 작업을 실시하면 축대의 뒤채움석 후면에서 굴광선이 확인된다. 이는 석축의 아랫부분까지 단면상에서도 살필 수 있다. 특히 축대의 경우 후대에 보축될 수 있으므로 뒤채움석에서 중복된 층위가 있는지 면밀히 관찰해 본다.

◆ 대전 상대동유적 축대

_ 대전 상대동유적 축대 1(고려). 경사면을 굴광하여 축대를 조성하였으며, 축대석과 굴광선 사이에는 뒤채움석(할석)이 채워져 있다.

_ 대전 상대동유적 축대 2(고려). 축대 뒤채움석과 함께 기와편이 혼축되어 있다. 이들 기와편은 선축된 기와건물의 폐기물로 추정된다.

그리고 뒤채움석에는 폐기된 기와편이나 토·자기편 등이 포함될 수 있으므로 제토 과정에서 주의 깊게 살펴보고, 수습 과정에서 사진 촬영과 함께 출토 층위를 반드시 명기해 두도록 한다. 이는 향후 축대의 조성 시기뿐만 아니라 그 위에 조성된 건물지의 축조 시기까지도 밝힐 수 있다는 점에서 출토 유물의 중요성을 인지한다.

경사면에 조성된 축대의 아랫부분은 대부분 대지조성토로 덮여 있기 때문에 육안으로는 석축의 기저부를 살필 수 없다. 이는 앞에서 살핀 구덩이 조사와 연계하여 실시하면 확인할 수 있다. 이때 대지조성토에 유물이나 생활면이 남아 있는지, 그리고 석축의 최하단에 미석이나 적심시설이 조성되어 있는지도 함께 조사해 본다.

◆ 공주 공산성 내 축대 전면의 대지조성토

토기편

_ 공주 공산성 내 축대 전면의 대지조성토에 토기편이 포함되어 있다. 토기편의 편년에 따라 축대의 조성시기가 결정되므로 유물 수습 시 층위와 출토 위치를 정확히 기록해 둔다.

◆ 보령 충청수영성 내 축대 미석

_ 보령 충청수영성 내 축대 미석(조선). 미석은 축대 면석에 비해 10~20cm 정도 내어 쌓았다.

축대는 돌을 쌓는 토목공사의 결과물로서 이는 축조기법에 따라 일체식과 구획식으로 구분할 수 있다. 일체식은 한 지점에서 시작하여 마지막 지점까지 동일한 기법으로 축석하는 방식이다. 삼국시대 이후 대부분의 축대가 이 형식을 따르고 있다.

□ 일체식 축대

◆ 합천 영암사지 축대

_ 합천 영암사지의 일체식 축대(통일신라)

◆ 원주 법천사지 부도전지의 축대

_ 원주 법천사지 부도전지의 일체식 축대(조선)

반면, 구획식은 일체식과 달리 석축 중간 중간에 등간격으로 목주나 석주를 시설해 놓고 구간별로 축석하는 형식이다. 전면에서 볼 때 목주나 석주로 인해 석축이 분할됨을 살필 수 있다. 하지만 뒤채움석은 일체식과 마찬가지로 분할되지 않고 서로 연결되어 있다.

□ 구획식 축대

◆ 공주 공산성 내 건물지의 구획식 축대

_ 공주 공산성 내 건물지의 구획식 축대 1(백제). 미리 목주를 박고, 그 사이에 할석으로 축대를 조성하였다.

_ 공주 공산성 내 건물지의 구획식 축대 2(백제)

_ 공주 공산성 내 건물지의 구획식 축대 세부 1(백제)

_ 공주 공산성 내 건물지의 구획식 축대 세부 2(백제)

목주

◆ 경주 불국사의 구획식 축대

_ 경주 불국사의 구획식 축대 1(통일신라). 자하문과 안양문 사이의 축대이다. 구획에 사용된 석재는
다듬어진 치석이고, 그 내부의 충전된 석재는 할석이다.

_ 경주 불국사의 구획식 축대 2(통일신라). 대웅전 권역의 서회랑과 관련된 축대이다.

_ 경주 불국사의 구획식 축대 3(통일신라). 아미타전 권역의 서회랑과 관련된 축대이다. 경사면 아래로 내려갈수록 석주(石柱)의 높이가 높아지고 있다.

◆ 경주 원원사지의 구획식 축대

_ 경주 원원사지의 구획식 축대(통일신라)

_ 경주 원원사지의 구획식 축대 세부(통일신라)

구획식 축대는 일체식에 비해 수적으로 많지 않으나 삼국시대부터 확인할 수 있다. 즉, 백제시대의 공주 공산성 내 건물지와 통일신라시대의 경주 불국사 · 원원사지 등에서 찾아볼 수 있다.

한편, 구획식 축대와 같은 석축 행위는 산성이나 석벽건물, 석실묘 등에서도 일부 확인되고 있다.

◆ 서울 아차산 홍련봉 제2보루 2호 석벽건물지의 구획식 석축

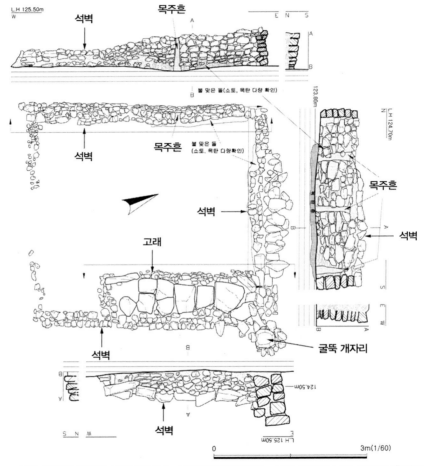

_ 서울 아차산 홍련봉 제2보루 2호 석벽건물지(고구려). 석벽 사이에 나무 기둥의 흔적이 있는 것으로 보아 구획식 석축이 이루어졌음을 알 수 있다.
(高麗大學校考古環境硏究所, 2007, 『紅蓮峰 第2堡壘 −1次 發掘調査報告書−』, 29쪽)

◆ 창령 교동 제3호분의 구획식 석축

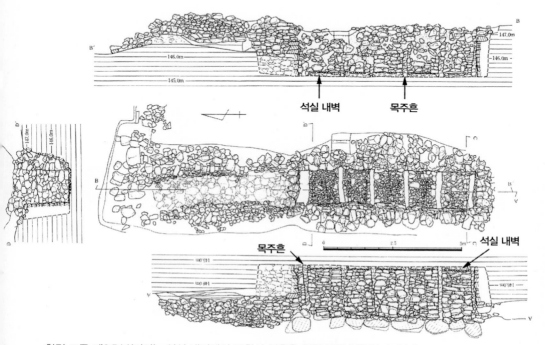

석실 내벽　　　　목주흔

목주흔　　　　　　석실 내벽

_ 창령 교동 제3호분(가야). 석실 내벽에서 구획식 석축을 위한 목주흔을 볼 수 있다.
(東亞大學校博物館, 1992, 『昌寧校洞古墳群』, 135쪽 圖面 58)

20. 화계단(花階段)

경사면에 기와건물을 조성할 경우 이의 후면은 자연스럽게 절개면이 된다. 여기에 등고선 방향으로 여러 단의 석축을 하고, 꽃이나 나무를 심어 후원(後園)으로 조성하는데, 이를 앞에서 보게 되면 마치 화단처럼 살펴지게 된다. 이처럼 경사진 지형의 석축 단(段)에 꽃이나 나무를 심어놓은 것을 화계단이라 한다.

◆ 서울 창덕궁 낙선재 후원의 화계단

_ 서울 창덕궁 낙선재 후원의 화계단(조선). 다듬어진 장대석을 이용하여 화계단을 조성하였다. 나무와 화초 등이 심어져 있으며, 전면으로는 기암괴석이 전시되어 있다.

◆ 서울 창덕궁 경훈각 후원의 화계단

_ 봄철의 서울 창덕궁 경훈각 후원의 화계단(조선). 장대석을 이용하여 화계단을 조성하였으며, 한쪽 편에 계단을 시설하여 오를 수 있게 하였다.

    화계단은 할석이나 장대석 등으로 축조되며, 주로 왕궁이나 관방유적, 양반 가옥 등에서 살필 수 있다. 따라서 발굴조사 과정에서 화계단이 발견된다면 이의 사용 주체를 지배계층으로 추정해 보아도 큰 무리가 없다.

    화계단의 단수는 경사면의 완급에 따라 다양하게 나타난다. 그리고 온돌이 설치된 건물 후원의 화계단에는 굴뚝이 세워질 수도 있다. 또한 화계단이나 이의 전면에 관상 용으로 기암괴석을 설치하는 경우도 종종 살필 수 있다. 그러므로 괴석 발견 시 이를 제거하지 말고, 발굴조사 말미까지 최대한 남겨두어 전문가의 자문을 받도록 한다.

◆ 강화도 용흥궁 후원의 화계단

_ 강화도 용흥궁 후원의 화계단(조선). 화계단은 할석을 이용하여 축대처럼 쌓아놓았다. 왼편으로는
화계단을 오를 수 있도록 계단이 조성되어 있다.

    화계단에 굴뚝이 축조되어 있을 경우에는 건물 본체에서 굴뚝까지 연도가 설치되
어 있음을 인지하여야 한다. 여기서 연도는 대지조성토에 시설되는 것이 대부분이
며, 축조기법은 석축 암거와 큰 차이가 없다.

◆ 서울 창덕궁 대조전 후원의 화계단

_ 서울 창덕궁 대조전 후원의 화계단(조선). 화계단은 모두 4단이며 나무, 화초 등이 심어져 있고,
두 번째 단에는 굴뚝이 조성되어 있다.

◆ 서울 경복궁 교태전 후원(아미산) 화계단의 굴뚝

_ 서울 경복궁 교태전 후원 화계단의 굴뚝(조선). 교태전 후원은 달리 아미산으로도 부르고 있으며, 경회루의 연못을 조성하는 과정에서 발생된 흙으로 축조하였다. 굴뚝에는 대나무와 소나무, 사슴, 학, 표범 등이 조각되어 있다.

연도를 확인하기 위해서는 굴뚝과 건물지의 아궁이 사이에 가상의 선을 긋고, 이와 직교하게 구덩이를 설치하면 된다. 연도는 반드시 뚜껑돌(개석)이 구비되어 있기 때문에 제토 과정에서 이를 제거하지 않도록 주의한다.

◆ 남한산성 침괘정 후원의 화계단

_ 남한산성 침괘정 후원의 화계단(조선). 시굴조사 과정에서 확인되었으며, 할석을 이용하여 조성하였다.

_ 남한산성 침괘정 후원의 화계단 세부

화계단은 축대와 달리 여러 단으로 조성되어 있다. 그리고 강화 용흥궁처럼 화계단의 한편에 계단이 시설되어 인도로 사용되기도 한다. 석축에 사용된 석재의 종류는 일정치 않으며, 높이는 사람이 오를 수 있을 정도로 높지 않은 것이 특징이다.

◆ 서울 정릉 재실 후원의 화계단

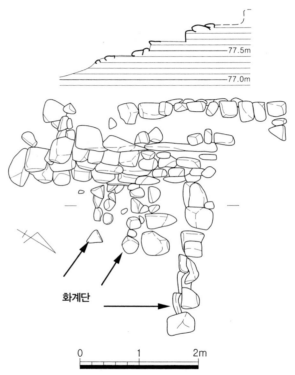

_ 서울 정릉 재실 후원의 3호 화계단(조선)
(蔚山文化財研究院, 2014, 「貞陵 齋室」, 46쪽 도면 31)

21. 담장지(墻址)

담장은 건물의 외곽을 감싸는 구조물로 돌이나 기와, 전, 토석혼축 등으로 조성된다. 그리고 외부는 석재지만 내부는 성토다짐이나 판축으로 축토된 담장지도 발굴조사 과정에서 확인되고 있다.

담장지는 다른 석렬과 달리 협축기법을 사용하여 축석하기 때문에 외관상 식별이 어렵지 않다. 하지만 동일 지역에서 건물지의 중복 상태가 심하면 담장지 역시도 이와 비슷하게 나타난다. 이럴 경우에는 토층조사를 실시하여 건물지와 담장지간의 상호 관계를 추출해 내어야 한다.

이때 제일 먼저 고려할 사항이 바로 건물지와 담장지간의 방향성이다. 이것은 건물지의 장·단축 방향과 담장지의 방향이 어느 정도 일치함을 전제로 한다. 그 다음으로는 건물지와 담장지의 기단부가 어떤 층위에 조성되었는지, 그리고 생활면을 통해 상호 연결할 수 있는 지를 면밀히 관찰해 보도록 한다.

◆ 여주 신륵사 심검당의 담장

_ 여주 신륵사 심검당의 담장. 담장의 아랫부분은 할석으로 조성되었고, 그 위는 토석혼축으로 축조되었다.

◆ 공주 마곡사 영산전의 담장

_ 공주 마곡사 영산전의 담장. 담장의 아랫부분은 석축으로 이루어졌고, 윗부분은 기와로 조성되었다.

대형 건물에 부속된 담장을 축조할 경우에는 마치 성곽과 같이 작업구역이 분할될 수 있다. 따라서 발굴조사 중 이의 경계면 확인이 필요하다. 이는 담장지의 기단석이나 면석 등에서 살필 수 있으므로 조사 과정에서 유심히 찾아보도록 한다.

◆ 담장 축석 경계면

담장 축석 경계면

_ 대전 상대동유적 내 담장지(고려). 경계면을 중심으로 담장 축조가 양 방향에서 이루어졌음을 알 수 있다.

◆ 담장에 사용된 기와편

기와편

_ 대전 상대동유적 내 담장지(고려). 석축 기단부에 평기와편 일부가 포함되어 있다. 이들 기와의 편년은 담장지의 상한 시기를 추정하는 중요한 자료가 된다. 만약 기와가 12세기로 추정된다면 담장의 축조 시기는 무조건적으로 12세기 이후가 되어야 한다.

석축 담장의 경우 두 석렬 사이에는 흙이나 소형 할석 뿐만 아니라 기와나 토기 등이 함께 혼축되어 나타난다. 그리고 담장의 상부에 기와를 올려두는 경우도 있으므로 평면 제토 시 유물의 출토 상황을 주의하여야 한다.

◆ 담장 지붕의 기와 복원

_ 서울 경복궁 자경전의 담장. 담장 위로 기와가 올려 있다.

_ 예산 향천사 담장의 단면 상태. 협축
의 석재 사이에 할석과 점토가 혼축되
어 있다.

　건물이 폐기되면 담장도 생활면까지 붕괴되는 것이 일반적이다. 이때 생활면에서
담장 기저부의 축조기법을 살피기란 그리 쉽지 않다. 이럴 경우에는 담장지를 중심
으로 이와 직교하도록 길게 구덩이를 조성하는 것이 필요하다. 이 과정에서 조사자
는 담장 축조와 관련된 대지조성, 축기부, 적심시설, 미석 등의 토층 현황과 유구의
존재 유무 등을 파악해 볼 수 있다. 만약 대지조성토에서 유물이 출토되었다면 이는
담장지보다 선행하는 것이므로 담장의 편년 설정 시 중요한 자료로 활용한다.

◆ 담장지의 토층조사

_ 대전 상대동유적 내 담장지(고려). 담장의 축조기법을 파악하기 위해 토층조사를 실시하였다.

◆ 담장지 축기부와 미석, 그리고 대지조성토

_ 대전 상대동유적 내 담장지(고려). 담장을 조성하기 앞서 먼저 축기부를 조성하고, 그 위에 기단석을 축조하였다.

_ 대전 상대동유적 내 담장지 미석(고려)

_ 대전 상대동유적 내 담장지(고려)의 대지조성토. 담장지 전면으로 생활면은 유실되었고, 대지조성토 만 남아있다.

한편, 담장은 가옥의 안과 밖을 차단시켜 줄 뿐만 아니라 한 집에서도 건물과 건물 사이에 조성되기도 한다. 이는 담장이 폐쇄적 공간을 만드는 구조물이면서 한편으로는 건물 안팎을 출입케 하는 문(지)도 포함하고 있음을 의미한다.

따라서 담장지 조사 시 어느 한 부분이 깨끗하게 절개되어 있다면 이를 문지로 추정해 보고, 주변에 초석이나 적심시설 등이 조성되어 있는지를 꼼꼼히 살펴본다. 그리고 해당 부분이 문지로 확인되면 이는 사람의 통행이 이루어진 생활면이기 때문에 제토 과정에서 특히 주의를 기울인다. 아울러 구덩이를 설치하여 대지조성토와 생활면의 토층 현황을 살펴보고, 이를 도면 및 사진자료로 남겨두도록 한다.

◆ 담장 사이에 조성된 문

_ 공주 공산성 내 건물지의 담장지(조선). 담장 사이에 문이 조성되어 있다.

◆ 담장 사이의 문 복원

_ 논산 명재고택의 담장 사이 문

_ 서울 경복궁 내 담장 사이의 영지문

그런데 담장 내부에 건물이 있음에도 불구하고 출입문이 모두 설치되는 것은 아니다. 예컨대 조선시대 전국 군현에 조성되었던 사직단(社稷壇)의 경우 담장 사이의 문은 홍살문으로 축조되었다. 따라서 문의 기초부인 장대석이나 초석, 적심시설 등은 찾아볼 수 없다. 대신 홍살문의 기둥 흔적인 주공과 주공 내부의 초반석 등은 확인될 가능성이 매우 높으므로 표면 제토 과정에서 주의를 기울인다.

◆ 사직단

사직단에는 토지신(社)에게 제사지내는 사단(社壇)과 곡식의 신(稷)에게 제사지내는 직단(稷壇)이 동·서쪽에 배치되어 있다. 그 동안 발굴조사된 대구 노변동 사직단 및 창령 사직단, 광양 사직단 등을 보면 모두 북향 사면에 자리하고 있으며, 정문이 북문에 해당되고 있다. 사직단의 외곽으로는 낮은 담장이 둘러싸여 있으며, 담장 사이에는 홍살문이 시설되어 있다.

서울 사직단이 사단과 직단으로 별도 축조된 반면, 지방(군현) 사직단은 하나의 단에 토지신과 곡식신을 함께 모셨다. 기단 형식은 대구 노변동 및 창령 사직단과 같이 할석으로 조성된 것이 있는 반면, 서울 및 광양 사직단과 같이 치석된 판석을 이용하는 것도 찾아볼 수 있다.

• 사직단의 평면 구조

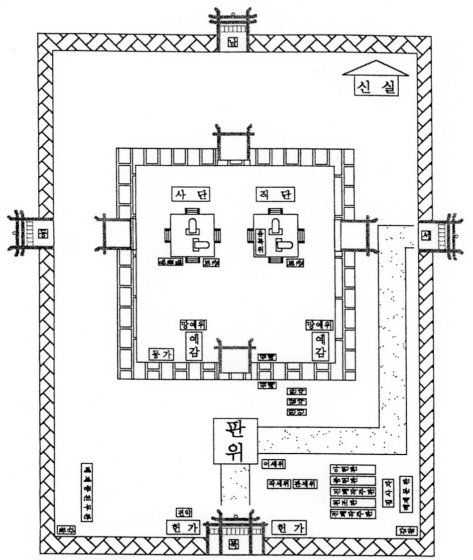

_ 서울 사직단(조선) (嶺南文化財研究院, 2005, 『大邱 蘆邊洞 社稷壇遺蹟』, 102쪽 도면 44)

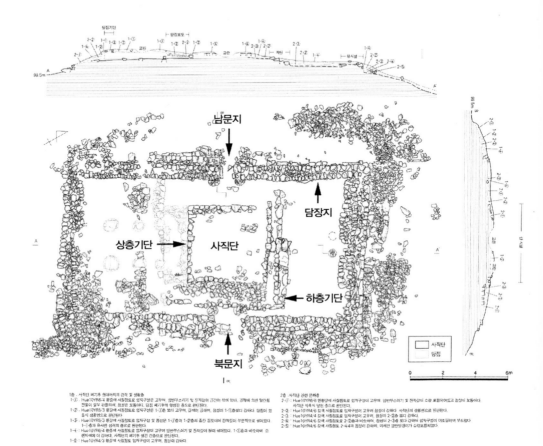

_ 대구 노변동 사직단(조선). 외곽에 담장을 쌓고, 그 내부에 하나의 사직단을 조성하였다. 기단은
이중기단 형식으로 모두 할석으로 축조되었다.
(嶺南文化財研究院, 2005, 「大邱 蘆邊洞 社稷壇遺蹟」, 39쪽 도면 11)

22. 아귀구(餓鬼口)

사찰에서는 매일 새벽 불전에 정수를 올리거나 혹은 승방에서 스님들이 차를 마시곤 한다. 여기서 사용하고 남은 물의 경우 건물 밖에 버려지게 된다. 이때 물을 아무데나 버리지 않고, 기와편으로 짜 맞춘 장방형의 유구에 버리는데 이를 아귀구[19]라 한다. 따라서 아귀구는 지표면이 침식되는 것을 막아주는 역할을 담당하고 있다.

◆ 영주 부석사 무량수전 앞 아귀구

_ 영주 부석사 무량수전 앞 아귀구. 기단과 접한 생활면에 아귀구가 위치하고 있다.

---

19) 불교에 아귀라는 귀신이 있는데 이의 입처럼 생겼다하여 붙여진 이름이다.

◆ 공주 마곡사 대광보전 앞 아귀구

_ 공주 마곡사 대광보전 앞 아귀구. 8장의 미구기와(수키와)를 이용하여 아귀구를 조성하였다.

◆ 안동 봉정사 대웅전 앞 아귀구

_ 안동 봉정사 대웅전 앞 아귀구. 6장의 암키와를 이용하여 아귀구를 축조하였다.

◆ 양산 통도사 대웅전 앞 아귀구

_ 양산 통도사 대웅전 앞 아귀구. 4장의 암키와를 겹쳐 아귀구를 조성하였다.

　발굴조사 과정에서 아귀구는 건물지 기단과 접해 확인되거나 간혹 계단 주변에서
도 찾아지고 있다. 그리고 아귀구는 생활면(구지표면)에 조성되기 때문에 제토 시 그 형
상을 인지하지 못하면 부지불식간에 멸실될 가능성도 적지 않다.
　따라서 온돌이 시설된 승방지나 사역의 중심부에 자리한 불전지를 조사할 경우 기
단과 함께 아귀구의 존재를 찾아보는 것이 좋다. 아울러 아귀구가 검출된 건물지의
성격은 위와 같으므로 사역의 권역 설정이나 성격 추정에도 큰 도움이 될 듯싶다.

◆ 부여 왕흥사지 서회랑 북단 건물지 내 아귀구

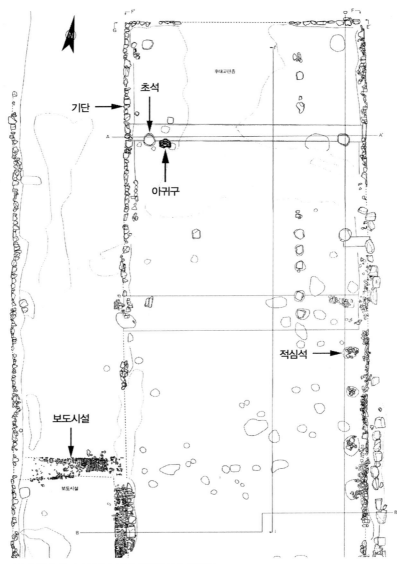

초석
기단
아귀구
후대교란층
적심석
보도시설
보도시설

_ 부여 왕흥사지 서회랑 북단 건물지 내 아귀구
(국립부여문화재연구소, 2015, 「王興寺址 Ⅵ」, 39쪽 도면 7)

_ 부여 왕흥사지 서회랑 북단 건물지 내 아귀구 세부. 장방형으로 기와를 세워 박아놓았다.
(국립부여문화재연구소, 2015, 「王興寺址 Ⅵ」, 원색사진 7)

◆ 익산 미륵사지 고려 건물지 3호 앞 아귀구

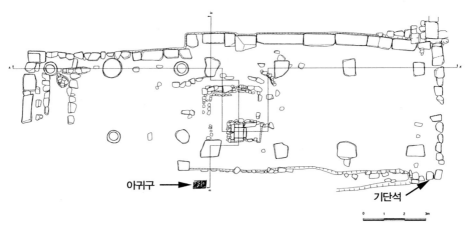

아귀구 →

기단석

_ 익산 미륵사지 고려 건물지 3호 앞 아귀구(고려). 온돌이 시설된 건물지의 기단 전면에 아귀구가
조성되어 있다. (國立扶餘文化財硏究所, 1996,『彌勒寺 遺蹟發掘調査報告書II(圖版編)』, 397쪽 도면 14)

_ 익산 미륵사지 고려 건물지 3호 앞 아귀구 세부(고려)
(國立扶餘文化財硏究所, 1996,『彌勒寺 遺蹟發掘調査報告書 II(圖版編)』, 398쪽)

◆ 강진 월남사지 건물지 앞 아귀구

아귀구　　　산수시설　　　건물지 기단

_ 강진 월남사지 건물지 앞 아귀구(고려). 건물지 기단 앞에 조성된 산수시설의 측단에 아귀구가 조성되어 있다. (민족문화유산연구원 제공)

_ 강진 월남사지 건물지 앞 아귀구 세부(고려) (민족문화유산연구원 제공)

23. 화장실(化粧室)

위계와 관계없이 사람이 거주하는 건축유적에는 화장실의 존재가 필수적이다. 그러나 지금까지 발굴조사를 진행하는 과정에서 화장실의 존재가 검출된 사례는 극히 드물다.

화장실 유구는 일찍이 일본의 등원경유적(藤原京遺蹟)에서 확인되었다. 우리나라의 경우는 2000년대 이후 익산 왕궁리유적이 발굴되면서 화장실 유구에 대한 관심이 높아지게 되었다. 하지만 아직까지도 화장실로 공인된 삼국~고려시대의 유구는 극히 제한적이다.

◆ 일본의 화장실 발굴조사와 유구 복원

_ 일본 등원경유적(藤原京遺蹟)의
화장실 조사 모습
(朝日新聞社, 2002, 『飛鳥·藤原京展』,
161쪽)

_ 일본 등원경유적의 화장실 복원 (朝日新聞社, 2002,『飛鳥·藤原京展』, 160쪽 그림 134)

    화장실로의 성격 파악은 최종적으로 자연과학분석을 필요로 하기 때문에 이러한 작업을 거치지 않았을 경우 유구의 성격을 인지하지 못하고 그냥 지나칠 가능성이 적지 않다. 참고로 익산 왕궁리유적에서 조사된 대형 화장실에서는 편충과 회충과 같은 기생충 알이 검출되었다.

□ 익산 왕궁리유적의 대형 화장실

◆ 대형 화장실과 관련 유구

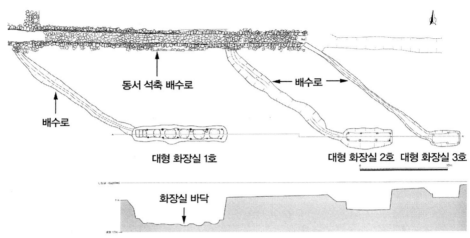

_ 익산 왕궁리유적의 대형 화장실과 배수로, 석축배수로(백제 사비기)
(國立扶餘文化財硏究所, 2006, 『王宮里 發掘中間報告V』, 257쪽 도면 19)

_ 익산 왕궁리유적 대형 화장실 1호와 배수로, 석축 배수로. 화장실 내부의 오수는 배수로를 통해 동서 석축 배수로로 빠져나가게 되어 있다.

◆ 익산 왕궁리유적의 대형 화장실 1호

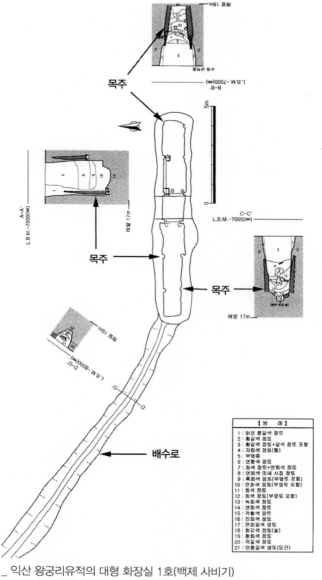

_ 익산 왕궁리유적의 대형 화장실 1호(백제 사비기)
(國立扶餘文化財研究所, 2006, 『王宮里 發掘中間報告Ⅴ』, 262쪽 도면 21)

위의 화장실의 경우 대형의 구를 파고 나무로 만든 기둥과 지붕을 설치하였다. 그리고 일정 높이로 수분이 차면 자연스럽게 배출될 수 있도록 단축을 개방하여 배수구와 연결시켜 놓았다.

◆ 부여 쌍북리 154-10번지 사비 공방구 유적 내 추정 화장실

_ 부여 쌍북리 154-10번지 사비 공방구 유적 내 추정 화장실(백제 사비기). 화장실이 동쪽에 위치한 남북 수로와 연결되어 있다.
(백제고도문화재단, 2014, 『부여 쌍북리 154-10번지 사비(泗沘) 공방구(工房區) 유적』, 72쪽 그림 28)

화장실의 바닥면은 인분과 우수로 인해 점토층이 두텁게 형성되어 있다. 그리고 이곳에서는 대변을 보고 난 후 사용한 뒤처리용 막대가 수습되기도 한다. 막대는 길이가 25~30cm 정도로 끝부분이 둥글고 매끄럽게 처리되었다. 이러한 뒤처리용 막대는 일본의 등원경유적에서도 출토된 바 있다.

◆ 화장실 뒤처리용 막대

_ 익산 왕궁리유적 출토 뒤처리용 막대(백제 사비기)

하지만 규모가 작은 화장실의 경우는 소형의 수혈을 파거나 대형의 항아리를 땅에 박아 사용하였을 가능성도 충분히 있다. 특히, 후자의 경우는 얼마 전까지도 시골에서 쉽게 찾아볼 수 있었다. 이럴 경우 남의 눈을 피하기 위해 벽을 세웠음이 확실하고, 이는 자연스럽게 초석이나 목주가 그 역할을 담당하였을 것으로 생각된다.

□ 양주 회암사지 3단지 '타'건물지 화장실

건물지는 정면 4칸, 측면 3칸으로, 기단의 남북 길이 14m, 동서 너비 약 4.7m이다. 기단 내부의 석축은 남북 길이 12.8m, 동서 너비 2.2m, 깊이 3.6m 정도이다.

내부 벽면 4면 중 남면만 개방되어 있다. 석실 남쪽에서 채집한 시료에서는 흙 1g 당 흡충류(인체 기생) 충란 20개, 회충 충란 10개 가량이 검출되었다.

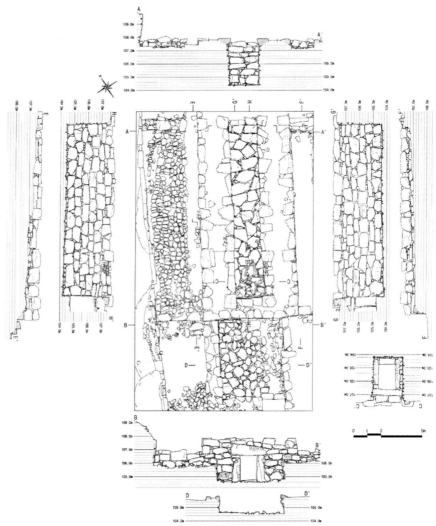

_ 양주 회암사지 3단지 '타'건물지의 화장실(고려 말)

(경기도 외, 2013, 『檜巖寺IV 1~4단지 발굴조사 보고서-본문-』, 175쪽 그림 85)

_ 양주 회암사지 3단지 '타'건물지의 화장실 내부
(경기도 외, 2013, 『檜巖寺Ⅳ 1~4단지 발굴조사 보고서-본문-』, 177쪽 도판 106-①)

_ 양주 회암사지 3단지 '타'건물지의 화장실 남쪽 배출구
(경기도 외, 2013, 『檜巖寺Ⅳ 1~4단지 발굴조사 보고서-본문-』, 177쪽 도판 106-②)

향후 사람이 거주하였던 건축유구에서 화장실은 더욱 더 많이 조사될 것이다. 아니 지금까지 조사된 많은 유구들 중에도 화장실로 볼 수 있는 것들이 적지 않을 것으로 생각된다. 앞으로 자연과학적 분석이 수반된 화장실 조사가 좀 더 광범위하게 실시될 수 있기를 기대해 본다.

□ 서울 부암동 백석동천 별서유적의 화장실

_ 서울 부암동 백석동천 별서유적의 화장실(조선)
(한울문화재연구원, 2012, 『서울부암동백석동천별서유적』, 74쪽 사진 58)

_ 서울 부암동 백석동천 별서유적의 소변기(조선). 옹기를 소변기로 사용하였다.
(한울문화재연구원, 2012, 『서울부암동백석동천별서유적』, 74쪽 사진 60)

□ 공주 금학동 주미산유적 4호 건물지의 소변기

벽체 →

← 소변기

_ 공주 금학동 주미산유적 4호 건물지의 소변기(조선 이후). 벽체에 붙어 소변기(옹기)가 위치하고 있다.

한편, 삼국시대 유물 중에는 소변을 처리하는 호자(虎子)와 변기(便器)라는 용기가 있다. 이 중 호자는 동물 형상을 한 것으로써 이의 사용자는 주로 남자였다. 반면, 요즈음의 좌변기를 연상시키는 변기는 사용 주체가 여자였다. 따라서 호자나 변기는 유물의 성격뿐만 아니라 사용자의 성별을 밝혀 줄 수 있다는 점에서 중요 유물로 분류할 수 있다.

만약 사지 발굴에서 변기가 수습되었다면, 그 사찰의 주체는 비구니(女僧)였고, 사지의 성격은 니사(尼寺)로 파악할 수 있다. 반대로 호자가 발견되었다면 비구(男僧)들이 머물렀던 법사사(法師寺)로 이해할 수 있다.

◆ 남성용 변기-호자(虎子)

• 부여 군수리 출토 남성용 변기(호자)

_ 부여 군수리 출토 남성용 변기
(호자, 백제 사비기)

• 부여 관북리유적 출토 남성용 변기(호자)

_ 부여 관북리유적 출토 남성용 변기
  (호자, 백제 사비기)

◆ 여성용 변기

_ 부여 군수리 출토 여성용 변기(백제 사비기)

24. 기와건물의 평면구조

기와건물은 평면구조가 대부분 장방형을 이루고 있으나 일부 'ㄱ'자형이나 'ㄴ'자형, '정(丁)'자형 등의 구조도 살필 수 있다. 그리고 많진 않지만 '아(亞)'자형의 평면 구조도 간혹 확인할 수 있다.

□ 'ㄱ'자형 혹은 'ㄴ'자형의 평면 구조

_ 예산 추사고택의 'ㄱ'자형 혹은 'ㄴ'자형 평면 구조

□ '정(丁)'자형의 평면 구조

_ 화성 건릉 정자각(丁字閣). 정(丁)자 형태의 건물 구조를 보이고 있다.

□ '아(亞)'자형의 평면구조

◆ 삼척 흥전리사지 서원 유구

_ 아(亞)자형의 평면 구조를 보이는 삼척 흥전리사지 서원 유구(통일신라). 중앙의 금당지를 중심으로 동 · 서익사가 배치되어 있다. (佛敎文化財硏究所 학술자문회의 자료집)

◆ 파주 혜음원지 1-2건물지

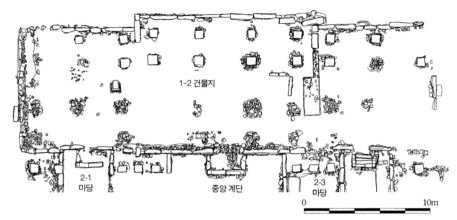

1-2 건물지

2-1
마당

중앙 계단

2-3
마당

0   10m

_ 아(亞)자형의 구조를 보이는 파주 혜음원지 1−2건물지(고려) (단국대학교 매장문화재연구소,
2006, 『파주 혜음원지 발굴조사보고서-1차~4차(사진·도면·탑본)-』, 242쪽 도면 14)

◆ 화순 잠정리유적 1구역 1-1호 건물지

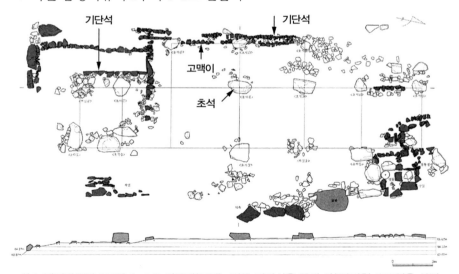

기단석

기단석

고맥이

초석

_ 화순 잠정리유적 1구역 1−1호 건물지(고려). 잔존 기단석을 통해 아(亞)자형 구조임을 살필
수 있다. (東北亞支石墓研究所, 2013, 『和順 蠶亭里遺蹟』, 41쪽 도면 11)

◆ 연기 갈운리유적 53-1지점 1호 건물지

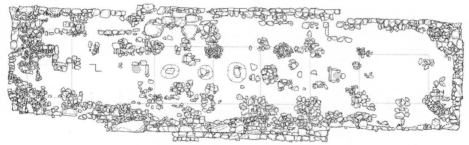

_ 연기 갈운리유적 53-1지점 1호 건물지(고려)

(中央文化財硏究院·韓國土地住宅公社, 2011, 『行政中心複合都市敷地 1-6地點 燕岐葛雲里遺蹟 Ⅲ』, 9쪽 도면 5)

◆ 울진 외선미리유적 1호 건물지

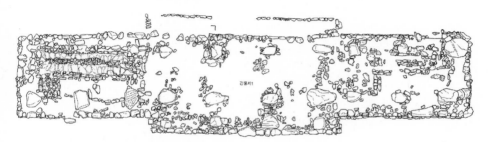

_ 울진 외선미리유적 1호 건물지(고려 말~조선 초)

(경상북도문화재연구원, 2007, 『蔚珍 外仙味里遺蹟』, 31쪽 도면 2 중)

◆ 전주 객사

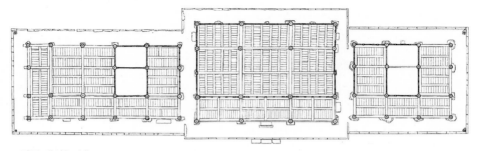

_ 전주 객사(조선)

(文化財廳, 2004, 『全州客舍 修理·精密實測報告書』, 70쪽 도면 5)

'아(亞)'자형의 평면 구조는 통일신라시대 이후의 사찰이나 왕궁, 객사 등의 주요 건물지나 문지 등에서 볼 수 있다. 가운데의 본전(本殿)을 중심으로 좌우에 규모가 작은 건물이 부설되어 있다. 기단은 하나로 이루어졌으며, 건물과 건물 사이는 벽이 시설되었던 것으로 생각된다.

하나의 기단 내부에 3실이 조성된 것으로 보아 서로 관련성이 있는 유구로 이해할 수 있겠으나 성격은 각기 다를 수 있다. 따라서 각각의 건물에서 관찰되는 축조기법 등을 면밀히 검토해 볼 필요성이 있다. 예컨대 대형 불상이나 대좌를 안치하기 위한 보강시설이나 특이한 기둥 배치가 확인되는지, 그리고 아궁이나 고래 등의 난방시설이 갖추어져 있는지를 유심히 살펴본다.

아울러 '아(亞)'자형 건물은 유적의 가장 핵심부에 해당되기 때문에 외곽에 담장이 시설되었을 가능성이 매우 높다. 또한 건물의 위계를 고려한 계단이나 보도(步道) 등이 축조될 가능성도 적지 않다.

한편 대가족제의 가옥에서는 지붕 하나에 여러 개의 방을 두고 있다. 여기서 하나의 지붕으로 이어진 건물을 한자어로는 동(棟)으로 표기하고 있다.

아울러 방은 실(室)로 표기할 수 있는데 이는 성격에 따라 부엌, 마루, 침실 등으로 사용될 수 있다. 그러나 건물지 발굴조사에서 이러한 성격을 모두 파악할 수 없기 때문에 흔히 1동 1실, 1동 2실, 혹은 1동 3실 등으로 부르고 있다.

1동 1실은 주로 사지에서 살필 수 있다. 하나의 지붕에 하나의 방이 존재하는 것으로 건물 내부에 별도의 격벽은 없다. 흔히 금당지나 강당지 등이 여기에 해당된다. 발굴조사 중 외진주(外陣柱)에만 고맥이가 시설되었다면 이는 1동 1실의 건물로 이해할 수 있다.

1동 2실은 하나의 지붕 아래에 두 개의 방이 있는 구조로 설명할 수 있다. 그러나 앞에서 살펴본 대로 방은 침실뿐만 아니라 마루나 부엌 등으로도 그 성격이 해석될 수 있다.

□ 1동 2실의 건물 구조

◆ 부여 능산리사지 강당지

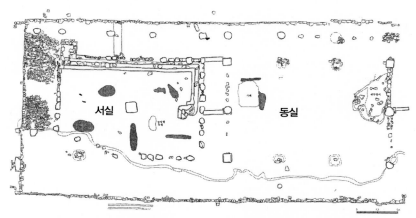

_ 부여 능산리사지 1동 2실 강당지(백제 사비기). 가운데 공간을 사이에 두고 동실과 서
실이 배치되어 있다. (國立扶餘博物館, 2000, 『陵寺 –圖面·圖版–』, 15쪽 도면 10)

◆ 익산 왕궁리유적 1동 2실 건물지

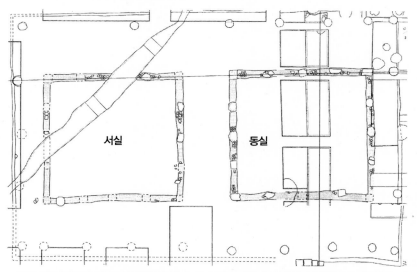

_ 익산 왕궁리유적 1동 2실 건물지(백제 사비기). 가운데 공간을 사이에 두고 동실과 서
실이 배치되어 있다. (國立扶餘文化財研究所, 2008, 『王宮里 Ⅵ』, 137쪽 도면 11)

1동 2실의 건물은 두 개의 방이 서로 붙어 있는 것이 있는 반면, 가운데의 공간을 두고 서로 떨어져 있는 것도 살필 수 있다. 후자의 평면 구조가 부여 능산리사지 강당지 및 익산 왕궁리유적 등에서 살펴지는 것으로 보아 이미 삼국시대부터 등장하였음을 알 수 있다. 아울러 최근에는 통일신라시대의 경주 창림사지에서도 조사된 바 있다.

　　◆ 진해 채석유적 2호 1동 2실 건물지

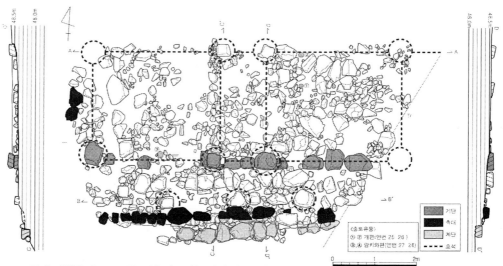

_ 진해 채석유적 2호 1동 2실 건물지(통일신라). 가운데 공간을 사이에 두고 동실과 서실이 배치되어 있다. (東亞細亞文化財研究院, 2011, 『鎭海 自隱 採石遺蹟』, 271쪽 도면 103)

◆ 여주 고달사지 5호 1동 2실 건물지

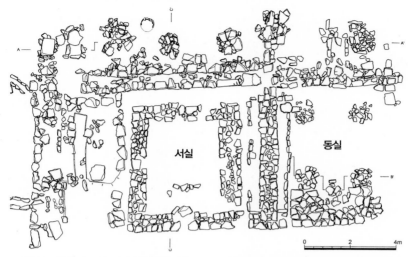

_ 여주 고달사지 5호 1동 2실 건물지(고려). 가운데 공간을 사이에 두고 동실과 서실이 배치되어 있다. (京畿道博物館 외, 2002, 『高達寺址 I』, 47쪽 도면 14)

◆ 순천 통천유적 4호 1동 2실 건물지

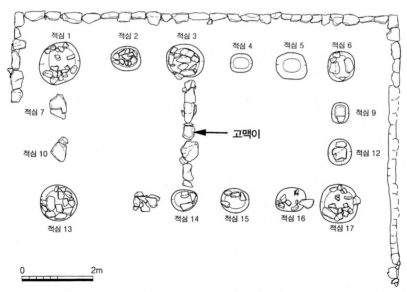

_ 순천 통천유적 4호 1동 2실 건물지(조선). 1동 2실 건물지이지만 두 실(室) 사이에 별도의 공간이 없다. (대한문화재연구원, 2014, 『順天 船月里 桶泉遺蹟』, 157쪽 도면 75)

1동 3실의 건물지도 1동 2실과 마찬가지로 방(室) 사이의 공간 유무에 따라 두 형식으로 구분할 수 있다. 여유 공간을 갖춘 1동 3실의 기와건물지는 부여 능산리사지 북편건물지(백제 사비기)에서 조사된 바 있다.

□ 1동 3실의 건물 구조

◆ 부여 능산리사지 북편 1동 3실 건물지

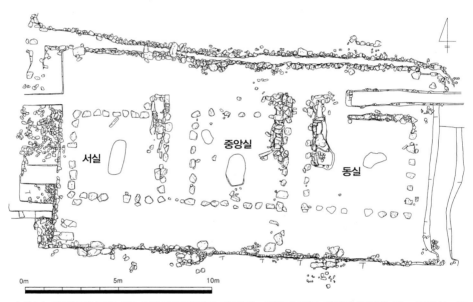

_ 부여 능산리사지 북편 1동 3실 건물지(백제 사비기). 건물과 건물 사이에 공간을 두고 중앙실, 동실, 서실로 구분되어 있다.
(한국전통문화학교 고고학연구소, 2010, 『扶餘 陵山里寺址 제9차 발굴 조사 보고서』, 123쪽 도면 54)

이러한 방(室) 사이의 여유 공간은 마루나 흙바닥이었을 것으로 생각되고, 실내에서 이루어지는 행위들이 다른 방에 쉽게 전달되지 않도록 하는 역할을 담당하였다.

한편, 고려 말~조선시대 왕실과 관련된 사원이나 왕궁 등을 조사하다보면 건물 기단 전면으로 한 단 낮게 별도의 공간과 기단이 시설되어 있음을 볼 수 있는데 이를 월대(月臺)라 한다.

◆ 서울 덕수궁 흥덕전지 월대

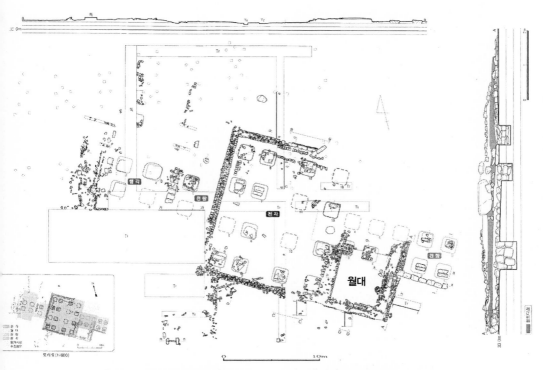

월대

_ 서울 덕수궁 흥덕전지 월대(조선) (동양문물연구원, 2015, 『德壽宮 興德殿址 · 興福殿址』, 99쪽)

◆ 양주 회암사지 보광전지 월대

_ 양주 회암사지 보광전지 월대(고려). 본전 기단에 월대를 덧붙여 놓았다. 본전 기단에 비해 월대 기단은 단면상 낮게 조성되었다.

_ 양주 회암사지 보광전지 단층 월대 기단(고려). 아래에서부터 지복석과 지대석, 하단 면석, 상단 면석, 갑석 등이 올려 있다. 상단 면석 모서리에 호형의 종선문이 양각되어 있다.

월대 기단은 본전(本殿) 기단에 비해 높이가 낮으며, 이의 내부에는 초석이나 적심 시설 등이 조성되지 않는다. 이로 보아 월대는 건물이 축조되지 않은 열린 공간이었음을 알 수 있다.

◆ 서울 종묘 하층 월대 기단과 계단

_ 서울 종묘 하층 월대 기단(조선). 면석과 갑석으로 이루어져 있다. 상단 면석의 경우 치석된 장대석과 탱주로 구성되어 있다.

_ 서울 종묘 하층 월대 계단(조선)

월대는 기본적으로 대지조성토의 상면인 지표면에 조성되었기 때문에 기단의 높낮이에 따라 높이차가 확인된다. 따라서 월대가 높은 경우 계단이 시설되었을 가능성이 매우 높다. 또한 계단과 인접해서는 보도가 있을 수 있으므로 제토 시 부석이나 박석 등이 멸실되지 않도록 주의를 기울인다.

또한 월대는 기단과 마찬가지로 단층뿐만 아니라 상하 이중도 존재하고 있다. 단층에 비해 이중의 월대가 격(格)이 높았음을 볼 때 유적 상호간의 성격이나 위계 파악 등에 충분히 적용하도록 한다.

◆ 서울 창덕궁 인정전의 이중 월대

_ 서울 창덕궁 인정전의 이중 월대(조선). 상·하층의 이중 월대로 이루어졌다. 기단은 면석과 갑석으로 이루어졌으며, 상단 면석 모서리에 호형의 종선문이 양각되어 있다.

◆ 서울 창덕궁 선정전의 단층 월대

월대 기단

본전 기단

_ 서울 창덕궁 선정전의 단층 월대(조선)

25. 마당(庭)

기와건물지의 전면과 후면에는 비교적 넓은 공간이 마련되어 있다. 이를 마당 혹은 뜰로 부르고 있는데 한자어로는 정(庭)이라 표현하고 있다. 따라서 건물지의 전면에 있는 앞마당(뜰)은 전정(前庭), 후면에 있는 뒷마당(뜰)은 후정(後庭)이라 부르고 있다.

◆ 전정(前庭, 앞뜰)

_ 화성 융·건릉 재실 전정

◆ 후정(後庭, 뒤뜰)

후정

_ 아산 외암리 민속마을 상류가옥의 안채 후정. 안채의 평면은 '一'자형이다.

　　그런데 가운데의 마당을 중심으로 3면, 혹은 4면에 건물지가 배치되는 경우가 있다. 이때 마당은 가운데에 있다하여 중정(中庭)이라 부른다. 중정은 궁궐이나 사원, 서원, 향교, 관청, 상류층의 가옥 등에서 주로 확인되고 있다.

◆ 중정(中庭)

• 대전 상대동 원골유적 내 건물지의 중정(中庭)

_ 대전 상대동 원골유적 내 건물지의 중정(고려). 중정에 가운데에 두고 사방에 건물지가 배치되어
있다.

• 완도 법화사지 건물지 7 중정(中庭)

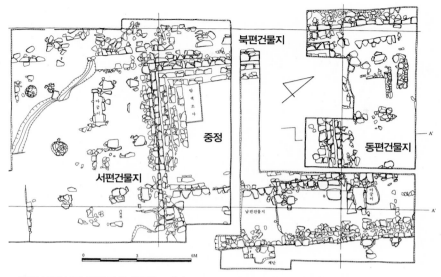

_ 완도 법화사지 건물지 7 중정(고려) (文化財硏究所, 1992, 『莞島 法華寺址』, 75쪽 삽도 17)

• 공주 공산성 영은사 중정(中庭)

_ 공주 공산성 영은사 중정. 중정 위로 주불전인 원통전이 있고, 그 아래로 강당인 관일루가 자리하
고 있다. 그 외의 건물은 요사로 사용되고 있다.

• 공주 동학사 숙모전 중정(中庭)

_ 공주 동학사 숙모전 중정

마당의 상면은 생활면(지표면)으로서 여기에는 기단시설과 낙수면, 산수시설, 그리고 배수시설(집수구, 명거 등) 등이 조성된다. 이러한 건축 유구들은 대부분 지표면에 노출되어 있기 때문에 제토 과정에서 쉽게 확인할 수 있다.

생활면 아래로는 여러 층위의 대지조성토가 존재한다. 이러한 대지조성토는 마당뿐만 아니라 건물지군에도 모두 축토되어 있으며, 이 내부에는 배수시설, 즉 암거가 시설되기도 한다.

중정의 암거시설은 대지조성토의 작업과 동시에 진행된다. 그리고 대지조성이 경사 윗면에서 아랫면으로 실시되는 것과 마찬가지로 암거 역시도 건물의 정면에서 보았을 때 위에서 아래로 시설되는 것이 일반적이다. 그러나 궁궐과 같은 대형 중정에서는 이러한 대지조성 과정을 파악하기가 쉽지 않기 때문에 우선적으로 생활면에 조성된 집수구를 찾아보는 것이 좋다.

◆ 중정에서의 암거시설 확인 조사

_ 오산 지곶동사지의 중정(고려). 동서남북 사방에 건물지가 배치되어 있고, 그 가운데에 중정이 마련되어 있다. 배수 목적인 암거시설을 확인키 위해 '十'자 형태로 구덩이를 설치하였다.

따라서 중정의 암거를 확인하기 위해선 구덩이 조사가 필수적이며, 이는 조사의 후반부에 실시하는 것이 효과적이다. 구덩이 방향은 건물의 정면이 남쪽을 향한다면 이와 직교하게 동서로 조성하는 것이 좋다.

그리고 암거가 확인되면 이를 축조하기 위한 굴광흔을 토층상에서 파악하고, 이에 따라 유구 조사를 확대한다. 가령 암거를 노출하기 위해 중정의 대지조성토를 모두 제거한다면 이는 시간적으로나 경제적으로 매우 비효율적인 작업이 될 수 있다.

석축 암거는 할석이나 판석을 이용하여 벽석을 쌓고, 개석을 얹어놓음으로서 완성된다. 이러한 암거는 산지가람인 경우 축대에까지 연결되고 있으며, 창덕궁과 같은 궁궐에서는 대형 배수로와 이어지고 있다.

◆ 석축 암거의 벽석과 개석

_ 공주 공산성 내 건물지의 석축 암거(조선). 벽석은 여러 매의 할석을 이용하여 축조하였고, 개석은 평평한 석재를 사용하였다.

◆ 기와 암거

_ 공주 공산성 내 건물지의 기와 암거(조선). 기와 암거는 완형의 암·수키와나 편을 사용하기도 한다.

그러므로 축대나 배수로에서 출수로(出水路)와 같은 유구가 검출된다면 이것은 일단 암거와 밀접한 관련이 있는 것으로 파악한다. 그런 다음 그 깊이에 맞게 구덩이 조사를 실시하여 암거의 형적을 찾아내고, 이를 확대시켜 전모를 확인하도록 한다.

그리고 생활면에서 집수구와 같은 유구가 확인되면 이 또한 암거와 연결된 것으로 인지하고 조사를 확대한다. 먼저 집수구를 중심으로 일정한 너비로 제토를 진행하여 암거와 관련된 굴광흔을 찾아본다. 그리고 암거의 진행 방향에 맞추어 중간 중간 구덩이를 설치하여 이의 길이를 확인하도록 한다. 이는 발굴조사의 연장 필요성도 제기되기 때문에 집수구 확인 시 바로 시행하는 것이 좋다.

◆ 서울 창덕궁 낙선재 후정(後庭, 뒤뜰)의 집수구

_ 서울 창덕궁 낙선재 후정(後庭)의 집수구. 문을 중심으로 앞뒤에 집수구가 시설되어 있다.

_ 서울 창덕궁 낙선재 후정(後庭)의 집수구 세부

26. 중복된 유구 조사

건물지를 조사하다보면 단독적으로 조성된 사례보다는 여러 동(棟)의 건물지가 상
하좌우로 복잡하게 중복되어 있음을 확인할 수 있다. 이는 동일 지역에서 시기를 달
리하는 건물 확장이나 축소, 혹은 보축 등의 행위가 원인이라 생각된다.

중복된 상층 건물지의 경우 대부분 하층 건물지를 정지하고 축조되는 것이 일반적
이기 때문에 먼저 탐색 구덩이를 설치하여 하층 유구의 잔존 유무를 살펴 보는 것이
필요하다. 이럴 경우 기단토에 사용된 다짐토(혹은 판축토)의 축토(築土)공법이나 와적층,
기단석, 적심시설 등의 존재를 관찰하여 상·하층 건물지의 경계를 파악하여야 한다.

◆ 안양 중초사지 강당지의 중복

_ 안양 중초사지 강당지의 중복 상태(고려). 선·후축된 기단토의 성질이 전혀 다르고, 후축된 건물
지의 기단토에서는 기와편이 발견되고 있다. 선축된 건물지의 초석이 발견되지 않는 것으로 보아 일
정 높이로 정지하고, 후축 건물지를 조성하였음을 알 수 있다.

_ 안양 중초사지 강당지의 중복(고려). 선축된 건물지의 초석 위로 후축 건물지의 적심석과 초석이 올려 있다.

아울러 하층 건물지라 하더라도 적심시설이나 기단석의 굴광흔은 완전 멸실되기 어렵다. 만약 방향이나 크기가 서로 다른 적심석이 동일 기단토면에 조성되어 있다면 이들의 중복 관계나 남아 있는 기단석과의 관계를 고려하여 후축된 적심석을 찾아본다.

대체로 중복된 건물지의 경우 선축된 것보다 후축된 유구의 잔존 상태가 양호하기 때문에 이와 관련된 기단석과 기단토, 그리고 여기에 조성된 초석(적심석) 등을 평면상에서 대략적으로 선별해 본다. 그런 다음 토층조사를 실시하여 층위상에서 유구의 선후관계를 명확히 파악해 본다.

이처럼 구덩이 조사를 실시함에 있어 주의할 사항이 있는데 바로 유물의 수습이다. 구덩이는 기단토를 절개하고 조성되기 때문에 이 과정에서 기와나 토·자기 등의 유물이 출토될 수 있다. 이들 유물은 기단토 위에 조성된 건물지의 상한 연대를 결정해 준다는 점에서 아주 중요한 가치를 지닌다.

◆ 기단토에 포함된 유물

• 안양 중초사지 강당지

_ 안양 중초사지 강당지의 기단토와 기와편. 초석 아래 기단토에 포함된 기와편은 초석 건물지에 비해 선축된 기와건물지의 잔재이다. 따라서 기와편의 편년은 결과적으로 초석 건물지의 상한 연대를 추정할 수 있는 결정적인 유물에 해당된다.

• 대전 상대동유적 건물지

_ 대전 상대동유적 건물지(고려). 건물지의 기단토에 선축된 기와건물지의 폐기된 기와편들이 포함되어 있다.

즉, 기단토에서 17세기에 해당되는 백자나 명문기와가 수습된다면 이와 관련된 건물지의 편년은 무조건적으로 17세기 이후가 되어야 한다. 아울러 백제토기, 고려기와, 조선시대의 백자가 대지조성토에서 함께 출토된다면 이 건물지의 초축 연대는 가장 뒤시기에 해당되는 백자의 제작시기와 밀접한 관련이 있다.

건물지가 상하로 중복되었을 경우 상층 유구의 제거는 자문회의나 전문가 검토회의를 통해 실시한다. 이를 임의로 진행하였을 경우 중요 유구를 훼손할 가능성도 배제할 수 없기 때문에 전문가의 조언을 듣고 실시하는 것이 절차상 타당하다.

한편, 건물지 조사는 고고학을 전공한 조사원들에 의해 얼마든지 진행될 수 있다.

그러나 여기에서 수습된 유물은 건물지의 편년을 결정짓는데 아주 중요한 역할을 담당하므로 이의 자문은 반드시 해당 연구자의 도움을 받도록 한다.

　예를 들어 건물지의 중요 시설인 구들의 경우 시기적으로 약간씩의 변화를 보이며 발전하고 있다. 만약, 여기에서 출토 유물의 편년이 잘못된다면 구들의 시기적 변천 뿐만 아니라 우리나라의 온돌문화를 교란시키는 아주 황당한 결론에 도달하게 된다. 따라서 현장조사를 완료할 무렵, 혹은 보고서를 집필하는 과정에서 관련 연구자의 자문을 받아 실시하는 것이 효과적이다.

Ⅲ
글을 마치며

먼저 많은 아쉬움이 밀려온다. 처음 생각한 것만큼 글로서 표현하지 못하였다는 부족함을 절실히 느끼고 있다. 다만, 그 동안 건물지 조사와 관련된 단행본이 거의 전무하였다는 점에서 다소나마 위안감을 찾는다.

건물지는 건축유적의 한 부분에 해당된다. 그리고 신석기·청동기시대 및 역사시대의 수혈 주거지 또한 기둥을 세우고, 벽체 시설 및 지붕을 올린다는 점에서 건물지로 이해할 수 있다. 하지만 이들 수혈 주거지는 기와건물지 만큼 생활면에서의 유구가 남아있지 않아 주공이나 노지, 저장공 등의 하부 구조 및 출토 유물에만 집중되는 현상을 보이고 있다.

고고학에서의 건축유적은 흔히 지상 건물지로 귀결되고 있다. 이는 기와집뿐만 아니라 초가집까지도 포함하는 것으로서 발굴조사에서는 기단석과 초석, 적심석 등의 유구로 표현되고 있다. 하지만 집을 짓기 위해선 건축 행위뿐만 아니라 여기엔 반드시 토목공사가 선행되어야 한다. 이는 삭토나 정지, 성토, 판축 등을 의미하며, 한편으로는 말뚝지정, 부엽공법, 나무울타리형 토류목 등과 같은 연약지반 개량공법 등을 필요로 한다.

토목공법은 건물지 유구와 달리 별도의 토층조사를 필요로 한다. 따라서 초석이나 적심석, 기단석 등을 노출시킨 후 별도의 작업 공정이 뒤따라야 한다. 이러한 토목공사 관련 조사는 유구뿐만 아니라 유적의 축조시기 및 그 범위 등을 파악할 수 있다는 점에서 발굴조사에서 결코 빠져서는 안 될 중요한 작업인 것이다.

현재의 건물지를 통해 과거의 건물을 복원하기란 그리 쉬운 작업이 아니다. 하지만 지금까지 우리나라에 남아 있는 고려시대 이후의 목조건축물과 주변 경관, 그리고 중국이나 일본의 여러 고고유적 등은 발굴조사 과정에서 나타나는 난해한 유구들을 해석하는 데 많은 도움을 주고 있다. 따라서 관련 유적에 대한 보고서 수집뿐만 아니라 기회가 주어진다면 답사까지 진행하는 것이 바람직하다고 생각된다.

목조건물이 수많은 부재로 이루어진 만큼 이와 관련된 유구도 적지 않다. 앞에서 열거한 유구 외에 산수시설, 화계단, 아귀구, 함실, 개자리, 달구질 등의 모호한 용어는 건물지 조사를 담당하는 조사원들에게 무관심을 넘어 위압감을 주고 있다. 아울러 더 큰 문제는 건물지를 전공하는 연구자가 고분이나 주거지, 성곽 등에 비해 극소수에 불과하다는 점이다. 그러다보니 건물지를 비전공으로 하는 조사원들에게는 현장 조사뿐만 아니라 곧이어 닥쳐올 보고서 집필이 큰 골칫거리로 대두되게 마련이다.

이 책은 이러한 현장에서의 어려움을 조금이나마 덜어주고자 하는 마음에서 시작되었다. 필자 또한 건물지 조사가 매우 조심스럽다. 생토면이 아닌 다짐토에서 유구를 찾아낸다는 것이 많은 경험과 담력을 필요로 하기 때문이다. 그리고 일부만 노출된 유구의 조사 방법과 성격 파악 등은 건물지 조사를 진행하는 조사원들에게 무엇보다도 중요한 사전 지식이다. 만약, 건물지 조사에서 이러한 사전 지식이 결여되어 있다면 자칫 유구 훼손이나 조사 과정의 지체 등을 불러올 수 있기 때문이다.

이 책에는 모두 26개의 소주제가 있고, 이와 관련된 다양한 도면과 사진이 첨부되어 있다. 이는 건물지의 조사와 해석, 그리고 향후 보고서 작성에 있어 단순히 글로써만 전달할 수 없다는 한계성을 극복하고자 하는 필자의 바람에서 비롯되었다. 하지만 지면의 부족과 필자의 무지로 인해 많은 해결책은 제시하지 못하였다. 이는 또 다른 연구자들의 후속 작업으로 보충될 수 있으리라 생각된다.

어렵다고 생각되는 건물지 발굴조사에서 조금이나마 도움이 되는 책자가 된다면 더 큰 보람이 없을 듯하다. 앞으로도 많은 건물지와 함께 다양한 축조기법의 유구가 조사될 것이다. 이를 담당할 조사원들의 자신감과 함께 이 분야의 연구가 발전되기를 기원해 본다.